F. H. Reusch

Lehrbuch der Einleitung in das alte Testament

F. H. Reusch

Lehrbuch der Einleitung in das alte Testament

ISBN/EAN: 9783743498310

Hergestellt in Europa, USA, Kanada, Australien, Japan

Cover: Foto ©Lupo / pixelio.de

Weitere Bücher finden Sie auf **www.hansebooks.com**

Lehrbuch

der

Einleitung in das Alte Testament

von

Dr. Fr. Heinrich Reusch,
Professor der Theologie an der Universität zu Bonn.

Mit Approbation des hochwürdigsten Herrn Erzbischofs von Freiburg.

Vierte, verbesserte Auflage.

Freiburg im Breisgau.
Herder'sche Verlagshandlung.
1870.

Das Recht der Uebersetzung in fremde Sprachen wird vorbehalten.

Buchdruckerei der Herder'schen Verlagshandlung in Freiburg.

Vorwort.

Das Lehrbuch der alttestamentlichen Einleitung ist in den vier Auflagen (die frühern sind 1859, 1864 und 1868 erschienen) in der Anlage und im wesentlichen Inhalte unverändert geblieben, im Einzelnen aber mit jeder neuen Auflage mehr oder weniger berichtigt und verbessert worden. Das Buch ist zunächst bestimmt, als Grundriß bei akademischen Vorlesungen zu dienen und darum die betreffenden Data und Lehrsätze und die Resultate der ältern und neuern Untersuchungen in gedrängter Kürze und mit möglichster Klarheit und Uebersichtlichkeit zusammenzustellen. Die weitere Entwicklung dieses Materials muß dem mündlichen Vortrage und ausführlichern Bearbeitungen der biblischen Einleitung oder einzelner Abschnitte derselben überlassen bleiben.

Die von mir gewählte Anordnung des Stoffes scheint mir nicht nur wissenschaftlich zulässig, sondern auch für die erste Einführung angehender Theologen in die alttestamentliche Einleitung die zweckmäßigste zu sein. Insbesondere halte ich die Voranstellung der speciellen Einleitung darum für zweckmäßig, weil die Hauptfragen der allgemeinen Einleitung, namentlich die Lehre vom Kanon, um recht verstanden zu werden, eine genauere Bekanntschaft mit den einzelnen alttestamentlichen Büchern voraussetzen, als sie angehende Theologen nach meinen Erfahrungen zu besitzen pflegen.

Bei den einzelnen Abschnitten habe ich die einschlagenden Hauptwerke der ältern und neuern Literatur namhaft gemacht. Wo ich hinsichtlich der Begründung der einzelnen Sätze auf ausführlichere Arbeiten verweisen mußte, habe ich jedesmal diejenigen citirt, in welchen ich die betreffenden Fragen am erschöpfendsten und treffendsten erörtert fand. Die Zahl der Citate zu vermehren, wäre leicht, aber zweckwidrig gewesen. Wenn in den neuen Auflagen viele Verweisungen auf neuere literarische Arbeiten hinzugekommen sind, so sind dafür manche Citate der frühern Auflagen fortgefallen. Nur wenige Male habe ich auf die Auctorität Anderer hin Bücher citirt, welche mir nicht zugänglich waren; sonst habe ich, durch viele unangenehme Erfahrungen gewarnt, alles selbst nachgeschlagen. Daß unter der neuern Literatur verhältnißmäßig wenige Arbeiten von katholischen Verfassern citirt werden konnten, beklagt Niemand mehr als ich selbst.

Die Bibelstellen sind hinsichtlich der Verszählung, Benennung der Bücher 2c. nach der Vulgata citirt, wo nicht das Gegentheil bemerkt ist; nur citire ich, um allen Zweideutigkeiten vorzubeugen, immer „1 und 2 Sam.", aber „3 und 4 Kön." Bei den biblischen Namen habe ich der Gleichförmigkeit wegen die Schreibweise der Vulgata beibehalten, hie und da aber die sonst übliche abweichende Schreibweise in Parenthese beigefügt.

Bonn im Mai 1870.

Inhalt.

Einleitung.

Seite

§ 1. Begriff und Inhalt der Einleitung in das Alte Testament . 1
§ 2. Literatur 2

Specielle Einleitung in die Bücher des Alten Testamentes.

§ 3. Vorbemerkungen 6
§ 4. Perioden der Geschichte des Volkes Israel und der Entwicklung der alttestamentlichen Offenbarung 8
§ 5. Die Sprachen des Alten Testamentes 8

Erste Periode.
Die alttestamentliche Offenbarung bis zum Tode des Moyses.

§ 6. Geschichtliche Uebersicht 10

Der Pentateuch.

§ 7. Namen, Eintheilung und Inhalt 10
§ 8. Plan und Anordnung des Pentateuchs 12
§ 9. Verfasser des Pentateuchs 14
§ 10. Einwendungen gegen die Echtheit des Pentateuchs . . 20
§ 11. Prüfung einiger Hypothesen über die Composition des Pentateuchs 23
§ 12. Glaubwürdigkeit des Pentateuchs 31
§ 13. Wichtigkeit des Pentateuchs für die Geschichte der alttestamentlichen Offenbarung 33

Zweite Periode.
Die alttestamentliche Offenbarung vom Einzuge der Israeliten in Chanaan bis zur Trennung des Reiches, 1500—975 v. C.

§ 14. Geschichtliche Uebersicht 34

Erster Abschnitt.
Geschichtliche Bücher.

§ 15.	Das Buch Josue	35
§ 16.	Das Buch der Richter	38
§ 17.	Das Büchlein Ruth	41
§ 18.	Die zwei Bücher Samuels (in der Vulgata: erstes und zweites Buch der Könige)	42

Zweiter Abschnitt.
Poetische Bücher aus der Zeit Davids und Salomons.

§ 19.	Charakter und Form der alttestamentlichen Poesie	45
§ 20.	Uebersicht der Geschichte der alttestamentlichen Poesie	52
§ 21.	Das Psalmenbuch	53
§ 22.	Die Sprüche Salomons	60
§ 23.	Das Hohe Lied Salomons	63
§ 24.	Der Prediger	66
§ 25.	Das Buch Job	72

Dritte Periode.
Die alttestamentliche Offenbarung von der Trennung des Reiches bis zum Ende des babylonischen Exils, 975—535 v. C.

Blüthezeit des Prophetenthums.

§ 26.	Geschichtliche Uebersicht	76
§ 27.	Das Prophetenthum	79
§ 28.	Uebersicht der prophetischen Bücher des Alten Testamentes	86

Erster Abschnitt.
Die Propheten, welche vor dem Untergange des Reiches Israel wirkten.

§ 29.	Osee	88
§ 30.	Joel	89
§ 31.	Amos	89
§ 32.	Abdias	90
§ 33.	Jonas	91
§ 34.	Michäas	92
§ 35.	Isaias	93

Zweiter Abschnitt.

Die Propheten, welche in der Zeit zwischen dem Untergange des R. Israel und dem Untergange des R. Juda wirkten.

		Seite
§ 36.	Nahum	100
§ 37.	Habakuk	101
§ 38.	Sophonias	102
§ 39.	Jeremias	102
§ 40.	Die Klagelieder	106

Dritter Abschnitt.

Die exilischen Propheten.

§ 41.	Baruch	107
§ 42.	Ezechiel	110
§ 43.	Daniel	111
§ 44.	Deuterokanonische Zusätze zum Buche Daniel	119

Vierte Periode.

Die alttestamentliche Offenbarung in der nachexilischen Zeit.

§ 45.	Geschichtliche Uebersicht	121

Erster Abschnitt.

Geschichtliche Bücher.

§ 46.	Die Bücher der Könige (in der Vulgata: drittes und viertes Buch der Könige)	124
§ 47.	Die zwei Bücher der Paralipomena oder Chronik	126
§ 48.	Die Bücher Esdras und Nehemias (in der Vulgata: erstes und zweites Buch Esdras)	129
§ 49.	Das Buch Esther	132
§ 50.	Das Buch Tobias	134
§ 51.	Das Buch Judith	136
§ 52.	Die zwei Bücher der Machabäer	139

Zweiter Abschnitt.

Die nachexilischen Propheten.

§ 53.	Aggäus	143
§ 54.	Zacharias	144
§ 55.	Malachias	146

Dritter Abschnitt.
Didaktische Bücher.

		Seite
§ 56.	Das Buch Sirach (Ecclesiasticus)	147
§ 57.	Das Buch der Weisheit	150

Allgemeine Einleitung in das Alte Testament.

§ 58.	Uebersicht	154

Erster Abschnitt.
Vom Kanon des Alten Testamentes.

§ 59.	Definition von Inspiration und Kanon, und Lehre der Kirche darüber	154
§ 60.	Der alttestamentliche Kanon der Juden	158
§ 61.	Der alttestamentliche Kanon der Kirche	162
§ 62.	Namen und Eintheilung des Alten Testamentes	174
§ 63.	Die Apokryphen	175
§ 64.	Biblische und traditionelle Begründung des Dogmas von der Inspiration der alttestamentlichen Bücher	177
§ 65.	Nähere Bestimmung der Inspiration des Alten Testamentes	178
§ 66.	Stellung des Alten Testamentes im System der göttlichen Offenbarung. Aufgabe der biblischen Hermeneutik	182

Zweiter Abschnitt.
Vom Grundtexte und den alten Uebersetzungen des Alten Testamentes.

Erstes Capitel.
Der hebräische Text des Alten Testamentes.

§ 67.	Die hebräischen Schriftzeichen	184
§ 68.	Abtheilung der Bücher	187
§ 69.	Die Masora	188
§ 70.	Handschriften und Ausgaben des hebräischen Textes	189
§ 71.	Kritische Beschaffenheit des hebräischen Textes. Aufgabe der biblischen Kritik	191

Inhalt.

Zweites Capitel.

Die alten Uebersetzungen des Alten Testamentes.

§ 72. Uebersicht 194
§ 73. Griechische Uebersetzungen 194
§ 74. Lateinische Uebersetzungen — Itala und Vulgata . . . 203
§ 75. Chaldäische Uebersetzungen und Paraphrasen — Targume . 213
§ 76. Syrische Uebersetzungen 214
§ 77. Andere alte Uebersetzungen des Alten Testamentes . . . 216
§ 78. Polyglotten-Bibeln 219
§ 79. Uebersicht der neuern Uebersetzungen des Alten Testamentes . 220

Anhang. Verzeichniß der bemerkenswerthesten Commentare zum Alten Testamente 225

Einleitung.

§ 1.
Begriff und Inhalt der Einleitung in das Alte Testament.

H. Hupfeld, über Begriff und Methode der sog. biblischen Einleitung. Marburg 1844. Vgl. St. u. Krit. 1861, 3. — (F. Delitzsch) Begriff und Methode der sog. bibl. und insbesondere alttest. Einl., in der Erlanger Ztf. für Prot. und Kirche, N. F. Bd. 28 (1854), 133.

1. Die Einleitung in die h. Schrift im weitern Sinne ist der Inbegriff der zum Verständniß der h. Schrift nöthigen Vor- und Hülfskenntnisse; sie hat also das mitzutheilen, was bei der Exegese oder Auslegung der h. Schrift selbst vorausgesetzt werden muß. Dahin gehören: 1) die wissenschaftliche Darstellung der biblischen Sprachen — biblische Philologie; 2) die Darstellung der religiösen, bürgerlichen und socialen Einrichtungen und Zustände des Volkes Israel und anderer alter Völker, soweit deren Kenntniß für das Verständniß der h. Schrift nöthig ist — biblische Archäologie; 3) die biblische Geschichte und Geographie; 4) die Grundsätze und Regeln der Auslegung der h. Schrift und der Kritik des Textes — biblische Hermeneutik und Kritik; 5) die Lehre von der Inspiration und vom Kanon; 6) die Geschichte des Textes der h. Schrift und der Uebersetzungen derselben; 7) die zum Verständniß der einzelnen Bücher nöthigen Vorbemerkungen über ihren Inhalt und Zweck, ihre Verfasser, die Zeit und Veranlassung der Abfassung derselben u. dgl.

Dieser weitere Begriff der biblischen Einleitung war früher der herrschende, s. § 2, und ist in andern Ländern noch nicht ganz aufgegeben. Die Bearbeitungen der bibl. Einl. von Horne und Dixon z. B. behandeln außer dem, was in Deutschland zu dieser Disciplin gerechnet wird, auch biblische Geographie und Archäologie und Hermeneutik und Kritik.

2. Die vier ersten Punkte pflegt man aber als selbstständige theologische Disciplinen zu behandeln, und die Einleitung in die h. Schrift im engern Sinne und wie sie jetzt (wenigstens in Deutschland) gewöhnlich behandelt wird, hat also die drei letzten Punkte zum Gegenstande. Auch werden jetzt gewöhnlich die Einleitung in das Alte und die Einleitung in das Neue Testament getrennt behandelt.

3. Danach hat die Einleitung in das Alte Testament 1) die oben unter 7 genannten Vorbemerkungen zu den einzelnen Büchern des A. T. zu geben — specielle Einleitung in die Bücher des A. T.; und 2) zu zeigen, welche Bücher zum A. T. gehören (die Lehre vom Kanon und damit zusammenhängend die Lehre von der Inspiration), und wie dieselben im Grundterte und in Uebersetzungen erhalten und verbreitet sind — allgemeine Einleitung in das A. T.

In der angegebenen Weise ist die bibl. Einl. in ihrem jetzigen Umfange historisch entstanden. Neuere haben den Namen „Geschichte der Bibel" vorgeschlagen (ähnlich schon R. Simon, § 2, 4) und der Disciplin einen systematischen Charakter vindicirt. Die specielle Einleitung in das A. T. wäre dann als Geschichte der Entstehung, der erste Theil der allg. Einl. als Geschichte der Sammlung, der zweite als Geschichte der Erhaltung (und Verbreitung) des A. T. zu bezeichnen. So mit manchen Verschiedenheiten in der Auffassung Hupfeld und Delitzsch a. a. O. und Bleek, Reuß, Guericke, A. Maier u. A. in der neutestamentl. Einl.; ähnlich Haneberg.

Vortheile und Nachtheile der Trennung der alttestamentlichen und neutestamentlichen Einleitung. — Gründe für die Behandlung der speciellen Einleitung vor der allgemeinen. — Theologischer und confessioneller Charakter dieser Disciplin. — Nutzen derselben.

§ 2.
Literatur.

Hupfeld a. a. O. S. 39 ff. Diestel, Gesch. des A. T. in der christl. Kirche, Jena 1869.

1. Viele einzelne Punkte der biblischen Einleitung werden in den exegetischen und dogmatischen Schriften der patristischen Zeit gelegentlich behandelt, besonders bei Origenes, Eusebius, Hieronymus und Augustinus. Eigene Schriften, welche über Punkte der biblischen Einleitung im weitern Sinne handeln, haben

wir aus dieser Zeit von Augustinus, Adrianus (εἰσαγωγή) Junilius, Cassiodorus und einigen Andern.

S. *Augustini* de doctrina christiana libri IV (*Migne*, Patr. t. 34, bes. abgedruckt Leipz. 1838 u. ö.). — Ἀδριάνου (wahrsch. im 5. Jahrh.) εἰσαγωγή εἰς τὰς θείας γραφάς (*Migne* t. 98). — *Junilii* (afrikanischer Bischof im 6. Jahrh.) de partibus divinae legis libri II (*Migne* t. 68). — *Cassiodori* (im 6. Jahrh.) de institutione divinarum literarum (*Migne* t. 70). — Vgl. Hupfeld S. 46.

2. **Die mittelalterlichen Theologen behandeln die biblische Einleitung nicht als eigene Disciplin, wohl aber einzelne Punkte derselben in ihren dogmatischen und exegetischen Werken.**

Das Prooemium zum Breviloquium des h. Bonaventura; einige Abschnitte der Summa theologica des h. Thomas von Aquin (1. q. 1, a. 9 u. 10, über die Ausdrucksweise und den Sinn der h. Schrift; 2. 2. q. 171 ff., über das Prophetenthum u. s. w.).

3. **Die Exegeten aus der Zeit vom 15. bis 18. Jahrhundert schicken der Erklärung biblischer Bücher Erörterungen voraus, wie sie jetzt in der speciellen Einleitung gegeben werden. Außerdem wurde aber in dieser Zeit die biblische Einleitung (gewöhnlich im weitern Sinne gefaßt) auch schon selbstständig behandelt, namentlich von Santes Pagninus, Sixtus von Siena, Salmeron, Serarius, Bonfrere und Bellarmin und von Brian Walton, J. G. Carpzov u. A.**

Sanctis Pagnini (Dominicaner aus Lucca, † 1541) Isagoges ad sacras literas liber unicus, Lyon 1528 u. ö. — *Sixti Senensis* (Dominicaner, † 1569) Bibliotheca sancta, Veneb. 1566 u. ö., beste Ausg. von Th. Milante, Neapel 1742. — *Alphonsi Salmeron S. J.* († 1585) Prolegomena biblica, Madrid 1597 u. ö. — *Nic. Serarii S. J.* († 1609) Prolegomena biblica, Mainz 1604. — *Rob. Card. Bellarmini* († 1621) Disputationes de controversiis christianae fidei, — L. 1. de verbo Dei — Rom 1581 u. ö. — *Jac. Bonfrerii S. J.* († 1643) Praeloquia in s. scripturam vor seinem Comm. zum Pent. Antw. 1625 u. ö., nebst andern werthvollen isagogischen Arbeiten älterer kath. Theologen abgedruckt im 3. Bande der Tournemine'schen Ausgabe des Bibel-commentars von Menochius (Venedig 1758) und in den ersten Bänden des Migne'schen Cursus completus in S. Script. (Paris 1839). — Brauchbares Material für einzelne Abschnitte der alttest. Einl. findet sich auch in den ersten Bänden der Kirchengeschichte des Natalis Alexander, in der Dilucidatio selectarum s. scripturae quaestionum v. M. Wouters (Würzb. 1763, 7 Bde.) u. s. w. Vgl. Scholz, Einl. I. 4.

Briani Waltoni († 1661) Biblicus Apparatus, aus seiner Polyglotte

(London 1657) abgedruckt, Zürich 1673. — *J. G. Carpzovii* († 1767) Introd. ad libros can. V. T., Lpz. 1721, (3) 1741; Critica sacra V. T. (allg. Einl.), Lpz. 1728, (2) 1748. Ueber andere ältere prot. Werke s. Hupfeld 61.

4. Der Oratorianer Richard Simon († 1712) begründete die sog. historisch-kritische Einleitung in die h. Schrift. Am Ende des 18. und im 19. Jahrhundert wurde bei den Protestanten in Deutschland, namentlich seit Semler († 1791), eine rationalistische und destructive Richtung in der Behandlung der biblischen Einleitung vorherrschend, — Eichhorn, Bertholdt, de Wette, Bleek u. A.; — auch auf katholische Gelehrte blieb diese Richtung nicht ohne Einfluß, — Jahn. In neuerer Zeit hat die conservative Richtung auch bei den Protestanten tüchtige Vertreter gefunden in Hengstenberg, Hävernick, Ranke, Kurtz, Delitzsch, Keil u. A. — Die besten neuern alttestamentlichen Einleitungen von katholischen Verfassern sind die von Herbst und Welte, Scholz, Haneberg und Danko. Arbeiten über einzelne Punkte und Abschnitte der Einleitung haben wir außerdem von Hug, Movers, Reinke, Vincenzi u. A.

R. Simon, Histoire critique du Vieux Testament (1. Du texte hébreu de la Bible. 2. Des principales versions. 3. De la manière de bien traduire la Bible, et critique des meilleurs auteurs qui ont écrit sur la Bible), Paris 1678, beste Ausg. Rotterdam 1685. *A. Bernus*, R. Simon et son hist. crit. du V. T., Lausanne 1869.

J. G. Eichhorn (Prof. in Göttingen, † 1827) Einl. in das A. T. 3 Thle., Lpz. 1780—83, 4. Aufl. in 5 Bänden, Gött. 1823—25. — L. Bertholdt (Prof. in Erlangen, † 1822), historisch-kritische Einl. in sämmtl. kanon. und apokr. Schriften des A. und N. T., 6 Thle., Erl. 1812—19. — M. L. de Wette (Prof. in Basel, † 1849), Lehrbuch der hist.-krit. Einl. in das A. T., Berlin 1817; 8. Ausg., neu bearbeitet von E. Schrader, Berlin 1869. — Fr. Bleek (Prof. in Bonn, † 1859), Einl. in das A. T., Berlin 1860, 2. Aufl. 1865 (in das N. T. Berl. 1862). — J. J. Stähelin (Prof. in Basel), specielle Einl. in die kanon. Bücher des A. T., Elberf. 1862. — Th. Nöldeke (Prof. in Kiel), die alttest. Literatur in einer Reihe von Aufsätzen dargestellt, Leipzig 1868; Untersuchungen zur Kritik des A. T., Kiel 1869. — In derf. Richtung und auf Grund der deutschen Untersuchungen: *S. Davidson*, Introduction to the Old Test. (spec. Einl.). 3 Bde., London 1862. 63. — *A. Kuenen*, Historisch-kritisch onderzoek naar het ontstan en de verzameling van de boeken des Ouden Verbonds, Leyden 1861. — Specialschriften dieser Richtung von den Herausg. der exeget. Handbücher (s. im Anhang), von Gesenius, Ewald, Tuch, Hupfeld u. A.

J. Fürst (Prof. in Leipzig, Jude), Geschichte der bibl. Literatur, 1 Bd. Leipz. 1867; der Kanon des A. T., Leipz. 1868.

H. A. Chr. Hävernick (Prof. in Königsberg, † 1845), Handbuch der hist.-krit. Einl. in das A. T. 3 Thle. in 5 Bänden, Erlangen 1836—48 (der 3. Theil und eine 2. Aufl. des ersten, 1854. 56, herausgegeben von Keil). — K. F. Keil, Lehrbuch der hist.-krit. Einl. in das A. T., Erlangen 1853, (2) 1859. — O. R. Hertwig's Tabellen zur Einl. in das A. T., 2. Aufl. besorgt von P. Kleinert, Berlin 1869. — *Th. H.* Horne († 1862), Introduction to the critical study and knowledge of the holy scriptures, London 1818, 10. Aufl. (4 Bde.) 1856; A compendious introduction to the study of the Bible, London 1827, revised by *J. Ayre*, London 1862. — E. W. Hengstenberg (Prof. in Berlin, † 1869), Beiträge zur Einl. in's A. T., 3 Bde., Berlin 1831—39. Christologie s. u. — Andere Specialschriften von Ranke, M. Drechsler († 1851), J. H. Kurtz, F. Delitzsch, Baumgarten, Schultz, Hahn († 1862), Neumann, Caspari, Köhler u. A.

Herm. Goldhagen *S. J.*, Introductio in s. scripturam V. et N. T., 3 Bde., Mainz 1765—68. Dazu Vindiciae harmonico-criticae et exegeticae in s. script., 2 Bde., Mainz 1774. 75. — J. Jahn (Prof. in Wien, † 1816), Einl. in die göttl. Bücher des A. B., 2 Thle., Wien 1793, (2) 1802—3. Introd. in libros ss. V. T. in compendium redacta, Wien 1805, (2) 1815. — *P. F. Ackermann*, Introd. in libros ss. V. T., Wien 1826, (3. verbesserte Aufl. des Jahn'schen Compendiums). — Hist.-krit. Einl. in die h. Schriften des A. T. von J. G. Herbst (Prof. in Tübingen, † 1836), nach des Verf. Tode vervollständigt und herausgeg. von B. Welte, 2 Thle. in 4 Bänden, Freiburg 1840—44. — J. M. A. Scholz (Prof. in Bonn, † 1852), Einl. in die h. Schriften des A. und N. T. 3 Bde. Köln (Leipz.) 1845—48. — D. B. Haneberg, Einl. in's A. T., Regensb. 1845; Versuch einer Geschichte der bibl. Offenbarung als Einl. in's A. und N. T., Regensb. 1850, (3) 1863. — *J. Danko*, Historia revelationis div. V. T., Wien 1862 (Hist. rev. div. N. T. 1867); de s. scriptura ejusque interpretatione comm. 1867.

J. Dixon († 1866 als Erzb. von Armagh), General Introduction to the sacred scriptures, 2 Bde., Dublin 1852. — *J. Ghiringhello* (Prof. in Turin), De libris hist. Antiqui Foederis. Turin 1845; De libris poet. atque proph. A. F. 1847. — *T. J. Lamy* (Prof. in Löwen), Introd. in S. Script. 2 Bde., Mecheln 1866. 67. — *J. B. Glaire*, Introduction historique et crit. aux livres de l'A. et du N. T. (3), 5 Bde., Paris 1862. — *A. Gilly*, Précis d'introd. gén. et part. à l'Ecriture sainte, 3 Bde., Paris 1867. 68.

A. Vincenzi, Sessio IV. Concilii Trid. vindicata, s. Introd. in scripturas deuterocan. V. T., 2 Bde., Rom 1842. — L. Reinke, Beiträge zur Erklärung des A. T., 7 Bde., Münster 1851 ff. u. s. w. — Andere Specialschriften von J. L. Hug (Prof. in Freiburg, † 1846), F. C. Movers (Prof. in Breslau, † 1854), B. Welte, Schegg, Thalhofer, Card. Wiseman, F. X. Patrizi, C. Vercellone u. A.

Die isagogischen Fragen werden auch behandelt in Wetzers u. Welte's Kirchenlexikon, Freib. 1847 ff.; Winers bibl. Realwörterbuch (3), Lpz. 1848; Herzogs theol. Realencyclopädie, Stuttg. 1852 ff.; Schenkels Bibellexikon, Leipzig 1869 ff.

Zur Geschichte des A. T. J. H. Kurtz, Lehrbuch der h. Geschichte (11), Königsb. 1868; Gesch. des A. B., bis jetzt 2 Bde. (2), Berlin 1853 ff. — A. Meßmer (Prof. in Brixen, † 1859), Gesch. der Offenbarung, 2 Bde., Freib. 1857. — Rohrbachers Universalgeschichte der kath. Kirche, deutsch bearb. von F. Hülskamp u. H. Rump, 1. bis 3. Bd., Münster 1860—63. — P. J. Röckerath, Bibl. Chronologie, Münster 1865.

Zu den messianischen Weissagungen. Hengstenberg, Christologie des A. T., 3 Bde. (2), Berlin 1854—57. — J. Babe, Christologie des A. T., 3 Bde., Münster 1850 ff., 2. (Titel=) Aufl. 1858. — Reinke, Beitr. (s. o.); die mess. Psalmen, 2 Bde., Gießen 1857. 58; die mess. Weiss. bei den großen u. kleinen Proph., 4 Bde., Gießen 1859—62; Monographieen s. u. — G. K. Mayer, die patriarchalischen Verheißungen und die mess. Pf., Nördl. 1859; die mess. Prophezieen der größern Proph., 2 Bde., Wien 1860—66.

Specielle Einleitung in die Bücher des Alten Testamentes.

§ 3.

Vorbemerkungen.

In der speciellen Einleitung in ein Buch des A. T. sind folgende Punkte zu behandeln:

1. Der Inhalt desselben.
2. Zeit und Ort der Abfassung desselben und Persönlichkeit des Verfassers, und Echtheit oder Authentie des Buches. — Ein Buch heißt echt, wenn es von demjenigen herrührt, welcher in dem Buche selbst oder durch eine bestimmte Tradition als Verfasser bezeichnet wird, oder falls der Verfasser nicht bekannt ist, wenn es aus der Zeit und aus dem Lande stammt, worin es verfaßt sein will oder nach der herkömmlichen Ansicht verfaßt ist. Den Beweis für die Echtheit oder Authentie (Authenticität) eines Buches stützt man auf äußere und innere Gründe, d. h. auf die Angaben anderer glaubwürdiger Quellen oder auf Gründe,

die aus dem Inhalte oder der Form des Buches selbst hergenommen sind. Der Beweis durch äußere Gründe ist in der Regel sicherer, als der durch innere.

Vgl. Hengstenberg, Beiträge II. S. LXIV. Haneb. 180.

3. **Die Glaubwürdigkeit des Verfassers.** Die alttestamentlichen Bücher sind nach katholischer Lehre unter dem Einflusse des h. Geistes geschrieben und darum frei von Irrthum. Die Begründung dieses Satzes gehört in die allgemeine Einleitung. In der speciellen Einleitung ist, namentlich bei geschichtlichen Büchern, die Frage zu erörtern, ob der Verfasser, als menschlicher Schriftsteller betrachtet, glaubwürdig ist, d. h. die Wahrheit sagen **konnte** und wollte.

4. **Die Unverfälschtheit oder Integrität des Buches.** Diese Eigenschaft ist einem Buche zuzusprechen, wenn wir dasselbe in allem Wesentlichen noch so besitzen, wie es der Verfasser geschrieben hat, also nicht lückenhaft, interpolirt oder von fremder Hand verändert. Ob das Buch auch in allen unwesentlichen Einzelheiten, in allen Worten und Silben u. s. w., unverändert geblieben ist (kritische Integrität), darauf kommt es hier nicht an.

5. **Der literarische Charakter des Buches.** Die Bücher des A. T. sind theils geschichtlich, theils prophetisch, theils poetisch, theils didaktisch. Die Verfasser der einzelnen Bücher sind als Schriftsteller verschieden.

Die geschichtlichen Bücher des A. T. behandeln ganze Perioden oder einzelne Ereignisse der israelitischen Geschichte unter dem religiösen Gesichtspunkte, entweder einfach, mehr oder minder ausführlich, erzählend — Jos., Sam., Esdr., Esth. u. s. w. — oder zugleich mit einer besondern Tendenz, z. B. Richt., Kön., Tob., s. § 16, 1; 46, 3; 50, 1. Vgl. Keil § 40. — Ueber den Pent. s. § 8, 1, über die poetischen und die prophet. Bücher § 19 u. 27.

6. **Die Stellung des Buches in der Geschichte der Offenbarung.** Die ganze alttestamentliche Offenbarung ist eine stufenweise Vorbereitung auf das Christenthum; zur Würdigung eines alttestamentlichen Buches gehört also auch die Angabe seiner Stellung in der Geschichte der Entwicklung der Offenbarung. Mit Rücksicht darauf ist es zweckmäßig, in der speciellen Einleitung die einzelnen alttestamentlichen Bücher nicht nach ihrer jetzigen Reihenfolge in der Bibel oder nach den unter 5. angegebenen

Klassen, sondern möglichst in chronologischer Ordnung zu behandeln.

Es liegt in der Natur der Sache, daß die hier aufgezählten Punkte nicht bei allen Büchern gleich ausführlich zu behandeln sind. — Die Frage nach der Integrität der alttestamentlichen Bücher im Allgemeinen wird in der allgemeinen Einleitung behandelt, und nur specielle damit zusammenhängende Punkte müssen bei einzelnen Büchern besprochen werden.

§ 4.
Perioden der Geschichte des Volkes Israel und der Entwicklung der alttestamentlichen Offenbarung.

Für die Einleitung in das A. T. ist folgende Eintheilung die zweckmäßigste:

1. Bis zur Vollendung der mosaischen Gesetzgebung und zum Einzuge der Israeliten in Chanaan, um 1500 v. C.
2. Bis zur Trennung der Reiche Israel und Juda, um 975 v. C. Das letzte Jahrhundert dieser Periode ist die Blüthezeit der heiligen Dichtkunst.
3. Bis zum Ende des babylonischen Exils, 536 v. C. Blüthezeit des Prophetenthums.
4. Die nachexilische Zeit.

Diese Eintheilung, welche bei der Darstellung der israelitischen Geschichte nicht die beste sein würde, bietet den Vortheil, daß die chronologische Ordnung der alttestamentlichen Bücher (§ 3, 6) mit der Behandlung der einzelnen Klassen derselben (§ 3, 5) einigermaßen combinirt werden kann.

§ 5.
Die Sprachen des Alten Testamentes.

1. Die Bücher des A. T. sind in hebräischer Sprache geschrieben und auf uns gekommen, mit folgenden Ausnahmen:

a. Einige Abschnitte der Bücher Daniel (2, 4—7, 28) und Esdras (4, 8—6, 18; 7, 12—26) sind chaldäisch geschrieben.

b. Die Bücher Baruch, Tobias, Judith, Ecclesiasticus, das 1. B. der Machabäer und einige Abschnitte der Bücher Daniel (Vulg. 3, 24—90; 13; 14) und Esther (Vulg. 10, 4—16, 24) waren hebräisch oder chaldäisch geschrieben; wir haben aber von ihnen nur Uebersetzungen, unter denen die griechische die älteste ist.

c. Das B. der Weisheit und das 2. B. der Machabäer sind in griechischer Sprache abgefaßt.

2. Die hebräische Sprache und die chaldäische oder aramäische gehören zu dem sog. semitischen Sprachstamme. Die hebräische war seit den ältesten Zeiten die Sprache des jüdischen Volkes. Wenn sie sich von der Zeit des Moyses bis zum Exil verhältnißmäßig wenig verändert hat, so erklärt sich das aus der größern Stabilität der semitischen Sprachen überhaupt und aus der isolirten Stellung der Juden. In der exilischen und nach= exilischen Zeit wurde sie als Volkssprache durch die aramäische verdrängt; aber auch noch nachexilische Schriftsteller schrieben hebräisch. — Die unter 1 a genannten Stücke sind die ältesten schriftlichen Denkmäler der aramäischen Sprache; diese Sprache ist aber sehr alt (Gen. 31, 47), und es finden sich schon in früher Zeit, namentlich in poetischen Schriften, im Hebräischen Anklänge an das Aramäische, sog. Aramäismen. In der letzten Zeit vor dem Exil wurde der Einfluß des Aramäischen immer bedeutender.

Zum semitischen Sprachstamme gehören 3 Hauptzweige: 1) der südliche: das Arabische (s. § 77, 3) und das Aethiopische oder Gheez (§ 63, 2; 77, 2), seit dem 13. Jahrh. als Volkssprache durch das Amharische verdrängt; — 2) der mittlere: das Hebräische, das Phönicische nebst dem Punischen und das Samaritanische (§ 77, 1); — 3) der nördliche: das Aramäische: wie es im A. T. und in den Targumen (§ 75) vorkommt, gewöhnlich Chaldäisch genannt; wie es zur Zeit Christi in Palästina gesprochen wurde, Syro=Chal= däisch (im N. T. „hebräisch" Joh. 5, 2 u. ö.); wie es vom 3. bis 13. Jahrh. bei den christlichen Syriern Schriftsprache wurde, Syrisch (§ 76). — Vgl. Fr. Böttcher, Lehrb. der hebr. Sprache, Lpz. 1866, I, 1. Hävernick, I, 1. § 18. Keil, § 9. Scholz, I, 26, bes. Bleek 37, und über das Aramäische J. *Wichelhaus* de N. T. versione syr., Halle 1850, S. 1—50.

3. Die zur Zeit der Ptolemäer in Aegypten lebenden Juden nahmen die griechische Sprache an, und zwar die damals herrschende *κοινὴ διάλεκτος* (den macedonisch=alexandrinischen Dialekt), welche aber bei ihnen unter dem Einfluß des Hebräi= schen und Aramäischen ein eigenthümliches Colorit erhielt. In diesem mehr oder minder stark hebraisirenden Griechisch, dem sog. hellenistischen Dialekte, sind die griechische Uebersetzung

und die oben genannten griechischen Bücher des A. (und das N. T.) geschrieben.

G. B. Winer († 1858), Grammatik des neutestamentl. Sprachidioms, 7. Aufl., Leipz. 1867, § 2 ff. — Bleek, Einl. in das N. T. 59.

Erste Periode.

Die alttestamentliche Offenbarung bis zum Tode des Moyses.

§ 6.

Geschichtliche Uebersicht.

Kurz, Lehrb. der heil. Geschichte, § 23; Gesch. des A. B., 1. u. 2. Bd. (s. o. S. 6). Meßmer, Gesch. der Offenb. I. § 18. Haneb. 42. Rohrbacher I, 1.

Gegen 2000 Jahre nach dem Sündenfalle machte Gott den Abraham zum Stammvater des auserwählten Volkes, von dem das Heil kommen sollte. Seine Familie wurde in Aegypten zu einem großen Volke. Moyses (משֶׁה, LXX Μωϋσῆς) wurde gesandt, dasselbe aus Aegypten und in das Land der Verheißung zu führen. Während des vierzigjährigen Aufenthaltes in der Wüste gab Gott seinem Volke durch Moyses das Gesetz, welches die Grundlage der ganzen alttestamentlichen Offenbarung bildet. — Dieses Gesetz und die Geschichte der Vorbereitung und Gründung der alttestamentlichen Theokratie (*Jos.* c. Ap. 2, 16) ist aufgezeichnet im Pentateuch. Derselbe entspricht also im A. B. den Evangelien im N. B.

Der Pentateuch.

§ 7.

Namen, Eintheilung und Inhalt.

Die 5 Bücher Moyses heißen bei den Juden הַתּוֹרָה oder סֵפֶר הַתּוֹרָה (Deut. 31, 26), Gesetz oder Gesetzbuch — im N. T. ὁ νόμος (Luc. 24, 44) — auch wohl חֲמִשָּׁה חוּמְשֵׁי הַתּוֹרָה, die fünf Fünftel des Gesetzes, und dem entsprechend im Griechischen ἡ πεντάτευχος sc. βίβλος (τεῦχος = Buch), *Orig.* in Joh. tom. 13, c. 26, im Lateinischen Pentateuchus sc. liber, *Tert.* c. Marc. 1, 10. — Die einzelnen Bücher werden im Hebräischen gewöhnlich nach den Anfangsworten benannt, im Griechischen und Lateinischen nach dem theilweisen Inhalt.

1. **Genesis** (בְּרֵאשִׁית). Erster Theil: die Erschaffung (γένεσις 2, 4 LXX) der Welt und des Menschen, der Sündenfall, die Sündfluth, die Zerstreuung der Völker (Cap. 1—11). Zweiter Theil: Die nähere Vorbereitung der alttestamentlichen Theokratie: Berufung und Geschichte Abrahams (12—25), Geschichte Isaaks, Jakobs und seiner Söhne bis zum Tode Jakobs und Josephs in Aegypten (25—50).

2. **Exodus** (וְאֵלֶּה שְׁמוֹת oder שְׁמוֹת). Bedrückung der Israeliten in Aegypten (1). Geschichte des Moyses und Auszug aus Aegypten (2—15). Zug bis an den Sinai und erstes Jahr des Aufenthalts in der Wüste. Die zehn Gebote und die ersten Gesetze; Bau der Stiftshütte und Weihe der Priester (15—40).

3. **Leviticus** (Λευιτικόν, וַיִּקְרָא). Gesetze, hauptsächlich über die Opfer, die Priester und Leviten, die Reinigungen u. dgl.

4. **Numeri** (Ἀριθμοί, בְּמִדְבַּר oder וַיְדַבֵּר). Zählung des Volkes und Lagerordnung (1—5). Feier des Paschafestes im zweiten Jahre (9). Zug in die Wüste Pharan (10, 12) und Aussendung der Kundschafter (Cap. 13). Wegen seiner Widerspenstigkeit muß das Volk in der Wüste bleiben, bis Alle, die beim Auszuge aus Aegypten 20 Jahre alt waren, gestorben sind (Cap. 14). — Die Geschichte der folgenden 37 Jahre wird mit Stillschweigen übergangen; die Capitel 20—36 erzählen die Geschichte des letzten (40.) Jahres, die Eroberung des Ostjordanlandes und das Auftreten Balaams. Das Buch enthält außer diesem geschichtlichen Material auch die Fortsetzung der Gesetzgebung.

5. **Deuteronomium** (אֵלֶּה הַדְּבָרִים oder דְּבָרִים). Ermahnungsreden des Moyses an das Volk im 11. Monate des 40. Jahres. Die Gesetze werden nochmals eingeschärft, theilweise wiederholt (δευτερονόμιον 17, 18. LXX), vervollständigt und mit Bezug auf die bevorstehende Niederlassung in Chanaan modificirt (1—30). Die letzten Anordnungen, das letzte Lied und der letzte Segen des Moyses (31—33) und sein Tod (34).

Die Eintheilung in fünf Bücher ist sehr passend und jedenfalls sehr alt, und es spricht nichts gegen die Annahme, daß sie von dem Verfasser selbst herrührt.

Delitzsch, Genesis 17. — Die Eintheilung rührt nicht von dem griech. Uebersetzer her (s. § 18, 2); denn die Fünftheilung des Psalmenbuchs (§ 21, 3) hat die des Pent. zum Vorbilde.

§ 8.
Plan und Anordnung des Pentateuchs.

F. H. Ranke, Untersuchungen über den Pentateuch (2 Bde., Erlangen 1834. 40) I, 10. Hävernick, Einl. I. 2 § 110.

1. Der Pentateuch will nicht eine eigentliche Geschichte der Welt oder auch nur des Volkes Israel geben, sondern die Gründung der alttestamentlichen Theokratie und das dem theokratischen Volke gegebene göttliche Gesetz darstellen. Darum wird über lange Zeiträume ganz kurz hinweggegangen, wenn die Ereignisse derselben unter diesem Gesichtspunkte nicht bedeutsam sind, z. B. über den Aufenthalt der Israeliten in Aegypten, Ex. 1, und über 37 Jahre des Aufenthalts in der Wüste, § 7, 4.

Delitzsch, Genesis 18: „Jene eilfertige Auskunft über vier ganze Jahrhunderte und diese klaffende Lücke, welche, als könnte sie gar nicht auffällig sein, Num. 20 ohne alle Vermittlung gelassen wird, — beides erklärt sich nur daraus, daß das Absehen dieser bewunderungswürdig selbstverläugnenden Geschichtschreibung auf die heilsgeschichtliche Idee und nicht auf historische Vollständigkeit gerichtet ist und da auf annalistische Stetigkeit verzichtet, wo ohne Eintritt einer neuen heilsgeschichtlichen Wendung nur alte Zustände fortwähren." — Ranke II, 2 sagt in Bezug auf die „ungeheuere Lücke zwischen der Genesis und der Exodus": „Da die ausgesprochene Tendenz des Werkes auf das Verhältniß Israels zu Jehova geht, so genügt es, wenn von der langen Zwischenzeit, in welcher, den Weissagungen der Genesis gemäß, das erwählte Geschlecht zum großen Volke heranwachsen sollte, erzählt wird, daß dieß geschehen sei. Mehr boten diese Jahrhunderte für die Entfaltung des theokratischen Planes nicht dar, und in dieser Hinsicht stehen sie tief unter jenen einzelnen Tagen, in denen sich Jehova an seinem Volke vor den Augen der Aegypter verherrlicht." Vgl. Kurtz, Gesch. des A. B. II. § 6, 2 und § 79.

2. Der erste Theil der Genesis berührt aus diesem Grunde aus der Zeit vor Abraham das, was als Vorbereitung der Theokratie und des Gesetzes von Wichtigkeit ist, den Sündenfall und die Verbreitung der Sünde unter den Menschen einerseits und die

göttlichen Heilsverheißungen anderseits, die Ausscheidung des Volkes der Verheißung und seinen Zusammenhang mit der ganzen Menschheit, die ältern göttlichen Institutionen, welche im mosaischen Gesetze weiter ausgebildet wurden, Sabbath, Opfer, Verbot des Blutessens u. s. w. Im zweiten Theile wird aus der Geschichte der Patriarchen auch wieder das hervorgehoben, was für die Theokratie bedeutsam ist, so die ihnen gegebenen Verheißungen und der Anfang ihrer Erfüllung, die Niederlassung im heiligen Lande, die Einsetzung der Beschneidung u. s. w.

Delitzsch, Genesis 18 ff.: „Die Genesis schildert nicht allein die werdende Welt, sondern auch die werdende Offenbarung Gottes als Jehova, die werdende Erlösung, das werdende Gesetz, das werdende Volk Gottes, den werdenden Besitz des verheißenen Landes." Vgl. Welte II. 1. § 15.

3. In den drei mittlern Büchern ist die Darstellung des Gesetzes der Hauptzweck; die Geschichte wird hauptsächlich als Grundlage und Rahmen der Gesetzgebung behandelt. Die Gesetze werden aber nicht in systematischer Ordnung, sondern nach ihrer geschichtlichen Entstehung mitgetheilt. Darum werden, wo sich eine Veranlassung dazu bietet, einzelne Gesetze neu eingeschärft, erläutert, vervollständigt und modificirt.

Vgl. das Verbot des Blutes: Lev. 3, 17 (nach den Bestimmungen über die Verwendung von Blut und Fett beim Opfer): „Fett und Blut sollt ihr nicht essen." — 7, 26. 27: „Blut sollt ihr nicht essen ... wer Blut ißt, der soll ausgerottet werden" ꝛc. — 17, 10: „Wer vom Hause Israel oder von den Fremden ... Blut ißt" ꝛc. — 19, 26: „Ihr sollt nicht (Fleisch) mit dem Blute essen; ihr sollt nicht Wahrsagerei treiben" ꝛc. — Deut. 12, 23. — Das Sabbathgesetz Ex. 16, 23; 20, 8; 31, 13; 35, 2; Lev. 23, 2; 26, 1; Num. 15, 32; (Deut. 5, 12). — Vgl. Welte, Nachmos. 102.

4. In seinen letzten Reden an das Volk, die den Hauptinhalt des Deuteronomiums bilden, recapitulirt Moyses manches aus der Geschichte des Volkes, aber nicht in chronologischer Ordnung, sondern wie es zu seinem paränetischen Zwecke paßt. Er recapitulirt ferner die wichtigsten Gesetze, und zwar, da er zum Volke redet, die für dieses wichtigsten Gesetze mit Uebergehung der speciell für die Priester wichtigen. Bei dieser Wiederholung hat Moyses den Zweck, zur Beobachtung des Gesetzes zu ermahnen und einiges mit Bezug auf die bevorstehende Niederlassung in Chanaan (6, 1; 7, 1; 8, 1 u. o.) und die Zukunft überhaupt zu vervollständigen

oder zu modificiren, z. B. 16, 5; 17, 14 ff. Daraus, daß das Deuteronomium Ermahnungsreden an das Volk enthält, erklärt sich, daß ein etwas anderer Ton und Stil darin herrscht, wie in den vorhergehenden Büchern.

Häv. § 133. Herbst II. 1. § 6. Anders Schultz, Deut. 3.

§ 9.
Verfasser des Pentateuchs.

Ueber die Abfassung des Pentateuchs werden gegenwärtig hauptsächlich folgende Ansichten vorgetragen:

I. Moyses ist der Verfasser unseres Pentateuchs, den Schluß des Deut. und vielleicht einige kleine Glossen abgerechnet.

Vgl. Ranke, Untersuchungen (s. § 8). Hengstenberg, Beitr. (s. o. S. 5) 2. u. 3. Bd.: die Authentie des Pent. M. Drechsler, die Einheit und Echtheit der Gen., Hamb. 1838. J. L. König, Alttest. Studien, II.: das Deut. ɾc. Berl. 1839. Welte, Nachmosaisches im Pent., Freib. 1841. Kurz, Beiträge zur Begründung und Vertheidigung der Einheit des Pent., Königsb. 1844; die Einheit der Gen., Berlin 1846. *E. Arnaud*, le Pent. Mosaïque, Paris 1865. *W. Smith*, The Book of Moses, or the Pent. in its authorship, credibility and civilisation, vol. 1., London 1868. — Häv., Keil, Scholz, Welte, Haneb., Danko in den Einl., Keil und Schultz in den Comm. — Aufsätze von Hug in der Ztf. für das Erzb. Freiburg, Heft 4—7, und von Movers in der (Bonner) Ztf. für Phil. und kath. Theologie, H. 12. 14. 16—18.

Deut. 34 (der Tod des Moyses) ist bald nach der Vollendung des Werkes, vielleicht von Josue, beigefügt worden, wahrscheinlich von derselben Hand auch der Segen, den Moyses vor seinem Tode sprach (Cap. 33), und das Lied Cap. 32, welches er aufgeschrieben hatte (31, 32), sammt dem Berichte von 31, 24 an; Keil § 33. Nach Welte, Einl. 48, beginnt der Anhang mit 32, 48, nach Schultz, Deut. 88, mit 33, 1.

Die hie und da vorkommenden „archäologischen und geographischen Erläuterungen", wie Er. 16, 36; Num. 3, 46; Gen. 14, 7. 8 werden für Glossen von späterer Hand gehalten u. A. von *A. Masius*, Josue p. 2, *Wouters*, Diluc. I, 7, Jahn II. § 10. u. Haneb. 191. Letzterer nimmt auch an, es seien hie und da statt der ältern geographischen Namen von späterer Hand die in der nachmosaischen Zeit üblichen gesetzt worden, z. B. Dan Gen. 14, 14 statt Lesem, vgl. Jos. 19, 47 (Stähelin, Einl. 22). Anders Welte, Nachmos. 162.

Moyses ist auch der Verfasser von Pf. 89 (vgl. Er. 15. Deut. 32. 33), nicht aber der zehn folgenden Psalmen (s. §. 21, 2) und des B. Job (s. § 25, 5).

II. Moyses hat sehr vieles aufgezeichnet, anderes haben Zeitgenossen von ihm aufgezeichnet. Bald nach seinem Tode ist aus diesen Aufzeichnungen unser Pentateuch zusammengestellt worden.

So Delitzsch, Genesis 23—38 (vgl. 518): Moyses selbst hat die Bundesrolle Er. 19—24 und einige andere Stücke, von denen dieses ausdrücklich gemeldet wird, aufgezeichnet (Er. 17, 14; 24, 4. 7; 34, 27; Num. 33, 2), desgleichen die Reden im Deut. „Die übrigen Gesetze der Sinaiwüste bis zu den Ebenen Moabs verkündete Mose mündlich, aber sie wurden von den Priestern schriftlich verzeichnet. Ihre Codificirung kam bald nach der Landesbesitznahme zu Stande. Auf dem Boden des heiligen Landes begann man, die nun an einen Schlußpunkt gelangte Geschichte Israels zu beschreiben. Ein Mann wie Eleazar, der Sohn Ahrons, der Priester, schrieb das große, mit בראשית beginnende Werk, in welches er die Bundesrolle aufnahm und vielleicht über die letzten Reden Mose's nur kurz berichtete, weil Mose sie eigenhändig verzeichnet hatte. Ein Zweiter, wie Josue oder einer jener זקנים, auf welchen Mose's Geist ruhte (Num. 11, 25), ergänzte dieses Werk auf Antrieb irgend welcher Ermächtigung und einverleibte ihm das ganze Deut. So ungefähr entstand die Thora, nicht ohne Benutzung anderweitiger schriftlicher Documente durch beide Erzähler." — Aehnlich Kurtz, Gesch. des A. B. II, 533 ff.; nur hält er die Aufzeichnung der „Vor- und Urgeschichte" noch während des Wüstenzuges für wahrscheinlich. S. 535: „Der Pent. ist mosaisch, weil, wenn auch nicht alle Bestandtheile desselben aus der eigenen Feder Mose's geflossen sind, dennoch die Abfassung aller übrigen Bestandtheile und die Zusammensetzung des Ganzen aus dem Kreise seiner Gehülfen, Schüler und Zeitgenossen, zum großen Theile gewiß selbst unter seinen Augen und in seinem Auftrage hervorgegangen." (Vgl. Delitzsch, Gen. 518.) — Aehnlich R. Simon, l. 1, ch. 7.

III. Der Pentateuch in seiner jetzigen Gestalt ist erst mehrere Jahrhunderte nach Moyses entstanden. Bei der schließlichen Redaction desselben wurden aber ältere Werke und Aufzeichnungen benutzt, die nach Einigen zum größern oder kleinern Theile von Moyses oder aus der mosaischen Zeit herrühren, nach Andern auch wieder nachmosaischen Ursprungs sind und keine oder nur geringe mosaische Bestandtheile enthalten. Vgl. § 11.

Herbst II. 1, § 12 nimmt an, unser Pent. sei eine zur Zeit Davids veranstaltete Sammlung der Aufzeichnungen des Moyses mit Ergänzungen aus andern alten Denkmälern. Bleek 183 ff. und Berthean, die sieben Gruppen mosaischer Gesetze in den drei mittlern Büchern des Pent., Gött. 1840, halten viele Gesetze für mosaisch. — Die andern hierher gehörigen Hypothesen, bei denen durchgängig nur wenige Stücke als aus der mosaischen Zeit stammend anerkannt werden (s. § 11), vertreten besonders: J. S. Vater, Comm. über den Pent. Halle 1802. De Wette, Beiträge zur Einl. in das A. T.,

2 Bde., Halle 1806. 7. und Einl. in das A. T. § 177. Th. Hartmann, historisch-krit. Forschungen über die Bildung, das Zeitalter und den Plan der 5 BB. Mos., Rostock 1831. J. Stähelin, krit. Untersuchungen über die Gen., Basel 1830; krit. Unters. über den Pent., die BB. Jos. 2c. Berlin 1843; Einl. § 8. H. Ewald, Gesch. des Volkes Isr., 1. Thl. (3) Göttingen 1864. H. Hupfeld, die Quellen der Gen. u. die Art ihrer Zusammensetzung, Berlin 1853. K. H. Graf, die geschichtl. Bücher des A. T., Lpz. 1866. Nöldeke, Unters. (s. S. 4). Tuch u. Knobel in den Comm. — In England: Davidson (s. o. S. 4) und *J. W. Colenso*, The Pentateuch and the Book of Joshua critically examined, 4 Bde., London 1861—63.

Vgl. über die Literatur Hengstb., Beitr. II, 1. Treffend bemerkt Kurtz, Lehrb. § 58: „Erst die neuere Zeit fing an, die Authentie des Pent. zu bestreiten; aber hinter den mühsam aufgesuchten Gegengründen verbarg sich meist mehr oder minder dogmatisches Interesse; denn war Moseh wirklich der Verf., so mußte man ihn entweder für einen Lügner und Betrüger erklären, oder die Thatsächlichkeit der für unmöglich gehaltenen Wunder und Weissagungen anerkennen. Jenes konnte und wollte man aber ebenso wenig wie dieses, und so mußte die Kritik aus der Verlegenheit helfen. Mit solchen dogmatischen Antipathieen schwinden daher die meisten Zweifel an der Echtheit fast von selbst, sowie anderseits die Anerkennung der alttestamentl. Geschichte als einer durch Wunder und Weissagung getragenen und geförderten, unmittelbar göttlichen Erziehung zum Heile in Christo mit Nothwendigkeit die Anerkennung der Echtheit seiner wesentlichsten Bestandtheile nach sich zieht; denn der Pent. ist das Fundament, ohne welches die ganze übrige Geschichte in der Luft schweben würde." Vgl. Del., Gen. 46.

A. Aeußere Gründe für die mosaische Abfassung des Pentateuchs.

1. Daß Moyses der Verfasser des Pentateuchs ist, war allgemeiner Glaube der Juden. Christus und die Apostel bestätigen diesen, indem sie das Gesetz als Schrift des Moyses citiren, Marc. 12, 26; Luc. 24, 27; Joh. 5, 46; Apg. 15, 21; Röm. 10, 5 u. s. w. — Bis zur Mitte des 18. Jahrhunderts ist auch die Echtheit der fünf Bücher Moyses fast von Niemand bestritten worden.

Kurtz, Gesch. des A. B. II. 537 sagt: „Christus konnte ohne eine (unbedingt verwerfliche) Accommodation an herrschende Irrthümer das Gesetzbuch als die Thora Moseh's bezeichnen, auch wenn sie nicht von Moseh selbst mit eigener Hand aufgezeichnet war, — wenn nur das, was sie zur Thora macht, ihr Gesetz und ihre Lehre, von Moseh gegeben war." Das paßt allenfalls auf Stellen, wie Marc. 12, 26 (legistis in *libro Moysi*), aber nicht auf Joh. 5, 46: Si crederetis Moysi, crederetis forsitan et mihi, de me enim *ille scripsit*.

Die Aeußerung des h. Hieronymus c. Helvid. § 7: Sive Moysen dicere volueris auctorem Pentateuchi, sive Ezram ejusdem restauratorem operis, non recuso, bezieht sich auf die auch sonst von den Vätern erwähnte rabbinische Legende (vgl. 4 Esdr. 14, 21 ff.), Hierosolymis Babylonia expugnatione deletis omne instrumentum judaicae literaturae per Esdram constat restauratum, *Tert.* de cultu fem. 1, 3. *Iren.* 3, 21, 3. Stähelin 9. — Ueber die vereinzelten Zweifel an der Echtheit des Pent. in älterer Zeit f. Welte, II. 1, 81. Keil, § 35. Bleek, 166. — Isaac Pereyre (1655), Hobbes (1670) und besonders Spinoza (1670) waren die Ersten, welche die Unechtheit des Pent. im Sinne von Nr. III. behaupteten (Siegfried, Spinoza als Kritiker und Ausleger des A. T., Berlin 1867); der erste nennenswerthe Versuch einer wissenschaftlichen Begründung dieser Ansicht ist der von Vater (s. o. S. 15).

2. Für die Echtheit des Pentateuchs legen auch die andern alttestamentlichen Bücher Zeugniß ab.

a. Es finden sich in andern alttestamentlichen Büchern, und zwar schon in den ältesten, viele Beziehungen auf das, was im Pentateuch erzählt wird, z. B. Mich. 6, 4. 5; 7, 15. 20; Ps. 109, 4; Richt. 11, 11 ff.; Jos. 24, 2—12; 4, 12; 11, 15. 20.

b. Wir finden in der Geschichte der Israeliten viele Thatsachen, welche beweisen, daß das im Pentateuche enthaltene göttliche Gesetz bei den Israeliten in Geltung war und die im Pentateuch erwähnten Einrichtungen bestanden, vergl. z. B. über das levitische Priesterthum Richt. 17, 13; 1 Sam. 22, 18. 19; 2 Sam. 15, 24; über die mosaischen Feste und Opfer 1 Sam. 1, 3; 2, 15; Is. 1, 11—14; Os. 2, 11; über die Nazaräer Richt. 13, 7; 16, 17; Amos 2, 11. 12 u. s. w.

c. Als Vermittler dieses göttlichen Gesetzes, welches schriftlich existirte, Jos. 1, 7. 8, wird schon in den ältesten Büchern Moyses' nie ein Anderer bezeichnet, Richt. 3, 4; Jos. 1, 7; 23, 6: „alles was geschrieben ist im Buche des Gesetzes des Moyses"; ebenso 8, 31; bestimmter 2 Par. 25, 4: „im Gesetze, im Buche des M.;" das. 35, 12: „im Buche des M."

Durch diese Thatsachen werden andere Gründe für die Echtheit des Pentateuchs bestätigt, sofern daraus wenigstens folgt:

α. daß die im Pentateuch erzählte Geschichte schon in der ersten Zeit nach Moyses bekannt war;

β. daß schon gleich nach Moyses ein Buch existirte, worin das durch Moyses gegebene Gesetz aufgezeichnet war; und γ. daß dieses Buch denselben Inhalt hatte wie unser Pentateuch, daß also dieser wenigstens seinem Hauptinhalte nach aus der mosaischen Zeit stammt.

„Wir bestehen auf der unwiderlegbaren Thatsache, daß die Thora, wie immer sie entstanden sein möge, von der gesammten nachmosaischen Geschichte und Literatur (vgl. § 13, 2) so nothwendig vorausgesetzt wird, wie vom Baume die tragende und treibende Wurzel." Delitzsch, Gen. 14. Vgl. Hengstenberg, Beitr. II, 48. III. 1. Herbst, II, 1. § 3 und 4. Keil § 34.

„Allerdings finden sich auch Thatsachen, welche im Widerspruch mit dem Gesetze stehen. Allein so wenig aus der Thatsache vom Verkaufe mancher Kirchenämter unter Kaiser Heinrich IV. hervorgeht, damals hätten keine kirchlichen Canonen gegen die Simonie existirt, ebenso wenig läßt sich aus dem Vorkommen z. B. von Götzendienst unter und nach Salomo schließen, daß damals die mosaischen Gesetze gegen den Götzendienst nicht existirt haben. Diese negativen Spuren können nur beweisen, daß jenes Gesetz manchmal den Leidenschaften weichen mußte, — vorausgesetzt, daß sich positive Spuren zeigen; und dergleichen finden sich in Menge." Haneb. 180.

Was 4 Kön. 22 über das „Finden des Gesetzbuches" im Tempel unter Josias berichtet wird, ist auf ein Wiederauffinden des Tempel-Exemplars nach der langen Regierung des götzendienerischen Manasses zu beziehen, setzt nicht eine gänzliche Unbekanntschaft mit dem Gesetzbuche voraus und kann am allerwenigsten als „erste Spur vom Vorhandensein eines mosaischen Buches" bezeichnet werden. S. Movers, Bonner Ztf. H. 12 u. 14. Häv. I, 2, 534. Bähr, Bücher der Kön. 456. 464.

Anm. Die Samaritaner haben den Pent. in hebräischer Sprache, aber in samaritanischer Schrift. Wenn sich sicher nachweisen ließe, daß sie denselben von den Angehörigen des Reiches Israel überkommen hätten, so könnte dieses als Beweis dafür angeführt werden, daß der Pent. wenigstens schon vor der Trennung des Reiches vorhanden war und für echt gehalten wurde, da die Angehörigen des Reiches Israel ihn nicht angenommen haben würden, wenn er erst nach Salomo im Reiche Juda entstanden wäre (Jahn, II. § 11. Bertholdt 814. Aehnlich Hug, Ztf. f. d. Erzb. Freib. VII, 1). Da aber nicht mit Sicherheit zu entscheiden ist, ob die Samaritaner den Pent. in dieser Weise erhalten, oder erst nach dem Exil adoptirt haben, so ist auf dieses Argument kein Gewicht zu legen. Hengstenb., Beitr. II, 4. Häv. I, 2. § 143. Bleek 332.

B. Innere Gründe.

3. Der Verfasser der vier letzten Bücher erscheint durchgängig als Augen- und Ohrenzeuge und als so genau mit allen Einzelheiten bekannt, daß er ein Zeitgenosse der Ereignisse gewesen sein

muß; Ex. 15, 22. 27; Lev. 24, 10. 11; Num. 7; Deut. 1, 1. 2; 31, 14 ff. u. f. w.

Herbst II, 1. § 5 u. 6. Schultz, Deut. 76. 78.

4. Die bei der Aufzeichnung der Gesetze beobachtete Ordnung (§ 8, 3) spricht dafür, daß dieselben gleich aufgezeichnet worden sind. Ein Späterer würde sie mehr in systematischer Ordnung aufgezeichnet haben. Auch die Fassung der meisten Gesetze spricht für ihren Ursprung in der mosaischen Zeit. Lev. 4, 11. 12; 16, 10. 27 u. f. w.

Bleek 183. 328.

5. Diese Gründe (3 u. 4) sprechen für die Abfassung der vier letzten Bücher in der mosaischen Zeit; die Genesis aber kann nicht später geschrieben sein; denn sie ist a. offenbar eine Einleitung zu den folgenden Büchern und steht im engsten Zusammenhange mit denselben, § 8, 1. 2; b. der Anfang der Exodus schließt sich an den Schluß der Genesis an; und c. die vier letzten Bücher setzen den Inhalt der Genesis voraus, Ex. 13, 19; 31, 17; Num. 26, 19; Deut. 29, 23.

Welte I, 2. § 15 u. 17.

6. Für die Abfassung des Pentateuchs in der mosaischen Zeit spricht auch die genaue Kenntniß des alten Aegyptens, welche sich im ganzen Pentateuch, besonders in der Geschichte Josephs kund gibt.

Delitzsch, Gen. 22. 25. 525. Reinke, Beitr. V, 207. Smith (S. 14) 256. 289. 314. Hengstenberg, die Bücher Moses und Aegypten. Berl. 1841. G. Ebers, Aegypten und die Bücher Mose's, 1. Bd., Leipzig 1868, bes. S. 265 ff.

7. Aus dem Gesagten (3—6) folgt zunächst nur, daß der Pentateuch in der mosaischen Zeit verfaßt worden ist; in dieser Zeit ist aber Moyses selbst offenbar derjenige, welchem am ersten die Abfassung eines solchen Werkes zugeschrieben werden kann. Von mehrern geschichtlichen und gesetzlichen Abschnitten der drei mittlern Bücher wird ausdrücklich gesagt, daß Moyses sie aufgeschrieben habe; s. o. Nro. II, S. 15. In Bezug auf die Stellen Deut. 17, 18; 28, 58 u. f. w. und besonders 31, 9. 24 sind die Ausleger nicht einig, ob sie die Aufzeichnung des ganzen Pentateuchs oder nur die Aufzeichnung von Deut. 1—31 durch Moyses aus-

sagen. — Wenn man aus diesen Stellen aber auch nicht die Aufzeichnung des ganzen Pentateuchs durch Moyses folgern will, so läßt sich jedenfalls auch nicht daraus schließen, daß Moyses nur die eben erwähnten Stücke selbst aufgezeichnet habe. Gegen die Annahme, daß dieses der Fall sei, daß die übrigen Theile des Pentateuchs von andern Zeitgenossen aufgezeichnet und daß bald nach dem Tode des Moyses der Pentateuch in seiner jetzigen Gestalt zusammengestellt worden (s. o. Nro. II), — sprechen folgende Gründe: a. Der strenge Zusammenhang und feste Plan des ganzen Werkes (§ 8, 1) weist auf Einen Verfasser, die eigenthümliche Ordnung der Gesetze (§ 8, 3) auf einen gleichzeitigen Verfasser hin. — b. Unter den Israeliten im mosaischen Zeitalter war Moyses selbst am ersten berufen und geeignet, ein solches Werk zu verfassen. — c. Weder im Pentateuch selbst, noch in andern alttestamentlichen Büchern, noch in der Tradition findet sich eine Bestätigung dieser Ansicht. Die Gründe, welche man dafür vorbringt, sind nicht beweisend; s. § 11.

Deut. 31, 9: „Und Moyses schrieb dieses Gesetz (אֶת־הַתּוֹרָה) und gab es den Priestern . . . und allen Aeltesten von Israel," und befahl ihnen, im Erlaßjahre am Laubhüttenfeste „dieses Gesetz" dem versammelten Volke vorzulesen. V. 24: „Und als Moyses das Schreiben der Worte dieses Gesetzes vollendet hatte bis zu ihrem Schlusse, befahl er den Leviten: nehmet dieses Gesetzbuch und leget es neben die Bundeslade." — Auf den ganzen Pent. beziehen dieses namentlich Hengstb., Beitr. III, 153. Häv. § 108. Keil § 33 (vgl. Comm. zur Gen. S. XXI), — bloß auf das Deut. Delitzsch, Gen. 24 (vgl. Ztf. f. luth. Theol. 1860, 221) und Kurtz, Gesch. des A. B. II, § 99, 5.

1 Esdr. 9, 10. 11 („wir haben verlassen deine Gebote, die du geboten hast durch deine Knechte, die Propheten, indem du sprachst: das Land, wohin ihr geht, um es in Besitz zu nehmen" 2c.), worauf sich Delitzsch, Gen. 40 zu Gunsten der fraglichen Ansicht beruft, bezieht sich darauf, daß die von Moyses gegebenen Gebote von den Propheten eingeschärft wurden; vgl. 4 Kön. 17, 13; 21, 10. Bertheau, Esra 114.

§ 10.

Einwendungen gegen die Echtheit des Pentateuchs.

1. „Moyses kann nicht der Verfasser des Pentateuchs sein; denn es wird von ihm in diesem Buche nicht nur in der dritten

§ 10. Einwendungen gegen die Echtheit des Pentateuchs.

Person," — vgl. Js. 7, 3; 8, 1; 20, 2; Amos 7, 8, 12. Aug. c. Faust. 17, 4. — „sondern auch in Ausdrücken gesprochen, in welchen gewiß Moyses nicht von sich selbst gesprochen haben würde, Ex. 11, 3; Num. 12, 3. 6—8." — Diese Einwendung beruht auf einer unrichtigen Auffassung der betreffenden Stellen; richtig verstanden, enthalten sie nichts, was gegen ihre Aufzeichnung durch Moyses spricht.

Häv. I, 2. § 109. Welte, Nachmos. 41. — Ex. 11, 3: „Der Mann Moyses war sehr groß im Lande Aegypten in den Augen der Knechte Pharao's und in den Augen des Volkes" — sagt nur, welchen Eindruck die durch Moyses gewirkten Wunder in Aegypten machten. — Num. 12, 6 ff. (in omni domo mea fidelissimus est) ist ein Ausspruch Gottes über Moyses, dessen Mittheilung in dem Berichte über die Auflehnung Maria's und Aarons nöthig war; und die Bemerkung in B. 3 (erat enim M. vir mitissimus etc.) erklärt nur, daß Moyses keinen Anlaß zu dieser Anfeindung gegeben, und namentlich, daß Gott dieselbe bestraft habe, ohne daß Moyses darüber Klage geführt. — Welte übersetzt mit Andern Num. 12, 3: וְהָאִישׁ מֹשֶׁה עָנָו מְאֹד „und Moyses war sehr geplagt", und B. 7: בְּכָל־בֵּיתִי נֶאֱמָן הוּא „er ist mit meinem ganzen Hause betraut."

Der größte Theil der Einwendungen, welche noch jetzt gegen die Echtheit des Pent. vorgebracht werden, wird schon in den älteren Commentaren (z. B. von Bonfrere und Corn. a Lapide) und Einleitungsschriften (Natalis Alexander, Goldhagen u. s. w.) berücksichtigt und durchgängig ganz gut erörtert.

2. „Der Pentateuch kann nicht in der mosaischen Zeit verfaßt sein; denn

a. die Sprache desselben ist schon ganz die nämliche, wie in andern erweislich viel spätern alttestamentlichen Büchern." — Aber α) die hebräische Sprache hat sich im Laufe der Zeit verhältnißmäßig wenig geändert (§ 5, 2); β) der Pentateuch hat nicht wenige sprachliche Eigenthümlichkeiten, Archaismen, z. B. הוּא und נַעַר auch für das Femininum, die Pronomina הָאֵלֶּה und הָאֵל, הוּ־ als Suff. nom., den St. constr. mit dem Bindevocal י oder ־ִי u. s. w.; γ) es lassen sich keine sprachlichen Erscheinungen namhaft machen, die nothwendig in eine spätere Zeit führen.

Welte, Nachmos. § 1 u. 2. Movers, Bonner Ztf. Hft. 16, 154. Reinke, Beitr. V, 189. — Zu β) vgl. Keil § 15. Delitzsch, Gen. 26. Knobel, Numeri 503; zu γ) Welte a. a. O. S. 8 ff. Es handelt sich hier namentlich um Wörter und Ausdrücke, welche im Pent. und in den spätesten Büchern, nicht auch in den Büchern der Zwischenzeit sich finden, — eine Erscheinung, die sich als Aufnahme von Archaismen in der Periode des Verfalls der hebr. Sprache erklärt.

„Der Einwand, daß die Schreibkunst im mosaischen Zeitalter noch nicht bekannt gewesen sei, ist unbegründet; denn es sind uns ägyptische Papyrus nicht allein aus der mosaischen, sondern selbst aus der vormosaischen Zeit erhalten; Seyffarth, welcher mehr als 10,000 ägyptische Papyrusrollen in Händen gehabt, sagt, daß wenigstens 2000 Jahre v. C. auf Papyrus geschrieben wurde." Delitzsch, Genesis 20. Vgl. Hug, Ztj. f. d. Erzb. Freib. IV, 1. Hengstb., Beitr. II, 415. Häv. § 44. Reinke, Beitr. V, 203.

b. „Der Pentateuch citirt alte Quellen für einige seiner Berichte über die Zeit des Aufenthaltes in der Wüste, Num. 21, 14. 17. 27." — Aber Volkslieder und eine Sammlung von solchen mit dem Titel „Buch der Kriege des Herrn" konnte es auch zur Zeit des Moyses schon geben; aus ihnen werden a. a. O. Stellen angeführt, aber keineswegs als Quelle citirt.

Hengstb., Beitr. III, 223. Welte, Nachmos. 188.

c. „Der Verfasser des Pentateuchs bezeichnet das Ostjordanland mit עֵבֶר הַיַּרְדֵּן, z. B. Deut. 1, 1." — Daraus folgt aber nicht, daß er im Westjordanland lebte; denn die Worte bedeuten nicht „jenseit des Jordan," sondern je nach dem Zusammenhange „diesseit" oder „jenseit". Vgl. Joj. 12, 1. 7; 1, 14. 15; Num. 32, 19. 32; Deut. 3, 8. 20. 25.

Welte, Nachmos. 177. Reinke, Beitr. III, 327. Schultz, Deut. 27. Hitzig zu Jes. 18, 1. (So schon Vatablus.) — Anders Hengstb., Beitr. III, 313: „Jenseit des Jordan" ist eine stehende, von den persönlichen Verhältnissen des einzelnen Redenden unabhängige geographische Bezeichnung des Ostjordanlandes, Peräa's. (Aehnlich schon Corn. a Lap. zu Deut. 1, 1.)

Daß auch Moyses „westlich" durch יָם oder מַעֲרָב ausdrücken konnte, Gen. 12, 8. u. s. w., bedarf kaum der Bemerkung; Welte, Nachmos. 180.

d. „Die öfter vorkommende Bemerkung, daß etwas noch sei bis auf diesen Tag, z. B. Deut. 3, 14," beweist nicht die nachmosaische Abfassung des Pentateuchs, da dieser Ausdruck in der Bibel oft von einer nicht fernen Vergangenheit und synonym mit unserm „seitdem" gebraucht wird, z. B. Matth. 27, 8.

Hengstb., Beitr. III, 324. Welte, Nachmos. 183. König, alttest. Studien I, 94. Schultz, Deut. 31. — Andere Beisp. Gen. 35, 20; 47, 26; Deut. 2, 22; 10, 8.

e. „Viele einzelne Stellen weisen auf einen nachmosai=

schen Ursprung des Pentateuchs hin." — Diese Stellen kann, wenn sie nur richtig gedeutet werden, Moyses ganz gut selbst geschrieben haben. Ueber muthmaßliche Glossen von späterer Hand s. o. S. 14.

Die Stellen z. B. Gen. 12, 6 („der Chananäer war damals im Lande") und 36, 31 („die Könige, welche im Lande Edom herrschten, bevor über die Kinder Israels ein König herrschte") beweisen nicht, daß zur Zeit des Verf. die Chananäer nicht mehr in Palästina wohnten und die Israeliten schon Könige hatten (vgl. Gen. 35, 11; Deut. 17, 14); Lev. 18, 28 setzt nicht voraus, daß die Chananäer schon vertilgt waren. — S. über diese und andere ähnliche Stellen Hengstb., Beitr. III, 184 ff. Welte, Nachmos. 185. 203 u. s. w. Tüb. Q.-S. 1851, 579. Delitzsch, Gen. 350. 510. — Ueber Deut. 32 (gegen A. Kamphausen, das Lied Moses, Lpz. 1862) Schultz, Deut. 647. Keil, Lev. 536.

Ueber angebliche Widersprüche im Pent. s. § 11, 3 d.

§ 11.
Prüfung einiger Hypothesen über die Composition des Pentateuchs.

1. Es ist nicht unwahrscheinlich, daß Moyses bei der Abfassung der Genesis schriftliche Quellen benutzt und theilweise ohne alle oder ohne große Aenderungen in sein Werk aufgenommen hat. Versuche, über die Beschaffenheit dieser Quellen und den Umfang der aus ihnen entlehnten Stücke Genaueres zu ermitteln, wie ein solcher Versuch im Großen zuerst von Astruc gemacht wurde, können aber bei dem Mangel an äußern Kriterien zu keinem sichern Resultate führen.

Astruc (Conjectures sur les mémoires originaux, dont il parait que Moyse s'est servi pour composer le livre de la Génèse, Brüssel 1753) findet in der Genesis zwei größere Mémoires, von denen das eine Gott mit Elohim, das andere mit Jehova bezeichnet, und 10 kleinere Fragmente aus andern Quellen. S. u. Nro. 4. — Daß der Verf. der Gen. ältere Quellen benutzt hat, ist an sich wahrscheinlich (Jahn II. § 15); auch die Annahme, daß er ein zusammenhängendes älteres Werk vor sich gehabt, ist unbedenklich; es fragt sich nur, ob und welche Stücke sich als durchgängig unverändert aus diesen Quellen aufgenommen ansehen lassen, — am ersten die Genealogieen 5, 3 ff.; 11, 10—26; 36, 1 ff., welche im Ausdrucke von einander abweichen, und einzelne Berichte, welche sich durch Umständlichkeit und einige sprachliche Eigenthümlichkeiten auszeichnen, Cap. 14. 23. (Häv. § 116) und Cap. 7. u. 8 (Kurtz, Gesch. des A. B. I. §. 26). Vgl. Kurtz, Einheit der Gen. 31. 81.

2. Die oben § 9, III erwähnten Hypothesen über die (nach=mosaische) Entstehung unseres Pentateuchs (und des Buches Josue, welches dann in der Regel als ursprünglich mit dem Pent. verbunden angesehen wird) lassen sich auf folgende Hauptformen zurückführen:

a. Die Fragmenten=Hypothese: der Pentateuch ist eine Sammlung von größern und kleinern Fragmenten von verschiedenen Verfassern.

b. Die Urkunden=Hypothese: zwei oder drei ältere Schriften, eine oder zwei elohistische und eine jehovistische — von dem Gebrauch der Gottesnamen Elohim und Jehova (Vg. Deus und Dominus) so genannt — sind von einem spätern Redacteur, der noch einzelnes beigefügt hat, zu userm Pentateuch zusammengestellt worden. Nach den Meisten haben aber dann noch die deuteronomischen Reden einen besondern Verfasser.

c. Die Ergänzungs=Hypothese: eine alte Grundschrift (von dem Elohisten) ist von einem Spätern (dem Jehovisten) durch Ueberarbeitung und Ergänzung mit Benutzung anderer alter Quellen zu userm Pentateuch gestaltet worden. Die Schrift des Deuteronomikers ist dann noch später eingeschoben worden.

Vgl. Knobel, Kritik des Pent. und Josua, in dem Comm. zu Num., Deut. u. Jos. 489. Bleek 228.

a. So Vater u. Hartmann (s. o. S. 15); ähnlich Bertholdt 825. Die Hypothese ist jetzt allgemein aufgegeben.

b. So nach dem Vorgange von Astruc, Eichhorn u. A. neuerdings Hupfeld (s. o. S. 16). Er unterscheidet den ältern und den jüngern Elohisten, den Jehovisten und den „Redactor". Aehnlich Davidson I, 58.

c. So mit mancherlei Modificationen de Wette, Tuch, Stähelin, Nöldeke (s. o. S. 16), Bleek 327 u. A., namentlich Knobel a. a. O.: eine Grundschrift über die Geschichte von der Schöpfung bis zur Vertheilung Chanaans (aus der Zeit Sauls) hat der Jehovist (im 8. Jahrhundert) mit Benutzung des „Rechtsbuches" und des „Kriegsbuches" und nach Sagen, Ansichten und Vermuthungen überarbeitet; der Deuteronomiker hat (im 7. Jahrh.) Deut. 1—31 und sonst einiges eingeschaltet; Graf (s. o. S. 16): ein älteres Werk ist nach mündlichen und schriftlichen Quellen im 8. Jahrh. von dem „Jehovisten", im 7. Jahrh. von dem „Deuteronomiker" (Jeremias?) überarbeitet worden; die Cultusgesetze im Lev. und in Theilen von Ex. und Num. sind nachexilischen Ursprungs, von Esdras gesammelt und um 400 v. C. dem Pent. einverleibt worden. — Noch complicirter sind die Hypothesen von Ewald, Gesch. des Volkes Isr. I, 81, und von Fürst, Gesch. der bibl. Lit. I, 273. 284.

§ 11. Hypothesen über die Composition des Pentateuchs.

Eine Art von Ergänzungshypothese ist auch die Ansicht von Delitzsch und Kurtz, s. o. § 9, II.

3. Gegen diese Hypothesen sprechen die oben angeführten Beweise für die mosaische Abfassung des Pentateuchs, sowie die Planmäßigkeit und der consequente Zusammenhang des ganzen Werkes (§ 8). Aeußere Gründe für dieselben werden nicht vorgebracht; die innern Gründe sind zum Theil nicht beweisend, zum Theil beruhen sie auf Mißverständnissen: so ist

a. die Darstellung nur scheinbar lückenhaft und fragmentarisch, vgl. § 8, 1—3.

In Bezug auf die vielen einzelnen Stellen, wo Knobel 502, Bleek 216 u. A. den rechten Zusammenhang und die passende Verbindung vermissen, vgl. die Erklärer und Ranke's Unters.

b. Ueberschriften und Schlußformeln, wie Gen. 2, 4; 5, 1; 6, 9; Lev. 26, 45 u. s. w., weisen an sich gar nicht auf einen verschiedenen Ursprung der Abschnitte hin und sind zudem ganz an ihrer Stelle.

Knobel 502. Dagegen Welte, Nachmos. 76.

c. Von den angeblichen Wiederholungen verdienen viele gar nicht diesen Namen; Ex. 39 z. B. ist keine Wiederholung von Ex. 28, Num. 11 u. 20 nicht von Ex. 16 u. 17, und Gen. 2, 4 ff. ist nicht ein zweiter Schöpfungsbericht, sondern Fortsetzung von Gen. 1. — Die wirklich vorkommenden Wiederholungen finden in dem § 8, 3. 4. Gesagten ihre Erklärung.

Bleek 211. Knobel 497. Dagegen Hengstb., Beitr. III, 378. Welte, Nachmos. 100 ff. Delitzsch, Gen. 54.

d. Die angeblichen Widersprüche, auch die scheinbarsten, werden durch eine richtige Erklärung der betreffenden Stellen beseitigt.

Beispiele: Gen. 11, 26—32 und 12, 1—4: Abraham zog entweder schon vor dem Tode seines Vaters nach Chanaan, oder erst nach demselben (Apg. 7, 4), war dann aber nicht der älteste Sohn Thare's. Vgl. *Aug.* Qu. in Hept. 1, 25. *Wouters*, Dilucid. I. 173. Ranke I, 198.

Gen. 26, 34; 28, 9; 36, 2: Esau's drei Weiber hatten je zwei Namen. Welte II, 1, 65. Kurtz, Gesch. des A. B. I. § 74, 2.

Gen. 32, 28 erhält Jakob den Namen Israel, 35, 9. 10 wird ihm dieser Name bestätigt. Bonfrere z. d. St. Welte II, 1, 67.

Ex. 2, 18; 3, 1; Num. 10, 29: Raguel, der Schwiegervater des Moyses,

Reusch, Einleitung. 4. Aufl. 2

ließ auch Jethro; Hobab, der Sohn des Raguel, war ein Schwager (חֹתֵן, LXX γαμβρός, Vg. cognatus) des Moyses. Nach Andern war Raguel der Großvater, Hobab = Jethro der Vater des Weibes des Moyses (Keil S. 73); nach Andern Raguel der Schwiegervater, Hobab und Jethro die Schwäger (Ranke II, 6), oder Hobab = Jethro der Schwager des Moyses. Vgl. Welte, Nachmos. 122. Kurtz, Gesch. des A. B. II. § 11, 7.

Ueber andere scheinbare Widersprüche vgl. Welte, Nachmos. 120 und Tüb. Q.-S. 1851, 579; über scheinbar widersprechende Gesetze auch Delitzsch, Gen. 48. Es können hier und im Folgenden nicht alle Einzelheiten erörtert werden; die angeführten Beispiele genügen zur Charakteristik des Verfahrens der Gegner.

Daß der Redacteur oder Ergänzer doppelte und „widersprechende" Angaben unvermittelt in sein Werk aufgenommen, ist kaum minder unglaublich, als daß Moyses sie geschrieben.

4. Als „Scheidungsmerkmale" werden bei der Ermittlung der verschiedenen Bestandtheile des Pentateuchs angesehen: a. der Wechsel der Gottesnamen Jehova und Elohim, b. die Verschiedenheit der Anschauungen und Ideen, c. die Verschiedenheit der sprachlichen Darstellung. — Der Wechsel der Gottesnamen weist aber nicht nothwendig auf einen verschiedenen Ursprung der einzelnen Abschnitte hin; vielmehr ist an sehr vielen Stellen der eine oder der andere Gottesname offenbar mit Rücksicht auf seine besondere Bedeutung gewählt, und wenn dieses auch nicht von allen Stellen erwiesen werden kann und an vielen Stellen beide Namen passen würden, so konnte doch augenscheinlich ein und derselbe Verfasser mit den verschiedenen ihm geläufigen Gottesnamen abwechseln. Jedenfalls läßt sich der Gebrauch des einen oder des andern Gottesnamens nicht einmal für die Genesis — für die andern Bücher, in denen der Name Jehova fast alleinherrschend wird, ohnehin nicht — als sicheres Kriterium zur Ausscheidung der verschiedenen Abschnitte verwenden, zumal auch Abschnitte von gemischtem und latentem Charakter vorkommen. Von den neuern Vertretern der Urkunden- und der Ergänzungs-Hypothese wird darum auch die Nothwendigkeit anderer Kriterien anerkannt.

Vgl. außer den schon citirten Werken noch Keil, die Gottesnamen im Pent., Ztf. f. luth. Theol. 1851. Tiele, Bemerkungen zu Kurtz's Einh. der Gen., St. u. Kr. 1852. Reinke, über den Gottesnamen Jehova (und Elohim), Beitr. III, 3. H. G. Hölemann, über Bedeutung und Aussprache von יהוה, in den Bibelstudien, Leipz. 1859, I, 54—95. A. Köhler, de pronunciatione

§ 11. Hypothesen über die Composition des Pentateuchs.

ac vi s. tetragrammatis יהוה, Erl. 1867. Böttcher, Lehrbuch der hebr. Sprache I, 49.

Neben Abschnitten, in denen Gott durchgängig Elohim oder Jehova genannt wird (elohistischen, wie Gen. 1, 1—2, 3; 6, 9—22; 8, 1—19 — und jehovistischen, wie 4, 1—16; 6, 1—8; 7, 1—9; — Gen. 2, 4—3, 14 steht Jehova Elohim), gibt es andere Abschnitte, in welchen beide Namen mit einander abwechseln (gemischte Abschnitte, wie Gen. 22, 1—19; 28, 10—22), und andere, in denen gar kein Gottesname vorkommt (Abschnitte von latentem Charakter, Gen. 11, 10—32; die Cap. 23. 34. 36. 37. 40). Außer Jehova und Elohim kommen auch noch andere Namen vor, wie אל, אל שַׁדַּי, אל עֶלְיוֹן, אֲדֹנָי. Von Ex. 6, 2 an verschwindet der Name Elohim als Charakteristisches ganzer Abschnitte. Delitzsch, Gen. 30. 63.

Schon bei einigen Kirchenvätern (zuerst bei *Tert.* c. Hermog. 3) finden sich Versuche, den Wechsel der Gottesnamen zu erklären, wobei sie jedoch von der Bedeutung der griechischen und lateinischen Surrogate für Elohim (θεός, Deus) und Jehova (κύριος, Dominus) ausgingen. Hengstb., Beitr. I, 181.

אֱלֹהִים ist wohl nicht von אלה = אול „stark sein" (Reinke, Beitr. III, 140. V, 367 u. A.), sondern von אלה in der Bedeutung des arabischen *aliha* „fürchten" abzuleiten (Delitzsch, Gen. 30. 66), — יְהוָה (die richtige Punctation ist יַהְוֶה, יַהֲוֶה oder יַהֲוָה; die Punctation יְהֹוָה vertheidigt Hölemann 79) von הוה = הָיָה „sein", vgl. 3, 14: אֶהְיֶה אֲשֶׁר אֶהְיֶה.

Jehova ist Nomen proprium des wahren Gottes Ex. 3, 18, Elohim mehr ein Nomen appellativum, welches darum auch zur Bezeichnung der heidnischen Götter und geschöpflicher Vertreter Gottes gebraucht wird (Tiele S. 72). Dann bezeichnet Elohim Gott als das überweltliche und absolute Wesen und als Weltschöpfer und Weltregierer, Jehova dagegen den den Menschen sich offenbarenden und namentlich mit Israel im Bundesverhältniß stehenden Gott.

„Wie passend also steht in dem Abschnittte (Gen. 2, 4 ff.), in welchem die von Elohim geschaffene Welt in eine Geschichte des Heiles übergeht, die den Menschen zum Mittel= und Zielpunkte hat, und welcher zeigt, daß Gott der Schöpfer auch Gott der Erlöser und der Lenker der Geschichte ist, Jehova Elohim! Und wer wird die Absichtlichkeit darin verkennen, daß Noah den Elohim, der Japheth ausbreitet, als Gott Sems Jehova nennt (Gen. 9, 26. 27), und daß Abraham den Gott, den Melchisedek El Eljon nennt, näher als Jehova El Eljon bezeichnet (Gen. 14, 19. 22)? Solcher offenbar ab=sichtlichen Fälle gibt es viele." Delitzsch, Gen. 32.

Wenn anderseits an vielen Stellen die absichtliche Anwendung des einen oder des andern Namens sich nicht nachweisen läßt, so läßt sich aus dem Wechsel der Namen an sich ebenso wenig etwas gegen die Einheit des Pent. folgern, wie gegen die Einheit anderer Stücke, in denen die Namen wechseln, z. B. Richt. 13, 8—23; 2 Sam. 6. (Tiele S. 70 ff.) So wechseln ja auch andere Namen, z. B. Jakob und Israel. Del., Gen. 639.

Aus Er. 6, 3 („Ich bin Jehova, und ich bin erschienen dem Abraham, Isaak und Jakob als El Schaddai — allmächtiger Gott —; aber meinen Namen Jehova betreffend, bin ich von ihnen nicht erkannt worden") folgt nicht, daß der Name Jehova den Patriarchen nicht bekannt war (Haneb. 182 u. A., vgl. dagegen Reinke III, 89); es soll nur gesagt werden, „die Israeliten sollten in der nächsten Zukunft eine so herrliche Offenbarung des göttlichen Wirkens erleben, wie sie selbst den hochgepriesenen Stammvätern noch nicht zu Theil geworden sei. Jene hätten den ganzen Umfang, die Fülle und Herrlichkeit göttlicher Wirksamkeit, welche der Name Jehova umschließe, und welche sich jetzt vor ihren Augen entfalten und darlegen solle, noch nicht geschaut, erkannt, erfahren, erlebt." Kurtz, Einh. der Gen. S. XXX. Delitzsch 34. Darum geht es nicht an, in der Genesis „da, wo der Name Jahu vorkommt, die überarbeitende Hand Mosis anzuerkennen, hingegen da, wo Elohim steht, entweder unverarbeitete Reste alter Ueberlieferungen anzunehmen oder zu denken, Moses habe absichtlich neben dem Namen Jahu da und dort den allgemeinen Elohim gesetzt" (Haneb. 198).

5. **Gegen die Scheidung des Pentateuchs nach der Verschiedenheit der Anschauungen und Ideen und der sprachlichen Darstellung erheben sich folgende Bedenken:**

a. Eine Scheidung nach diesen Kriterien läuft bei dem gänzlichen Mangel an äußern Gründen durchgängig auf subjective Auffassungen und Beurtheilungen hinaus; daher denn auch im Einzelnen viele Differenzen zwischen den Vertretern der Hypothesen.

Vgl. die „kritische Analyse" bei Delitzsch, Gen. 642, z. B.: „Gen. 7, 17—24 elohistisch, ausgen. 7, 22 f. jehovistisch. Gewöhnlich scheidet man nur B. 23 als jehov. aus; Tuch u. Knobel scheiden hier gar nicht." — „Gen. 10 eloh., ausgen. die jehov. Einschaltung 10, 8—12. Ebenso Knobel, wogegen nach de Wette, Tuch, Hupfeld das Ganze jehov. ist." — Das Deut. ist nach Delitzsch mosaisch, nach Knobel der jüngste Bestandtheil des Pent.; Lev. 16 nach Bleek und Bertheau mosaisch, nach Graf nacherilisch.

b. Die Anschauungen und Ideen der einzelnen Abschnitte sind bei allen Verschiedenheiten, die man anführt, doch im Wesentlichen und in vielen eigenthümlichen Einzelheiten die nämlichen. Daß aber in verschiedenen Abschnitten eines größern Werkes verschiedene (nicht widersprechende) Anschauungen und Ideen besonders hervortreten, ist auch bei der Annahme eines einzigen Verfassers erklärlich und nöthigt jedenfalls nicht zu der Annahme mehrerer Verfasser.

Ein entschieden theokratischer Geist und eine nationale Gesinnung zeigt sich nach Knobel bei allen Verfassern, nur bei dem einen stärker als bei den andern — d. h. der verschiedene Inhalt der Stücke bringt es mit sich, daß

§ 11. Hypothesen über die Composition des Pentateuchs.

diese Gesinnung mehr oder minder stark hervortritt. — Der Elohist „hat von Gott würdigere und erhabenere Ansichten, als seine Nachfolger (vgl. 526). Doch erzählt auch er, daß Gott den Erzvätern (in menschlicher Gestalt) erschien, daß er in Israel wohnte, und daß er nach der Schöpfung ruhte; er sagt auch einen Eifer und Zorn von Gott aus. Von einem Fluchen und Schwören Gottes .. spricht er zwar niemals" (S. 513). Aber der Deuteronomiker, welcher auch „von Gott würdige Ansichten hat und namentlich seine Unsichtbarkeit angelegentlich hervorhebt", „braucht auch" nicht nur „oft menschliche Ausdrücke von ihm", sondern „führt den Zorn und das Schwören Gottes öfter an, als alle seine Vorgänger" (S. 585).

Der Verf. der Grundschrift „liebt Stammtafeln und anderweitige Personen=Listen, Verzeichnisse geographischer Art, umständliche und genaue Ortsangaben, Berechnungen und Zeitangaben" (Knobel 509). Warum nicht: Moyses gibt in manchen Abschnitten des Pent. Stammtafeln 2c.? — Die spätern Berichterstatter nehmen „Gesetze für das sittliche und bürgerliche Leben und Gedichte mit auf, während der Elohist jene wie diese ausschloß" (526). Warum nicht: manche Abschnitte des mosaischen Werkes enthalten 2c.? Aehnlich verhält es sich mit Bemerkungen, wie: der Elohist „erwähnt die Engel und das Gebot der Ausrottung der Kanaaniter niemals" (526); „für das Böse im Menschenleben und das Uebel im Erdenleben hat er kein Auge, und nirgends bemüht er sich, es aufzuzeigen" (510) u. dgl.

Im Deut. findet sich allerdings manches, was den andern Büchern „fremd ist, z. B. der Ton frommen Staunens und andächtiger Bewunderung bei der Erinnerung an die großen mosaischen Ereignisse, die Lobpreisung des Gesetzes, des weisesten aller Gesetze, die angelegentliche und dringliche, fast ängstliche Art der Einschärfung des Gesetzes" (Knobel 591); aber alles dieses charakterisirt nicht „den Deuteronomiker als den jüngsten der pentat. Verfasser", sondern paßt ganz gut zu der § 8, 4 angegebenen Situation.

c. In sprachlicher Hinsicht findet sich neben vielen Eigenthümlichkeiten eine große Uebereinstimmung. Soweit die sprachliche Darstellung in den einzelnen Abschnitten verschieden ist, erklärt sich die Verschiedenheit größtentheils aus der Verschiedenheit des Inhalts derselben, bei dem Deut. auch aus dem eigenthümlichen Charakter dieses Buches (§ 8, 4), und bei der Genesis theilweise auch aus der Aufnahme älterer Aufzeichnungen (Nro. 1).

Die oben § 10, 2, a erwähnten sprachlichen Eigenthümlichkeiten des Pent. finden sich in allen Stücken, so הוא für היא 195 mal im Pent., 26 mal im Deut., נַעֲרָ für נַעֲרָה in allen Büchern u. s. w. Delitzsch, Gen. 26. Nach Hupfeld 198 rührt freilich „die durchgängige Schreibart הוא u. נער von dem Redactor her;" aber warum hat dieser nicht lieber das später doch gewöhnlichere היא u. נערה gewählt? — Nach Knobel 503 ist „manches Eigenthümliche allen oder mehrern pentat. Verfassern gemeinsam, dem übrigen

A. T. dagegen mehr oder weniger fremd;" Knobel erklärt dieses durch die Annahme einer „Abhängigkeit der Spätern von den Aeltern." — Von den „elohistischen Lieblingsformeln" kommen manche auch in der „zweiten Urkunde des Jehovisten" vor, „welche im Ausdruck der Grundschrift nahe steht;" andere kommen auch bei den Uebrigen, wiewohl „ziemlich selten", vor (516. 532. 552. 558). Der Jehovist „schließt sich in der Sprache sehr an das Rechtsbuch an" (575); der Deuteronomiker „hat manches mit dem Jehovisten gemein" (578) und „vieles mit den Aeltern" (586). — Bei Delitzsch 69 ist die Zahl der „elohistischen Lieblingsausdrücke" auf 8 reducirt; s. über diese Keil § 27, 14.

Da der „Grundschrift" die Stammtafeln u. dgl. zugewiesen werden (b), so finden sich in ihr die Formeln „nach ihren Generationen, nach ihren Geschlechtern" u. s. w. (Knobel 515). Da sie über den Bau der Stiftshütte berichtet, sind ihr die Bezeichnungen ihrer Geräthe eigenthümlich (517); ebenso die den Opferdienst betreffenden Ausdrücke (518), weil die meisten Opfergesetze der Grundschrift zugewiesen werden. Vgl. Keil 86.

Aus dem rhetorischen Charakter des Deut. erklären sich die Ausdrücke „Jehova dein Gott", „damit lang werden deine Tage" und andere bei Knobel 587. Daß das Deut. „den Sinai immer Horeb nennt", ist nicht „auffällig" (Delitzsch 28). „Während des ganzen Aufenthaltes am Gesetzesberge, wo die Umgebung so vieler andern Berge eine Besonderung forderte, heißt der Gesetzesberg Sinai; nachdem aber die Israeliten jene Gegend verlassen, ist das Bedürfniß der Besonderung des Berges zurückgetreten, und der geläufigere, allgemeinere Name tritt wieder ein." Kurtz, Gesch. des A. B. II. § 45, 1. Schultz, Deut. 106. — Vgl. über andere Einzelheiten Häv. I, 2. § 118.

d. Es ist ganz erklärlich, daß die drei Scheidungsmerkmale bei vielen Abschnitten zusammentreffen, da zu dem Inhalte mancher Abschnitte der eine oder der andere Gottesname besser paßt (Nro. 4) und der Inhalt vielfach die sprachliche Darstellung bedingt (c). Bei manchen Abschnitten treffen die drei Merkmale aber nicht zusammen, und „die Kritik" ist darum nicht selten zu der Annahme von Interpolationen, Auslassungen und Ueberarbeitungen genöthigt, wo die Bestandtheile in ihrer jetzigen Gestalt der zu begründenden Scheidung sich nicht fügen wollen.

So gehört nach Knobel 600 von Gen. 21 zur Grundschrift V. 1 b—5, zum Rechtsbuche V. 6—13. 14 theilw., 15. 16 a. 17—31, dem Jehovisten V. 1 a. 14 theilw., 16 b. 32—34. — Aehnlich Delitzsch 642: „Gen. 7, 1—9 jehovistisch, theilweise nach elohist. Vorbild; 25, 21—34 jehov., aber verschmolzen mit elohist. Bestandtheilen" u. dgl. — In den elohistischen Stellen Gen. 17, 1; 21, 1 rührt „Jehova" von dem Jehovisten her (Knobel 507), ebenso anderes Nichtelohistische in der Grundschrift; „denn es konnte nicht fehlen, daß der Jehovist, welcher bei der Zusammenarbeitung der Urkunden doch alles durch seine Feder gehen ließ, hie und da unwillkürlich einen ihm geläufigen Ausdruck an die Stelle des ältern setzte und auch einzelnes zum Aeltern beifügte" (532; vgl. Bleek 253). „Der Redactor hat selbst systematische Correcturen der einen Quelle nach der andern (Conformation) zuweilen nicht gescheut" (Hupfeld 198). „Einige Theile der Grundschrift hat der Verf. bis zur Unmöglichkeit kritischer Analyse in seine eigene Darstellungsweise verwandelt" (Delitzsch 643). Und doch ist der „Kritik" die Scheidung gelungen!

Um die Annahme retten zu können, daß „die Grundschrift ein zusammenhängendes und ziemlich vollständig erhaltenes Werk" sei, muß, da dieselbe augenscheinlich lückenhaft ist, angenommen werden, daß der Ergänzer manches weggelassen habe; Knobel 504, Bleek 265.

Nach dem, was Knobel von dem Jehovisten und dem Deuteronomiker sagen muß, sind dieselben des Namens, nicht nur eines biblischen, sondern auch eines vernünftigen Schriftstellers kaum würdig. „Ein Anliegen ist dem Jehovisten die Ausgleichung der verschiedenen Nachrichten" (573); aber „er arbeitet aus Urkunden Widersprechendes unbedenklich zusammen und scheut sich nicht, auch aus nichtschriftlicher Quelle solches anzuweben" (572). „Das Mechanische seines Verfahrens bekundet auch die Beibehaltung von Unterschriften, welche in den Quellen ganz richtig standen, bei der Vereinigung aber wegzulassen waren. Auch von Mißverständnissen der Aeltern und Ungenauigkeiten ist er nicht freizusprechen" (574) u. dgl. — „Das Buch hat sich an seinen Gegnern gerächt: vor diesem endlosen Argwohn hat der alte ernste Autor die Thüre des Verständnisses zürnend verschlossen." Ranke I, 278.

Ein Gefühl der Sicherheit verräth es am allerwenigsten, wenn die „Kritik" schließlich erklärt: wer nicht die Fähigkeit habe, einen wesentlichen Unterschied zwischen elohistischer, jehovistischer und deuteronomischer Schreibart zu merken und auf Grund dieser Wahrnehmung verschiedene Verfasser zu erkennen, mit dem sei wissenschaftlich nicht zu verhandeln, und die Meinungen der „Harmonisten" verdienten keine besondere Beurtheilung (Knobel S. VI).

§ 12.
Glaubwürdigkeit des Pentateuchs.

1. In Bezug auf den Inhalt der vier letzten Bücher war Moyses Augen- und Ohrenzeuge und am besten im Stande, genau zu berichten. Für die Genesis waren vielleicht theilweise ältere Aufzeichnungen, sicher die mündliche Ueberlieferung die Quelle. Die Traditionen konnten sich aber in der Familie der Patriarchen bei der langen Dauer des Lebens in der ältesten Zeit und bei ihrer abgeschlossenen Stellung besonders leicht erhalten. Für den

Schöpfungsbericht muß eine göttliche Offenbarung als Quelle angenommen werden. — Daß Moyses getreu berichten wollte, dafür bürgt sein Charakter, die objective und unparteiische Darstellung und das Zeugniß seiner Zeit- und Volksgenossen, denen er (in den Reden des Deuteronomium) den Hauptinhalt seiner geschichtlichen Berichte vortrug.

„Die Urgeschichte, welche die Gen. erzählt, kann glaubhaft sein. Die Quelle, welcher sie entnommen ist, ist die mündliche, innerhalb der patriarchalischen Familie fortgepflanzte Ueberlieferung, durch welche sich nach göttlichem Geheiß Gen. 18, 19 das Andenken an die Offenbarungen Gottes im Leben der Väter vererbte und um so leichter vererben konnte, je länger die Lebensdauer, je einfacher die Lebensweise und je geschlossener gegen fremdartige Einflüsse von außen die Stellung der Patriarchen war. (Sem, qui a vu Lamech, qui a vu Adam, a vu au moins Abraham, et Abraham a vu Jacob, qui a vu ceux qui ont vu Moïse. *Pascal*, Pensées p. 2 art. 8.) . . . Man vergleiche auch nur einmal die alttestamentliche Literatur mit den Literaturen des heidnischen Orients, unter welchen sie an schlichter Nüchternheit, an kindlicher Objectivität, an reiner Sittlichkeit, an universalem Umblick und an gemeinmenschlichem Interesse nicht ihres Gleichen hat." Delitzsch, Gen. 55.

Wenn der Pent. vieles berichtet, wodurch das Volk Israel und seine Stammväter und Moyses selbst verherrlicht werden, so zeigen doch manche Stellen, daß diese Verherrlichung nicht der Zweck des Erzählers war, Gen. 38; Num. 20, 12; Deut. 9, 6 ff.; 32, 51.

2. Daß der Pentateuch viele Wunder berichtet, kann nicht als Argument gegen seine Glaubwürdigkeit angesehen werden. Daß nicht alle seine Berichte durch andere Quellen bestätigt werden, liegt in der Natur der Sache; wo andere glaubwürdige Quellen vorhanden sind, widersprechen sie den mosaischen Berichten nicht. Widersprechende Berichte im Pentateuch selbst sind nicht vorhanden (§ 11, 3 d). — Die Rechtfertigung der einzelnen bestrittenen Angaben des Pentateuchs gehört in die Exegese desselben, theilweise auch in die Apologetik und Dogmatik (Hexaemeron, Sündenfall, Einheit des Menschengeschlechts).

Häv. I, 2. § 120—134. Welte, Vorgebliche Verstöße gegen die historische Wahrheit im Pent., Tüb. Q.-S. 1851, 579. Wiseman, Zusammenhang zwischen Wissensch. und Offenb. Regensb. 1856 (3. Aufl. 1866). Kurz, Gesch. des A. B. 1. u. 2. Bd. und die dort angeführte Literatur. Reusch, Bibel und Natur (3), Freib. 1870.

§ 13.
Wichtigkeit des Pentateuchs für die Geschichte der alttestamentlichen Offenbarung.

1. Der Pentateuch ist nicht bloß wichtig als Quelle für die älteste Geschichte, sondern namentlich weil er über die für die alttestamentliche Offenbarung wichtigsten Ereignisse berichtet, über den Sündenfall und die Verheißung der Erlösung, über die Auserwählung des Volkes Israel und die Heranbildung desselben unter Gottes Leitung.

2. Der Pentateuch enthält das von Gott gegebene Gesetz, welches das ganze Leben des auserwählten Volkes normiren sollte, und worauf die wichtigsten alttestamentlichen Institutionen basiren, das Priesterthum, die Opfer, die Feste u. s. w., ja überhaupt die Dogmatik, die Moral, das Recht und der Cultus des Alten Bundes. Ebenso ist der Pentateuch die Grundlage der ganzen übrigen alttestamentlichen Literatur.

Haneberg, Gesch. der Offenb. S. 94 ff.

Delitzsch, Genesis 11 ff.; S. 14: „Alle Geschichtschreibung, Prophetie, Chokma und Poesie Israels gründet und wesct im Gesetze Mose's. Wie überhaupt jeder schöpferische Anfang alle Entwicklung der Folgezeit beherrscht, so können wir sicher von jener einzigartigen Zeit der Erlösung und von dem größten aller Propheten eine ganze Saat von Fruchtkeimen für die Nachwelt erwarten. Uebrigens ist David ein größerer Meister des lyrischen Gesanges und Jesaja des prophetischen Wortes; aber ohne Mose's Gesetz gäbe es weder David noch Jesaja."

3. Der Pentateuch enthält schon sehr wichtige Hinweisungen auf das Ziel des A. B., auf die Erlösung, in den Typen des mosaischen Cultus und der Geschichte des auserwählten Volkes und in den messianischen Weissagungen. Die messianischen Weissagungen des Pentateuchs sind folgende: a. das Protevangelium, Gen. 3, 15. — b. Die Worte Noe's, Gen. 9, 26. — c. Die Weissagung von der Segnung aller Völker durch den Samen der Patriarchen, Gen. 12, 3; 18, 18; 22, 18; 26, 4; 28, 14. — d. Die Weissagung Jakobs von Schilo, Gen. 49, 10. — e. Die Weissagung Balaams, Num. 24, 17—19. — f. Die Weissagung des Moyses von dem großen Propheten, Deut. 18, 15. 18. 19.

Ueber die messian. Weiss. des A. T. überhaupt s. o. S. 5, über die des Pent. insbef. F. Herb, Erkl. der mess. Weiss. im A. B. 1. Thl. Regensb. 1845. *G. Meignan*, les prophéties messianiques (du Pent.). Paris 1856. *F. X. Patritius S. J.*, de interpretatione scripturarum sacrarum II. Rom 1844. Reinke, Beitr. II. u. IV. Derf., die Weissagung Jakobs. Münster 1849. Himpel, die mess. Weiss. im Pent., Tüb. Q.=S. 1859 u. 60.

Zweite Periode.

Die alttestamentliche Offenbarung vom Einzuge der Israeliten in Chanaan bis zur Trennung des Reiches, 1500—975 v. C.

§ 14.
Geschichtliche Uebersicht.

Kurtz, Lehrb. der h. Gesch. § 59. Messmer, Gesch. der Off. I. § 70. Haneberg, Gesch. der Off. 165. 205. Rohrbacher, I, 499. II, 1.

1. Noch unter Moyses wurde der östlich vom Jordan liegende Theil von Chanaan erobert und den Stämmen Ruben, Gad und Halb=Manasses angewiesen. Nach dem Tode des Moyses eroberte und vertheilte Josue (יהושע LXX Ἰησοῦς, vgl. Hebr. 4, 8) das Westjordanland. So erhielten die Israeliten, nachdem sie in Aegypten zu einem Volke herangewachsen waren und in der Wüste ihre religiöse und politische Verfassung erhalten hatten, das ihren Vätern und ihnen verheißene Land zum Wohnsitz. Diesen wichtigen Abschnitt in der Geschichte des Volkes Gottes erzählt das Buch Josue.

2. In den ersten 300 Jahren seines Aufenthaltes in Chanaan fiel Israel wiederholt von Gott ab. Gott strafte es durch die im Lande übrig gebliebenen und die benachbarten heidnischen Völkerschaften, erweckte ihm aber die Richter als Retter, sobald es sich bekehrte. Das Buch der Richter zeigt an geschichtlichen Beispielen aus dieser Zeit dieses Walten der göttlichen Gerechtigkeit und Liebe.

Bachmann, B. der Richter I, 1. „Die Würde der israelitischen Richter (שפטים) war keine stehende, bleibende. In außerordentlichen Fällen der Noth wurden sie von Gott zur Errettung des Volkes berufen, und behielten dann gewöhnlich, auch wenn sie ihren Auftrag ausgerichtet hatten, ihr ganzes Leben lang ihr richterliches und obrigkeitliches Ansehen. Ihre Stellung ist mit der

der Propheten sehr verwandt; sie waren Propheten der That." Kurtz, Lehrb. der h. Gesch. § 64.

3. Als letzter Richter und zugleich als Prophet leitete Samuel das Volk. Er salbte den ersten König. Durch die gleichzeitige Ausbildung des Königthums und des Prophetenthums neben dem unter Moyses instituirten Priesterthum erhielt die Theokratie in dieser Zeit ihre äußere Vollendung. In der Familie Davids wurde das Königthum erblich, und David erhielt die Verheißung, daß sein Königthum in dem Messias ein ewiges werden solle. — Durch die Kriege Sauls und Davids wurde die Eroberung des gelobten Landes ganz vollendet und der Besitz desselben sichergestellt. David machte Jerusalem zur Hauptstadt und organisirte und hob den Cultus (die Psalmen); sein Nachfolger Salomon baute den Tempel, und so erhielt der Cultus einen festen Mittelpunkt. — Die Geschichte Israels unter Samuel, Saul und David erzählen die zwei Bücher Samuels, eine Episode aus der Geschichte der Vorfahren Davids das Büchlein Ruth.

4. Außer den meisten Psalmen fallen in die Zeit der ersten Könige, die Blüthezeit der heiligen Dichtkunst, die drei Bücher Salomons und wahrscheinlich das Buch Job.

Erster Abschnitt.

Geschichtliche Bücher.

§ 15.

Das Buch Josue.

L. König, alttestamentl. Studien, 1. Heft: Authentie des B. Josua. Meurs 1836. J. E. F. Steudel, über das B. Josua, in den Vorlesungen über die Theologie des A. T., Berlin 1840, S. 442. F. Himpel, Selbstständigkeit, Einheit und Glaubwürdigkeit des B. Josua, Tüb. Q.=S. 1864. 65. — Die Commentare von Keil und Knobel.

1. Inhalt: a. Eroberung des größten Theiles von Chanaan (1—12); b. Vertheilung des Landes durch Josue und den Hohenpriester Eleazar, Bestimmung der Asyl- und Levitenstädte (1—21);

Rückkehr der ostjordanischen Stämme (22); die letzten Reden Josue's (23. 24); Tod Josue's und Eleazars (24, 29—33).

2. Der Inhalt des B. Josue schließt sich also an den des Pentateuchs an. Unrichtig ist aber die Annahme, dasselbe habe ursprünglich mit diesem ein größeres Geschichtswerk gebildet (s. Nro. 4). Abgesehen von der § 9 erwiesenen Abfassung des Pent. durch Moyses, spricht dagegen der verschiedene sprachliche Charakter und die Erwähnung des Pent. als eines abgeschlossenen Buches, Jos. 8, 31; 23, 6. vgl. 1, 8.

Himpel 1864, 390. — Der verschiedene sprachliche Charakter zeigt sich namentlich darin, daß die pentateuchischen Archaismen (§ 10, 2 a) im B. Jos. nicht mehr vorkommen. Keil, Einl. § 43, Jos. u. Richt. 9. — Gegen die Annahme einer ursprünglichen Verbindung der beiden Werke spricht auch der Umstand, daß die Vertheilung des Ostjordanlandes und die Bestimmung der dortigen Asylstädte (Num. 32, 33; Deut. 4, 41) Jos. 13, 8 und 20, 8 zur Vervollständigung der dort gegebenen Uebersicht nochmals erwähnt werden.

3. Manche, namentlich Aeltere, halten Josue selbst für den Verfasser des Buches. Es müßte dann aber angenommen werden, daß nicht nur der Bericht über Josue's Tod, 24, 29 ff., sondern auch noch einige andere Stellen, welche Ereignisse aus der Zeit nach Josue berichten, von späterer Hand beigefügt worden seien. Wahrscheinlicher ist darum die andere Ansicht, wonach das Buch unter Zugrundelegung von Aufzeichnungen Josue's (der nach 24, 26 wenigstens einen Bericht über die in Cap. 24 erzählte Bundeserneuerung aufschrieb) und vielleicht von andern gleichzeitigen Berichten nicht lange nach Josue's Tod verfaßt worden ist. Jedenfalls fällt nach 15, 63 („es wohnen die Jebusiter mit den Söhnen Juda's in Jerusalem bis auf diesen Tag") die Abfassung des Buches vor die gänzliche Eroberung Jerusalems durch David, 2 Sam. 5, 6; denn die Erwähnung der Gebirge Juda und Israel 11, 21 führt nicht in die Zeit nach der Trennung des Reiches, da die Unterscheidung von Juda und Israel auch schon früher vorkommt, 1 Sam. 11, 8; 2 Sam. 19, 41; und der Ausdruck „bis auf diesen Tag", 4, 9; 5, 9 und sonst, beweist auch hier nicht, daß die erzählten Ereignisse schon lange verflossen waren, vgl. § 10, 2 d.

Josue halten für den Verfasser der Talmud, Calmet und viele ältere Erklärer, Goldhagen, Jahn, König 126. 133. Smith (S. 14) 106.

(Schon die Aeltern nehmen dann eine Ueberarbeitung durch einen Spätern an.) Der Titel „B. Josue" beweist eben so wenig, wie ähnliche, „B. der Richter, Ruth" u. dgl., und wenn Josue bei Sir. 46, 1 als διάδοχος Μωυσῆ ἐν προφητείαις bezeichnet wird, so setzt das nicht eine schriftstellerische Thätigkeit desselben voraus. Vgl. *Nat. Alex.* Aetas 4, diss. 16. — Die Abfassung nach Josue's Tod nehmen an Masius, R. Simon und die meisten Neuern. Wenn Häv. II. 1, 58 das Buch in seiner jetzigen Gestalt für jünger hält, als das der Richter, so geht er von der unerweislichen Voraussetzung aus, der Verf. habe bei den Parallelstellen (s. u.) dieses Buch benutzt. — Bloße Vermuthung, aber nicht unwahrscheinlich ist die Annahme Einiger, daß Phinees, der Sohn des Hohenpr. Eleazar (22, 13; 24, 33), das Buch geschrieben habe (nach der Darstellung bei Rohrb. I, 542 den größten Theil unter Josue's Augen).

Ereignisse aus der Zeit nach Josue werden berichtet Jos. 15, 13—19. vgl. Richt. 1, 20. 12—15. — Jos. 19, 47. vgl. Richt. 18, 1 ff. S. Welte, die Parallelstellen in den BB. Jos. u. Richt., Tüb. Q.-S. 1842, 584. Keil, die Parallelst. im B. Jos. u. im B. der Richt., Ztf. f. luth. Theol. 1846, 1. 2. — Bei dem 2. Theile, Cap. 13 ff., liegen wahrscheinlich Protocolle über die Vertheilung des Landes (vgl. 18, 9) zu Grunde (Keil, Comm. 96). — Auf die Gleichzeitigkeit der dem geschichtlichen Theile zu Grunde liegenden Berichte weist die Genauigkeit derselben im Einzelnen und die Darstellung hin; man citirt auch 5, 1 (nach dem Ketib: „bis wir hindurchgegangen waren" durch den Jordan), vgl. jedoch 4, 23; 24, 6. 7. — Daß das Buch nicht lange nach Josue verfaßt zu sein braucht, zeigen König 85. Welte II, 1. § 21. 22. Keil § 44.

4. Die Hypothesen über die Composition des Pentateuchs (§ 11) sind auch auf das B. Josue ausgedehnt worden, indem man dasselbe als mit jenem zusammen Ein Ganzes bildend ansah (Nro. 2). Die „Scheidungsmerkmale" sind dieselben, welche oben (§ 11, 4) bereits besprochen worden sind. Die „Widersprüche", wegen deren man die Einheit des Buches bestritten hat, sind nur scheinbare.

Nach Stähelin, Einl. § 15, hat der Jehovist das Buch mit Benutzung der Elohimquelle (aus dieser sind die geograph. Abschnitte) verfaßt. Nach Bleek 334 hat der Deuteronomiker das Werk des Jehovisten überarbeitet, dessen Hauptquelle die Schrift des Elohisten war. Nach Knobel hat der Jehovist bei Cap. 1—5 die drei ältern, bei Cap. 6—12. 23. 24 die zweite und dritte, bei Cap. 13—22 vorzüglich die älteste Schrift benutzt; der Deut. hat hie und da einige Sätze beigefügt. Die Scheidung ist hier wohl noch complicirter, als beim Pent. Vgl. Himpel a. a. O.

Ueber die „Widersprüche" s. Welte, II, 1, § 24. Häv. II, 1, § 149. Keil, Ztf. a. a. O. 12. — Die Angabe, Josue habe das ganze Land erobert 11, 16—23, wird durch die Aufzählung der noch nicht eroberten Theile 13,

1 ff. nicht widerlegt, sondern näher bestimmt. Wenn Städte und Gebiete er=
obert werden, wie Hebron und Dabir 10, 36. 38; 11, 21, so schließt das
nicht aus, daß sie wieder verloren gehen 14, 12; 15, 14—17. Wenn Städte
einem Stamme zugetheilt werden 15, 11. 45 ff., so folgt nicht, daß sie auch
schon erobert waren u. s. w. Keil, Comm. 85. 91. — Daß bei den im er=
sten Theile erzählten Kriegen Josue mit den Aeltesten ꝛc. an der Spitze steht,
bei der Vertheilung des Landes der Hohepriester Eleazar mitwirkt und die
Aeltesten ꝛc. nicht erwähnt werden, ist ganz in der Ordnung, vgl. Num. 34,
17 ff. — Die (geringe) Verschiedenheit des Sprachgebrauchs läßt sich theilweise
aus der Verschiedenheit der benutzten Quellen erklären, ist aber größtentheils
durch die Verschiedenheit des Inhalts bedingt, weßhalb denn auch die Kritiker,
um ihre Hypothesen durchzuführen, die historischen Erläuterungen des zweiten
Theiles meist ausscheiden und dem Ergänzer zuweisen müssen. Himpel
1865, 240.

Anm. Das „Buch des Gerechten (סֵפֶר הַיָּשָׁר, Vg. liber justorum),
welches 10, 13 angeführt (nicht als Quelle citirt) wird, scheint eine Samm=
lung von Liedern aus dieser Zeit gewesen zu sein, ähnlich dem „Buche der
Kriege des Herrn" § 10, 2 b. Sie wurde später vermehrt, 2 Sam. 1, 18.
Himpel 1865, 258.

§ 16.
Das Buch der Richter.

Wahl, über den Verf. des B. der Richter. Tüb. 1859. Die Commen=
tare von Bertheau, Keil, Cassel und Bachmann.

1. Die Einleitung des Buches enthält eine Darstellung des
Verhältnisses der Israeliten zu den in Palästina übrig gelassenen
heidnischen Völkern (1, 1—2, 5) und des allgemeinen Charakters
der Richterzeit (2, 6—3, 6). Das Buch gibt dann Cap. 3—16
nicht eine eigentliche Geschichte dieser Zeit, sondern zeigt an den
Ereignissen derselben, wie Gott den Abfall Israels strafte und durch
Buße sich wieder versöhnen ließ. Von acht Richtern wird nur
ganz kurz gesprochen, weitläufiger von andern, deren Geschichte
wichtiger und interessanter war: so von Barak und der Prophetin
Debbora Cap. 4 u. 5 (das Lied der Debbora Cap. 5), von
Gedeon und seinem Sohne Abimelech Cap. 6—9, von
Jephte Cap. 11 u. 12, 1—7, und von Samson Cap. 13—16.
Mit Samsons Tode schließt das Buch; Heli und Samuel werden
nicht erwähnt. — Die Cap. 17—21 bilden einen Anhang,
worin zwei Ereignisse aus der Zeit bald nach Josue berichtet

werden, welche für die Charakteristik der Zeit vor der Einführung des Königthums (vgl. 17, 6; 21, 24) von Interesse sind.

S. oben § 14, 2. — Man darf nicht annehmen, „daß dieser ganze Zeitraum nichts weiter als nur Abfall, Götzendienst und Verwirrung dargeboten hätte. Lange, 40- bis 80jährige Perioden der Ruhe und des Friedens liegen zwischen diesen Zeiten der Verwirrung. Aber das Buch hat sich nicht die Aufgabe gestellt, über sie ausführlich zu berichten, wie denn auch wohl nicht viel zu berichten war, weil Ruhe und Ordnung herrschte. In solchen lichten Zwischenräumen entfaltete sich sicherlich im Stillen manche herrliche Blüthe echt theokratischen Sinnes, wie uns deren Eine die h. Schrift in der Geschichte der Ruth beispielsweise vorführt." Kurtz, h. Gesch. § 64, 3.

1 Sam. 12, 11 wird neben Gedeon, Jephte und Samuel auch Badan (בדן) genannt, wahrsch. ein anderer Name eines der im B. der Richter erwähnten Richter (des Samson nach Böttcher, n. krit. Aehrenlese I, 116; Schreibfehler statt ברק nach Keil, Comm. 87).

„Die BB. Sam. wollen eine Geschichte Davids geben, zu der Sauls, Samuels und Eli's Wirksamkeit die nothwendige Vorgeschichte bildet; Simsons Geschichte kam hier gar nicht in Betracht. Das B. der Richter dagegen erzählt nichts von Eli, weil dieser nicht Richter im eigentlichen Sinne war, sondern nur in der Eigenschaft des Hohenpriesters an der Spitze stand, und nichts von Samuel, weil seine spätere, eigentlich richterliche Thätigkeit nicht mehr in die Zeiten des immer wieder sich erneuernden Abfalls von Jehova fällt, deren Beschreibung dies Buch sich zur Aufgabe gestellt hat." Kurtz, h. Gesch. § 64, 3. Anm. Keil, Comm. 180.

2. Die im Buche der Richter angegebenen Jahre der Unterdrückungen und der Wirksamkeit der einzelnen Richter würden, einfach zusammen addirt, ungefähr 400 Jahre ausmachen. Da nach 3 Kön. 6, 1 nur 480 Jahre von dem Auszuge aus Aegypten bis zum Beginne des Tempelbaues im 4. Jahre Salomons verflossen sind, so ist diese Zahl zu groß, und die im B. der Richter aufgezählten Zeitabschnitte müssen also zum Theil gleichzeitig verlaufen.

Vgl. Haneb. 199. — Von den 480 Jahren 3 Kön. 6, 1 (aus Apg. 13, 20 ist kein sicheres chronologisches Datum zu entnehmen) gehen ab die Jahre des Wüstenzuges (40), Josue's und der Zeit von seinem Tode bis zur ersten Unterdrückung (Richt. 2, 7), ferner die Jahre Heli's, Samuels, Sauls und Davids (40) und 3 Jahre Salomons. So bleiben jedenfalls keine 400 Jahre für die Richterzeit übrig. Die Ausgleichungsversuche sind sehr zahlreich. — Man nimmt entweder an, daß die Jahre der Unterdrückungen in die für die Richterherrschaften angegebenen Jahre mit einzurechnen sind, — so *Wouters*, Diluc. s. script. III, 85. Fr. Werner, Ztf. f. luth. Theol. 1844,

3 u. 1845, 2 —, oder daß mehrere Unterbrückungen und Richterherrschaften (in verschiedenen Theilen des Landes) gleichzeitig verliefen, — so, im Einzelnen verschieden, Ayrolus im Anhange zum Comm. des Menochius III, 286, Keil in den Dorp. Beitr. zu den theol. Wiss. (Hamb. 1832) II, 303, und Comm. 207, Bachmann I, 63, und Hülskamp bei Rohrb. II, 87, wo folgende Berechnung gegeben wird: Wüstenzug 40 J., vom Einzuge in Palästina bis zur ersten Unterbrückung 75, erste Unterbr. 8, Othoniel 40, die Moabiter 18, Aod 80 (während dieser 80 J. Samgar im Westen, und Jabin 20, Barak und Debbora 40 im Norden), Madianiter 7, Gedeon 40, Abimelech 3, Thola 23, Jair 22, — also 316 J. seit dem Einzuge in Palästina (Jephte zählt 11, 26 in runder Zahl 300 J.); — darauf im Ostjordanlande die Ammoniter 18, Jephte, Abesan, Aialon u. Abdon 31; gleichzeitig (10, 7; 13, 1) im Westjordanlande die Philister 40 Jahre (gleichzeitig Samson 20 u. Heli 40 J.), Samuel und Saul 40, David 40, Salomo 3, — zusammen 479 J. seit dem Auszuge.

3. Nach 1, 21 vgl. 2 Sam. 5, 6 (s. § 15, 3) ist das Buch jedenfalls vor der gänzlichen Eroberung Jerusalems durch David verfaßt worden, und die Angabe des Talmud, Samuel sei der Verfasser, kann richtig sein. Ueber die Beschaffenheit der benutzten Quellen und die Art der Bearbeitung derselben läßt sich nichts bestimmen; wo die Erzählung ausführlich ist, sind vielleicht gleichzeitige Berichte ohne bedeutende Aenderungen aufgenommen worden.

So erklären sich am leichtesten einige sprachliche Besonderheiten der einzelnen Abschnitte, z. B. die verschiedenen Ausdrücke für „der Geist des Herrn kam über ihn" 3, 10; 6, 34; 14, 6 u. s. w. und das ō praef. in der Geschichte Gedeons. Keil § 47, 5.

4. Die Einwendungen gegen die Integrität des Buches sind unbegründet. Die ersten Capitel bilden eine ganz passende Einleitung zu dem Buche und sind in demselben Geiste und Stile geschrieben; es ist gar nicht abzusehen, warum sie ein Späterer beigefügt haben sollte; die Widersprüche, die man in denselben gefunden hat, sind nur scheinbar. — Auch die Capitel 17—21 brauchen nicht von einem andern Verfasser beigefügt zu sein. Der Inhalt derselben eignete sich nicht zur Aufnahme in das Buch selbst; darum sind sie als Anhang beigefügt (Nro. 1). Die in diesen Capiteln wiederholt vorkommende Bemerkung „in jenen Tagen war kein König in Israel" führt nicht über die Zeit des ersten Königs, also auch nicht über Samuel hinaus, und unter capti-

vitas, גְּלוֹת הָאָרֶץ 18, 30 ist nach V. 31 nicht das assyrische Exil, sondern die Wegführung der Bundeslade unter Heli (1 Sam. 4, 21; Ps. 77, 60. 61) oder ein uns unbekanntes Ereigniß der Richterzeit zu verstehen.

Ueber die „Widersprüche" s. Welte II, 1. § 30. Keil, Ztf. f. luth. Theol. 1846, 1, 36. — Nach 1, 8 wurde Jerusalem eingenommen und verbrannt; das schließt aber nicht aus, daß die Festung sich hielt und die Stadt wieder aufgebaut wurde 1, 21. Aus der Einnahme von Städten folgt nicht die Vernichtung ihrer Fürsten 1, 18 und 3, 3 u. s. w. Bachmann I, 103. 118.

Die Cap. 17—21 werden einem andern Verf. zugeschrieben von Haneb. 218 u. A.

Ueber 18, 30 s. Welte II. 1, 123. Keil, Comm. 336. Aehnlich schon Aeltere bei Corn. a Lap. Bleek 348 vermuthet mit Houbigant גלות הארון (Wegführung der Bundeslade).

§ 17.
Das Büchlein Ruth.

1. Das B. Ruth berichtet, wie die Moabitin Ruth (im letzten Jahrhundert vor der Einführung des Königthums) die Gattin des Booz (Boas) aus dem Stamme Juda wurde. Booz und Ruth waren nach 4, 17 die Urgroßeltern Davids, und mit Rücksicht auf diesen großen König ist auch jedenfalls ihre Geschichte aufgezeichnet worden. Wenn das Buch noch einen besondern Zweck hat, so ist es der, zu zeigen, wie auch eine geborene Heidin von Gott hoch begnadigt werden könne. Das Buch für eine Dichtung zu halten, ist unzulässig; eine solche Dichtung wäre zwecklos, und Ruth ist jedenfalls eine historische Person, Matth. 1, 5. Auch eine poetische Ausschmückung des geschichtlichen Factums ist in keiner Weise indicirt.

„Die höhere Bedeutung des Buches liegt darin, daß Davids Urgroßmutter zugleich Christi Stammmutter ist. Sehr bedeutsam ist es ferner, daß die Heldin des Büchleins eine Heidin ist. Sie ist bereits die dritte Heidin im Geschlechtsregister Davids und Christi (vor ihr Thamar Gen. 38 und Rahab Jos. 2) und die edelste von allen, eine wahrhaft geweihte Blüthe des Heidenthums, die sich sehnsuchtsvoll dem Lichte und Heil in Israel entgegenstreckt. Das Auftreten dieser drei Frauen, ihr Hineinwachsen in die auserwählte Geschlechtslinie gibt dem Volke Israel eine hochbedeutsame Lehre, dämpft seinen Nationalstolz und bezeugt thatsächlich (erfüllend und vorbildlich zugleich), was dem Abraham von seinem Samen verkündigt war. Noemi repräsentirt die zukünftige Gemeinde Gottes aus dem alten Bundesvolke, Ruth die Gemeinde aus der Heidenwelt, die in Abrahams Samen gesegnet wird." Kurtz, h. Gesch. § 66. Cassel, Comm. 198.

Als Zweck der „Dichtung" hat man die Empfehlung der Levirathsehe (*F. Benary*, de Hebraeorum leviratu, Berl. 1835, vgl. Bertheau 249), Verherrlichung des davidischen Hauses u. dgl. angegeben, als Gründe für die Annahme einer Erdichtung oder dichterischen Ausschmückung die „künstliche Anlage", die „bedeutsamen Eigennamen" u. dgl. S. Welte II, 1. § 35. Bleek 353.

2. Das Buch ist frühestens unter Davids Regierung verfaßt. Die darin vorkommenden Aramäismen sind kein Grund zur Annahme einer viel spätern Abfassung, ebenso wenig die Bemerkung 4, 7 („das war vormals, לפנים, Sitte in Israel"); denn ein zur Zeit Ruths herrschender Gebrauch konnte möglicher Weise schon ein Jahrhundert später abgekommen sein. Ueber die Person des Verfassers läßt sich nichts bestimmen; nach der sprachlichen Darstellung zu urtheilen, ist er nicht identisch mit dem Verfasser des B. der Richter oder dem der Bücher Samuels.

Ueber Aramäismen vgl. § 5, 2. Sie „kommen fast nur in den Reden der handelnden Personen vor und sind also theils der vulgären Umgangssprache entnommen, theils Ueberreste der ältern Sprachgestaltung." Keil, § 137.

Der Talmud schreibt das Buch dem Samuel zu, ebenso viele ältere Erklärer, s. *Goldhagen*, Introd. II. § 64. Die eigenthümlichen Ausdrücke des Buches s. bei Häv. II, 1. § 162. Daß dasselbe ursprünglich ein Anhang zum B. Richter gewesen (Bertheau 235), ist nicht wahrscheinlich; s. Keil, Comm. 361.

§ 18.

Die zwei Bücher Samuels (in der Vulgata: erstes und zweites Buch der Könige).

Welte, Einheitlicher Charakter der Bücher Sam., Tüb. Q.=S. 1846, 183; — *G. E. Karo*, de fontibus libr. Sam., Berlin 1862. Die Commentare von Thenius und Keil.

1. Inhalt. Erstes Buch: Geschichte Heli's und Samuels 1—7. Begründung des Königthums 8. Sauls Geschichte bis zu seiner Verwerfung und bis zur Salbung Davids 9—16. Geschichte Sauls und Davids bis zum Tode des Erstern 17—31. — Zweites Buch: Geschichte der Regierung Davids bis zu seinem Lebensende.

§ 18. Die zwei Bücher Samuels.

Der Tod Davids wird erst 3 Kön. 2 erzählt; § 46, 4. Ueber die Geschichte Israels vom Tode Sauls bis zum Tode Davids handelt auch 1 Par. 10—29.

2. Namen. Die beiden Bücher sind nach Samuel benannt, weil sie mit seiner Geschichte beginnen und weil er in denselben als Hauptperson erscheint. Sie bildeten ursprünglich Ein Buch, welches erst durch den griechischen Uebersetzer in zwei getheilt wurde. In der griechischen Uebersetzung heißen sie $\textit{Βασιλειῶν βίβλος πρώτη καὶ δευτέρα}$ (Itala: libri Regnorum), in der Vulgata 1. und 2. B. der Könige. Die Bücher, welche in der hebr. Bibel 1. und 2. B. der Könige heißen, werden in der griechischen und lateinischen als 3. und 4. B. der Könige bezeichnet. Diese bilden aber nicht mit den BB. Samuels Ein Werk und sind nicht von demselben Verfasser; s. § 46, 3.

Orig. bei *Eus.* H. E. 6, 25: $\textit{Βασιλειῶν πρώτη, δευτέρα, παρ᾽ αὐτοῖς}$ (bei den Juden) $\textit{ἐν, Σαμουήλ}$. *Hier.* Prol. gal. — In den hebr. Bibelausgaben wird das Werk seit Daniel Bomberg (im 16. Jahrh.) in zwei Bücher getheilt.

3. Die Bücher Samuels sind nach der Trennung des Reiches verfaßt, — 1 Sam. 27, 6: „darum gehört Siceleg den Königen von Juda bis auf diesen Tag", — aber vor dem Untergange des Reiches Israel, da keine Beziehung darauf vorkommt. Der Verfasser hat ohne Zweifel ältere Aufzeichnungen benutzt, darunter wahrscheinlich die 1 Par. 27, 24 erwähnten דִּבְרֵי הַיָּמִים לַמֶּלֶךְ דָּוִיד fasti regis David, d. h. Reichsannalen über die Regierung Davids, und die 1 Par. 29, 29 erwähnten „Worte der Propheten Samuel, Gad und Nathan" (Zeitgenossen Davids). Genaueres über die Art der Benutzung und Bearbeitung der Quellen durch den Verfasser läßt sich nicht feststellen: der Vorwurf, er habe aus verschiedenen Quellen verschiedene oder widersprechende Berichte aufgenommen, ist nicht begründet.

Jahn u. A., welche die 4 BB. der Kön. für Ein Werk halten, versetzen die Abfassung der BB. Sam. in die exilische Zeit. 1 Sam. 27, 6 führt in Zeit nach der Trennung des Reiches hinab (Welte II, 1, 151 u. Tüb. Q.-S. 1860, 147 gegen Häv. II, 1, 144), aber nicht nothwendig über Roboam hinaus. Auch die Erläuterungen 1 Sam. 9, 9; 2 Sam. 13, 18 und der Ausdruck „bis auf diesen Tag" 1 Sam. 5, 5; 30, 25 u. s. w. weisen nicht auf eine spätere Zeit hin.

In den BB. selbst wird nur „das Buch des Gerechten" (§ 15 Anm.)

citirt, woraus 2 Sam. 1, 18 ein Lied Davids mitgetheilt wird. (Andere poetische Stücke s. 1 Sam. 2, 1; 2 Sam. 3, 33; 22, 1; 23, 1.) — Die „Worte" Samuels ꝛc. waren entweder Aufzeichnungen von Samuel ꝛc. (Häv. II, 1, 121) oder Schriften über die Zeit dieser Propheten von Prophetenschülern (Thenius XVI).

Aeltere Erklärer schreiben die ersten 24 Capitel dem Samuel, das Folgende dem Gad und Nathan zu; s. *Goldhagen*, Introd. II, § 68. Ueber die neuern Hypothesen über die Composition der BB. s. Welte, Tüb. Q.-S. 1846, 183. Keil § 52. Nägelsbach in Herzogs Realencycl. XIII, 400. — Die Geschichte Samuels 1 Sam. 1—7 und der Bericht über die zweite Hälfte des Lebens Davids 2 Sam. 11—20 sind vielleicht aus ältern Aufzeichnungen (letzterer von einem dem David nahe stehenden Manne) herübergenommen; 2. Sam. 21—24 ist ein Anhang zum Leben Davids (Cap. 22: der Lobgesang Davids; 23: die letzten Worte Davids und Verzeichniß seiner Helden; 24: die Volkszählung und deren Strafe). — Wenn Thenius XII zwei Schriften über Saul und David in dem Werke nachweisen zu können glaubt, so läuft das auf ähnliche Hypothesen hinaus, wie § 11. — „Doppelte, zum Theil einander ausschließende Berichte" sind nicht nachzuweisen. 1 Sam. 10, 17—27 ist nicht ein zweiter, von 1 Sam. 9, 1—10, 16 unabhängiger Bericht über die Erwählung Sauls, und 1 Sam. 13, 8—14 u. 15, 10—26 sind nicht zwei Berichte über seine Verwerfung; s. Keil, Comm. 65. 78. 95. — Das Sprüchwort: „auch Saul unter den Propheten?" ist durch die beiden Vorfälle 1 Sam. 10, 12; 19, 24 veranlaßt und wird darum bei beiden erwähnt. — 1 Sam. 21, 10—15 u. 27, 1—4, 1 Sam. 24 u. 26 sind nicht je zwei Berichte über dasselbe Ereigniß, sondern Berichte über zwei ähnliche Ereignisse; s. Keil, Comm. 161. 181. Die wirklich vorkommenden Wiederholungen sind der Art, wie sie in der alttest. Geschichtschreibung auch sonst vorkommen, vgl. 1 Sam. 18, 5. 9. 12—15. 28. 29 und 1 Sam. 28, 3, wo Samuels Tod, der schon 25, 1 berichtet war, wegen V. 11 ff. nochmals erwähnt wird.

1 Sam. 7, 13 besagt nicht, daß von da an keine Angriffe der Philister mehr stattgefunden, wie sie 9, 16; 10, 5 u. s. w. erwähnt werden. S. über die scheinbaren Widersprüche Keil z. d. St. u. Tüb. Q.-S. 1846, 185. An einigen Stellen sind dieselben durch Emendationen des Textes zu beseitigen: 2 Sam. 21, 8 ist statt „Michol" zu lesen „Merob"; denn diese war nach 1 Sam. 18, 19 die Gattin des Hadriel; ihre Schwester Michol war an Phaltiel verheirathet und kinderlos 1 Sam. 25, 44; 2 Sam. 3, 15; 6, 23. — 2 Sam. 21, 19 ist wahrscheinlich nach 1 Par. 20, 5 „Bruder des Goliath" statt „Goliath" zu lesen.

Ueber 1 Sam. 16 u. 17, wo man zwei Berichte oder Interpolationen angenommen hat, s. Keil, Comm. 129. Tüb. Q.-S. 1846, 241. Ueber die sprachlichen Verschiedenheiten s. Welte, Tüb. Q.-S. 1846, 226.

4. Die 2 Sam. 7. (1 Par. 17) mitgetheilte Rede Nathans enthält die Verheißung, daß der Messias von David abstammen

werde, s. V. 12—14. 16; Hebr. 1, 5. 8. Auch der Lobgesang der Mutter Samuels 1 Sam. 2, 10 und die letzten Worte Davids 2 Sam. 23, 1—7 enthalten Hinweisungen auf den Messias. Sehr wichtige messianische Weissagungen spricht David in den Psalmen aus (§ 21, 5).

Reinke, Beitr. IV, 411 *F. X. Patritius*, de interpr. script. II, 188 (über 2 Sam. 7).

Zweiter Abschnitt.

Poetische Bücher aus der Zeit Davids und Salomons.

§ 19.

Charakter und Form der alttestamentlichen Poesie.

R. Lowth, Praelectiones de sacra poesi Hebraeorum, cum notis J. D. Michaelis ed. E. F. C. Rosenmueller. Lips. 1815. — Delitzsch, Zur Gesch. der jüdischen Poesie, Lpz. 1836. — H. Ewald, die Dichter des A. B. 1. Thl. 1. H.: Allgemeines über die hebr. Dichtkunst und über das Psalmenbuch (2), Gött. 1866. — J. Ley, die metrischen Formen der hebr. Poesie, Lpz. 1866. — Die Psalmen=Commentare von de Wette (§ VII), Vaihinger, Delitzsch, Hupfeld, Schegg u. A.

Die alttestamentliche Poesie ist dem Inhalte und Charakter nach eine heilige Poesie und beruht wesentlich auf religiösen Anschauungen und Gefühlen.

Epische und dramatische Gedichte gibt es in der biblischen Literatur nicht; eine sehr hohe Stufe der Blüthe erreichte aber bei den Israeliten die lyrische und die didaktische Poesie (allgemeine Bezeichnungen dafür: שיר und משל, 3. Kön. 5, 12). Diese beiden Arten der Poesie gehen aber mitunter in einander über: das seiner Tendenz nach didaktische Buch Job hat lyrische Stellen, und einige Psalmen, z. B. 118, sind mehr didaktisch als lyrisch.

Auch die prophetischen Schriften sind größtentheils der Form nach poetisch.

Die Frage, ob es bei den Israeliten auch eine profane Poesie gegeben (Häv. III. § 276), ist in der alttest. Einl. müßig: im A. T. gibt es jedenfalls keine profane Gedichte; auch die Kriegslieder (Richt. 5) und Naturpsalmen desselben haben einen wesentlich religiösen Charakter.

„Indem der Dichter sich in den Inhalt der göttlichen Offenbarungsthaten und Worte versenkte, konnte er nur einerseits den Eindruck, den derselbe auf sein Herz und Gemüth machte, in der lyrischen Form der religiösen Empfindung aussprechen, anderseits denselben zur Unterweisung, zur Förderung der religiösen Erkenntniß und des von dem Gesetze geforderten sittlichen Wandels auf die mannichfachen Verhältnisse und Lagen des irdischen Lebens anwenden, woraus sich zwei Arten von Poesie, die lyrische und die bidaktische, ergeben." Häv. III. § 280. Delitzsch, Gesch. 193.

Eine Annäherung an die dramatische Poesie bieten das B. Job und das H. L. dar; aber beide sind keine Dramen, und ebenso wenig ist das B. Job ein Epos. Vgl. Häv. a. a. O. Kurz, h. Gesch. § 83. Haneb. 331.

Ueber die prophetische Poesie s. Ewald a. a. O. S. 51; die Propheten des A. B. I, 54.

Ueber die **Form der hebräischen Poesie** ist Folgendes zu bemerken:

1. Die Poesie unterscheidet sich von der Prosa, wie in andern Literaturen, durch den sprachlichen Ausdruck, durch der prosaischen Darstellung fremde, theilweise alterthümliche oder neugebildete Wörter, Formen und Verbindungen, durch Bilder, Metaphern u. s. w.

Ewald 206. Häv. III. 26. Böttcher, Lehrb. der hebr. Spr. I, 25.

2. Es herrscht in den hebräischen Gedichten ein gewisser Rhythmus, der in dem angemessenen Wechsel von langen und kurzen, betonten und unbetonten Silben und in dem ebenmäßigen Bau der zusammengehörigen Versglieder besteht; an einzelnen Stellen kann man auch einen beabsichtigten Gleichklang am Ende der Versglieder annehmen: aber die hebräische Poesie hat keine Metra in der gewöhnlichen Bedeutung des Wortes und keinen Reim.

„Die alte hebr. Sprache hat keine Silbenwährung (Quantität), wie die griech. und lat., keine Silbenwägung (Accentuation), wie die germanischen und slawischen, keine Silbenzählung (Metrum), wie die romanischen Sprachen, und keinen Silbenreim, wie die persische, arab. und Sanskritsprache ... Der Rhythmus der Rede besteht in der zusammenstimmenden Betonung, Zeitdauer, Hebung und Senkung, Vereinigung und Sonderung der Worte, sowie in der wohlklingenden Verkettung derselben zu kleinern und größern Ganzen. Der Gang der menschlichen Stimme bewegt sich schon ohne Kunst in einer beständigen Abwechslung und Abstufung der Töne; es ist der Wechsel von Licht und Schatten. Wird in diesen Wechsel, der in der gewöhnlichen Sprache ganz willkürlich ist, Regel und Ordnung gebracht, so entsteht der Rhythmus, ein gewisses Zeitmaß, ein Tact, ein regelmäßiges Steigen

§ 19. Charakter und Form der alttestamentl. Poesie. 47

und Fallen. Wenn nun das Hebräische auch des tiefer eingehenden, vollkommen geordneten Laut-Rhythmus entbehrt, so fehlt es ihm doch nicht an einem gewissen poetischen Rhythmus, der sich von der prosaischen Sprache genau unterscheidet. Dieser Rhythmus zeigt sich als Wort-Rhythmus, als Vers-Rhythmus (s. Nro. 3) und als Strophen-Rhythmus (s. Nro. 4). Vor allem ist die Anzahl der Silben eines Versgliedes nicht eben willkürlich, obwohl eine Abwechselung stattfindet. Während ein solches Versglied in der prosaischen Rede ganz ungebunden, in der prophetischen nur wenig gehemmt erscheint, treffen wir in der eigentlich dichterischen Rede durchgängig 7—10 Silben. Ebenso ist in den Versen nicht selten eine abgemessene Bewegung bemerkbar, die sich wie Job 3, 2 zum trochäischen, oder wie Ps. 11, 1 [hebr.] zum jambischen, oder auch wie Ps. 29 zum daktylischen Versmaße hinneigt. Der Wort-Rhythmus ist vorhanden, hat sich aber nirgends zu einem durchgebildeten Versmaße erhoben; die Gliederung bindet sich an kein durchgeführtes Gesetz, aber es ist doch in jedem Verse eine mehr oder minder rhythmische Gruppirung, welche die dichterische Rede von der Prosa unterscheidet." Vaihinger S. 18 ff.

Es ist unerklärlich, daß Josephus (Ant. 2, 16, 4; 4, 8, 44; 7, 12, 3), Eusebius (Praep. ev. 11, 8), Hieronymus (Ep. 30, al. 155, 3; Praef. ad Chron. Eus.; Praef. in Job etc.) u. A. (vgl. *Martianay*, in S. Hier. div. bibl. Proleg. IV. 4, 5) von Hexametern und Pentametern und gar von alcäischen und sapphischen Versmaßen im A. T. sprechen, — freilich ohne sie nachzuweisen, — wenn sie nicht bei diesen Aeußerungen eben nur an einen diesen Metren in etwa entsprechenden Rhythmus gedacht haben. Hanb. 334. Schlottmann, Hiob 69. — Die spätern, oft mit großartigem Fleiße und mit einer räthselhaften Zähigkeit immer auf's neue wieder angestellten Versuche, im A. T. Metra nach Analogie der klassischen oder der arabischen nachzuweisen, sind alle mißlungen; die Meinung, die hebr. Poesie habe Versmaße gehabt, dieselben seien aber für uns verloren, ist unerweislich. S. de Wette 33. Häv. III. § 279.

Reime finden sich allerdings nicht selten, z. B. 1 Sam. 18, 7; Richt. 14, 18; 16, 23. 24; aber nur bei wenigen Stellen ist es wahrscheinlich, daß der Gleichklang ein beabsichtigter ist. J. G. Sommer, vom Reim in der hebr. Volkspoesie, in den Bibl. Abhandlungen, Bonn 1846, S. 85. Ley 82. — Daß die hebr. Sprache die Fähigkeit hat, zu reimen und feste Versmaße zu bilden, zeigt die spätere jüdische Literatur. Hanb. 332. Delitzsch, Gesch. 137. 157.

Auch Alliterationen (Er. 15, 1 b. 8 b. 15 a.) kommen, wie Assonanzen, Paronomasieen (Js. 33, 1) und Wortspiele (Js. 5, 7; 7, 9; 61, 3; Mich. 1, 10 ff.) oft vor; aber darum läßt sich doch nicht die Alliteration als metrische Form der (ältern) hebr. Poesie bezeichnen (Ley); die Alliterationen „dienen nur zum Wohllaut und Reiz der poetischen Sprache, ohne ein metrisches Bindemittel zu sein." Vgl. Th. Lit.-Bl. 1867, 150.

3. Wesentlich ist bei der hebräischen Poesie der sog. **Parallelismus der Glieder** (Gedanken= oder Vers=Rhythmus), welcher darin besteht, daß der Gedanke nicht in einem einfachen Satze, sondern in zwei oder mehrern Satzgliedern ausgesprochen wird, welche dem Inhalte und der Form nach einander ebenmäßig entsprechen und zusammen den Vers, als poetischen Ausdruck des Gedankens, ausmachen. Der Gedanke z. B.: „ich bin von vielen Feinden bedrängt" wird Pf. 3, 2 so ausgedrückt:

> Herr, wie viel sind meine Bedränger,
> Viele erheben sich wider mich!

Mit Rücksicht auf den Inhalt der einzelnen Glieder kann man drei Hauptarten des Parallelismus unterscheiden:

a. den **synonymen**, wo in den einzelnen Gliedern derselbe Gedanke, nur in andern Ausdrücken wiederkehrt, z. B. Pf. 3, 2; 50, 3.

b. den **antithetischen**, wo das eine Glied den Gegensatz des andern ausdrückt, z. B. Spr. 10, 1:

> Ein weiser Sohn erfreut den Vater,
> aber ein thörichter Sohn ist der Kummer seiner Mutter.

c. den **synthetischen**, wo der Gedanke des einen Gliedes in dem andern weitergeführt, ergänzt, begründet oder durch einen Vergleich veranschaulicht wird, z. B. Pf. 50, 15; 3, 6; 41, 2:

> Ich will lehren Frevler deine Wege,
> und Sünder werden sich zu dir bekehren.
>
> Ich lag und schlief und wachte wieder auf,
> denn der Herr beschützt mich.
>
> Wie eine Hindin lechzt nach Wasserbächen,
> so lechzt meine Seele nach dir, o Gott.

Es kommen auch Verse vor, in welchen der Gedanke in einem einfachen Satze ausgedrückt wird, dieser aber sich in zwei, zwar nicht logisch, aber rhythmisch einander entsprechende Glieder theilen läßt — **rhythmischer Parallelismus**; z. B. Klagel. 3, 1—3:

> Ich bin der Mann, der Elend erfahren
> durch die Ruthe seines Grimmes.
>
> Mich hat er getrieben und geführt
> in Finsterniß und nicht in Licht.

§ 19. Charakter und Form der alttestamentl. Poesie.

> Ja, gegen mich von neuem
> wendet er seine Hand alltäglich.

Die drei Verse bilden aber zusammen drei größere parallele Glieder.

Der Form nach ist der Parallelismus entweder **vollkommen** oder **unvollkommen**, je nachdem die Glieder genau gleich construirt sind, oder nicht; vgl. 50, 3; 21, 5. 6.

> Sei mir gnädig, o Gott, nach deiner Huld,
> und nach deiner großen Barmherzigkeit tilge mein Vergehen.

> Auf dich vertrauten unsere Väter,
> sie vertrauten und du rettetest sie;
> zu dir schrieen sie und entrannen,
> auf dich vertrauten sie und wurden nicht zu Schanden.

Verse von zwei Gliedern, Distichen, sind die gewöhnlichsten; es kommen aber auch Tristichen und Tetrastichen, sehr selten fünf- oder sechsgliedrige Verse vor (Spr. 30, 4; H. L. 4, 8. 16). Bei den Tristichen sind entweder die drei Glieder einzeln einander coordinirt (1 : 1 : 1) oder zwei dem dritten (2 : 1 oder 1 : 2); die mehrgliedrigen Verse lassen sich in der Regel in kleinere Ganze auflösen (3 : 1, 2 : 3 u. s. w.). Beispiele:

Pf. 1, 1: Heil dem Manne, der nicht wandelt nach dem Rathe der Bösen,
> und auf dem Wege der Sünder nicht steht,
> und auf dem Sitze der Spötter nicht sitzt.

Pf. 2, 2: Es stehen auf Könige der Erde
> und Fürsten rathschlagen zusammen
> wider Jehova und wider seinen Gesalbten.

Pf. 30, 8: Ich will jubeln und mich freuen deiner Gnade,
> daß du mein Elend angesehen,
> geachtet hast auf meiner Seele Drangsal.

Pf. 17, 7: In meiner Bedrängniß rief ich zu Jehova,
> und zu meinem Gott schrie ich:
> er hörte von seinem Tempel meine Stimme,
> und mein Geschrei kam vor ihn zu seinen Ohren.

Pf. 1, 3: Er ist wie ein Baum, gepflanzt an Wasserbächen,
> der seine Frucht bringt zu seiner Zeit,
> und dessen Laub nicht welkt;
> und alles, was er thut, gelingt.

Ein einzelnes Glied, **Monostichon**, kann zwar nach dem Gesagten nie einen eigentlichen Vers für sich bilden; allein neben andern Versen kann es mitunter sehr passend stehen, namentlich als Anfang oder Schluß eines Liedes oder einer Strophe, z. B.

Pf. 145, 1: Lobe, meine Seele, Jehova!
       2: Ich will loben Jehova mein Leben lang,
          ich will singen meinem Gotte, so lange ich bin.

Diese Grundregeln des **parallelismus membrorum** erleiden aber vielfach mancherlei Modificationen, und in längern didaktischen Poesieen und in manchen Abschnitten der Propheten geht der eigentliche Vers-Rhythmus mehr in einen oratorischen Rhythmus über, der die Mitte hält zwischen der poetischen und der prosaischen Redeweise.

Zur Veranschaulichung der einfachen und regelmäßigen Formen sind besonders geeignet Pf. 9. 50. 71; Spr. 10. 11.

„Der Hebräer ist ernster, in sich zurückgezogener Natur, nicht auf das Aeußere, in die Sinne Fallende, sondern auf das Innere, auf den Gedanken gerichtet. Und so war es ihm denn bei seinem Rhythmus mehr um den Gedanken, als um äußere Form und Klang zu thun; er bezeichnete daher die rhythmischen Abschnitte durch die Abschnitte der Gedanken, und das Ebenmaß der rhythmischen Sätze durch das Ebenmaß des Inhalts." De Wette 46.

„Ein strenges Metrum nach der Silbenzahl, dem rhythmischen Gewicht oder der gleichlautenden Endung im Reime könnte der Würde und dem erhabenen Fluge der h. Schrift nicht so angemessen sein, als jene einfache und frei geflügelte Urform der poetischen Bewegung, die nur in einem Wiederhall der Bilder und einem Rhythmus der Gedanken besteht." Fr. Schlegel, Gesch. der Literatur (Wien 1846) I, 122.

4. Viele Gedichte lassen sich in **Strophen** von 2—7 Versen abtheilen, von denen jede einen abgeschlossenen Gedanken in einer gleichen oder ebenmäßig wechselnden Anzahl von Versen entwickelt (3. 3. 3. 3, wie Pf. 2, oder 3. 3. 4. 4, wie Pf. 18 u. s. w.). Mitunter sind die Strophen durch gleichen Anfang oder Schluß oder durch Refrains markirt, z. B. Pf. 42, 6. 12; 43, 5 (hebr.); Jf. 9, 12. 17. 21; 10, 4.

Die Strophenbildung ist namentlich von F. B. Köster erörtert worden, der aber vielfach zu weit geht (St. u. Krit. 1831, 1 und im Anhang zu seiner Ueberf. des Job u. Pred., Schlesw. 1830); vgl. auch Ewald 134. Häv. III, 36. — Einige (z. B. Vaihinger 30, Ewald 136) nennen überhaupt die Sinn-

§ 19. Charakter und Form der alttestamentl. Poesie. 51

gruppen, in welche ein Gedicht zerfällt, Strophen, und unterscheiden dann gleich=
mäßige (s. o.) und ungleichmäßige (z. B. Pf. 5, 2—3. 4—8. 9—13). — Einige
(Sommer, bibl. Abhandl. 130, und Del., Pf. 20) zählen bei der Strophen=
abtheilung nicht die Verse, sondern die Versglieder oder Stichen (Pf. 2: 7. 6. 7. 7).
Auch wenn diese Zählungsweise richtig sein sollte, sind doch (gegen Delitzsch)
die Verse (nicht gerade die „masorethischen", sondern die poetischen) als die
Einheiten festzuhalten, aus denen die Strophen gebildet werden, und nicht
schon Distichen und Tristichen als Strophen zu bezeichnen; s. Hupf., Pf. I, 30.
Dillmann, Hiob VII.

5. Einige Gedichte sind (einfach oder mehrfach) alphabetisch,
von den Psalmen (nach hebr. Zählung) 25. 34. 37. 111. 112.
119. 145 (9 und 10), ferner Spr. 31, 10 ff. und Klagel. 1—4.

Sommer, die alphabetischen Lieder, in den Bibl. Abhandl. 93.

Es beginnen der Reihe nach mit den Buchstaben des Alphabets entweder
1) die einzelnen Verse, Pf. 25. 34. 145. Spr. 31. Klagel. 1. 2. 4; — oder
2) die einzelnen Versglieder, Pf. 111. 112; — oder 3) je 3 oder je 8 Verse,
Klagel. 3. Pf. 119; — oder 4) das erste von je 3 bis 6 Versgliedern, Pf. 37
(und 9 und 10).

Diese Form ist nicht erst spätern Ursprungs (Ewald 201), da sie schon
in davidischen Psalmen vorkommt. „David ist es, der die Psalmendichtung
auf den Gipfel poetisch=musikalischer Technik gebracht hat; warum sollte sein
erfinderischer Geist nicht auch die alphabet. Form in den Formenreichthum auf=
genommen haben, den seine Psalmen enthalten? Sie ist für den wahren
Dichter so wenig eine Fessel als der Reim; man denke an Sedulius' schönes
A solis ortus cardine" (Del., Pf. 1. Aufl. I, 69. 210, 2. Aufl. 106). Die
alphabet. Anordnung hat nicht den Zweck, das Gedächtniß zu unterstützen
(Lowth) u. dgl., sondern „gehört nach der richtigen Bemerkung von Hengstb.
im Allgemeinen zu den Mitteln, der poetischen Rede den ihr nothwendigen
Charakter der gebundenen zu geben, und hat den Zweck, solchen Liedern, welche
nicht durch innere Gedankenentwicklung sich abrunden und erschöpfend behandeln
lassen, vermittelst der Durchführung des Gedankens durch das ganze Alphabet
das Symbol der Vollständigkeit, den Charakter der vollständigen Behandlung
zu geben." Häv. III, S. 48.

Es finden sich aber in den ältern Gedichten dieser Art einige Abweichungen
von der alphabet. Ordnung: Klagel. 2. 3. 4 steht פ vor ע, Pf. 145 fehlt נ,
Pf. 25. 34 ist ein Vers mit פ beigefügt u. dgl., und Pf. 9 und 10 ist die
alphabet. Ordnung von מ bis ק unterbrochen. Es kann dieses wenigstens
nicht allgemein als Folge einer Corruption des Textes angesehen werden (die
letzten Verse von Pf. 25. 34 sind wohl spätere Zusätze), sondern scheint darauf
hinzuweisen, daß die hebr. Dichter auf die Regelmäßigkeit der Form auch in
dieser Hinsicht im Vergleich zu dem Inhalte weniger Gewicht gelegt haben.

Hieronymus und die Rabbinen zählen sonderbarer Weise nur 4 alphabet.

Pf., 111. 112. 119. 145. *Hier*. Ep. ad Paulam 30, 3: Sunt qui et alios hoc ordine putent incipere, sed falsa eorum opinio est. Habes et in Lam. Jer. quatuor alphabeta . . Prov. quoque Salomonis postremum claudit alphabetum. (Im Prol. gal. nennt er noch Pf. 37.) Bei den andern Pf. ist freilich die alphabet. Ordnung nicht vollkommen, aber auch nicht bei Jer.

§ 20.
Ueberficht der Geschichte der alttestamentlichen Poesie.

1. Das älteste poetische Stück der Bibel sind die Worte Lamechs Gen. 4, 23. 24. Die ältern geschichtlichen Bücher enthalten aus der vordavidischen Zeit folgende größere Gedichte: den Segen Jakobs Gen. 49, drei Gedichte von Moyses Ex. 15; Deut. 32; 33, die Worte Balaams Num. 23; 24, das Lied der Debbora Richt. 5 und den Lobgesang der Anna 1 Sam. 2, — außerdem mehrere kleinere Stücke.

Die Worte Noe's Gen. 9, 25—27, der Segen Melchisedechs 14, 19. 20, der Segen über Rebecca 24, 60, der Segen Isaaks 27, 27 ff. Die Bruchstücke aus dem „Buche der Kriege des Herrn" § 10, 2 b und aus dem „Buche des Gerechten" § 15 Anm. Ferner das Räthsel Richt. 14, 14. 18 und in ungebundener Rede eine Fabel Richt. 9, 8 ff. und eine Parabel 2 Sam. 12, 1. — Von Moyses ist auch Pf. 89.

2. Der größte lyrische Dichter der Bibel ist David. Das Psalmenbuch enthält aber auch Gedichte von Zeitgenossen Davids und von spätern Dichtern (§ 21, 2). Andere lyrische Gedichte aus späterer Zeit sind die Klagelieder des Jeremias und einige Stücke in andern Büchern, z. B. Is. 38. Jon. 2. Hab. 3.

Von David haben wir außer vielen Psalmen im Psalterium einige Gedichte im 2 Sam. 1, 18—27; 3, 33. 34; 22, 1 ff. (vgl. Pf. 17); 23, 1—7.

3. Salomon hat nach 3 Kön. 4, 32 nicht weniger als 1005 Lieder verfaßt; wir haben von ihm außer dem Hohen Liede nur noch einige Psalmen und zwei bidaktische Gedichte, die Sprüche und den Prediger. Aehnliche bidaktische Gedichte aus späterer Zeit sind der Ecclesiasticus des Jesus Sirach und das Buch der Weisheit. — Das Buch Job endlich stammt wahrscheinlich aus der Zeit Salomons.

§ 21.
Das Psalmenbuch.

G. M. Dursch, allgem. Commentar über die Psalmen, Freib. 1842. J. König, Theologie der Psalmen, Freib. 1857. Die Commentare von Hengstenberg, de Wette, Ewald, Delitzsch, Hupfeld, Schegg u. A.

1. Das Psalmenbuch, ψαλτήριον, ist eine Sammlung von 150 religiösen lyrischen Gedichten, — תְּהִלִּים (eigentlich Loblieder), ψαλμοί. — Die Zählung der Psalmen ist in der griechischen Uebersetzung und danach auch in der Vulgata anders als im Hebräischen, weil die Psalmen 9 und 10 und die Ps. 114 und 115 nach hebräischer Zählung im Griechischen und Lateinischen zu je Einem Psalme verbunden, die Ps. 116 und 147 in je zwei Psalmen getheilt sind; also:

Ps. 1—8	im hebr. Text	= 1—8	im griech. und lat. Text.
„ 9 u. 10	„	= 9	„ „ „
„ 11—113	„	= 10—112	„ „ „
„ 114 u. 115	„	= 113	„ „ „
„ 116	„	= 114 u. 115	„ „ „
„ 117—146	„	= 116—145	„ „ „
„ 147	„	= 146 u. 147.	„ „ „
„ 148—150	„	= 148—150	„ „ „

Der hebr. Titel ist תְּהִלִּים oder סֵפֶר תְּהִלִּים (βίβλος τῶν ψαλμῶν Luc. 20, 42). Als Ueberschrift eines Ps. kommt תְּהִלָּה 145, 1 vor, LXX αἴνεσις (vgl. תְּהִלּוֹת Ps. 22, 4). — 72, 20 hebr. werden die Psalmen Davids als תְּפִלּוֹת, eigentl. „Gebete", LXX ὕμνοι, bezeichnet. Mit ψαλμός wird sonst in den Ueberschriften מִזְמוֹר übersetzt. In der griech. Bibel heißt das B. ψαλμοί, gewöhnlicher ψαλτήριον (sonst nur Bezeichnung eines Musik=Instrumentes). Hupfeld, Ps. I, 38.

Einige Psalmen und Psalmenstücke kommen doppelt oder vielmehr in zwei Bearbeitungen vor, Ps. 13 Bg. auch als Ps. 52, — Ps. 39, 14—18 als Ps. 69, — Ps. 56, 8—12 und 59, 7—14 zusammen als Ps. 107; — Ps. 17 steht mit einigen Abweichungen auch 2 Sam. 22.

2. Von den meisten Psalmen wird der Verfasser (von einigen auch die Zeit und Veranlassung der Abfassung, z. B. 3. 17. 50) in der Ueberschrift genannt. Diese Angaben der (hebräischen) Ueber= schriften sind, wiewohl vielfach angefochten, durchgängig als richtig anzusehen. Danach sind 73 Psalmen von David, der 89. Bg. von Moyses, der 71. und 126. von Salomon, zwölf Psalmen

von Asaph — aber wohl nicht alle von demselben Asaph —, je einer von Eman und Ethan und zwölf von den Söhnen des Kore (den Korachiten), einer levitischen Familie. 48 Psalmen sind im hebr. Texte anonym (bei den Griechen ἀδέσποτοι, im Talmud „verwaist" genannt); darunter sind wahrscheinlich noch mehrere davidische, z. B. Pf. 2, vgl. Apg. 4, 25. In Ueberschriften, welche sich nur in der LXX und Vulg., nicht im hebr. Texte finden, werden noch von mehrern Psalmen die Verfasser genannt; diese Ueberschriften können aber nicht alle richtig sein. Unhaltbar ist die rabbinische Regel, die anonymen Psalmen seien von dem zunächst vorher genannten Verfasser, sowie die Meinung einiger Kirchenväter, alle Psalmen seien von David. — Einige Psalmen gehören, wie der Inhalt zeigt, der exilischen und der ersten Zeit nach dem Exile an; aber kein Psalm wird durch den Inhalt der machabäischen Zeit zugewiesen.

Die Ueberschriften sind von den Verfassern selbst (vgl. Js. 38, 9; Hab. 3, 1), oder von den Sammlern nach der Tradition beigefügt worden, vgl. *Calmet*, diss. de titulis Psalm. Häv. III, § 284. „Für, nicht gegen ihre Glaubwürdigkeit spricht die großentheils offensichtliche Unmöglichkeit, daß die angegebenen Anlässe aus den Pf. selbst (oder aus den geschichtlichen Büchern des A. T.) erschlossen sein könnten, sowie für das hohe Alter aller Psalmenüberschriften im Allgemeinen ihre bunte Mannigfaltigkeit, welche gar nicht das Aussehen redactioneller Abkunft hat." Del. Pf. (1) II, 393; vgl. Bleek. 613. — Die innern Gründe, welche gegen die Richtigkeit vieler derselben angeführt werden (namentlich von de Wette, Hitzig, Olshausen u. Hupfeld), sind nicht beweisend; vgl. Häv. III. § 285, und die Comm. von Hengstb. u. Del. — Daß einige Pf. mit לְדָוִד bezeichnet seien, weil sie „mit Versetzung in Davids Seele und Lage gedichtet sind" (Del. 13), ist nicht wahrscheinlich; nur Pf. 52. 69. 107 (f. o. Nro. 1) werden durch לְדָוִד wohl nur als spätere Bearbeitungen davidischer Psalmen bezeichnet. — Olshausen, von Lengerke u. Nöldeke sprechen dem David alle Pf. ab, de Wette, Hitzig, Hupfeld u. A. viele.

Pf. 71 übersetzt die Vg. לִשְׁלֹמֹה durch in Salomonem (*Hier.* in Eccl. 1, 1: Psalmi 44 et 71 *super Salomone* conscripti sunt). Nach der Analogie von לְדָוִד ist aber „von Salomon" zu übersetzen, wie 126. Daß in den Ueberschriften ל mitunter nicht das ל auctoris sei (Bleek 612), ist ganz unwahrscheinlich.

Die Leviten Asaph, Eman und Ethan werden 1 Par. 15, 16 ff. und sonst als Vorsteher der Tempelsänger unter David erwähnt, Asaph 2 Par. 29, 30 als Psalmdichter neben David. Von den לְאָסָף überschriebenen Pf.

(49 u. 72—82) nehmen einige auf die Zerstörung Jerusalems Bezug, z. B. 73, 7; 78, 1 ff. Diese und wahrscheinlich einige andere haben wohl einen spätern Dichter desselben Namens oder aus seinem Geschlechte (2 Par. 20, 14; 29, 13; 1 Esdr. 2, 41) zum Verfasser. Häv. III, 213. — Ethan der Ezrachit, der Verf. von Pf. 88, und Eman der Ezrachit, der Verf. von Pf. 87, sind nach Del. 537 nicht die 1 Par. 6, 33. 44; 15, 17 erwähnten Leviten, sondern die 3 Kön. 4, 31; 1 Par. 2, 6 erwähnten Weisen aus dem Stamme Juda, und in der Ueberschrift von Pf. 87 ist die erste Hälfte „von den Söhnen Kore's" unecht, aus Pf. 86 herübergenommen. Anders Häv. 230. Bleek 617. — Die Pf. der Korachiten (2 Par. 20, 19) sind: 41 (u. 42)—48. 83. 84. 86 (87). Sie sind nicht alle aus derselben Zeit, aber zum Theil aus der davidischen Zeit und alle vorexilisch.

Die LXX haben bei einigen Pf. (121. 123) den Namen Davids weggelassen, bei 14 Pf. (32. 42. 70 u. s. w.) denselben beigefügt. Die Ueberschriften der Vg. stimmen gewöhnlich, aber nicht immer (126 u. s. w.) mit denen der LXX überein. Die Angaben dieser Ueberschr. sind unrichtig z. B. bei 136, vielleicht richtig bei 32. Vgl. Thalh. VIII. Ueber Pf. 137 u. a. s. Köhler, Haggai 32.

Die Regel, die anonymen Pf. seien von dem zunächst vorher genannten Verfasser, erwähnen zustimmend *Orig.* Sel. in Ps. init. (II, 514) *Hil.* Prol. in Ps. § 3. *Hier.* Ep. 140, al. 139, 2. 4. Danach wären, wie Pf. 89, so auch 90—99 von Moyses; 98, 6 wird dann als Prophetie erklärt.

Alle Pf. schreiben dem David zu *Aug.* C. D. 17, 14 u. A.; vgl. *Nat. Alex.*, Aet. 4, diss. 24. *Goldh.*, Introd. II. § 132. Philastrius haer. 127 bezeichnet gar die entgegengesetzte Ansicht als häretisch. Dagegen sagt schon *Hil.* Prol. in Ps. § 2: Absurdum est, psalmos David cognominare, cum tot auctores eorum ipsis inscriptionum titulis edantur. Aehnl. *Hippol.* in Ps. § 1. *Hier.* Ep. 140, 4. — Die Bezeichnung „Psalmen Davids" oder „David" (*Hier.* Prol. gal.) nach der Regel: a potiori fit denominatio.

Aus der exilischen und nachexilischen Zeit sind wahrscheinlich Pf. 73 u. 78 (von dem jüngern Asaph), 101 (vgl. V. 14 ff.), 106 (s. V. 2. 3), 136 u. a. — In die machabäische Zeit versetzen einzelne Pf., namentlich 43. 59. 73. 78, Calvin, Rosenmüller, H. Hesse (de Psalmis Maccabaeis, Bresl. 1837), G. Baur (in der 5. Aufl. von de Wette's Pf.), Nöldeke u. A., 73 u. 78 auch Delitzsch 469 — sehr viele Hitzig, Olshausen und v. Lengerke. Vgl. dagegen Ewald, Jahrb. der bibl. Wiss. VI, 20, de Wette, die Pf. S. 10, Hupfeld I, 36, Dillmann, Jahrb. f. deutsche Theol. 1858, 457, Häv. III. 17, Keil § 113 Anm. 5. — Daß in der machab. Zeit Psalmen gedichtet und in das damals bereits zusammengestellte Psalmenbuch (s. u. Nro. 3) eingeschoben worden seien, kann nicht als unmöglich bezeichnet werden (s. Del., Pf. 9); aber von keinem Pf. wird eine so späte Entstehungszeit angegeben, von mehrern angeblich machab. Pf. in den Ueberschriften, die sich auch in der LXX finden, ausdrücklich eine frühere; alle Pf. ferner, deren Inhalt auf die machab. Zeit zu passen scheint, passen auch auf eine frühere Zeit — auch Pf. 43. 59. 73. 78; s. bes. Hupfeld im Comm. — 78, 1 ff. wird übrigens 1 Mach. 7, 16 schon citirt.

3. Das Psalterium ist, analog dem Pentateuch, in **fünf Bücher** getheilt; der Schluß der vier ersten ist durch eine Doxologie am Ende der Pf. 40. 71. 88. 105. angedeutet. Die beiden ersten Bücher enthalten die meisten davidischen Psalmen, die folgenden neben älterm auch Psalmen aus späterer Zeit. — Wahrscheinlich waren schon in der vorexilischen Zeit Psalmensammlungen vorhanden; seine jetzige Anordnung hat das Psalmenbuch wohl in der Zeit des Esdras und Nehemias erhalten.

Die Eintheilung in 5 BB. bezeichnet schon *Orig.* Sel. in Ps. init. (II, 513) als bei den Juden üblich; *Hippol.* in Ps. § 8 und *Epiph.* de mens. c. 5: τὸ ψαλτήριον διεῖλον εἰς πέντε βιβλία οἱ Ἑβραῖοι, ὥστε εἶναι καὶ αὐτὸ ἄλλην πεντάτευχον. *Ambr.* in Ps. 40, 37. — *Hil.* Prol. in Ps. § 1. *Aug.* in Ps. 150. *Hier.* Praef. in Ps. ad Sophr., Ep. 140, al. 139, 4 verwerfen diese Eintheilung (vgl. *Nat. Alex.* l. c. *Calmet*, Prol. in Ps.); aber wenn Apg. 1, 20 von Einem Psalmenbuche die Rede ist, so wird Marc. 12, 26 auch von „dem Buche des Moyses" gesprochen.

Nach 2 Mach. 2, 13 sammelte Nehemias unter anderm auch τὰ τοῦ Δαυίδ, worunter vielleicht die Pf. zu verstehen sind; *Hippol.* in Ps. § 1. *Hil.* Prol. in Ps. § 4 und *Hier.* Praef. in Ps. ad Sophr. schreiben die Sammlung dem Esdras zu. — 1 Par. 16, 35. 36 wird die Doxologie hinter Pf. 105 schon mit citirt; der Verf. der Chronik hatte also wahrsch. schon unser Psalmenbuch vor sich. Del. 11. — Die Unterschrift nach Pf. 71, 20: „Zu Ende sind die Psalmen Davids," zeigt, daß schon früher eine kleinere Psalmensammlung (zum gottesdienstlichen Gebrauch) veranstaltet worden war. Del. 11. Bleek 620. Hupf. I, 41.

Daß in unserm Psalmenbuche die Psalmen nach einem festen Plane geordnet seien, versucht namentlich — viel zu weit gehend — Delitzsch nachzuweisen in den Symbolae ad Ps. illustrandos isagogicae, Lpz. 1846, und im Comm.; auch Hengstb. IV, 589, Häv. III, 275 und Keil § 114. Vgl. Thalh. XIII.

4. **Die Ueberschriften** enthalten außer Angaben über den Verfasser und die Zeit und Veranlassung des Psalms (s. Nro. 2) oft Angaben über die Dichtungsart und den Vortrag des Psalms beim Cultus, deren Bedeutung jetzt meist nicht mehr mit Sicherheit zu ermitteln ist.

Neuere Versuche, die Ueberschriften der Pf. zu deuten, s. Häv. III, 111. De Wette, die Pf., Einl. VI. Ewald 209. 267. — In der patristischen

§ 21. Das Psalmenbuch.

Zeit versuchte man vielfach allegorische Deutungen, *Orig.* Sel. in Ps. *Greg. Nyss.* de psalmorum inscript. *Hil.* Prol. in Ps. § 17.

Bezeichnungen der Dichtungsart sind: שִׁיר (gewöhnlich mit Hinzufügung einer nähern Bestimmung) Lied, מִזְמוֹר und תְּהִלָּה Loblied, תְּפִלָּה Bittlied, מַשְׂכִּיל Lehrgedicht u. s. w. Häv. III. § 281.

„Das hohe Alter dieser Ueberschriften geht auch daraus hervor, daß die LXX sie bereits vorfanden und nicht verstanden, daß überhaupt der Schlüssel ihres Verständnisses schon frühzeitig verloren gegangen, sowie auch daraus, daß sie in den zwei letzten Büchern des Psalters um so seltener sind, je häufiger in den drei ersten." Del. 16. Die LXX (u. Vg.) haben übrigens manche überschriftliche Notizen auch dieser Art, die im Hebr. fehlen.

Eine Notiz für den Vortrag der Pf. beim Cultus ist auch das in 40 Pf. 71mal und 3mal bei Hab. 3 vorkommende סֶלָה. Vgl. darüber *Hier.* Ep. ad Marc. 28, al. 138; Sommer, Bibl. Abhandl. 1–84, wo zugleich die verschiedenen Deutungen aufgezählt und beurtheilt werden. Sommer hält סֶלָה (LXX διάψαλμα, Zwischenspiel? vgl. *Orig.* Sel. in Ps. II, 515. 522) für das Zeichen des Einfallens des Posaunenschalles mit der Bestimmung, die eben gesungenen Worte hervorzuheben; Del. 71; „Es ist ein Einfallen des Orchesters oder eine Verstärkung der Begleitungsinstrumente [so Ewald 232. 296] oder auch ein Uebergang aus piano in forte gemeint."

5. Hinsichtlich des Inhalts lassen sich die meisten Psalmen zu einer der folgenden Classen zählen:

a. **Lob- und Dank-Psalmen**, z. B. 8. 17. 18.

b. **Bitt- und Klage-Psalmen** 3. 4. 5. 7. Zu dieser Classe gehören auch die Buß-Psalmen (nach kirchlichem Gebrauch sieben) und die sog. Fluch- oder Feindes-Psalmen, z. B. 34. 108.

c. **Lehr-Psalmen** 1. 48. 118.

d. **Historische Psalmen** 104. 105.

e. **Fest-Psalmen** 14. 23.

f. Die 15 Psalmen 119—134 haben die Ueberschrift שִׁיר הַמַּעֲלוֹת, wahrsch. Wallfahrtslied, Vg. canticum graduum.

g. **Messianische Psalmen**, namentlich 2 und 109 (vom Siege des Messias als König, 109 auch von seinem Hohenpriesterthum), 71 (vom Reiche des Messias), 21 (und 15, vom Leiden und der Verherrlichung des Messias), 44 (ähnlich dem Hohenliede). Andere Psalmen sind theilweise oder typisch messianisch.

Vgl. über die Classen der Pf. Dursch a. a. O.
Ueber die Feindespsalmen s. *Thom. Aq.* 2. 2. q. 25, a. 6. Martin

in der (Bonner) kath. Ztf. f. Wiff. und Kunft, 1845, I, 269. Kurtz, Zur Theologie der Pf., Dorpat 1865.

Die verschiedenen Deutungen des הַמַּעֲלוֹת שִׁיר f. bei Häv. III, 91. Delitzfch 690. Hupfeld IV, 250. Am annehmbarften ift die Anficht, daß הַמַּעֲלוֹת die Feftreifen und Wallfahrten nach Jerufalem bezeichnet (Pf. 122, 4 hebr.).

Ueber die meffianifchen Pf. f. Danko 281, Reinke und Mayer (f. o. S. 6). E. Böhl, Zwölf meff. Pf. Bafel 1862. Kurtz, Zur Theol. ꝛc. 6.

6. Für die **Entwicklung der altteftamentlichen Offenbarung** find die Pfalmen in doppelter Hinficht von Wichtigkeit. Einerfeits wurden durch diefelben die Offenbarungswahrheiten dem Verftändniffe der Einzelnen näher gebracht und die entfprechende religiöfe Gefinnung in den Herzen geweckt, befeftigt und lebendiger gemacht. Anderfeits enthalten viele Pfalmen auch eine objective Weiterentwicklung der altteftamentlichen Offenbarung, namentlich der Lehren von Gott, von dem Verhältniffe des Menfchen zu Gott und von dem Meffias.

Vgl. König, Theol. der Pf. § 3—9. — S. 69: „Die Pfalmen gehören zu jener Claffe der altteft. Schriften, in welchen der Inhalt der frühern Offenbarungsftufe einerfeits vom menfchlichen Geifte lebendig ergriffen, verinnerlicht, fubjectivirt erfcheint, anderfeits aber feine pofitive Erweiterung und Fortfetzung durch denfelben göttlichen Factor erhalten hat, durch welchen er auf dem erften Stadium gefetzt ift. Bei der Gefetzgebung und bei der Prophetie find Mofe und die Propheten die auserwählten **Organe**, durch welche Jehova an **fein Volk** fich offenbart; in den Hagiographen find es die **Verfaffer**, für **welche** zunächft die höhere Mittheilung erfolgt. Die in den Pf. gegebene Offenbarung ift ihrem Inhalte nach objectiv, wie es die Offenbarung überall ift; aber angefehen den Modus ihrer Mittheilung und Vermittlung und den nächften Zweck, ift fie fubjectiv." Vgl. Kurtz, Zur Theol. ꝛc. 3.

7. Außerdem find die Pfalmen von Wichtigkeit für die altteftamentliche und für die chriftliche **Gottesverehrung**, für die öffentliche und für die private. Viele Pfalmen find von vornherein zu dem Zwecke gedichtet worden, beim öffentlichen Gottesdienfte und beim Privatgebete gebraucht zu werden, z. B. 135. 148. 150. Andere find zunächft ein Ausdruck der individuellen Gedanken und Gefühle des Dichters unter beftimmten Verhältniffen, z. B. 3. 50. Aber auch folche Pfalmen wurden fpäter als liturgifche Gefänge und Gebetsformulare gebraucht, wozu fie auch ganz geeignet find, da die Worte, in welchen der Pfalmift feine individuellen Gefühle ausspricht oder auf feine Situation Rückficht

nimmt, sich in der Regel leicht und ungezwungen auf die Situation und die Gefühle anderer Betenden anwenden lassen. — Wie im A. B., so wird auch in der Kirche seit den apostolischen Zeiten das Psalmenbuch in dieser Weise beim Cultus und beim Privatgebete gebraucht.

Ueber den Psalmengesang als Bestandtheil des alttest. Cultus f. 1 Par. 16, 4; 2 Par. 23, 18; 29, 25; 35, 15; 1 Esdr. 3, 10 u. f. w. Haneb. 233. 338. Schegg I, 12. Thalhofer S. XXIV. Del. 22. Stähelin 373. 378.

Auf den Gebrauch auch der ursprünglich individuellen Psalmen als Gebetsformulare weisen die auf die musikalische Aufführung bezüglichen Ueberschriften (Nro. 4) und einige Verse hin, die allem Anscheine nach einigen derselben später beigefügt sind, z. B. 24, 22; 33, 23 (f. § 19, 5); 50, 20. 21; 68, 35—37. Daß die Psalmen vielfach beim Privatgebete gebraucht wurden, zeigt das Verhältniß, in welchem die in spätern Büchern vorkommenden Gebete, z. B. Jon. 2 und Sir. 51, zu den Psalmen stehen.

Ueber den Gebrauch der Psalmen in der christlichen Kirche vgl. Eph. 5, 19; Kol. 3, 16 u. f. w. *Aug.* Retr. 2, 11. Ep. 29, 10. 11; 55, 34. Danko 289. Döllinger, Christenth. u. Kirche 352. 356. Schon früh wurde eine Reihe von andern lyrischen Gedichten der Bibel mit den Pf. für den liturgischen Gebrauch verbunden, — die sog. Cantica, Ex. 15, Deut. 32, Js. 38 u. f. w. — so im alttest. Cultus Hab. 3; f. § 37.

W. van Gülick, das Psalterium in seiner wissenschaftl. und praktischen Bedeutung für den Seelsorger. Münster 1858. D. Strauß, der Psalter als Gesang- u. Gebetbuch. Berlin 1859 (32 S.).

„Die Psalmen enthalten fast alle möglichen Bitten und den Ausdruck jeder Empfindung, welcher in unserm Verkehr mit dem Himmel vorkommen kann, von der höchsten Freude bis zum tiefsten Schmerz. In welcher Stimmung wir auch immer sein mögen, wir werden wenigstens eins unter diesen heiligen Liedern finden, welches dazu harmonirt. . . . Kein Lied von Menschenhand kann so oft wiederholt werden, wie diese göttlichen Hymnen; sie bleiben ewig frisch für das Herz, wie die feierlichen Melodieen, in welchen die Kirche sie singt, für Lippen und Ohren; beide sind darauf berechnet, täglich, ja stündlich gebraucht zu werden, ohne ihren eigenthümlichen Reiz zu verlieren." Carb. Wiseman, Verm. Schr. (Köln 1858) II, 233.

Sofern die Erklärung der Psalmen auf diesen Gebrauch derselben als allgemeine Gebetsformulare Rücksicht nimmt, heißt sie **praktische Erklärung** (de Sacy, Schegg und die meisten patristischen Erklärer), — **liturgische Erklärung**, sofern sie die Verwendung der Pf. in den liturgischen Büchern der Kirche, namentlich im Brevier, besonders berücksichtigt (Thalhofer, Wolter). Beide Erklärungen haben die eigentliche Exegese zur Voraussetzung.

§ 22.
Die Sprüche Salomons.

Commentare von Ewald, Bertheau, Hitzig, Zöckler.

1. Die „Sprüche Salomons" — מִשְׁלֵי שְׁלֹמֹה, παροιμίαι LXX, proverbia Vg. — sind nicht, was wir Sprüchwörter nennen, sondern in mannigfaltiger Weise poetisch gefaßte Sentenzen, in welchen die Wahrheiten der göttlichen Offenbarung auf die Beziehungen und Verhältnisse des menschlichen Lebens angewendet, theilweise auch die Resultate der eigenen Erfahrung und Beobachtung des Verfassers und darauf gestützte Lebensregeln ausgesprochen werden. Außer solchen Sprüchen enthält das Buch aber auch einige längere zusammenhängende Betrachtungen und Belehrungen in poetischer Form.

Bei den griechischen Vätern heißt das Buch auch σοφία oder πανάρετος σοφία. *Eus.* H. E. 4, 22: καὶ Εἰρηναῖος καὶ ὁ πᾶς τῶν ἀρχαίων χορὸς πανάρετον σοφίαν τὰς Σολομῶνος παροιμίας ἐκάλουν. Bei den Lateinern auch Sapientia Salomonis, *Cypr.* Test. 2, 56. Vgl. § 56, 1.

Ueber die verschiedenen Arten und Formen der מְשָׁלִים s. Delitzsch, Jüd. Poesie 196. Ewald (s. o. S. 45) 55. In unserm B. sind die Sprüche theils einfache, nur in Verse gefaßte moralische Wahrheiten, Maximen, Sentenzen oder Ermahnungen, auf das Gesetz Gottes oder die Erfahrung basirt 10, 1 ff., theils poetisch gefaßte Gnomen 10, 5; 26, 27; Vergleiche 11, 22; 25, 4. 5; 26, 20 u. s. w. Zöckler 18. 25.

2. **Die Sammlung der salomonischen Sprüche zerfällt in drei Theile:**

a. Die Cap. 1—9 enthalten als Einleitung zusammenhängende Belehrungen und Ermahnungen über die Weisheit.

b. Mit Cap. 10 beginnt mit der Ueberschrift: „Sprüche Salomons" eine Sammlung von einigen hundert lose an einander gereihten Sprüchen.

10, 1—22, 16 bildet durchgängig jeder Vers einen selbständigen Spruch; von da an gehören gewöhnlich 2—3 Verse zusammen. Aus 22, 17 a: „Neige dein Ohr und höre Worte von Weisen" folgt nicht, daß 22, 18 ff. nichtsalomonische Sprüche sind, da es 17 b „habe Acht auf meine Belehrung" heißt. — Ob 24, 23: „auch diese (Sprüche) sind von Weisen", die folgenden 12 Verse als einen Anhang von nichtsalomonischen Sprüchen bezeichnen soll (Haneb. 370), oder bloß als „Weisheitssprüche", die also von Salomon selbst herrühren könnten (Häv. III, 410), ist nicht sicher; vielleicht sind es Sprüche anderer Weisen, die Salomon mit unter die seinigen aufgenommen.

c. Die Cap. 25—29 bilden eine neue Sammlung mit der Ueberschrift: „Auch dieses sind Sprüche Salomons, welche gesammelt haben die Männer des Ezechias, des Königs von Juda."

Die Cap. 30 und 31 sind ein Anhang und enthalten: α. Sprüche von Agur (Vg. Congregans), C. 30; β. die Ermahnungen, welche König Lemuel (Vg. Lamuel) von seiner Mutter erhielt, 31, 1—9; γ. ein alphabetisches Gedicht zum Lobe einer guten Hausfrau, 31, 10—31.

3. In seiner jetzigen Gestalt rührt das Buch der Sprüche aus der Zeit des Ezechias (727—698) her (Nro. 2c); auch der Anhang (Cap. 30. 31) kann in dieser Zeit beigefügt worden sein. Allem Anscheine nach haben aber „die Männer des Ezechias" die beiden ersten Theile (Cap. 1—24, oder doch 1, 1—22, 15) als eine von oder unter Salomon oder bald nach ihm veranstaltete Sammlung bereits vorgefunden. An der Echtheit der dem Salomon zugeschriebenen Sprüche zu zweifeln, ist kein Grund vorhanden; vgl. 3 Kön. 4, 32. Die Verschiedenheit der Form und des sprachlichen Ausdrucks vieler Sprüche und die Wiederholung einiger Sprüche und Spruchglieder in verschiedenen Verbindungen ist bei der großen Zahl der Sprüche nicht auffallend und kein Grund, mehrere Verfasser anzunehmen.

Vgl. Häv. III, 397. Keil § 117. Zöckler 18. — Ewald, Bertheau, Hitzig u. A. haben die Echtheit vieler Sprüche bestritten und verschiedene Hypothesen über das Alter der einzelnen Theile des Buches und über die Zusammenstellung und Ueberarbeitung derselben aufgestellt. Sie stützen sich dabei auf die oben angegebenen und andere innere Gründe. In Bezug auf C. 10—22 bemerkt aber Hitzig S. 91: „Durch die ganze Schrift geht Analogie der Anschauung, herrscht Uebereinstimmung wie der Gedanken, so auch ihres Ausdrucks, des Sprachgebrauchs und der Formulirung . . . Nicht selten kehrt ein Halbvers zurück, z. B. 13, 2 aus 12, 14; 18, 11 aus 10, 15; zum Beweise aber, daß die Wiederholung nicht atomistisch aus dem Gedächtniß stammt, wechselt die Vershälfte den Platz (16, 5 vgl. 11, 21), wandelt sich ab (16, 2 vgl. 21, 2), ist nicht vollständig dieselbe (14, 31 vgl. 17, 5). Dergleichen Wiederholungen, mit kleinern und größern Abweichungen gepaart, beweisen nicht gegen, sondern gerade für Identität des Schriftstellers, dessen Geist einerseits sich frei bewegt, anderseits in bestimmte Schranken gebannt ist. Man sieht nicht, wie da beim Abfassen von Hunderten einzelner Sprüche der Schreiber theilweise Wiederholung vermeiden konnte."

Zöckler meint, die Sprüche im Cap. 10—22, 16 seien salomonisch im strengsten Sinne; in den Sammlungen 22, 17—24, 34, und vielleicht auch Cap. 25—29 seien auch Sprüche von andern Weisen aus Salomons Zeit enthalten. Cap. 1—9 hält er mit Delitzsch u. A. für eine von anderer Hand der salomonischen Spruchsammlung beigefügte Einleitung. Daß diese Capitel nicht Sprüche enthalten wie die folgenden und sich von diesen nach Inhalt und Form unterscheiden, spricht aber nicht gegen ihren salomonischen Ursprung.

Ueber die Abfassung des Anhanges läßt sich nichts bestimmen, da über Agur und Lemuel nichts bekannt ist. Viele ältere Erklärer halten Lemuel, manche auch Agur für einen symbolischen Namen Salomons selbst (s. Corn. a. Lap. zu 30, 1); einige Neuere halten למואל („zu Gott, Gott zugewandt") für einen symbolischen Namen des Agur, so daß dieser der Verf. des ganzen Anhangs sein könnte (Keil § 118). — Hitzig 310, Zöckler 208 u. A. fassen משא 30, 1; 31, 1 nicht in der Bedeutung „prophetischer Spruch", sondern als Namen eines arabischen Landstriches (Gen. 25, 14), über den die Mutter Agurs und Lemuels geherrscht hätte; s. dag. Häv. III, 415. — Die Aramäismen בר 31, 2 und מלכין 31, 3 sind kein Anhaltspunkt zur Bestimmung der Zeit der Abfassung des Anhangs (§ 5, 2).

4. Die Sprüche sind, wie die didaktischen Bücher des A. T. überhaupt, allerdings zunächst ein Product der Reflexion über die göttliche Offenbarung und eine Anwendung ihrer Wahrheiten auf die Verhältnisse des menschlichen Lebens. Sofern aber auch die Verfasser dieser Bücher unter dem Einflusse des göttlichen Geistes standen, ist in ihnen auch eine objective Weiterentwicklung der alttestamentlichen Offenbarung gegeben (§ 21, 6). In den Sprüchen ist es fast ausschließlich die ethische Seite der alttestamentlichen Offenbarung, welche entwickelt wird; in dogmatischer Hinsicht wichtig ist namentlich die Schilderung der göttlichen Weisheit 8, 22—36, an welche sich die weitere Entwicklung der Lehre von der göttlichen Weisheit im Ecclesiasticus und im B. der Weisheit (§ 56 u. 57) anschließt.

Zu dem ersten Satze vgl. G. F. Oehler, Prolegomena zur alttest. Theologie (Stuttg. 1845) S. 88, und Grundzüge der alttest. Weish. (Tüb. 1854) S. 1: „Der objectiven Entwicklung der alttest. Religion, die auf der Grundlage der Gesetzesordnung in der theokratischen Führung des Volkes und in der Prophetie sich vollzieht, geht zur Seite, zwar in Wechselwirkung mit ihr, doch ein eigenes Erkenntnißgebiet für sich bildend, die alttest. Weisheit ... Der Geist besinnt sich über die in der Offenb. ihm dargebotene Weltanschauung und die ihm durch dieselbe vorgeschriebene Lebensaufgabe; er verfolgt die Gedanken derselben in ihre Consequenzen, und sucht auf diesem Wege auch über das, was durch die Offenb. nicht unmittelbar bestimmt ist, sich zu verständigen; er ringt namentlich, über die sich ihm aufdrängenden Räthsel und Widersprüche des individuellen Lebens Licht zu gewinnen. So entsteht das, was das A. T. Chokma, Weisheit nennt, und was man auch schon als die Philosophie der Hebräer bezeichnet hat."

Ueber die Bedeutung der Sprüche für Ethik und Dogmatik des A. T. s. Zöckler 1. 27. 85.

§ 23.
Das Hohe Lied Salomons.

J. H. Kistemaker, Canticum cant. illustratum, Münster 1818. Die Commentare von Delitzsch, Hengstenberg, Zöckler, Hitzig u. A.

1. „Das Lied der Lieder Salomons" — שִׁיר הַשִּׁירִים אֲשֶׁר לִשְׁלֹמֹה, Canticum canticorum Salomonis Vg., d. h. das erhabenste oder herrlichste Lied Salomons, — im Deutschen gewöhnlich das Hohe Lied genannt, ist nach seinem Wortlaute eine poetische Darstellung des Liebesverhältnisses Salomons und der Sulamith. Es darf aber nicht buchstäblich als bloße Schilderung eines menschlichen Liebesverhältnisses verstanden werden; denn a. diese Auffassung ist gegen die Tradition der Synagoge und der Kirche; — b. ein solches erotisches Gedicht würde wohl nicht in die h. Schrift aufgenommen worden sein, und sicher nicht als „Lied der Lieder"; — c. die buchstäbliche Auffassung ist an manchen Stellen nicht durchzuführen.

Der Titel bedeutet nicht „Sammlung von Liedern"; vgl. die analogen Ausdrücke sancta sanctorum, vanitas vanitatum, servus servorum u. dgl. Hieron. zu Ezech. 27, 9 und zu Gal. 1, 4 (Cantica cant. . . cantica, quae inter cantica universa praecellunt); Gesenius, Lehrgeb. 692.

a. Der älteste und in der ältern Zeit der einzige Vertreter der buchstäbl. Deutung ist Theodorus von Mopsuestia (um 400); seine Deutung wurde von der 2. allg. Synode zu Constantinopel 553 verworfen (vgl. die Coll. IV. nro. 68—71 bei *Mansi*, Coll. Conc. tom. 9. p. 125). — Seb. Castellio war der erste, welcher sie erneuerte (im 16. Jahrh.), fand aber auch bei seinen Glaubensgenossen Widerspruch. Seit Herder haben sie die meisten prot. Erklärer adoptirt, von kath. Gelehrten Jahn II. § 206. Vgl. Zöckler 21.

b. Auch viele Vertheidiger der buchstäbl. Deutung vindiciren dem H. L. einen didaktischen Werth, und suchen so die Aufnahme desselben in das A. T. zu erklären. Jahn II. § 207, Stähelin 453 u. A. finden darin eine Empfehlung der Monogamie, und Hitzig 3 sagt: „Die allgemeine Wahrheit, die Liebe sei ein Gefühl, das nicht zu bändigen, das auch nicht um sich feilschen lasse (8, 6. 7.), ist die Lehre, welche aus dem Verlaufe des Gedichtes sich ergibt... Es liegt in der Gestaltung der Grundidee und Durchführung des Buches sittlicher Geist offen am Tage; und es war nicht wohl gethan von Michaelis, daß er das H. L. von seiner Bibelübersetzung ausschloß." — Aber „das Lied der Lieder"!

c. Gegen die buchstäbl. Deutung spricht, daß der Geliebte bald als König, bald als Hirt, die Geliebte bald als Fürstentochter, bald als Hirtin erscheint, die Scene vielfach wechselt u. s. w. S. Hug, das H. L. (s. u.) S. 16. Häv. III, 487.

2. Der Nro. 1, c. angeführte Grund spricht auch gegen die **typische Deutung**, wonach das Gedicht zunächst ein wirkliches menschliches Liebesverhältniß schildern, dieses aber ein höheres geistiges Verhältniß versinnbilden soll. — Die richtige Deutung ist die **allegorische**, wonach unter dem Bilde eines menschlichen Liebesverhältnisses ein höheres geistiges Liebesverhältniß dargestellt wird, und zwar nach der traditionellen Auffassung das Verhältniß Gottes zu seiner Braut, der Kirche, — zunächst zu der Kirche des A. B., dem auserwählten Volke, dann aber besonders zu der Kirche des N. B., als der verklärten und vollkommenern Fortsetzung jener. Dieses Verhältniß Gottes zu seinem Volke oder zu seiner Kirche wird ja auch sonst, entsprechend der den orientalischen Dichtern überhaupt geläufigen Anschauung, in der h. Schrift oft unter dem Bilde des bräutlichen oder ehelichen Verhältnisses dargestellt; vgl. Jer. 2, 2; Ez. 5, 21; 16, 8 ff.; Apok. 21, 2 u. s. w., und besonders Pf. 44.

S. die Geschichte der Auslegung bei Zöckler 14. Die typische Deutung vertreten namentlich Bossuet (Libri Salomonis cum notis, Paris 1693, Praef. in Cant. § 2: Salomon se castosque suos erga filiam Pharaonis affectus in exemplum profert, dumque in *vera historia* ea fingit, quae flagrantissimo amori congruant, describit sub elegantissimae fabulae involucris coelestes amores, Christique et Ecclesiae conjunctionem canit), Delitzsch und Zöckler 11: „Die Liebe des weisen ruhmstrahlenden Königs in Israel zu einer schlichten, reinen, wunderbar schönen Jungfrau seines Volkes spiegelt das Verhältniß Jehova's, des theokratischen Bundesgottes, zur alttestamentl. Bundesgemeinde als seiner Braut und auserkorenen Geliebten überhaupt ab und weissagt auf die noch viel stärkere und innigere Liebeserweisung, zu welcher Gott in der neutestamentl. Heilszeit sich zu der ganzen Menschheit herabgelassen hat. Die Liebe Salomons zu Sulamith ist ein Vorbild der liebenden Gemeinschaft zwischen Christus und seiner Kirche." Von dieser Auffassung unterscheidet sich die allegorische dadurch, daß bei ihr das Liebesverhältniß zwischen Salomon und Sulamith als ein (zum Zwecke der bildlichen

§ 23. Das Hohe Lied Salomons.

Darstellung der angegebenen Idee) fingirtes angesehen wird. Diese Auffassung vertreten, mit vielen Abweichungen in der Deutung des Einzelnen, fast alle kath. Erklärer, unter den neuern prot. bes. Hengstenberg; vgl. Welte II, 2, 238. Haneb. 365. Häv. III, S. 311. Keil § 125. Analogieen aus der orientalischen Literatur s. bei Kistemaker 28. — Das Gedicht als Ganzes und in seinen Hauptzügen dient zur Veranschaulichung der Idee; die meisten ältern Erklärer fehlen dadurch, daß sie auch alle einzelnen Züge und Sätze allegorisch ausbeuten; s. Zöckler 48. 61. Theol.-Lit.-Bl. 1869, 298.

Die jüdischen Erklärer beziehen das Gedicht auf das Verhältniß Jehova's zu Israel (Delitzsch 48), die Väter heben theilweise ausschließlich die Beziehung auf das Verhältniß Christi zur Kirche hervor. Die beiden Verhältnisse verhalten sich aber wie Typus und Antitypus und sind daher der Art zusammen zu denken, daß die Allegorie auf das erste in unvollkommener, auf das zweite in vollkommener Weise Anwendung findet.

Neben der traditionellen Deutung verdient allenfalls noch Erwähnung die, wonach die Liebe Salomons zur Weisheit Gegenstand des H. L. ist; vgl. Weish. 8, 2. So einige jüdische Ausleger und Rosenmüller in den Scholien (s. Delitzsch 65). — Ganz unglücklich sind die politischen Deutungen, wie die von Hug (Das H. L. in einer noch unversuchten Deutung, Freib. 1813 und Schutzschrift für seine Deutung des H. L. Freib. 1816): die Sehnsucht des Reiches Israel nach Wiedervereinigung mit dem Reiche Juda. Vgl. Zöckler 20.

Anmerkung. Sofern ein ähnliches Liebesverhältniß, wie zwischen Gott und seiner Kirche, auch zwischen Gott und der einzelnen Gott liebenden Seele besteht, können die Worte des Hohen Liedes auch auf dieses Verhältniß angewendet werden (*Ambr. de Is. c. 3*), und insbesondere auf das Verhältniß zwischen Gott und der heiligsten Seele, der h. Jungfrau, worauf in der kirchlichen Liturgie viele Stellen angewendet werden. Vgl. Danko 307. Katholik 1859, I, 111.

3. Es ist bei der Erklärung des Hohen Liedes oft nicht leicht, den Zusammenhang zu erkennen und die verschiedenen Scenen und redenden Personen zu unterscheiden. Mehrere, welche der buchstäblichen Deutung folgen, haben die Einheit des Hohen Liedes ganz aufgegeben und es für eine Sammlung einzelner Gedichte gehalten. Dagegen spricht aber die Gleichheit der Ausdrucksweise, die Identität der redenden Personen und die Wiederholung vieler Ausdrücke und Bezeichnungen in allen Capiteln.

Indem mehrere Personen redend eingeführt werden, erhält das Lied eine dramatische Form, ohne daß es darum als ein für die Bühne bestimmtes „Spielstück" (Ewald, Dichter des A. B. I, 72) oder „Singspiel" angesehen werden könnte (F. Böttcher, Die ältesten Bühnendichtungen, der Debora-Gesang und das Hohelied dramatisch hergestellt. Lpz. 1850).

Für eine Sammlung einzelner Gedichte halten das H. L. Herder, Jahn II. § 205, de Wette u. A., bes. Magnus (krit. Bearbeitung und Erkl. des H. L., Halle 1842), welcher in dem H. L. 14 vollständige Gedichte, 8 Fragmente und 18 Glossen und Wiederholungen entdeckt hat. — S. dagegen Häv. III, 484. Delitzsch 4. Zöckler 4.

4. Das Hohe Lied wird durch die Ueberschrift und durch die Tradition dem Salomon zugeschrieben. Die Einwendungen gegen die Echtheit sind ohne Bedeutung: a. die vorkommenden Aramäismen beweisen nicht eine spätere Abfassung (§ 5, 2). — b. Thirza wird 6, 4 hebr. nicht als Hauptstadt des Reiches Israel (3 Kön. 15, 33), sondern als schöne und bedeutende Stadt neben Jerusalem genannt. — c. Daß von Salomon in der dritten Person gesprochen wird, ist unbedenklich, und die Ausdrücke, in welchen von ihm geredet wird, wären im Munde Salomons selbst nur bei der buchstäblichen Deutung des Ganzen auffallend.

Delitzsch 14. Zöckler 8. Die sprachlichen Gründe gegen die Echtheit widerlegt ganz gut Hitzig 8: „Die Schreibung דויד für דוד 4, 4, schon Am. 6, 5; Hof. 3, 5, und die vorfindlichen Aramäismen würden zu viel, letztere auch gegen das Lied der Debora beweisen; das ש praefixum 1, 6. 7. u. s. w. kommt schon in jenem Liede Richt. 5, 7, ferner Richt. 6, 17 u. s. w. vor. Im Uebrigen läßt sich für spätere Zeit weder irgend eine Rechtschreibung, noch Wortform, noch Bildung eines Satzes anführen. . . . Das Gedicht gehört in die schönsten Zeiten der Sprache und in die glücklichsten des Volkes. . . . Die salomonische Zeit steht noch in frischem Andenken." De Wette § 277 (357): „Der ganze Kreis der Bilder und Beziehungen 1, 4. 5. 9. 12; 3, 7 ff. u. s. w. und die Frischheit des Lebens eignen das B. dem salomonischen Zeitalter zu." — Hitzig meint wegen der Erwähnung von Thirza annehmen zu müssen, das Buch sei 25—30 Jahre nach dem Tode Salomons verfaßt. Dem Salomon selbst spricht er das Buch ab wegen der Weise, wie dieser in demselben dargestellt werde, und weil 4, 4 David so erwähnt werde, als sei er nicht des Verf. Vater („der Thurm Davids"!). Hitzig und Ewald finden es unmöglich, daß Salomon das Buch verfaßt habe, weil er sich dann selbst mit seinem Liebesunglück dem Spotte aller Welt preisgeben würde, Hug, de Wette u. A. dagegen, weil Salomon mit zu prächtigen Farben geschildert werde, bes. 3, 6—11. Beide Einwendungen fallen bei der allegorischen Deutung weg.

§ 24.

Der Prediger.

H. G. Bernstein, Quaestiones nonnullae Kohelethanae, Breslau 1854. L. von Essen, der Prediger Salomo's. Schaffh. 1856. Umbreit, die

Einheit des B. Koheleth, St. und Kr. 1857, I. Reusch, Zur Frage über den Verf. des Koheleth, Tüb. Q.=S. 1860, 430. Die Commentare von Hitzig, Elster, Hengstenberg, Hahn und Zöckler.

1. קֹהֶלֶת, d. i. Prediger, LXX ἐκκλησιαστής, heißt in diesem Buche Salomon (1, 1. 12; 12, 8. 9), weil er als Prediger der Weisheit auftritt.

Hier. in Eccl. 1, 1: *Ecclesiastes* graeco sermone appellatur Salomon, qui coetum congregat; quem nos nuncupare possumus *concionatorem*, eo quod loquatur ad populum. קהל = Personen versammeln und zu einer Versammlung reden, namentlich vom Zusammenrufen des Volkes Er. 35, 1. — Andere Deutungen des Namens s. bei v. Essen 11, Elster 1.

Die Femininalform erklären Einige daraus, daß zunächst die Weisheit, חָכְמָה, und Sal. nur als ihr Repräsentant redend eingeführt werde (Hengstb.), Andere nach Analogie der Amtsnamen סֹפֶרֶת und פֹּכֶרֶת und der (männlichen) Eigennamen סֹפֶרֶת, כֹּהֶרֶת u. s. w. 2 Esdr. 7, 7. 57. 59. Olshausen, Lehrb. der hebr. Spr. 224.

2. Der Zusammenhang der in diesem Buche enthaltenen Belehrungen und die Tendenz desselben werden sehr verschieden angegeben; am richtigsten dürfte folgende Auffassung des Hauptinhaltes sein: Die Erfahrung lehrt, daß alle menschlichen Bestrebungen eitel sind, daß der Mensch auf Erden kein wahres Gut findet, und daß die irdischen Zustände und Verhältnisse durchgängig sehr uneben und unbefriedigend sind; der Glaube dagegen lehrt, daß die Welt von einem heiligen, gerechten und gütigen Gott regiert wird. Die vollkommene Versöhnung dieser Gegensätze ist auf dem alttestamentlichen Standpuncte nicht möglich; darum kommt der Prediger, auf die theoretische Lösung der Räthsel und Widersprüche des Lebens verzichtend, zu dem praktischen Resultate: wenn es dem Menschen mit Rücksicht auf das, was ihn die Erfahrung lehre, das Beste scheine, sich des Lebens, so gut es angehe, zu freuen, so solle er anderseits den Glauben an Gott als den gerechten Vergelter festhalten, 11, 9; 12, 1. „Fürchte Gott," das bezeichnet der Prediger selbst 12, 13 als Schluß seiner Rede, „und halte seine Gebote; das ist der ganze Mensch; denn alles Thun wird Gott in's Gericht bringen" — ein Schluß, womit freilich die aufgeworfenen Fragen nicht gelöst, sondern niedergeschlagen werden. — Wenn aber der Prediger die Einsicht des Menschen in die göttliche Weltordnung nicht positiv fördert,

so bringt er doch das Ungenügende der alttestamentlichen Offenbarung in dieser Hinsicht zum klaren Bewußtsein, und weckt dadurch die Sehnsucht nach der vollkommenen Offenbarung.

So im Wesentlichen Kurtz, h. Gesch. § 110. Oehler, Proleg. 90 und Grundzüge der alttest. Weish. 29. Meßmer, Gesch. der Offenb. I, 195. Vgl. *Aug.* C. D. 20, 3. — Die Bedenken von Hengstb. 34 treffen diese Auffassung, wie sie oben vorgetragen ist, nicht. Andere Auffassungen der Tendenz des Buches s. bei Häv. III. § 308. Elster 9.

3. Der Prediger behandelt diesen Gegenstand in der Form einer Untersuchung oder eines Selbstgespräches. Aus dieser Form und theilweise aus der Beschaffenheit des Gegenstandes erklärt es sich, daß als Glieder der fortschreitenden Untersuchung auch falsche und halbwahre Ansichten und Anschauungen vorgetragen werden, zu welchen die Betrachtung der irdischen Verhältnisse den natürlichen Menschen veranlassen könnte, welche aber im weitern Verlaufe der Untersuchung ihre Berichtigung erhalten. Aus dem Zusammenhange gerissen und einseitig aufgefaßt, würden manche Sätze ganz unrichtig sein (3, 19. 22); seine wahre Meinung spricht der Prediger erst am Schlusse, dort aber deutlich genug aus (s. Nro. 2). — Der Stil des Buches ist im Ganzen eher rhetorisch als poetisch zu nennen; er unterscheidet sich von der Prosa durch die durchgängig poetische Ausdrucksweise und einen gewissen Rhythmus; ein eigentlicher Versbau aber kommt nur stellenweise vor.

Oehler, Grundz. 31: „Wenn auf den durch das Ganze hindurch gehenden Gegensatz des Glaubens, der eine Lösung der Widersprüche der Welt zuversichtlich postulirt, und der natürlichen Betrachtung, von deren Standpuncte aus diese Lösung nie zu begreifen ist, geachtet wird, so schwinden die Widersprüche, die man in dem Buche hat finden wollen, und kann jeder Stelle ihr Recht bleiben. Vom Standpuncte der natürlichen Betrachtung aus ist es z. B. gesprochen, daß das Schicksal der Menschen und der Thiere im Tode dasselbe zu sein scheine (3, 19 f.); aber der Glaube hält daran fest, daß der Geist des Menschen zu Gott zurückkehrt, der ihn gegeben hat (12, 7), daß Gott alles Thuen in's Gericht bringen wird u. s. w. (12, 14; 11, 9)." Hitzig 124: „Es wäre ein arger Mißgriff, wollte man dem Verf. alle Aussagen des Buches als seine eigene und definitive Ansicht aufbürden ... Es erhellt, daß vielem, was er sagt, nur augenblickliche Geltung zukommt, als einem Ringe in der Kette der Deductionen. Es thut seine Dienste und wird überwunden; die spätere Behauptung hebt die frühere auf, und definitiv lehrt

Koheleth nur dasjenige, was am Ende unwidersprochen stehen bleibt," — womit indessen nicht ausgeschlossen ist, daß auch den frühern Behauptungen großentheils Wahrheit zukommt. Wenn der Verf. aber für seine Belehrungen die Form einer Untersuchung gewählt hat, so braucht das den inspirirten Charakter seiner Schrift nicht zu beeinträchtigen, wie Hengst. 34 meint.

Aeltere Erklärer fassen vielfach die unrichtigen Sätze des Buches als solche auf, die der Verf. den Gegnern der Wahrheit in den Mund lege (Hieron. zu 9, 7); ja von Einigen wird das Buch geradezu als Dialog angesehen (Herder und Eichhorn bei Zöckler 107). Richtiger schon *Greg. M.* Dial. 4, 4: Quot sententias *per inquisitionem* movet, *quasi* tot in se personas diversorum suscipit... Alia sunt, quae per inquisitionem moventur, atque alia, quae per rationem satisfaciunt; alia, quae ex tentati profert animo atque adhuc hujus mundi delectationibus dediti, alia vero, in quibus, quae rationis sunt, disserit, ut animum a delectationibus compescat... Illud ex tentatione carnali intulit, hoc postmodum ex spirituali veritate definivit.

Auf die bedenklich klingenden Stellen ungebührliches Gewicht legend, hat man in dem B. skeptische oder fatalistische Ansichten finden wollen. Nach Hieron. zu 12, 13 (vgl. Fürst, Der Kanon des A. T., S. 91. Zöckler 119) haben die Juden wegen dieser Stellen Bedenken getragen, dem Preb. kanonisches Ansehen zuzuerkennen, in dem Schlusse aber mit Recht die Rectification derselben erkannt.

„Koheleth gibt nicht mehr überall reine Dichterzeilen, sondern läßt die Rede hie und da schon aufgelöst werden, ohne das strenge Gesetz des Versbaus einzuhalten. Da er in freierer Betrachtung auch rein Geschichtliches in kürzester Fassung einschalten wollte, wie 1, 12; 2, 4 ff.; 9, 13—15, so löste sich ihm schon dadurch der Zwang der Dichterzeile, und dazu läßt sich im Fortschritte des strengen reinen Denkens manches am kürzesten und schärfsten ohne eine solche Fessel des Versbaus ausdrücken. Die Araber kennen diesen Wechsel von Prosa und Vers in vielen halbdichterischen Werken, und im indischen Drama herrscht er sogar allein; aber auch bei den Propheten des A. B. hat die Rede viel Aehnliches." Ewald, Dichter des A. B. II, 286.

4. Als Verfasser des Buches hat in älterer Zeit immer Salomon gegolten, und man hat in der Regel angenommen, er habe es am Ende seines Lebens, nachdem er sich von seinen Verirrungen bekehrt, geschrieben. In neuerer Zeit ist dagegen die Abfassung des Buches von den Meisten in eine viel spätere Zeit, gewöhnlich in die Periode der persischen Herrschaft versetzt worden.

Bei den Rabbinen und den Kirchenvätern gilt Salomon als Verf.; letztere sprechen unzählige Male von drei salomonischen Schriften; Bernstein 33. Danko 315. Aus der Stellung des Buches in der hebr. Bibel zwischen

Klagel. und Esther (Hengstb. 9) folgt keineswegs, daß die Sammler des Kanons das B. nicht für salomonisch gehalten; vgl. § 62, 2 und Reusch 433. Grotius war der Erste, welcher das B. einem Spätern zuschrieb; gegenwärtig wird es nicht nur von den Rationalisten, sondern auch von Hengstb., Häv., Keil, Kurtz, Bähr, Delitzsch, Zöckler u. A. dem Salomon abgesprochen; neuerdings haben die salomonische Abfassung vertheidigt: *E. Böhl*, de aramaismis libri Koh., Erl. 1860, Hahn, Comm. 6, Hölemann, Bibelstudien, Lpz. 1860, II, 26, und *Pusey*, Daniel 325. Von neuern kath. Gelehrten sprechen Jahn, Herbst und Movers das B. dem Sal. ab, während Welte, Scholz, Haneb., Danko und von Essen die alte Ansicht vertheidigen.

Hieron. zu 1, 12: Ajunt Hebraei hunc librum esse Salomonis *poenitentiam agentis*, quod in sapientia divitiisque confisus per mulieres offenderit Deum. Vgl. *Wouters*, Dilucid. III, 428. v. Essen 67.

5. Salomon tritt in dem Buche redend auf (1, 12 u. f. w.); und wenn dieses auch die Annahme der Abfassung des Buches durch einen Spätern nicht nothwendig ausschließt (f. § 57, 4), so spricht dieser Umstand und namentlich die Fassung der Ueberschrift doch augenscheinlich eher für die salomonische Abfassung. In dem Inhalte des Buches findet sich auch nichts, was dagegen spräche; denn die Schilderungen, welche der Prediger von den Zuständen und Verhältnissen in der Welt entwirft, passen mehr oder weniger auf alle Zeiten, und es ist ebenso unrecht, sie ausschließlich auf das Reich und die Zeit Salomons zu beziehen — dann würden sie allerdings theilweise in seinen Mund nicht passen, — als unmöglich, aus den Zügen dieser allgemeinen Schilderungen der irdischen Verhältnisse die Zeit der Abfassung des Buches zu bestimmen. Keine Stelle des Buches, auch nicht 1, 12. 16 u. f. w., ist solchen Inhaltes, daß sie nicht von Salomon geschrieben sein könnte.

Ueber die Ueberschrift f. Reusch 436; über den Inhalt dens. 439. Hölem. 30. — Wenn man sagt: „Salomon konnte schwerlich so bitterlich über Unterdrückungen, über Ungerechtigkeiten bei Gerichtsstellen, über die Erhebung der Thoren und Sklaven zu hohen Würden u. f. w. klagen 3, 16; . 4, 1 2c., wenn er nicht eine Satire auf sich selbst schreiben wollte" (Jahn II, § 214 u. A.), so wird übersehen, daß „Sal. nicht bloß von sich und seinen persönlichen Erlebnissen zu reden brauchte, sondern als Weiser mit prüfendem und forschendem Blicke Gegenwart und Vergangenheit [und Zustände in der Nähe und in der Ferne] betrachten und darüber philosophiren konnte" (Häv. III, 457. Hölem. 28). — Nur durch Combinationen, welche auf der falschen

Voraussetzung beruhen, daß der Verf. bestimmte Zustände seiner Zeit und Umgebung und nicht die irdischen Dinge im Allgemeinen im Auge habe, folgern die Meisten aus dem „Inhalte" des B., es sei in der persischen Zeit geschrieben; Hitzig kommt auf demselben Wege in die ptolemäische, Grätz (Monatsschrift 1869) sogar in die herobianische Zeit. Der Gegensatz zwischen Israel und den Heiden, auf den Hengstb. besonderes Gewicht legt, wird von ihm in das Buch hineingetragen; Reusch 448.

„Ich war König in Israel" 1, 12 ist mit dem Folgenden „und ich nahm mir vor, zu forschen" zu verbinden, und Sal. deutet damit an, daß ihm seine Stellung Gelegenheit geboten habe, zu beobachten und zu forschen (Hitzig 133). „Ich war weiser, als alle, die vor mir waren über Jerusalem" 1, 16, kann Sal. mit Bezug auf die voristraelitischen Könige zu Jerus. sagen. Vgl. über diese und andere Stellen Reusch 438.

6. Die **sprachliche Darstellung** des Buches ist von der der beiden andern salomonischen Schriften sehr verschieden und scheint eher auf eine nachexilische Abfassung hinzuweisen. Indeß ist es doch nicht gerechtfertigt, aus diesem einzigen Grunde gegenüber dem Zeugnisse der Tradition (Nro. 4) die salomonische Abfassung des Buches als unmöglich zu bezeichnen. Die Differenz zwischen der Diction des Predigers und der der andern salomonischen Schriften kann aus der Verschiedenheit des Inhaltes und der Form, — vielleicht theilweise auch aus der verschiedenen Zeit der Abfassung (Nro. 4) — erklärt werden; und was die Aramäismen und „späthebräischen" Wörter und Formen betrifft, so ist die Geschichte der Entwicklung der hebräischen Sprache viel zu wenig sicher, als daß sich aus solchen Erscheinungen allein mit Bestimmtheit auf das Zeitalter eines Buches schließen ließe. Gerade zur Zeit Salomons kann bei dem vielfachen Verkehr mit dem Auslande das Aramäische einen starken Einfluß auf den Stil eines Schriftstellers geübt haben, und der eigenthümliche philosophische Charakter seines Buches mochte den Prediger oft zur Bildung neuer Wörter nöthigen.

Die Bemerkungen über die eigenthümliche Diction des Preb. sind nicht in der Ausdehnung richtig, wie sie von manchen Gegnern der salomonischen Abfassung vorgetragen werden. Einige Aramäismen desselben kommen auch in ältern BB. vor (z. B. das שׁ praef.), andere sind mit Unrecht als solche bezeichnet worden; s. Reusch 462. Böhl 34. — פַּרְדֵּם 2, 5 kommt auch H. L. 4, 13 vor; außerdem ist פִּתְגָם 8, 11 das einzige wahrsch. nichtsemitische Wort im Pred. Böhl 43.

Bei großer Verschiedenheit der Sprache des Pred. von der der Spr. und des H. L. finden sich auch einige eigenthümliche Uebereinstimmungen; s. Hävv. I. 1, 241. Keil § 130, 3. Hävv. sagt ferner: „Daneben enthält dieses Buch eine Menge ihm ganz eigenthümlicher Ausdrücke, welche zum Theil einen philosophischen Anstrich und selbst dem Ganzen ein eigenthümliches Gepräge verliehen haben; daher z. B. die ungewöhnliche Menge von Abstractbildungen [namentlich Wörter auf ןו- und תו-, deren übrigens auch die Spr. viele haben], der häufige Gebrauch von יֵשׁ, das eigentliche Wesen, Sein einer Sache bezeichnend, und dessen Gegentheil אַיִן; auch der Ausdr. הֶבֶל [auch in Spr. und Job], יִתְרוֹן u. s. w. gehören dahin. Man [Gesenius] hat darum nicht ganz mit Unrecht gesagt, daß sich einiges stark dem talmudisch-rabbinischen Sprachgebrauch nähere; wenigstens haben wir hier eine Art Uebergang dazu." Diese Erscheinung erklärt sich genügend aus dem philosophisch-rhetorischen Charakter des Preb. (Reusch 461), desgleichen die andere, daß sich nicht ein Versbau findet, wie in den Spr. (s. o. Nro. 3).

§ 25.
Das Buch Job.

E. Reuß, das B. Hiob; ein Vortrag, Straßburg 1869. *W. Volck*, de summa carminis Jobi sententia, Dorpat 1870. Die Commentare von Stickel, Welte, Schlottmann, Delitzsch, Dillmann u. A.

1. Inhalt: a. Cap. 1. 2. (Prolog): Job (אִיּוֹב, Hiob, richtiger Ijob oder Job), ein frommer Mann im Lande Hus, wird von Satan mit den härtesten Leiden überhäuft, was Gott zuläßt, um den Job zu prüfen. — b. Cap. 3—31: Reden Jobs und dreier Freunde über die Ursache dieser Leiden. Die Freunde suchen zu beweisen, irdische Leiden seien immer Strafen für Sünden; Job betheuert seine Unschuld. — c. Cap. 32—37: Da die drei Freunde schweigen, tritt als vierter Redner gegen Job Eliu (אֱלִיהוּא) auf und zeigt, Gott sei gerecht, auch wenn er über Menschen, die sich keiner schweren Sünde bewußt seien, Leiden verhänge. — d. Cap. 38—41: Gott selbst redet und hält dem Job seine unbegreifliche Majestät und Macht vor. — e. Cap. 42 (Epilog): Job bereut seine Vermessenheit, daß er gegen Gott gemurrt habe; die Freunde werden wegen ihres harten Urtheils von Gott getadelt und Job erhält sein früheres Glück doppelt zurück.

Der Prolog und der Epilog sind prosaisch geschrieben; die Reden des Buches gehören der Form nach zu den glänzendsten Erzeugnissen der hebräischen Poesie.

§ 25. Das Buch Job.

Das B. Job ist kein Drama (Delitzsch 11), sondern „ein Lehrgedicht in dialogischer Form mit dramatischer Entwicklung," Nölbeke 181. Ueber den poetischen Werth s. Nölbeke 185.

2. **Plan und Anlage.** Die Reden Jobs und seiner Freunde enthalten menschliche Versuche, die Frage über den Grund und Zweck der irdischen Leiden mit Bezug auf das Schicksal Jobs zu lösen. Die Reden Eliu's bringen die Frage ihrer Lösung näher, sofern sie dieselbe unter einem neuen Gesichtspuncte behandeln (s. Nro. 3). Die Reden Gottes haben hauptsächlich den Zweck, alle Redenden an die über alles menschliche Begreifen und Beurtheilen erhabene Majestät Gottes zu erinnern. Die volle Lösung der in dem Buche behandelten Frage finden also die Redenden selbst nicht; uns geben sie der Prolog und der Epilog: Gott sendet irdische Leiden nicht bloß als Sündenstrafe, sondern auch als Prüfungsmittel.

S. Welte, B. Job S. XII. Haneb. 350. Oehler, Grundz. der alttest. Weish. 19.

Das Buch als Ganzes ist inspirirt und darum seine Lehre Wahrheit; es „enthält aber größtentheils Streitreden, die einander bekämpfen und darum nicht durchweg lauter Richtiges enthalten können. Was aber in ihnen schief und unrichtig ist, wird theils durch sie selbst, theils durch den Eingangs- und Schlußbericht des Buches als solches wirklich hingestellt." Welte S. XV. Haneb. 357. Del. 273. *Aug.* c. Prisc. c. 9. Auch die Reden der Freunde enthalten richtige Sätze; vgl. 5, 13; 1 Kor. 3, 19.

3. Da der Prolog und der Epilog nach dem Gesagten ganz wesentlich für den Plan des Buches sind und dieses ohne sie unvollständig sein würde, so ist ihre Echtheit mit Unrecht bestritten worden. — Auch die Zweifel an der Echtheit der Reden Eliu's sind unbegründet: a. Sie sind keineswegs überflüssig für den Plan oder störend für den Zusammenhang des Buches. — b. Wenn Eliu im Prolog nicht genannt wird, so hat das seinen Grund darin, daß er erst später auftritt, 32, 2 ff.; und daß er auch im Epilog nicht neben den drei andern Freunden genannt wird, erklärt sich daraus, daß er nicht gleich diesen gerügt zu werden verdiente. — c. Daß in seinen Reden eine etwas andere Darstellung herrscht, paßt gut zu seinem Alter und Charakter. — d. Daß Job auf seine Reden nicht antwortet, läßt sich

daraus erklären, daß er ihre Richtigkeit anerkennt, oder daß Gott eingreift, ehe Job antworten kann.

Nur von Einzelnen und mit schwachen Gründen ist die Echtheit des Prologs und Epilogs (R. Simon, Knobel u. A.), der Stelle 27, 11—28, 28 (Bernstein) und der Schilderung des Nilpferdes und des Krokodils 40, 15 (10 Vg.) — 41, 26 (Ewald, Dillmann) bestritten worden; s. Häv. III. § 297. Keil § 123. Del. z. d. St. Die Echtheit der Reden Elihu's (32—37) wird bestritten von de Wette, Ewald, Delitzsch, Nöldeke, Reuß, Dillmann, Bleek 655 u. A., vertheidigt von Welte, Häv., Keil, Stähelin, Stickel 227, Schlottmann 56.

Ueber das Verhältniß derselben zu dem ganzen B. sagt Oehler, Grundz. 25: „In den Reden des Elihu werden hauptsächlich folgende Gedanken ausgeführt: 1. Die Leiden sind eine von Gott verhängte Prüfung, durch welche er den Menschen läutern und von verborgenen Sünden reinigen will; so dienen sie nach dem göttlichen Rathe einem sittlichen Zwecke. 2. Gott kann nie ungerecht sein vermöge seiner Macht über die Welt; wer die Macht hat, durch die er die Welt in ihrem Dasein und Leben setzt, der ist eben damit die Quelle des Rechts... Mit den dreien hat El. allerdings den Satz gemein, daß alles Leiden eine Beziehung zu der menschl. Sündhaftigkeit hat; aber der wesentliche Unterschied ist, daß die drei das Leiden unter den Gesichtspunct der Strafe stellen, die abgetragen sein muß, damit Gott dem durch das Leiden gedemüthigten Menschen wieder wohlthun könne, wogegen El. das Leiden aus dem göttlichen Liebeswillen erklärt, der durch die Trübsal, die er sendet, den Menschen auf einen verborgenen Bann des Herzens hinführen und so erretten will (33, 17. 27; 36, 7—12). Eben darum ist aber auch die Lehre, die El. vorträgt, nicht ganz identisch mit der im Prolog bereits angedeuteten, durch die Reden Jehova's vermittelten, im Epilog vollzogenen Lösung. In diesen wird das Leiden Hiobs nicht unter den Gesichtspunct der läuternden Zucht gestellt, sondern unter den der Bewährung, durch welche die Unerschütterlichkeit der echten Frömmigkeit offenbar, das dargethan werden soll, daß der Gerechte durch alle Anfechtungen hindurch gerettet wird. Freilich kann — und dies ist der Zweck der Erscheinung und der Reden Jehova's — die Restitution Hiobs nicht ohne vorhergegangene Demüthigung erfolgen; aber dies ist nicht ganz dasselbe, was El. lehrt, daß die Leiden direct auf Brechung des sündigen Hochmuths und Reinigung von verborgenen Sünden berechnet seien. Ohne die Reden des El. würde eine wesentliche Seite des göttlichen Zweckes der Leiden im B. gar nicht behandelt sein, namentlich das, was an der Behauptung der drei, daß das Leiden immer in einer Beziehung zu der Sündhaftigkeit des Menschen stehe, richtig ist, nicht zur gehörigen Anerkennung kommen."

Ueber die Darstellung vgl. bes. Stickel 248 ff. S. 252: „Es wird kein Abschnitt von gleichem Umfang mit Elihu's Reden im Hiob aufgefunden werden, welcher nicht gegen das Uebrige im Sprachmaterial gar manche Eigenheiten zeigte; ... und wenn es wahr ist, was Ewald bemerkt, daß der

Dichter jedem Redner gewisse Lieblingswörter und Weisen gegeben hat, so kann es gar nicht Wunder nehmen, daß Elihu, der sonst auf so mannigfache Art von den Uebrigen unterschieden ist, auch in dieser Hinsicht etwas mehr markirt wurde."

4. Job ist eine historische Person; das zeigt die Weise, wie er im Buche selbst und Ezech. 14, 14; Tob. 2, 12; Jac. 5, 11 erwähnt wird. Er lebte allem Anscheine nach in der patriarchalischen Zeit vor der Verkündigung des mosaischen Gesetzes. Er war kein Israelit, aber ein Verehrer des wahren Gottes und wahrscheinlich ein Nachkomme Abrahams. — Wenn aber auch Job eine geschichtliche Person ist und das, was von ihm erzählt wird, erlebt hat, so sind doch die Reden sicher nicht in der Form gesprochen worden, in welcher sie mitgetheilt werden, und das Buch ist also als eine bidaktische Dichtung mit geschichtlicher Grundlage zu bezeichnen.

Herbst II, 2. § 73. Welte, Job S. VII. Danko 323. Schlottmann 4. Dillmann XVI.

Die Kirchenväter haben wohl nur die geschichtliche Grundlage des Buches im Sinne, wenn sie es zu den hist. BB. zählen (*Aug. d. chr. 2, 8, 13*). Für streng historisch halten das B. Schultens u. A., für bloße Dichtung Hengstenberg (über das B. Hiob, Berl. 1856, S. 12), Reuß 16 u. A. Ueber die bidaktische und die typische Bedeutung der Geschichte Jobs s. Del. 3. 22. 189.

Der Zusatz am Schlusse der griech. Uebers. (s. darüber *Goldh.*, Introd. II. § 122. Del. 534) identificirt Ἰώβ (איוב) mit Ἰωβάβ (יובב) Gen. 36, 33; ebenso *Theodt.* in Gen. q. 93. *Eus.* Dem. 1, 6, 13. — Job und seine drei Freunde waren Nomadenfürsten (reges Tob. 2, 15 Vg.; Job 2, 11 LXX). — Das Land Hus (עוץ) lag wahrscheinlich im nördlichen Arabien, nordöstl. von Idumäa (Herbst § 76. Dillmann 2), nach Andern in Hauran (Del. 33. 507).

5. Es mangelt an zuverlässigen Nachrichten darüber, wann und von wem das B. Job verfaßt ist, — nach Ezech. 14, 14 jedenfalls vor dem Exil. Mit Rücksicht auf die in jeder Hinsicht vollendete Form und die klassische Sprache des Buches im Allgemeinen, sowie auf die sprachlichen Berührungen zwischen ihm und den Sprüchen, versetzen die meisten Neuern seine Abfassung in die Blüthezeit der hebräischen Poesie.

Manche Aeltere nehmen an, Moyses habe das Buch verfaßt (so der Talmud, Methobius bei *Phot.* Cod. 235) oder das von Job selbst in aramäischer Sprache geschriebene Buch (Job 42, 17 LXX) übersetzt (das Buch ist vormosaisch nach *Orig.* c. Cels. 6, 43, Job wahrsch. der Verf. nach *Greg. M.* Mor. praef. c. 1). *Goldh.* l. c. § 119. Von den Neuern versetzen die Abfassung in die vormosaische oder mosaische Zeit Jahn, Ebrard u. A., in die salomonische Herbst, Welte, Keil, Schlottm., Del. u. A., Andere in eine spätere Zeit (hauptsächlich wegen der Erwähnung des Satan, s. Del. 19. 39), und zwar in die Zeit zwischen Is. u. Jer. Ewald, Stickel, Dillmann, Bleek, Stäh., in die exilische Zeit Gesenius, Umbreit u. A.

Dritte Periode.

Die alttestamentliche Offenbarung von der Trennung des Reiches bis zum Ende des babylonischen Exils, 975—535 v. C.

Blüthezeit des Prophetenthums.

§ 26.
Geschichtliche Uebersicht.

Kurtz, Lehrb. der h. Gesch. § 90. Meßmer, Gesch. der Off. I. § 107. Haneb., Gesch. der Off. 246. Rohrb. II, 261. M. v. Niebuhr, Gesch. Assurs und Babels seit Phul. Berl. 1857.

1. Bald nach Salomons Tode (981, nach Andern 975) wurde sein Reich in zwei Reiche gespalten, in das südliche Reich Juda (mit Benjamin) und das nördliche Zehnstämme-Reich Israel oder Ephraim. In letzterm wurde der Kälberdienst (daneben unter mehrern Königen der Cultus Baals und anderer Götzen) Staatsreligion; bei einem Theile des Volkes erhielt sich aber, namentlich unter dem Einflusse der Propheten, der wahre Glaube. Gegen das R. Juda nahm das R. Israel durchgängig eine feindselige Stellung ein; nur einige Male waren beide Reiche auf kurze Zeit verbündet. Es folgten sich im R. Israel 19 Könige aus 9 verschiedenen Dynastien. — Unter dem vorletzten Könige **Phacee (Pekah)** wurden viele Einwohner von dem assyrischen Könige **Theglath Phalasar (Tiglath Pilesar)** gefangen weggeführt, 4 Kön. 15, 29. Der folgende König **Salmanassar (oder Sargon)** eroberte unter **Osee (Hosea)** 721 die Hauptstadt Samaria und deportirte den größten Theil des Volkes nach Assyrien und Medien, 4 Kön. 17, 6. Zu diesen Exulanten gehörte To-

bias, Tob. 1, 2. — Wahrscheinlich im J. 606 wurde Ninive von den Medern und Babyloniern erobert und das assyrische Reich getheilt; das eigentliche Assyrien fiel den Medern zu.

Nach der Deportation der Bewohner des R. Israel wurden heidnische Colonisten in das Land geschickt, 4 Kön. 17, 24; von diesen und den zurückgebliebenen Israeliten stammt das Mischvolk der Samaritaner.

Ueber die Trennung der beiden Reiche, die Grenzen derselben, die religiösen Zustände, die Chronologie s. die Comm. zu den Büchern der Kön. von Keil 133 und Bähr 126 c., über die Deportation und die Samaritaner Keil 311. Bähr 400.

Reihenfolge der **Könige von Israel** (die Namen der Gründer neuer Dynastien sind gesperrt gedruckt; die Jahreszahlen nach Welte, K.-Ler. IV, 908; ähnlich J. N. Tiele, Chronol. des A. T., Bremen 1838; von Andern anders bestimmt): Jeroboam I. 981, Nabab 959, Baasa (Baesa) 957, Ela 933, Zambri (Simri) 931, Amri (Omri) 931, Achab (Ahab) 919, Ochozias (Ahasjah) 897, Joram 895, Jehu 883, Joachaz 855, Joas (Jehoas) 838, Jeroboam II. 822, Anarchie 781—770, Zacharias (Sacharjah) 770, Sellum (Sallum) 770, Manahem (Menahem) 770, Phaceja (Pekachja) 760, Phacee (Pekach) 758, Anarchie 738—730, Osee (Hosea) 730—721.

2. Das Reich Juda bestand fast anderthalb Jahrhunderte länger und hatte 20 Könige, welche alle aus der davidischen Dynastie stammten, aber nur der Minderzahl nach theokratisch gesinnt waren. Unter Joakim (610—599) wurde das Reich von Babylon abhängig; einzelne Vornehme wurden (wahrsch. 605) als Geiseln nach Babylon geführt, darunter Daniel (Dan. 1, 1). Der Nachfolger des Joakim, Jechonias, wurde 599 (nach Niebuhr 595) mit einem Theile der Einwohner, worunter Ezechiel, nach Babylonien deportirt (4 Kön. 24, 1. 14). Unter dem folgenden Könige Sedecias wurde 588 (nach Niebuhr 585) die heilige Stadt erobert und zerstört und darauf der größte Theil der Einwohner des Landes mit dem geblendeten Könige nach Babylonien deportirt, 4 Kön. 25.

Reihenfolge der **Könige von Juda** (die Namen der theokratisch gesinnten sind gesperrt gedruckt): Roboam (Rehabeam) 981, Abiam 964, Asa 961, Josaphat 920, Joram (Jehoram) 895, Ochozias (Ahasjah) 887, Athalia 886, Joas (Jehoas) 880, Amasias 840, Azarias oder Ozias (Usia) 811, Joathan (Jotham) 759, Achaz (Ahas) 743, Ezechias (Hiskia) 727, Manasses 698, Amon 643, Josias 641, Joachaz (Sellum, Jer. 22, 11)

610, Joakim (Jojakim) 610, Joachin (Jojachin) oder Jechonias 599, Sebecias (Zebekia oder Zibkia) 599.

Die **Könige von Assyrien** (Ninive) in dieser Zeit sind (vgl. Niebuhr 37. 128 ff. Duncker, Gesch. des Alterth. (3) I, 658. Röderath, Bibl. Chronol. 97. *J. Oppert*, Mémoire sur les rapports de l'Egypte et de l'Assyrie, Paris 1869. Ztf. der DMG. 1869, 134; die Jahreszahlen im Folgenden nach Oppert):

1. Phul um 770 v. C. (4 Kön. 15, 19). Gegen das Ende seiner Regierung machen sich Medien und Babylonien von Assyrien unabhängig, Babylonien unter Nabonassar, — Anfang der Aera des Nabonassar [N.] 747 v. C. Als Zeitgenosse des Ezechias wird Js. 39, 1 ein babylonischer König Merodach Baladan, מְרֹאדַךְ בַּלְאֲדָן, erwähnt, wahrsch. Μαρδοκέμπαδος, 721—709.

2. Tiglatpalassar (IV. 744—727) — תִּגְלַת פִּלְאֶסֶר, Vg. Teglathphalasar, 4 Kön. 15, 29; 16, 7.

3. Salmanassar (V. 727—722) — שַׁלְמַנְאֶסֶר, Salmanasar, 4 Kön. 17, 3, wahrsch. identisch damit שַׁלְמָן Os. 10, 14, starb bei der Belagerung von Samaria.

4. Sargon (Sargina 721—704) — סַרְגוֹן Js. 20, 1, erobert Samaria 721, nach Nieb. 29 N. = 718. Vgl. Delitzsch, Jesaia 236. Andere halten Sargon und Salmanassar für identisch; s. Bähr, Kön. 411.

5. Sancherib (704—680) סַנְחֵרִיב, Sennacherib, unter Ezechias vor Jerusalem, 4 Kön. 18, 13; unter ihm wird Babylonien wieder von Assyrien abhängig.

6. Assarban (680—667), אֲסַר־חַדֹּן, Asarhaddon 4 Kön. 19, 37; wahrsch. identisch damit (oder ein Beamter desselben) אָסְנַפַּר, Asenaphar 1 Esdr. 4, 10. Er führt den König Manasses gefangen nach Babylon, 2 Par. 33, 11.

7. Sarbanapal (VI. 667—647 in Assyrien; sein Bruder Saosduchin oder Samuges in Babylon). — 8. Asur-ebil-el (647—625, Kineladan). — 9. Sarbanapal (VII. 625?—606). Ninive wird von den Medern unter Kyaxares und den Babyloniern unter Nabopolassar erobert 142 N. = 606 v. C. — (Ueber die Verschiedenheit der Königsnamen s. Nieb. 29.)

Nabopolassar, schon seit 625 König von **Babel** unter assyrischer Oberhoheit, regiert als unabhängiger König bis 604. Ihm folgt Nabukudruffur 604—561, im Kanon des Ptolemäus Ναβοκολάσαρος, im A. T. נְבוּכַדְרֶאצַּר, gewöhnl. נְבוּכַדְנֶאצַּר, Nabuchodonosor, der Eroberer Jerusalems. Ueber die folgenden babylonischen Könige s. § 43, 1. Ueber die verschiedenen Deportationen der Bewohner des R. Juda s. Nieb. 89. 205. 373.

3. Die jüdischen Exulanten wurden in Babylonien im Allgemeinen milde behandelt und bewahrten ihre religiöse, in mancher Hinsicht selbst ihre nationale Selbstständigkeit; vgl. 4 Kön. 25, 27; Bar. 1, 3; Dan. 13. — Der Perserkönig Cyrus ertheilte ihnen

nach der Eroberung Babylons (536) die Erlaubniß zur Rückkehr in ihr Vaterland.

Ueber die exilischen Zustände s. Han eb. 377. — Ueber die 70 Jahre Jer. 25, 11 sagt Nieb. 89: „Unter mehrern Berechnungen der Anfangs= und Endzeit sind folgende die hauptsächlichsten: 1. Die Nothzeit als Knechtschaft unter Babel genommen; die Unterwerfung begann im 3. Jahre des Joakim 143 N., das 70. Jahr würde mithin 213 N. sein. Das wirkliche Ende der Knechtschaft ist aber das Jahr der Rückkehr, das 1. Jahr des Kyrus 210, oder das Jahr des Anfangs des Tempelbaus 211 N. Hienach fehlen an den 70 Jahren noch 2 oder 3. Da aber 70 eine typische Zahl ist, muß diese geringe Abweichung mit Ehrfurcht erfüllen, statt Zweifel an der Wahrheit der Pro= phetie zu erregen oder an der babylonischen Chronologie irre zu machen. — 2. Die Knechtschaft als Zerstörungszeit des Tempels genommen. Die Anfangszeit der 70 Jahre ist die Zerstörung des Tempels 162 N., das Ende also 232 N. Der Tempelbau ist vollendet im 6. Jahre des Darius Hystaspis 232 N.; also stimmt hier die Zeit ganz genau."

4. Die Geschichte Israels in dieser Zeit behandeln die (zwei letzten) Bücher der Könige und die Bücher der Paralipomena, einzelne Ereignisse aus derselben die Bücher Tobias und Judith. Besonders wichtig ist diese Periode als Blüthezeit des Pro= phetenthums.

Die genannten geschichtlichen BB. sind theilweise wahrscheinlich auch wäh= rend dieser Periode verfaßt; des Zusammenhangs wegen werden sie erst in der folgenden Periode besprochen. — Geschichtsquelle für diese Periode sind übrigens auch die prophetischen Bücher.

§ 27.
Das Prophetenthum.

S. Thomas Aq., Summa theol. 2. 2. q. 171 seq. Hengstenberg, Christologie III. 2 (Schlußabhandlungen). Reinke, Allg. Einl. in die Weis= sagungen, insbes. in die messianischen, Beitr. II, 1. A. Tholuck, die Pro= pheten und ihre Weissagungen (2), Gotha 1860. *Le Hir*, Les prophètes d'Israél, in den Études bibliques, Paris 1869, I, 1. Küper, das Pro= phetenthum des A. B., Leipzig 1870.

1. **Propheten**, נְבִיאִים, heißen im A. T. diejenigen Per= sonen, welche von Gott unmittelbar zur Verkündigung seiner Offenbarungen und seines Willens berufen und übernatürlich aus= gerüstet wurden. Die Propheten bildeten keinen erblichen, nicht einmal einen permanenten Stand in der alttestamentlichen Theo=

kratie, wie das Priesterthum und das Königthum, sondern wurden in außerordentlicher Weise und zu besondern Missionen von Gott bevollmächtigt. — Solche Propheten waren in älterer Zeit namentlich Moyses (Deut. 18, 15; 34, 10) und Samuel (1 Sam. 3, 20), unter David Gad und Nathan (2 Sam. 7, 2; 24, 11). Gerade in dieser Periode aber, wo die innern und äußern Verhältnisse des Volkes Gottes schwieriger und verwirrter wurden und Königthum und Priesterthum ihrer Aufgabe nur unvollkommen entsprachen, finden wir solche außerordentliche göttliche Gesandte in größerer Zahl, und zwar in beiden Reichen.

נָבִיא (von נָבָא, verw. mit נָבַע, hervorsprudeln, trop. reden, Deut. 32, 2), „der Sprecher" sc. Gottes, vgl. Er. 7, 1 und 4, 16. Häv. II. 2, 6. Del., Gen. 403. 634. Ewald, die Proph. des A. B. I, 7. — nach Andern (Redslob, der Begriff des Nabi, Lpz. 1839) „der Inspirirte". Daneben finden sich die Bezeichnungen רֹאֶה u. חֹזֶה, Seher, 1 Sam. 9, 9; 2 Sam. 24, 11, und אִישׁ אֱלֹהִים, Mann Gottes, 1 Sam. 2, 27. Auch das griech. προφήτης heißt ursprünglich „Sprecher", nicht gerade „Vorhersager". Bleek 412. Thol. 21.

Die Propheten wurden bald aus den Priestern, bald aus den Laien gewählt. Als Prophetinnen werden bezeichnet Maria Er. 15, 20, Debbora Richt. 4, 4, und Holba (Hulba) 4 Kön. 22, 14.

„Im R. Israel, wo das legitime Priesterthum und Königthum fehlte, erhielt das Prophetenthum eine feste Organisation, eine vollständige Gliederung; an der Spitze stehen die ausgezeichnetsten Propheten als geistliche Väter; diese haben die Prophetenschulen unter sich und reisen von einer zur andern, um sie zu visitiren; diese Schulen haben eine Art von klösterlicher Einrichtung. Im R. Juda dagegen steht jeder Prophet isolirt da, und das ganze Prophetenthum ist hier sporadischer Natur; denn im R. Juda war die Thätigkeit der Proph. nur eine ergänzende; die außerordentl. Gesandten Gottes vermauerten nur die Lücken, welche die ordentl. Diener Gottes, die Priester und Leviten, offen gelassen; dagegen im R. Israel waren die Proph. die ordentl. Diener Gottes." Hengstb., Beitr. II, 146.

„Die sog. Prophetenschulen (1 Sam. 19, 20; 3 Kön. 20, 35; 4 Kön. 2, 3. 5; 4, 38) gewährten unter der Leitung älterer und bewährter Proph. jüngern Männern [den „Söhnen der Propheten"] die Vorbildung zum prophetischen Berufe. Da die Prophetie aber keine Kunst, sondern eine Gabe ist, so bezog sich die hier stattfindende Unterweisung wohl nur auf das Studium des Gesetzes, auf die Erregung und Ausbildung theokratischer Gesinnung und auf gemeinsame Uebung des geistlichen Lebens, als der nothwendigen [? s. Nro. 5] Vorbildung und Basis zum Prophetenamte. In diesen religiösen Gemeinschaften haben wir sicher auch die Geburtsstätte der erneuerten heiligen Dicht-

§ 27. Das Prophetenthum.

kunst, sowie der theokratischen Geschichtschreibung zu suchen." Kurtz, h. Gesch. § 70, 1. Thol. 26. Küper 100. Keil, BB. Sam. 146. *G. R. Kranichfeld*, de iis, quae in V. T. commemorantur, prophetarum societatibus. Berl. 1861.

2. Die ältern Propheten wirkten vorzugsweise für ihre Zeitgenossen durch Wort und That (Wunder); so namentlich um 850 im R. Israel Elias und Elisäus (3 Kön. 17 ff.). Diese ältern Propheten haben von ihren Reden nichts schriftlich hinterlassen. — Die Reihe der jüngern Propheten, welche fast ausschließlich durch Reden und Weissagungen wirkten und von denen wir schriftliche Aufzeichnungen haben, beginnt um das Jahr 800. Auch diese Propheten sind aber nicht ausschließlich Verkündiger der Zukunft; auch sie haben zunächst die Aufgabe, für die Gegenwart zu wirken, für ihre Zeitgenossen, für Könige, Priester und Volk, Verkündiger des göttlichen Willens, gottgesandte Lehrer und Prediger zu sein. In ihren Reden weisen sie aber oft, drohend und verheißend, auf die Zukunft des auserwählten Volkes hin und deuten, von Gott erleuchtet, die göttlichen Rathschlüsse, welche in der Geschichte Israels verwirklicht werden, namentlich auch in seinem Verhältnisse zu den heidnischen Weltmächten, mit denen Israel jetzt in Berührung kam. Wegen dieses Verhältnisses anderer Völker zu Israel nehmen sie in ihren Reden, namentlich in den sog. Reden über auswärtige Völker, auch auf die Schicksale dieser Rücksicht.

Ueber die Wirksamkeit der ältern Proph. s. Haneb. 268. Küper 117. Ueber die Berücksichtigung der heidnischen Völker in den prophetischen Reden s. Keil § 63.

3. Das Vorherverkündigen der Zukunft war also nur Eine, aber eine wichtige Seite der prophetischen Thätigkeit. Die Prophetie (in diesem engern Sinne) wird definirt als „bestimmte Vorherverkündigung von Ereignissen, welche nur Gott bekannt sein können." Die Erfüllung solcher Weissagungen beglaubigte die Propheten als göttliche Gesandte Deut. 18, 22; 3 Kön. 22, 28; Jer. 28, 9. 15 ff., und die Existenz von Prophetieen gehört mit zu den Beweisen für die Göttlichkeit der alttestamentlichen Religion, Is. 41, 22; 45, 21 u. s. w. — Die wichtigsten unter den Weissagungen des A. T. sind die messianischen; durch diese wurde

der Glaube des Volkes Gottes an den Messias erhalten und befestigt, dieser selbst immer klarer und bestimmter vorherverkündigt und dadurch das Volk Gottes und die Menschheit auf seine Ankunft vorbereitet. Außerdem gehört die genaue und vollständige Erfüllung der messianischen Verheißungen des A. B. in Jesus von Nazareth mit zu den Beweisen für seine göttliche Sendung.

Drey, Apologetik I, 223. 329; II. 299. Hettinger, Apologie des Christenth. Freib. 1863, I, 582. 682. Hengst., Christol. III, 2, 2. Reinke, Beitr. II, 9.

4. Die Verkündigungen der Propheten beruhen auf einer übernatürlichen Erleuchtung oder Mittheilung durch Gott (Nro. 3), Deut. 18, 18. 19; 2 Petr. 1, 21. Daher die Einleitungsformeln: „Wort des Herrn, ergangen an Osee", „so spricht der Herr" u. dgl. Dadurch unterscheidet sich die Erkenntniß und Weissagung der Propheten von der natürlichen Divination und von der dämonischen Prophetie, und somit auch von der heidnischen Mantik.

Deut. 18, 18: Prophetam suscitabo eis de medio fratrum suorum similem tui, et *ponam verba mea in ore ejus* loqueturque ad eos omnia, quae praecepero illi. 2 Petr. 1, 21: Non enim voluntate humana allata est aliquando prophetia, sed *spiritu sancto inspirati* locuti sunt sancti Dei homines. Vgl. Ez. 11, 5; Am. 3, 7. 8; Mich. 3, 8.

Aug. div. daem. 5. de trin. 4, 17. *Thom.* 2. 2. q. 172, a. 1: Praecognoscere futura secundum quod sunt in seipsis, est proprium divini intellectus, et ideo talis praecognitio futurorum non potest esse a natura, sed solum ex revelatione divina. Futura vero in suis causis possunt praecognosci naturali cognitione etiam ab homine, sicut medicus praecognoscit sanitatem vel mortem futuram in aliquibus causis, quarum ordinem ad tales effectus experimento praecognovit... Et tamen haec praecognitio futurorum differt a prima, quae habetur ex revelatione divina, dupliciter: primo quidem, quia prima potest esse quorumcunque eventuum, haec autem praecognitio, quae naturaliter haberi potest, est circa quosdam effectus, ad quos se extendere potest experientia humana; secundo, quia prima est secundum immobilem veritatem, non autem secunda, sed potest ei subesse falsum.

Ib. a. 5: Intellectus superioris ordinis aliqua cognoscere potest, quae sunt remota a cognitione intellectus inferioris. Supra intellectum autem humanum est non solum intellectus divinus, sed etiam intellectus angelorum bonorum et malorum secundum naturae ordinem. Et ideo quaedam cognoscunt daemones etiam sua naturali cognitione, quae possunt hominibus revelare... non quidem per illuminationem intellectus, sed per aliquam imaginariam visionem aut etiam sensibiliter colloquendo. — Ib. a. 6: Deus utitur etiam malis ad utilitatem bonorum; unde et per prophetas daemonum aliqua vera praenuntiat, tum ut credibilior fiat veritas, quae etiam ex adversariis testimonium habet, tum etiam quia, cum homines talia credunt, per eorum dicta magis ad veritatem inducuntur (Balaam, die Sibyllen). Sed etiam quando prophetae daemonum a daemonibus instruuntur, aliqua vera praedicunt. „Concessum est diabolo interdum vera dicere, ut mendacium suum rara veritate commendet", Op. imperf. in Mth. hom. 19.

Als falscher Prophet wurde Jemand erkannt, wenn seine Weissagungen nicht in Erfüllung gingen, oder seine Reden der beglaubigten göttlichen Offenbarung, dem Gesetze oder einem wahren Propheten widersprachen, Deut. 18, 22; 3 Kön. 22, 28; Jer. 28.

Ueber die heidnische Mantik s. Stiefelhagen, Theologie des Heidenthums, Regensb. 1858, 130. Thol. 1. 73. Küper 4. Oehler, über das Verhältniß der alttest. Prophetie zur heidn. Mantik, Tüb. 1862.

5. Die Erleuchtung der Propheten durch Gott war keine habituelle und allgemeine, sondern wurde ihnen nur zu bestimmten Zeiten und in Bezug auf bestimmte Puncte zu Theil. Auch war keine besondere natürliche Disposition und Vorbereitung (Am. 7, 14. 15) und an sich auch nicht persönliche Heiligkeit bei denjenigen erforderlich, denen Gott die gratia gratis data der Prophetie mittheilte (Jonas, Balaam, vgl. Matth. 7, 22), wiewohl beides Regel war.

Thom. 2. 2. q. 171, a. 2: Lumen propheticum non inest intellectui prophetae per modum formae permanentis ... sed per modum cujusdam passionis vel impressionis transeuntis ... Prophetia proprie loquendo non est habitus. — Ib. a. 4: Propheta non cognoscit omnia prophetabilia ... sed quilibet eorum cognoscit ex eis aliqua secundum specialem revelationem hujus vel illius rei. Deus omnia, quae sunt necessaria ad instructionem fidelis populi, revelat prophetis, non tamen omnia omnibus, sed quaedam uni, quaedam alii. — *Hier.* in Ez. 35, 1: Si semper in prophetis esset sermo Dei et juge in pectore eorum haberet hospitium, nunquam tam crebro Ezechiel poneret: „Et factus est sermo Domini ad me dicens." *Greg. M.* Mor. 2, 56.

Thom. 2. 2. q. 172, a. 3: Sicut Deus, qui est causa universalis in agendo, non praeexigit materiam nec aliquam materiae dispositionem in corporalibus effectibus, ita etiam in effectibus spiritualibus non praeexigit aliquam dispositionem, sed potest simul cum effectu spirituali inducere dispositionem convenientem, qualis requiritur secundum ordinem naturae ... Indispositionem naturalem, quae, si non removeretur, impedire posset prophetalem revelationem, removet virtus divina.

Ib. a. 4: Gratia gratum faciens ad hoc principaliter datur, ut anima hominis Deo per caritatem conjungatur. Unde quidquid potest esse sine caritate, potest esse sine gratia gratum faciente et per consequens sine bonitate morum. Prophetia autem potest esse sine caritate; nam primo prophetia pertinet ad intellectum, cujus actus praecedit actum voluntatis, quam perficit caritas; unde et apost. 1 Cor. 13, 2 prophetiam connumerat aliis ad intellectum pertinentibus, quae possunt sine caritate haberi; secundo datur prophetia ad utilitatem ecclesiae, sicut et aliae gratiae gratis datae 1 Cor. 12, 7, non autem ordinatur directe ad hoc, quod affectus ipsius prophetae conjungatur Deo, ad quod ordinatur caritas. Vgl. *Aug.* in Ps. 103, s. 1, 9.

6. Die Propheten erhielten ihre Mittheilungen von Gott auf verschiedene Weise: durch innerliche Erleuchtung, durch Worte oder Visionen, die sie mit den Sinnen wahrnahmen, oder im ekstatischen Zustande; daher die Bezeichnungen: „Wort Gottes" und „Gesicht, Vision" Js. 1, 1; Jer. 11, 1 u. s. w. Sie verkünden die göttlichen Offenbarungen durchgängig in dichterischer Darstellung; die Visionen werden gewöhnlich in einfacher Darstellung beschrieben und dann gedeutet; mitunter nehmen auch die Propheten, um ihre Verkündigungen anschaulicher und eindringlicher zu machen, im Auftrage Gottes symbolische Handlungen vor.

Vgl. *Aug.* div. quaest. 2, 1. c. Adim. 28. Katholik 1860, I, 416. Gewöhnlich erhielten die Propheten ihre Offenbarungen durch **innere Erleuchtung** (per illustrationem mentis, per influxum luminis intellectualis, *Thom.*), so daß „das Geistesleben des Propheten im Zustande voller, wacher Selbstmacht von einer sanften göttlichen Einwirkung gehoben und getragen wird, die er, was unerläßlich, von seinem Eigenwirken deutlich zu unterscheiden vermag (2 Petr. 1, 21). Es ist das der Zustand inniger Durchdringung, aus welchem sich der in den alttest. Weissagungsbüchern so häufige Personenwechsel erklärt: bald redet der Prophet selbst aus Gott, bald redet Gott selbst aus dem Propheten." Delitzsch, bibl. Psychol. Leipz. 1855, S. 312. *Greg. M.* in Ezech. hom. 2, 8.

Von einem äußerlich wahrnehmbaren Reden Gottes zu den Propheten findet sich kein Beispiel, vgl. Num. 12, 8; Ex. 33, 11. Das äußerliche Schauen von Erscheinungen ist allein keine prophetische Erleuchtung, wenn nicht das Deuten derselben hinzukommt, Dan. 5. *Aug.* Gen. ad lit. 12, 9, 11. *Thom.* 2. 2. q. 173, a. 2. Mitunter werden dem Propheten göttliche Mittheilungen im Traume gemacht, Dan. 7, noch öfter durch Visionen im ekstatischen Zustande oder durch Worte, die er in diesem Zustande vernimmt. Num. 12, 6: „Ich will mich im Gesichte (בַּמַּרְאָה) ihm kundthun und im Traume zu ihm reden"; Joel 2, 28; Zach. 1, 8—6, 15; Jer. 24; Ez. 37. Tholuck 50.

„Die Ekstase besteht darin, daß der menschliche Geist von dem göttlichen mit solcher Gewalt ergriffen und umfangen wird, daß er, von seinem Leben in sich selbst abgewendet, ganz und gar schauendes Auge, vernehmendes Ohr, empfindender Sinn für die Welt und die Dinge des Jenseits oder der Zukunft ist, wohin ihn aus seiner gewohnten Lebenssphäre hinaus die vergewaltigende Gotteswirkung entrückt hat. Die Schrift nennt diesen ekstatischen Zustand γενέσθαι ἐν ἐκστάσει Apg. 22, 17, oder auch γενέσθαι ἐν πνεύματι Apok. 1, 10. [*Aug.* in Ps. 103, s. 3, 2: Facta est illi (Petro, Apg. 10, 10) mentis alienatio, quam Graeci ecstasin dicunt, i. e. aversa est mens ejus a consuetudine corporali ad visum quendam contemplandum, alienata a praesentibus.] ... Der Prophet erlebt das aber nicht allein für seine Person, sondern als berufener Mittler göttlicher Geheimnisse für Andere. Mit der prophetischen Ekstase verbindet sich deshalb nothwendiger Weise die Fähigkeit, das ἐν πνεύματι Geschaute zur adäquaten und verständlichen Aussage zu bringen." Delitzsch a. a. O. 313.

Damit steht nicht in Widerspruch, wenn die Väter sagen, die Propheten hätten nicht in ecstasi gleich den μάντεις geredet; *Hier.* in Is. Praef.: Neque vero, ut Montanus cum insanis feminis somniat, prophetae in ecstasi locuti sunt, **ut nescierint, quid loquerentur**, et cum alios erudirent, ipsi ignorarent, quid dicerent. Andere Stellen bei Hengstb., Christol. III. 2, 158. Vgl. *Hier.* in Ez. 37, 1: Eduxit eum in spiritu, non in corpore, sed extra corpus etc. *Aug.* Serm. 12, 4: (Deus loquitur) spiritu hominis assumto, quam Graeci ecstasim vocant, sicut etc. (Apg. 10, 10). Gen. ad lit. 8, 25, 47. *Thom.* 2. 2. q. 173, a. 3: Talis alienatio a sensibus non fit in prophetis cum aliqua inordinatione naturae, sicut in arreptitiis vel in furiosis. Thol. 64. Hettinger, Apologie des Christenth. I, 590.

Wenn Hengstb. a. a. O. nachzuweisen sucht, die Propheten hätten sich bei ihren Weissagungen immer ἐν ἐκστάσει befunden, so ist das nicht richtig, wenn man nicht auch den oben beschriebenen Zustand der Erleuchtung ihres Geistes durch das übernatürliche Licht als ἔκστασις bezeichnen will.

Symbolische Handlungen von Propheten mit gleichzeitiger oder nachfolgender Erklärung ihrer Bedeutung werden berichtet z. B. 3 Kön. 11, 29; Jer. 13. 19. 27. 28. 32. — Es ist wahrscheinlich, daß diese Handlungen theilweise (wohl nicht größtentheils, wie Hengstb. 216 will) nicht äußerlich, sondern innerlich, in der Ekstase vorgenommen wurden, z. B. Jer. 25, 15; Ez. 4, 1; Zach. 11, 8; vgl. § 29. Bleek 426.

7. Aus dem Gesagten erklären sich einige Eigenthümlichkeiten der prophetischen Darstellung:

a. Die Propheten schildern Zukünftiges, welches sie im Geiste schauen, als gegenwärtig (Praes. oder Praet. prophet.).

b. Da die prophetische Erleuchtung keine habituelle und allgemeine war (Nro. 5), so finden wir bei den Propheten die von ihnen verkündete Zukunft durchgängig nicht nach ihrem ganzen Zusammenhange und nach allen ihren Beziehungen, sondern in den einzelnen Prophetieen einseitig und fragmentarisch, mitunter scheinbar widersprechend dargestellt, vgl. z. B. Jf. 2, 2 und Joel 3, 2; Jf. 9, 6 und 53, 2.

c. Selten werden die Propheten über die Zeit belehrt, welche zwischen ihnen und den geweissagten Ereignissen oder zwischen den einzelnen geweissagten Ereignissen in der Mitte liegt; daher schildern sie nicht selten Ereignisse, die der Zeit nach weit aus einander liegen, ohne Rücksicht auf die Zeit, nur mit Rücksicht auf den innern Zusammenhang, also scheinbar als unmittelbar auf einander folgend, z. B. Joel 2, 28 ff.

d. Die Ereignisse und Zustände der Zukunft werden oft durch Bilder veranschaulicht, welche aus der Gegenwart oder Vergangenheit entnommen sind, Joel 2, 32; 3, 17 ff.; Am. 9, 11; Abb. 17 ff.; Mich. 4, 1 ff.

e. Aus diesen Eigenthümlichkeiten erklärt sich die Dunkelheit vieler Prophetieen. Während uns die Erfüllung großentheils dieselbe aufgehellt hat, war zur Zeit der Propheten selbst manches klar genug, um den Glauben, die Hoffnung und die Sehnsucht zu beleben, aber nicht klar genug, um die Zukunft genau vorherzuwissen. Bei einigen Prophetieen ist wohl den Propheten selbst die volle Bedeutung dessen, was sie verkündeten, verborgen geblieben.

Thom. 2. 2. q. 173. a. 4: Etiam veri prophetae non omnia cognoscunt, quae in eorum visis aut etiam factis Spiritus sanctus intendit.

Hengstb., Christol. III, 2, 185. Reinke, Beitr. II, 33.

§ 28.

Uebersicht der prophetischen Bücher des Alten Testamentes.

P. Schegg, Gesch. der letzten Propheten. 2 Abth. Regensb. 1853. 54. Küper, das Prophetenthum 141.

1. Die prophetischen Bücher des A. T. sind von sehr verschiedenem Umfange: vier größere und zwölf kleinere Propheten und Baruch als Anhang zu Jeremias. Die kleinern Propheten sind schon früh zu Einem Buche vereinigt worden. Größten=

theils haben die Propheten wahrscheinlich die von Gott empfangenen Mittheilungen zunächst mündlich vorgetragen (Jer. 2, 1 u. f. w.), und dann ihre Reden, — wahrscheinlich aber mehrere Propheten nicht alle und nicht vollständig, vielleicht manche nur in einem zusammenfassenden Auszuge — aufgezeichnet. Andere Prophetieen scheinen gleich aufgeschrieben und nicht mündlich vorgetragen worden zu sein, z. B. Is. 40—66; Ez. 40—48.

In der hebr. Bibel wird Daniel nicht als Prophet gezählt, s. § 43, 5 a. — Ueber die kleinern Proph. sagt Melito bei Eus. H. E. 4, 26: τῶν δώδεκα ἐν μονοβίβλῳ. Vgl. Sir. 49, 12. Jos. c. Ap. 1, 8. — Ueber die Aufzeichnung der prophet. Reden s. Caspari, Micha 66.

2. **Hinsichtlich der sprachlichen Darstellung** (s. § 19, S. 46) sind die Propheten — wegen der in dieser Hinsicht durch die Einwirkung des göttlichen Geistes nicht geänderten verschiedenen natürlichen Begabung und Vorbereitung — sehr von einander verschieden: singuli habent proprietates suas, *Hier.* In dieser Hinsicht stehen am höchsten Isaias, Joel, Michäas und Habakuk.

3. Isaias und die sechs ersten der kleinern Propheten wirkten zu der Zeit, als noch die beiden Reiche Juda und Israel bestanden (zwischen 900 und 700 v. C.), Jeremias und die drei folgenden kleinern Propheten, als nur noch das Reich Juda bestand, Baruch, Ezechiel und Daniel während des babylonischen Exils, die drei letzten kleinern Propheten in der nachexilischen Zeit.

Bei den größern und den meisten kleinern Proph. ist das Zeitalter in den Ueberschriften angegeben, deren Zuverläßigkeit nicht zu bezweifeln ist. Jonas lebte nach 4 Kön. 14, 25 vor 800 v. C., Habakuk und Nahum sicher im 7. Jahrh.; das Zeitalter des Joel und Abbias ist controvers. — Manche nehmen mit *Hier.* Praef. in pr. min. an, die kleinern Proph. seien (in der hebr. Bibel und Vg.) chronologisch geordnet (Hengstb., Häv. II, 2. 26. 275 u. A.); nach Andern wäre bei der Anordnung zugleich auf den Inhalt Rücksicht genommen (Keil § 81. Delitzsch, Ztf. f. luth. Theol. 1851, 92. Wolff, ebend. 1866, 405). — In der LXX stehen die 6 ersten in folgender Ordnung: Osee, Amos, Mich., Joel, Abb., Jon.

Ueber die messianischen Weissagungen aus früherer Zeit vgl. § 13, 3; § 18, 4; § 21, 5.

Erster Abschnitt.

Die Propheten, welche vor dem Untergange des Reiches Israel wirkten.

§ 29.

Osee.

O. *Krabbe*, Quaestionum de Hoseae vaticiniis specimen, Hamb. 1836. Hengstenberg, Christologie I, 183. Reinke, Mess. Weiss. III, 1. Die Commentare von Hitzig, Schegg, Keil, Pusey u. A. zu den kl. Proph. (auch für die folgenden §§) und von Simson und Wünsche zu Hosea.

Osee (Hoseas, הושע, Ὠσηέ) wirkte unter Jeroboam II. von Israel (822—781), und Ozias, Joatham, Achaz und Ezechias (727—698) von Juda, also mindestens gegen 60 Jahre lang. Er war wahrscheinlich aus dem Reiche Israel und an dieses Reich sind seine Reden gerichtet, die er — vielleicht im Auszuge — in schöner und bilderreicher, aber sehr gedrängter und oft dunkler Sprache aufgezeichnet hat. — Der erste Theil seines Buches (Cap. 1—3) enthält einen Bericht über symbolische Handlungen und die sich daran anschließenden Strafpredigten und Verheißungen der Bestrafung des Volkes und seiner Wiederbegnadigung. Der zweite Theil (Cap. 4—14) besteht aus mehrern Reden oder Abschnitten desselben Inhalts.

Osee erwähnt die Person des Messias nicht, gibt aber wichtige Andeutungen über das Glück der messianischen Zeit, besonders 2, 14—24; 3, 4. 5; 11, 9—11; 14, 5—9. Vgl. auch 11, 1 und Mth. 2, 15.

Ueber das Vaterland des Proph. s. Hengstb. 183. Häv. II. 2, § 234. — Ueber seine Darstellung sagt *Hier*. Praef. in proph. min.: Commaticus est et quasi per sententias loquens. — Daß sein Buch ein Resumé seiner Reden ist, macht Hengstb. 193 wahrscheinlich.

Die symbol. Handlungen des 1. Theils fassen als wirklichen äußern Vorgang die meisten Väter, bes. *Bas.*, *Cyr. Al.* und *Aug.* c. Faust. 22, 80 und die meisten ältern Erkl., von den neuern Schegg u. A., bes. Kurtz, die Ehe des Proph. Hof. 1—3, Dorpat 1859, A. Rohling, die Ehe des Proph. Hosea, Tüb. Q.-S. 1867, 559. — als Parabel (Simson, Wünsche) oder bloß innerlichen Vorgang *Hier*. in Os. Prol. und die meisten neuern Erkl., s. Hengstb. 205. Reinke III, 29.

§ 30.
Joel.

Delitzsch, zwei sichere Ergebnisse in Betreff der Weissagungsschrift Joels, Zts. f. luth. Theol. 1851, 306. Commentar von Credner.

Joel (יואל) weissagte nach Einigen ungefähr gleichzeitig mit Osee, nach Andern viel früher, in der ersten Hälfte des 9. Jahrhunderts. Seine prophetische Rede bildet Ein Ganzes und ist an das Reich Juda gerichtet. Er schildert in prachtvoller Darstellung eine Heuschrecken-Verwüstung, welche Gott als Strafgericht über sein Volk sendet, — diese Schilderung wird von einigen Erklärern buchstäblich genommen, von andern bildlich als Beschreibung der Verwüstung des Landes durch Feinde, — dann die Wiederbegnadigung des Volkes und den Segen der messianischen Zeit (2, 18 ff.), insbesondere die Ausgießung des göttlichen Geistes (2, 28 ff. vgl. Apg. 2, 17), und endlich das Strafgericht über die Feinde des Volkes Gottes (3, 1 ff.).

Ueber das Zeitalter Joels vgl. § 28, 3. Für einen Zeitgen. Osee's halten ihn Hengstb. 331, Häv. II, 2. § 238, Schegg, Reinke, Pusey, Bleek 528, — für älter Credner, Delitzsch, Movers, Hitzig, Keil § 84, Danko, 378.

Die Beschreibung der Heuschrecken-Verwüstung fassen eigentlich Credner, Ewald, Delitzsch, Schegg, Herbst II. 2, 111, Keil § 85, — bildlich die meisten Väter (*Ephr.*, *Theodt.*, *Cyr. Al.*, *Hier.*: Sub metaphora locustarum hostium describitur adventus), von Neuern Hengstb. 343, Häv. § 237, Welte II. 2, 115, Reinke III, 134, Pusey, Küper.

§ 13.
Amos.

J. Juynboll, Disputatio de Amoso, Leyden 1828. Commentar von Baur.

Amos (עמוס), ein Hirt aus Thecue (Thekoa) im Reiche Juda (1, 1; 7, 14), weissagte unter den Königen Ozias von Juda (811—759) und Jeroboam II. von Israel (822—781), also gleichzeitig mit Osee, und zwar ausschließlich im R. Israel; nur einige Male nimmt er auf das Reich Juda Rücksicht. — Der erste Theil seiner in correcter und schöner Sprache abgefaßten Schrift (Cap. 1. 2. und 3—6) enthält Reden, in denen Schilderungen der herrschenden Sündhaftigkeit, Aufforderung zur Bekehrung und Androhung der Strafe mit einander abwechseln. Der zweite Theil (Cap. 7—9) berichtet über symbolische Visionen, an welche sich ähnliche Reden anschließen. Der Schluß 9, 11—15 schildert das Glück der messianischen Zeit.

Hier. in Amos. Prol.: Ex numero pastorum fuit, *imperitus sermone*, sed non scientia; idem enim, qui per omnes prophetas, in eo Spiritus sanctus loquebatur. Mit der Anspielung auf 2 Kor. 11, 6 will Hieron. nur sagen, Amos sei zwar mit den äußern Regeln der Redekunst nicht vertraut gewesen, die innere Kraft des h. Geistes habe aber diesen Mangel ersetzt. *Aug.* doctr. chr. 4, 7 führt Amos mit Recht als Muster prophetischer Beredsamkeit an. Vgl. Baur 119. Schegg 221. An den Stand des Propheten erinnern, wie Hieron. zu 1, 2 bemerkt, die vielen aus der Natur und dem Hirtenleben entnommenen Bilder; Baur 122.

Die Schrift des Amos ist allerdings ein zusammenhängendes Ganzes, eine von ihm aufgezeichnete Zusammenfassung seiner prophetischen Reden (Häv. § 240); die einzelnen Reden sind aber noch großentheils als solche zu erkennen, besonders die erste; Schegg 223.

§ 32.
Abbias.

G. F. Jäger, über das Zeitalter Obadja's, Tüb. 1837. Delitzsch, Wann weissagte O.? Ztf. f. luth. Theol. 1851, 91. Commentar von Kleinert (auch für die folgenden §§) und von Caspari.

Abbias (עֹבַדְיָה, Obadjah, LXX Ὀβδιάς oder Ἀβδιάς weissagte, wenn die kleinern Propheten chronologisch geordnet sind, gleichzeitig mit oder bald nach Amos, nach Andern viel früher, um 880, — jedenfalls nicht erst nach der Zerstörung Jerusalems. Seine Rede bezieht sich zunächst auf die Edomiter, denen wegen ihrer Feindseligkeit gegen das Volk Gottes (2 Par. 21, 8 ff.) der Untergang geweissagt wird. V. 15 wird an diese Verheißung die Weissagung des Strafgerichtes über die Feinde des Volkes Gottes überhaupt und des Sieges und Glückes dieses letztern in der messianischen Zeit angeschlossen.

Abbias wird nach Amos gestellt von Jäger, Caspari, Reinke, Danko, Welte II. 2, 122, Häv. II. 2, 321, — in eine frühere Zeit versetzt von Delitzsch und Keil § 88, — in die nacherilische Zeit von Bleek, Hitzig u. A., namentlich wegen der Aehnlichkeit von Abbias 1—9 mit Jer. 49, 7—22. Aber nicht Abbias ist von Jer. abhängig, sondern umgekehrt; vgl. Jäger, Caspari 5, Welte 119.

§. 33.

Jonas.

G. E. Reindl, die Sendung des Proph. Jonas nach Ninive, Bamb. 1826. P. Friedrichsen, krit. Uebersicht der versch. Ansichten von dem B. Jona, Lpz. (2) 1841. Delitzsch, über das B. Jona, Ztf. f. luth. Theol. 1840, H. 2.

1. Das Buch **Jonas** (יוֹנָה) erzählt die bekannte Geschichte der Sendung dieses Propheten nach Ninive in einfacher prosaischer Darstellung. Die Sendung des Propheten nach Ninive zeigte den Israeliten, daß auch die Heiden an Gottes Erbarmungen Theil hätten, und die Bekehrung der Niniviten auf die Predigt des Jonas mußte die Israeliten, zu denen so viele Propheten vergebens gesprochen, beschämen. Zugleich deutet die Sendung des Propheten nach Ninive prophetisch darauf hin, daß das messianische Heil auch den Heiden, ja ihnen vorzugsweise, werde zu Theil werden.

Vgl. Hengstb., Christol. I, 467. Delitzsch a. a. O. Kurtz, h. Gesch. § 100, 5: „Jonas ist ein Vorbild des Erlösers, der die Idee, welcher Jonas (freilich nur mit Widerstreben) diente, auf's vollkommenste realisirte, nämlich die Idee, daß die Predigt der Buße und des Glaubens und das daran sich knüpfende Heil von den unbußfertigen Israeliten zu den bußfertigen Heiden gebracht werden solle. Wie die Predigt des Jonas an die Heiden vorbereitet wurde durch sein dreitägiges Verweilen im Bauche des Fisches, so wurde die Predigt des Evangeliums unter den Heiden möglich gemacht durch des Erlösers dreitägiges Verweilen im Bauche der Erde (d. i. durch seinen Tod und seine Auferstehung, die beiden Angelpuncte des Erlösungswerkes). Die bußfertigen Niniviten aber sind Israels Gegenbild; sie werden am jüngsten Gericht auftreten gegen alle diejenigen, welche die Predigt dessen, der mehr ist als Jonas, verachtet haben. Mth. 12, 39—41, vgl. 16, 4." — Hieron. zu Jon. 1, 1: In condemnationem Israelis Jonas ad gentes mittitur, quod Ninive agente poenitentiam illi in malitia perseverent; zu 1, 2: Scit propheta, quod poenitentia gentium ruina sit Judaeorum; zu 3, 5: Credidit Ninive et Israel incredulus perseverat; credidit praeputium et circumcisio permanet infidelis. *Aug.* Ep. 102, al. 49, q. 6, 34. Danko 354.

2. Die Erzählung ist eine wirkliche Geschichte, nicht eine erdichtete Parabel oder dichterisch ausgeschmückte Sage. Dafür spricht die Darstellung, und das setzen die Worte voraus, in denen der Heiland davon spricht, Mth. 12, 39 ff.; 16, 4; Luc. 11, 29 ff.

Die in der Erzählung vorkommenden Wunder beweisen nichts gegen die Glaubwürdigkeit derselben, und die sonstigen Einwendungen dagegen beruhen auf Mißverständnissen und Mißdeutungen.

Für eine Dichtung halten die Erzählung Jahn II. § 127, Hitzig, Bleek u. A., für eine dichterisch ausgeschmückte Sage de Wette § 291, Friedrichsen u. A. Ueber die Wunder des B. Jonas sagt Augustinus (l. c. 21): Aut omnia divina miracula credenda non sunt, aut hoc cur non credatur, causa nulla est. — Ueber die sonstigen Schwierigkeiten vgl. besonders Welte II. 2. § 48. Häv. II. 2. § 253. Ueber die Größe Ninive's s. Niebuhr, Gesch. Assurs ec. 274: „Nach den neuen Entdeckungen über die Topographie dieser Stadt hat der Name Ninive zweierlei Bedeutung, wie London und Berlin: 1. bedeutet er eine einzelne Stadt, 2. einen Complex von Wohnorten. Dieser Complex war aber nicht zusammengebaut, sondern bestand aus vier größern umwallten Städten (das eigentliche Ninive eingerechnet) und einer Menge kleinerer Wohnorte, Castelle u. s. w. Wie die einzelnen großen Städte innerhalb dieses Complexes, so war auch der Complex befestigt, obwohl er eine ganze Landschaft enthielt. Die mittlere Länge ist etwa 25 engl. Meilen, die mittlere Breite 15... Auf diesen weitern Umfang von Ninive beziehen sich alle Angaben über die ungeheuere Größe der Stadt, und nicht auf eine Stadt in unserm Sinne."

3. Jonas lebte nach 4 Kön. 14, 25 spätestens unter Jeroboam II. um 800 v. C. Ob das Buch von ihm selbst oder wann es verfaßt worden ist, läßt sich nicht mit Sicherheit bestimmen. Es steht trotz seiner geschichtlichen Form unter den prophetischen Büchern des A. T. wegen der symbolisch-prophetischen Bedeutung seines Inhalts (Nro. 1).

Ueber das Zeitalter des Jonas s. *Hier.* in Jon. Prol., Delitzsch 112. — Delitzsch 122 bezeichnet das Buch als „ein unter tiefer Beschämung und göttlicher Selbstverleugnung auf Trieb des h. Geistes niedergeschriebenes Sündenbekenntniß des zurechtgebrachten Propheten"; ähnlich Pusey und Küper. Gegen die Abfassung durch Jonas selbst spricht nicht die Erzählung in der dritten Person, auch nicht die Bemerkung 3, 3: „Ninive war eine große Stadt" (sc. als Jonas hinkam); ebenso wenig die Reminiscenzen aus den Psalmen im Gebete des Jonas 2, 3—10 (es sind Anklänge an ältere Psalmen) und die Aramäismen; vgl. Keil § 90, Delitzsch 116 gegen Welte § 51.

§ 34.
Michäas.

C. P. Caspari, über Micha ben Morasthiten und seine prophet. Schrift. Christiania 1852.

Michäas (מִיכָה oder מִיכָיָה) weissagte unter den Königen Joathan, Achaz und Ezechias von Juda (759—698), war also ein Zeitgenosse des Jsaias, dem er auch hinsichtlich der sprachlichen Darstellung sehr ähnlich ist. Seine Prophetie ist an beide Reiche gerichtet, aber vorzugsweise an Juda. Sie zerfällt in drei Abschnitte (Cap. 1. 2, Cap. 3—5, Cap. 6. 7). Jeder Abschnitt beginnt mit Schilderungen der Sündhaftigkeit und der bevorstehenden Bestrafung des Volkes Gottes und schließt mit einer messianischen Verheißung: 2, 12. 13; Cap. 4 und 5; 7, 7—20. Michäas schildert aber nicht bloß das Glück der messianischen Zeit, sondern weissagt auch die Bekehrung der Heiden, 4, 1 ff., und die Geburt des Messias zu Bethlehem 5, 2; vgl. Mth. 2, 6.

Mich. war gebürtig aus מוֹרֶשֶׁת bei Eleutheropolis in Judäa; Casp. 34. Er wird auch Jer. 26, 18 erwähnt, ein anderer Prophet Michäas 3 Kön. 22, 8; 2 Par. 18, 7. Die Schrift des Mich. ist wahrscheinlich eine Zusammenfassung des wesentlichen Inhaltes der von ihm zu verschiedenen Zeiten gesprochenen prophetischen Reden, f. Hengstb. 474, Casp. 65. Anders Schegg 448.

Die Stelle 4, 1 ff. findet sich auch Jf. 2, 2 ff. Nach Einigen ist sie bei Jf. ursprünglich, nach den Meisten bei Micha; vgl. Hengstb. 480, *Reinke*, Exegesis crit. in Jes. 2, 2—4, Münster 1838. Meff. W. III, 240.

§ 35.
Jsaias.

A. F. Kleinert, über die Echtheit sämmtl. im B. Jesaja enthaltenen Weissagungen, 1. (einz.) Thl., Berl. 1829. C. P. Caspari, Beitr. zur Einl. in das B. Jesaja, Berlin 1848. Hengstenberg, Christologie II. Reinke, Meff. Weiff. I. II. Die Commentare von Gesenius, Knobel, Drechsler (fortgef. von Delitzsch und Hahn), Schegg und Delitzsch.

1. **Jsaias** (Jesaja, יְשַׁעְיָהוּ, LXX Ἠσαΐας, Jt. Hesaias oder Esaias), der Sohn des Amos (אָמוֹץ), wirkte nach 1, 1 unter den jüdischen Königen Ozias († 759), Joathan, Achaz und Ezechias (727—698), und zwar im Reiche Juda. Nach einer alten Tradition starb er erst unter dem gottlosen Sohne und Nachfolger des Ezechias, Manasses, auf dessen Befehl er getödtet (zersägt, Hebr. 11, 37) worden sein soll. Seine prophetische Wirksamkeit hätte danach etwas über 60 Jahre gedauert. — Nach 2 Par. 26, 22 hat Jsaias eine Geschichte des Königs Ozias und nach 32, 32 vielleicht eine Geschichte des Ezechias verfaßt.

Hier. in Is. 1. 15 (zu 57, 1): . . . quod serrandus sit a Manasse serra lignea, quae apud eos (Judaeos) certissima traditio est. Unde et nostrorum plurimi illud, quod de passione sanctorum in ep. ad Hebr. ponitur: *Serrati sunt,* ad Isaiae referunt passionem. Andere Stellen bei Gesenius I. 1, 12; vgl. Delitzsch bei Drechsler III. 412.

Ueber die Geschichtswerke des Js. s. Gesen. I. 1, 24.

2. Das Buch des Jsaias zerfällt in zwei Haupttheile. Der **erste Theil** (Cap. 1—39) enthält prophetische Reden aus verschiedenen Zeiten, welche theils chronologisch, theils nach ihrem Inhalte zusammengestellt sind (Cap. 13—27 die Reden über auswärtige Völker und Cap. 36—39 ein Stück aus der Geschichte des Ezechias). — Die meisten dieser Reden handeln von der Sündhaftigkeit und der Bestrafung Israels und von seiner Wiederbegnadigung in der messianischen Zeit.

Der historische Abschnitt Cap. 36—39 ist beigefügt, weil die darin erzählten Ereignisse mit den Prophetieen des Js. in engem Zusammenhange stehen. — 4 Kön. 18, 13 — 20, 19 ist aus diesem Berichte entlehnt (Del. 352), oder beiden Darstellungen liegt ein ausführlicherer Bericht des Js. in der 2 Par. 32, 32 erwähnten Visio Isaiae, die dann nicht mit unserm B. Jsaias identisch wäre, zu Grunde (Keil, Chronik 223 und Einl. § 70, Schegg II, 274. Bähr, Kön. 408).

Die Reden gegen auswärtige Völker, Cap. 13—27, bei den Vätern vielfach die decem visiones genannt (*Hier.* in Is. 1. 5 init.), sind wahrscheinlich chronologisch geordnet, Keil § 68.

Nur bei einigen Abschnitten ist die Zeit angegeben. Die Cap. 28—35 gehören wahrscheinlich in die Zeit des Ezechias (Caspp. 62, Keil § 69), und Cap. 1—12, — oder, wenn Cap. 1 nicht die erste Rede des Js. (Caspp. 1), sondern eine später geschriebene Einleitung ist (Del. 31. 123), Cap. 2—12 — in die Zeit der frühern Könige. — Cap. 7—12 gehören nach 7, 1 in die Zeit des Achaz, Cap. 6 nach V. 1 in das Todesjahr des Ozias. Ueber die Abfassungszeit von Cap. 1—5 sind die Ansichten sehr getheilt. Caspari nimmt eine chronologische Anordnung von Cap. 1—6 an; Cap. 6 braucht nicht nothwendig, wie gewöhnlich geschieht (Schegg I, 66. Del. 111. 122), als erste Berufung des Js. zum Prophetenamte erklärt zu werden, s. Casp. 332.

3. Der **zweite Theil** (Cap. 40—66) bildet ein zusammenhangendes Ganzes in drei Abschnitten, eine prophetische Schrift über das Heil der Zukunft. Der erste Abschnitt (Cap. 40—48) handelt vorzugsweise von der Befreiung aus dem Exil, der zweite (Cap. 49—57) von der Erlösung durch den „Knecht des Herrn", der dritte (Cap. 58—66) von der Verherrlichung des Volkes Gottes

§ 35. Isaias.

in der messianischen Zeit. Die Abfassung dieser prophetischen Schrift fällt jedenfalls in die letzte Zeit der prophetischen Thätigkeit des Isaias, also in die letzten Jahre des Ezechias oder nach Andern in die Zeit des Manasses (s. o. Nro. 1), wo sich der Prophet aus dem öffentlichen Leben zurückgezogen hatte.

Die Gliederung des 2. Theiles in 3 Abschnitte (vgl. den Refrain 48, 22; 57, 21; 66, 24) ist zuerst von F. Rückert (hebr. Proph. übers. und erl. Lpz. 1831) bemerkt, seitdem aber fast allgemein (dagegen de Wette, Ewald III, 29. Knobel 306) anerkannt worden, vgl. Keil § 65. Ueber die Gliederung des Inhalts im Einzelnen vgl. bes. Delitzsch bei Drechsler III, 361.

„Der Schluß des assyrischen Drama's [Is. 37] war auch der Schluß der öffentlichen Thätigkeit des Propheten gewesen. Von öffentlicher prophetischer Thätigkeit desselben in den letzten 13 Jahren Hiskia's schweigt die Geschichte... Ies. zog sich in die Stille des Privatlebens zurück, nachdem seine öffentliche Wirksamkeit den Gipfel ihrer Bewährung erstiegen hatte... In dieser Zeit hat er seine Weissagungen zusammengestellt. Die Aufzeichnung einiger war ihm ja, damit die Nachwelt sie lese und bestätigt finde, ausdrücklich geboten worden 30, 8; 34, 16... Aber auch neue Weissagungen empfing der Prophet in dieser Zeit, Weissagungen, welche nicht bestimmt waren, öffentlich vorgetragen, sondern für die kommenden Geschlechter nur niedergeschrieben zu werden. Nachdem er das Israel der Gegenwart bis zur Katastrophe Assurs vor Jerusalem begleitet hatte, ward er vom Geiste hinweggetragen über die folgenden assyrischen und chaldäischen Bedrängnisse, auf welche einzugehen den Propheten der schwächern Mitte, Zeph., Hab. und Jer., aufbehalten war, und ward vom Geiste auf den Boden des Exils versetzt, um da den Trost der nahen Erlösung zu schauen. Jenseit des 16. Jahres Hiskia's lebte er nur dem Leibe nach noch in Jerusalem, ἐν πνεύματι aber unter den babylonischen Exulanten. Diesen und überhaupt der Gemeinde der Zukunft hinterließ er die Reden Cap. 40—66 als ein theures, zunächst versiegeltes Vermächtniß. Mit Recht hat Hengstenberg sie den deuteronomischen letzten Reden Mose's in den Fluren Moabs und den johanneischen letzten Reden des Herrn im Kreise der Seinen verglichen. Sie tönen, nicht wie von Menschen-, sondern von Engelszungen gesprochen, wie aus der Welt des Geistes und der Verklärung herüber. Es ist ein durch und durch esoterisches Buch. Erst die Erscheinung des Knechtes Jehova's in der Person Jesu Christi des Gekreuzigten und Auferstandenen hat es entsiegelt." Delitzsch bei Drechsler III, 412.

4. In neuerer Zeit haben Viele den zweiten Theil für unecht erklärt und dann meist einem gegen Ende des babylonischen Exils (in Aegypten) lebenden „großen Ungenannten" (Pseudo-Jesaja, Deutero-Jesaja, Jesaja II) zugeschrieben.

Die Echtheit des 2. Theiles bestritten zuerst Döderlein und Justi, dann

Eichhorn, Bertholdt, Gesenius, Ewald, Bleek, Stähelin und alle neuern rationalistischen Theologen; s. Knobel 296. (Nach Bunsen wäre Baruch der Verf.) — Vertheidigt wird die Echtheit von Jahn, Herbst, Welte, Scholz, Haneberg, Reinke II, 483, *Le Hir*, Études bibliques, Paris 1869, I, 85 — Hengstenberg, Kleinert, Hävernick, Keil, Delitzsch, Küper u. A. *A. Rutgers*, De Echtheid van het tweede gedeelte van Jesaja, Leyden 1866. — Schegg II, 33 meint, der 2. Theil stamme von einem Jünger des Js., der die Vorträge seines Meisters aus dessen letzten Lebensjahren theils nach lebendiger Erinnerung, theils nach einzelnen Fragmenten in drei Rundschreiben zusammengefaßt habe.

Für die Echtheit des zweiten Theiles sprechen folgende äußere Gründe:

a. Jeremias, Nahum und Sophonias haben allem Anscheine nach den zweiten Theil schon gekannt und berücksichtigt.

Vgl. Nah. 1, 15 Bg. mit Js. 52, 1. 7. — Nah. 3, 7 mit Js. 51, 19. — Soph. 2, 15 mit Js. 47, 8. — Jer. 10, 1—16 mit Js. 40, 19. 20; 41, 7; 46, 7; 44, 9 ff. — Jer. 50 und 51 mit Js. 46, 1; 48, 20 u. s. w. Andere Stellen s. bei Caspari, Ztf. f. luth. Theol. 1843, 2, Teipel in der kath. Ztf. Münster 1852, 7. H., Del. bei Drechsler III, 403, Küper 274. Die Aehnlichkeit einiger Abschnitte des Jer. mit dem zweiten Theile des Js. ist so groß, daß Einige dieselben theilweise von Deutero-Jesaja verfaßt oder von ihm überarbeitet sein lassen (§ 39, 6).

b. Zacharias nimmt 7, 4—7 auf Js. 58, 5 Rücksicht, als auf Worte eines vorexilischen Propheten.

c. Sir. 48, 27 redet von Jsaias mit offenbarer Bezugnahme auf den zweiten Theil.

Sir. 48, 27: Spiritu magno vidit ultima, *et consolatus est lugentes in Sion*. Usque in sempiternum ostendit futura et abscondita antequam evenirent. Vgl. Js. 40, 1 u. s. w. „Der größte Theil dieses Lobes, namentlich das Vorherverkünden ferner Begebenheiten und das Trösten der Trauernden in Zion, ist einzig aus dem letzten Theile geschöpft." Gesenius I. 1, 37.

d. Im N. T. werden mehrere Stellen des zweiten Theiles als Worte des Jsaias citirt, Mth. 3, 3; 8, 17; 12, 17; Joh. 12, 38; Röm. 10, 16. 20.

5. Gegen die Echtheit des zweiten Theiles kann man keine äußern Gründe, und wenn man nicht die übernatürliche Erleuchtung der Propheten für unmöglich hält, auch keine zwingenden innern Gründe anführen.

Daß Jer. 26, 18 Mich., und nicht Js. erwähnt wird (Knobel 298), beweist nichts; Keil § 71, 8. — Nur wenn man, wie Hitzig (Jesaja 464) und Knobel 297 es offen aussprechen, von der Voraussetzung ausgeht, daß den Propheten ein Wissen um die Zukunft, ein eigentliches Vorherwissen nicht beigelegt werden dürfe, kann man die große Bestimmtheit einiger Weissagungen von der entfernten Zukunft in Is. 40—66, z. B. 44, 28 die Erwähnung des Cyrus (vgl. Häv. II. 2, 163, Del. bei Drechsler III, 390, Fr. Windischmann, Zoroastrische Studien, Berlin 1863, S. 136), als Grund für die Unechtheit des zweiten Theiles anführen. Vgl. Hengstb., Christ. II, 209.

a. **Wenn im zweiten Theile die Zeit des Exiles als gegenwärtig dargestellt wird, z. B. 51, 17; 58, 12; 61, 4; 64, 9. 10, so erklärt sich das daraus, daß Isaias diese Zeit als seinen idealen, prophetischen Standpunct einnimmt, von welchem aus er die entferntere Zukunft verkündet.**

Die Gegner der Echtheit gehen von dem Satze aus: die in einer Weissagung als gegenwärtig gesetzten Zeitverhältnisse, woran, als an etwas Bekanntes, die prophetischen Aussprüche angeknüpft werden, bilden wirklich die Gegenwart des Propheten (Bleek 445. 452). Der Standpunct des Verf. von Is. II. ist aber die Zeit des Exils: der Untergang des Reiches Juda wird als der Vergangenheit angehörend, die Befreiung aus dem Exil als bevorstehend dargestellt. Daraus folgert man also, daß der Verf. wirklich in der exilischen Zeit gelebt habe. — Aber jener allgemeine Satz ist nur eine aprioristische Behauptung. Wenn man nicht von der Voraussetzung ausgeht, daß die Propheten nur durch natürliche Divination, nicht durch göttliche Erleuchtung die Zukunft erkannt haben, so kann man auch nicht a priori eine Regel festsetzen, in welcher Weise sich ein Prophet zu einer bestimmten Zeit habe aussprechen können, und in welcher nicht. Dergleichen Regeln können nur aus den prophetischen Büchern selbst, deren Abfassungszeit zunächst nach den äußern Gründen zu bestimmen ist, abstrahirt werden. Danach ist zu sagen: gewöhnlich ist der Standpunct des Propheten bei seinen Reden seine wirkliche Zeit; es kommt aber auch vor, daß der Prophet seinen Standpunct in der Zukunft nimmt, und daß also die wirkliche Gegenwart für ihn Vergangenheit, die entferntere Zukunft für ihn nähere Zukunft ist; z. B. Deut. 32, 7. 30; Is. 11, 11; Os. 14, 2; Mich. 7, 7—11. In der Ausdehnung wie bei Is. II. findet sich dieses allerdings sonst nicht; aber es kann nicht behauptet werden, daß diese Form der Weissagung, wenn sie überhaupt vorkommt, nicht in einer auch sonst so einzigartigen prophetischen Schrift (s. Del. oben Nro. 3) in ungewöhnlicher Ausdehnung angewendet sein könnte. Hengstb., Christ. II, 195. Jedenfalls handelt es sich bei Is. II. weniger um historische und kritische Argumente (Bleek führt das Argument b gar nicht an), als um die dogmatische Frage über die Wirklichkeit und Ausdehnung der prophetischen Erleuchtung, und nicht die Vertheidiger, sondern die Gegner der Echtheit begehen den Fehler, sich bei der historisch-kritischen Untersuchung von dogmatischen Ansichten beeinflussen zu lassen. Del. 23.

Als Grund für die vorexilische Abfassung des 2. Theiles führen Hengstb. 199 u. A. an, daß der Verf. an mehrern Stellen, namentlich in den gegen den Götzendienst gerichteten, den idealen Standpunct in der exilischen Zeit verlasse und sich auf die Verhältnisse der vorexilischen Zeit als auf gegenwärtige beziehe, und Ewald III, 27 und Bleek 454 halten aus diesem Grunde 56, 9—57, 11 für ein eingeschobenes vorexilisches Stück. Vgl. indeß dagegen Del. bei Drechsler III, 386.

b. In Bezug auf die Verschiedenheit der Schreibart und Darstellung des zweiten und des ersten Theiles ist zu beachten: daß jener später geschrieben ist, als der erste; daß auch der Inhalt desselben großentheils ein anderer ist; daß er nicht aus einzelnen Reden besteht, sondern eine zusammenhangende Schrift bildet; endlich daß anderseits neben der Verschiedenheit auch wieder eine große Aehnlichkeit zwischen beiden Theilen nicht zu verkennen ist, daß namentlich manche dem ersten Theile eigenthümliche Ausdrücke und Bilder auch im zweiten Theile vorkommen. Die Sprache des zweiten Theiles überhaupt ist nicht die der exilischen Zeit, sondern ganz die der Blüthezeit der prophetischen Literatur.

In beiden Theilen vorkommende „jesajanische Idiotismen" sind z. B. קְדוֹשׁ יִשְׂרָאֵל (12mal im 1., 17mal im 2. Theile, sonst nur 5mal im A. T., Del. 115), אָמַר יְהוָה u. s. w. Kleinert 220. Welte 19. Keil § 71, 7.

„Im ersten Theile ist die Darstellung großentheils plastisch und concret; denn der Prophet ist da von den handgreiflichen Gestalten der Gegenwart umgeben und von ihren Kämpfen gehalten; hier aber schwebt seine Anschauung und also auch sein Ausdruck wie auf Adlersfittichen über der schlechten Wirklichkeit; der Fleischesleib der Sprache ist zum Lichtleibe geworden; es ist der alte Jesaja, der hier redet, und doch auch nicht; es ist gleichsam der zur Zeit des Exils in verklärter Gestalt auferstandene. — Man hat zwar behauptet, die Cap. 40—66 verriethen vielfach eine jüngere als jesajanische Sprachzeit. Und es ist wahr: manches stimmt mit dem Sprachgebrauche des Jer., Ezech. und jüngerer Verf.; aber solche Berührungen mit dem nachexilischen Sprachgebrauch finden sich z. B. auch in der Geschichte Josephs und beirren um so leichter, als die nachexilische Literatur, wie besonders die Chronik zeigt, viel altes Sprachgut erneuert hat. Ferner: daß sich in 27 Reden, welche den höchsten Aufschwung nehmen, viel sonst ganz Unbelegbares finden wird, läßt sich von vornherein erwarten, und daß sich die im A. T. sonst nicht vorkommenden Ausdrücke theils aus dem Aramäischen erklären, theils aus dem Arabischen, spricht so wenig für eine späte Sprachzeit, als die Menge eben solcher aus dem Aramäischen und Arabischen zu erklärenden Wörter im B. Job. Und Aramäismen wie אֶלְגָּבִישׁ 63, 3 finden sich auch im ersten Theile, z. B. 21, 12 vier in einem Verse. Sodann: daß die neuen großen Anschauungen und Ideen, welche sich in diesen Reden auseinanderlegen, sich auch mannigfach neue Formen geschaffen und alte umgeprägt haben, ist nicht verwunderlich... Die hier in großartigem Maßstabe ausgeführten neuen Themen bringen nothwendig auch neue Wörter und Wendungen mit sich. Endlich ist es wahr, was Knobel bemerkt, daß wir mannigfach einem Wortgebrauch begegnen, der eine große Fortbildung der Sprache verräth; aber man wird mit demselben Rechte annehmen dürfen, daß diese Fortbildung sich innerhalb der eigenen Sprache des Propheten vollzogen hat, als daß er die betreffenden Ausdrücke in so ausgeprägten, abgeschliffenen Bedeutungen vorfand. Von den starken Anzeichen einer andern Sprachzeit, die wir bei Jer., Ez. und den spätern Propheten finden, gewahren wir in Jes. 40—66 schlechthin nichts. Ueberall die goldene Classicität, die salomonische Pracht, zu deren Mittagshöhe die Sprache der Prophetie gerade auf dem Wege gelangt ist, den wir von Cap. 6 an durch 37, 22 ff. und Cap. 34 ff. hindurch bis zu Cap. 40 ff. noch deutlich verfolgen können." Delitzsch bei Drechsler III, 402.

6. **Auch die Echtheit mehrerer Abschnitte des ersten Theiles ist mit Unrecht bestritten worden**, so namentlich die Echtheit der Weissagungen gegen Babel 13, 1—14, 23; 21, 1—10, des letzten zusammenfassenden Abschnittes der Reden über auswärtige Völker Cap. 24—27, und der Cap. 34. 35. Es kommen hier im Wesentlichen dieselben Argumente für und gegen die Echtheit in Betracht, wie bei der Controverse über den zweiten Theil.

Die Gründe, weshalb diese Abschnitte von denselben Kritikern, die den 2. Theil für unecht halten, spätern Verfassern zugeschrieben werden, sind wieder der exilische Standpunct und die Bestimmtheit der Weissagung und die Verschiedenheit der Anschauungen und der Darstellung. Vgl. Del. bei Drechsler III, 398 und im Comm. z. d. St., Keil § 67, Reinke II, 536 u. s. w., über 13, 1—14, 23 auch P. Schleyer, Würdigung der Einwürfe gegen die alttest. Weissagungen, Freib. 1839, über Cap. 34 Caspari, Ztf. f. luth. Theol. 1843, II, 1.

Einige andere Abschnitte werden nur von Einigen für unecht gehalten. So ist die Weissagung gegen Tyrus Cap. 23 nach Movers von Jeremias verfaßt (Tüb. Q.-S. 1837, 506; ähnlich Bleek 461) oder überarbeitet (Phönicier II, 1, 396); Gesenius, de Wette und Knobel halten sie für isaianisch. Die Weiss. gegen Moab Cap. 15. 16 wird von Vielen für eine ältere, von Js. nur wiederholte Rede (16, 13. 14) gehalten, von Hitzig (des Proph. Jona Orakel über Moab, Heidelb. 1831) u. A. dem Jonas zugeschrieben; s. dagegen Keil § 67.

7. Das Buch des Isaias ist das umfangreichste und eines der schönsten und wichtigsten unter den prophetischen Büchern des A. T. Namentlich ist es so reich an wichtigen messianischen Weissagungen, daß Hieronymus Praef. in Is. nicht mit Unrecht von Isaias sagt: Non tam propheta dicendus est, quam evangelista. Isaias schildert nicht nur oft das Glück der messianischen Zeit, z. B. 2, 2—4; 4, 2—6; 11, 6 ff. und in vielen Stellen des zweiten Theils, sondern weissagt auch manches über die Person, die Schicksale und die Thätigkeit des Messias, namentlich seine Geburt aus der Jungfrau, 7, 14, — seine höhere Natur, 9, 6; 11, 1 ff. — sein Auftreten 42, 1—7; 49, 1—9 (der Knecht Jehova's); 55, 1—5; 61, 1—3, — und sein Leiden, 50, 6; 52, 14. 15; 53, 1—12. — Im N. T. wird Isaias öfter citirt als alle andern Propheten.

Aehnlich wie Hieron. äußern sich andere Väter, vgl. Reinke I, 7. Gesenius I. 1, 41. Die neutest. Citate s. das. S. 39.

Eine Zusammenstellung der messianischen Weiss. des Is. bei Babe, Christol. III, 483. Ueber einzelne mess. Weiss.: *Reinke*, Exegesis critica in Jes. c. 2, 2—4. Münster 1838. Kistemaker, Weissagung vom Emmanuel Is. 7—12. Münster 1824. Reinke, die Weiss. von der Jungfrau und vom Immanuel, Is. 7, 14—16. Münster 1848. *Patritius*, de Evangeliis (Freib. 1853) III, 135 (über dies. St.). *Reinke*, Exegesis crit. in Jes. 52, 13—53, 12. Münster 1836. — Ueber den Knecht Jehova's s. Danko 396. Reinke II, 7.

Zweiter Abschnitt.

Die Propheten, welche in der Zeit zwischen dem Untergange des R. Israel und dem Untergange des R. Juda wirkten.

§ 36.

Nahum.

Commentare von Schegg, Hitzig, Keil und Kleinert über die kl. Proph. und von O. Strauß und Breiteneicher über Nahum.

Nahum (נַחוּם, Ναούμ) beginnt seine prophetische Rede mit einer kurzen Schilderung des Eifers Gottes gegen seine Feinde und seiner Liebe für sein Volk, und verkündet dann die Eroberung und Zerstörung Ninive's (durch die Medier und Babylonier, wahrsch. 606 v. C.). Er hat also vor dieser Zeit gelebt. 1, 12. 15 wird die Bedrängung des Reiches Juda durch die Assyrier unter Ezechias (714) als etwas Vergangenes erwähnt. Wahrscheinlich weissagte also Nahum in der letzten Hälfte der Regierungszeit des Ezechias oder bald nach ihm, im 7. Jahrhundert. Seine Darstellung ist correct und schön.

Nahum war aus Elkosch (Vg. Elcesaeus) in Galiläa (*Hier.* prooem.) und lebte im Reiche Juda; Hitzig 226, Breit. 23. Nach Ewald, Kleinert 99 wäre er aus Elkosch in Assyrien gewesen und hätte im assyrischen Exil gelebt.

Ueber sein Zeitalter s. Herbst II, 2. § 55. Breit. 25. — Auch die Eroberung von No-Amon (Theben in Aegypten, Vg. Alexandria, s. Breit. 89) wird, 3, 8—11, als etwas Vergangenes erwähnt (Welte, Tüb. Q.-S. 1853, 625 gegen Strauß); es ist aber nicht sicher, in welche Zeit dieselbe fällt.

§ 37.
Habakuk.

F. Delitzsch, De Hab. prophetae vitae et aetate, Grimma 1844. — Commentar von Delitzsch.

Habakuk (חֲבַקּוּק, Ἀμβακούμ) weissagte nach 1, 5 nicht lange vor dem Einfall der Babylonier in das Reich Juda (605). Der Dan. 14, 32 erwähnte Prophet Habakuk kann derselbe sein (§ 44, 3). — Habakuk weissagt Cap. 1 den Einfall der Babylonier in Juda, dann Cap. 2 den spätern Untergang dieser Feinde des Volkes Gottes. In Cap. 3 schildert er dann in der Form eines Psalmes das Erscheinen Gottes zum Heile seines Volkes und zur Bestrafung seiner Feinde. — Hinsichtlich der sprachlichen Darstellung gehört die Prophetie des Habakuk zu den herrlichsten Stücken der prophetischen Literatur.

Wie lange vor dem Einfall der Chaldäer Hab. geweissagt hat, läßt sich nicht sicher ermitteln; nach Bleek, Stähelin und Hitzig 249, Kleinert 127 kurz vorher unter Joakim, nach Delitzsch S. VII u. A. schon unter Josias, vor Jer. und Soph.; vgl. Jer. 4, 13; 5, 6 mit Hab. 1, 8; Soph. 1, 7 mit Hab. 2, 20.

Das 3. Cap. scheint auch beim Cultus als Psalm gebraucht worden zu sein (wie im kirchlichen Officium als Canticum, § 21, 7) und hat darum das Sela und eine den Psalmen-Ueberschriften ähnliche Ueberschrift.

§ 38.

Sophonias.

Commentare von F. A. Strauß und Reinke.

Sophonias (Zephanja, צְפַנְיָה, Σοφονίας) weissagte nach 1, 1 unter Josias (641—610). Im 1. Cap. verkündet er dem Reiche Juda, im 2. einigen feindlichen Völkern, namentlich den Assyriern, den Untergang. Cap. 3 beginnt wieder mit der Verkündigung des Strafgerichtes über Juda, schließt aber V. 9 ff. mit einer Schilderung der messianischen Zeit nach Art älterer Propheten. In stilistischer Hinsicht steht seine Schrift hinter den beiden vorhergehenden weit zurück.

§ 39.

Jeremias.

A. Kueper, Jeremias librorum ss. interpres atque vindex, Berlin 1837. *F. C. Movers*, de utriusque recensionis vaticiniorum Jerem. indole et origine, Hamb. 1837. *F. Wichelhaus*, de Jeremiae versione Alexandrina, Halle 1847. (Reusch), Der Proph. Jer., ein bibl. Charakterbild, Katholik 1860, I, 394. Commentare von Hitzig, Neumann, Graf und Nägelsbach.

1. Jeremias (יִרְמְיָהוּ oder יִרְמְיָה, Ἰερεμίας, St. Hieremias), der Sohn des Priesters Helcias aus Anathoth im Stamme Benjamin, begann seine prophetische Thätigkeit im 13. Jahre des Josias (628). Sein Leben als Prophet war, namentlich seit dem Tode dieses frommen Königs (4 Kön. 23, 25), auf welchen Jeremias ein Klagelied dichtete (2 Par. 35, 25), ein fortgesetzter Kampf gegen ein versunkenes Volk, gegen falsche Propheten und mächtige Feinde. Unter Joakim und Sedecias wurde er vielfach verfolgt und wiederholt eingekerkert, besonders weil er den nahen Untergang des Reiches und das 70jährige Exil vorhersagte und zur Unterwerfung unter die Babylonier aufforderte; vgl. Cap. 20. 26—29. 32. 36—38. — Nabuchodonosor setzte ihn nach der Eroberung von Jerusalem in Freiheit (39), und es wurde ihm freigestellt, mit nach Babylon zu gehen oder im Lande zu bleiben (40). Er zog letzteres vor, dichtete auf den Trümmern der heil. Stadt seine Klagelieder und blieb in dem fast ganz entvölkerten

§ 39. Jeremias.

Lande bis zur Ermordung des babylonischen Statthalters Godolias, worauf ihn die zurückgebliebenen Juden nöthigten, mit ihnen nach Aegypten zu gehen (41 ff.). Dort soll er von ihnen gesteinigt worden sein.

Ueber die Zeitverhältnisse s. Graf S. XII. Reusch 395. — Der Vater des Jer. war nach Einigen (*Clem. Alex.* Str. 1, 21, § 120 u. A.) der **Hohepriester Helcias** 4 Kön. 22, 4; vgl. Neumann I, 17. Graf 2. — Ueber seinen Tod Mart. Rom. 1. Mai: S. Jeremiae proph., qui a populo lapidibus obrutus [Hebr. 11, 37] apud Taphnas occubuit ibique sepultus est. Vgl. *Tert.* Scorp. 8. *Hier.* c. Jov. 2, 37. Neumann I, 67. — Vgl. noch 2 Mach. 2, 1 ff.; 15, 12 ff.; Mth. 16, 14.

2. Das Buch des Jeremias enthält außer seinen prophetischen Reden, deren Zeit und Veranlassung meistentheils angegeben wird, auch Berichte über Visionen 1, 11 ff.; 21, 1, über symbolische Handlungen, Cap. 13. 19. 27. 32 u. s. w., und über Ereignisse aus seinem Leben oder aus seiner Zeit, Cap. 20. 21. 26 ff. und bes. 36 ff. — Nach Cap. 36 dictirte Jer. auf Befehl Gottes im 4. Jahre des Joakim seinem Begleiter Baruch alle bis dahin empfangenen Offenbarungen; da der König dieses Buch verbrannte, dictirte Jer. dieselben Weissagungen dem Baruch nochmals und noch andere dazu. Vielleicht hat Baruch auch die spätern Reden des Propheten in ähnlicher Weise aufgezeichnet und das Buch Jer. in seiner jetzigen Gestalt zusammengestellt.

Keil § 76. Graf XXXVI. Die im Cap. 36 erwähnte Sammlung läßt sich in unserm Buche nicht mehr nachweisen, da schon von Cap. 21 an Stücke aus späterer Zeit vorkommen; vgl. auch 1, 1—3.

3. Der erste Theil des B. Jer. (1—45) enthält die Abschnitte, welche sich auf das Volk Israel beziehen, der zweite (46—51) die Weissagungen über auswärtige Völker. Angehängt ist Cap. 52 ein geschichtlicher Bericht über die Zerstörung Jerusalems. — Die Abschnitte des ersten Theils sind nur zum Theil chronologisch, zum Theil nach der Beschaffenheit des Inhaltes geordnet. Die Weissagungen des zweiten Theils (im Hebr. und in der Vg. Cap. 46—51) stehen in der griechischen Uebersetzung nach 25, 13, wo die Weissagungen über auswärtige Völker erwähnt werden, — und zwar in anderer Ordnung. Diese Uebersetzung weicht außerdem vielfach von unserm hebr. Texte (und der Vulg.)

ab, weshalb Manche annehmen, es liege derselben eine von diesem verschiedene Recension des Originals zu Grunde, während Andere glauben, der griechische Uebersetzer habe einen dem unsrigen im Wesentlichen gleichen hebräischen Text frei und ungenau übertragen.

Einige Abschnitte des ersten Theils haben Zeitbestimmungen, z. B. 3, 6; 21, 1, andere nicht, z. B. 2, 1; 7, 1. Das Princip der Anordnung des ersten Theils nachzuweisen, ist doch nicht gelungen; Graf S. XXXIV. Versuche f. bei Keil § 74, Stähelin 260, Nägelsbach XV.

Die „Reden des Jer." schließen 51, 64; Cap. 52 ist aus 4 Kön. 24, 18 ff. (Graf 623, Nägelsb. 370) oder von Baruch beigefügt (Michelh. 53. Keil § 75, V.).

In der griech. Uebers. finden sich unserm hebr. Texte gegenüber einige unbedeutende Zusätze (7, 4. 9 zc.), viele Auslassungen von Wörtern, Sätzen, Versen und Stellen (17, 1—4; 29, 16—20 zc.) und Aenderungen, theilweise nicht ohne Einfluß auf den Sinn (29, 25. 27; 34, 18). Die Abweichungen wurden schon von Orig. (Ep. ad Afr. 4) und Hieron. (Praef. in Jer.; Prooem. in Jer.) bemerkt und von diesem als willkürliche oder irrige Aenderungen des Uebers. bezeichnet. Spätere haben angenommen, es hätte zwei Recensionen des Buches gegeben: eine palästinensische oder babylonische, die unserm hebr. Texte, und eine ägyptische, die der griech. Uebers. zu Grunde liege. Ueber die Entstehung der beiden Rec. und ihr Verhältniß zu einander hat man dann verschiedene Vermuthungen aufgestellt. Von Einigen wird die erste Rec. für die reinere und ursprünglichere gehalten (Eichhorn), von Andern die zweite (Movers, Hitzig, Bleek 489, Davidson III, 113), so jedoch, daß keiner der beiden jetzigen Texte die ursprüngliche Form des B. vollständig wiedergebe. — Die (richtige) Ansicht, daß die Abweichungen dem Uebersetzer zu imputiren seien (wodurch nicht ausgeschlossen wird, daß dessen hebr. Text hie und da correcter war, als der unsrige), vertheidigen Küper 167. Häv. II. 2. § 228. Keil § 175, 14. § 204, 9. Nägelsb. XIX und besonders Michelhaus 50 und Graf S. XL.

4. Die prophetischen Reden des Jer. haben vorzugsweise Bezug auf die Verhältnisse seines Volkes in seiner Zeit und auf dessen nächste Zukunft, insbesondere auf die Zerstörung der heil. Stadt und des Staates durch die Babylonier. Jer. sagt aber auch die Rückkehr des Volkes nach 70jähriger Verbannung vorher 25, 11 ff.; 29, 10, und verkündet das Glück der messianischen Zeit, bes. 3, 14 ff.; 23, 3 ff.; 30, 8 ff., die Abschließung eines neuen Bundes zwischen Gott und seinem Volke 31, 31 ff. und den Messias als Sohn Davids, bes. 23, 5; 30, 9; 33, 14 ff. — Vgl. außerdem 31, 15 vgl. Mth. 2, 17 und 31, 22 Vg.

§ 39. Jeremias. 105

Ueber 31, 22 f. Reinke, Beitr. III, 357. — Jer. selbst, als der von seinem Volke unschuldig verfolgte Prediger der Wahrheit, ist ein Vorbild Christi, vgl. 11, 18. 19; 18, 18; 20, 10. Reusch 407.

5. Die Sprache des Jer. ist nicht so rein wie die der frühern Propheten, und seine Darstellung viel weniger lebendig und glänzend als die des Isaias, wie das der traurige Inhalt fast aller seiner Reden und der ganze Charakter seiner prophetischen Thätigkeit (Nro. 1 u. 4) mit sich bringt. In ausgedehnterer Weise, als die frühern Propheten, ein Buß- und Strafprediger, zeichnet er sich vor ihnen aus durch öftere Beziehung auf das Gesetz, besonders das Deuteronomium; und weniger berufen, Neues zu verkünden, als die schon gegebenen göttlichen Offenbarungen dem Volke vorzuhalten, entlehnt er nach Inhalt und Form manches von den frühern Propheten.

„Die beiden Hauptgründe dieser Thatsache sind: die weiche, auch für jeden Eindruck fremder schriftstellerischer Individualität sehr empfängliche, mehr receptive als productive, und daher, wenn productiv, zum Theil nur reproductive Natur Jeremia's, und [noch viel mehr] der eigenthümliche geschichtliche Charakter der jeremianischen Zeit. Diese war nämlich, als der große Wendepunkt in der Geschichte Israels — Israel ward in ihr, in welcher sich sein Verderben auf's Höchste steigerte, von dem lange und viel gedrohten Gerichte der Verbannung aus dem Lande Jehova's und der Zerstreuung unter die Völker ereilt, — und als eine Hauptepoche in der Geschichte der Völker und Reiche der Welt, die Zeit, in der viele ältere Weissagungen eiligst ihrer Erfüllung nahten; und der über Israel sowohl als über die Völker und Königreiche gesetzte (Jer. 1, 10) große Prophet dieser Zeit hatte alle diese Weissagungen wieder aufzunehmen, ihnen als ihre Erfüllungszeit die nächste Zukunft anzuweisen und als die Werkzeuge ihrer Erfüllung die Chaldäer und speciell Nebukadnezar zu bezeichnen." Caspari, Ztf. f. luth. Theol. 1843, II, 27. Die Belege s. das. S. 11 ff. Reusch 405.

6. Die gegen die Echtheit oder die Integrität einiger Abschnitte des Jer. vorgebrachten Gründe sind nicht beweisend. Für eine Ueberarbeitung mehrerer Capitel durch „Pseudo-Jesaia" führt man an: a. die kürzere Fassung dieser Capitel in der griech. Uebersetzung; s. Nro. 3; — b. den exilischen Standpunct dieser Capitel; s. § 35, 5 a; — c. die inhaltliche und sprachliche Uebereinstimmung mit Js. 40—66; diese erklärt sich daraus, daß Jer. diese Schrift wie andere ältere Schriften benutzt hat. Die Gründe a und b haben Andere gegen die Echtheit der Weissagung gegen

5**

Babel (Cap. 50. 51) und einiger kleinerer Abschnitte geltend gemacht; daneben auch die Bestimmtheit der Vorhersagung (die 70 Jahre) in 25, 11 und angebliche Störung des Zusammenhangs u. dgl. bei einigen kleinern Stellen.

Nach Movers, Hitzig und de Wette soll Pseudo-Jesaja namentlich 10, 1—16 eingeschoben und die Cap. 27—33. 39. 48. 50. 51 überarbeitet haben; s. dagegen Davidson, Graf 171. 344 ꝛc., Küper, Prophetenthum 279. Die Form יִרְמְיָה statt יִרְמְיָהוּ, die Bezeichnung „Jer. der Prophet" und sonstige sprachliche Eigenthümlichkeiten sind kein Beweis für eine Ueberarbeitung. — Auch die Echtheit von 50. 51 (bestritten von Eichhorn, Ewald u. A.) wird von Graf 580 vertheidigt, desgl. von Bleek 479 und E. Nägelsbach, der Proph. Jer. u. Babylon, Erl. 1850. — Ueber 25, 11—14; 27, 7. 16 f., nach Hitzig vaticinium ex eventu, s. Häv. 226. Graf 348. 351.

Graf und Nägelsbach bezeichnen nur kürzere Stellen als den Zusammenhang störende Glossen, z. B. 10, 1—16 (echt nach Bleek 478); 25, 11—14; 39, 1—14. S. dagegen Küper, Wichelh., Neumann, Keil § 75.

7. Von Jeremias haben wir außer diesem prophetischen Buche noch die Klagelieder (§ 40) und den Brief Bar. 6 (§ 41, 1). Von Einigen wird er für den Verf. der Bücher der Könige gehalten (s. § 46, 5).

Was unter den ἀναγραφαί τοῦ Ἰερεμίου 2 Macc. 2, 1 zu verstehen ist, ist nicht auszumachen. — Die Pf. 64. 136 werden dem Jer. in einigen alten Ueberf. zugeschrieben (vgl. § 21, 2); Hitzig schreibt ihm viele Psalmen zu. — Ueber jeremianische Apokryphen s. Neumann I, 72.

§ 40.

Die Klagelieder.

Commentare von Thenius, E. Gerlach und Nägelsbach.

1. Das Buch heißt im Hebräischen אֵיכָה (nach dem ersten Worte) oder קִינוֹת, d. i. Klagelieder, danach in der griech. Ueberf. Θρῆνοι, im Lat. Threni oder Lamentationes. Es enthält fünf Klagelieder über die Zerstörung Jerusalems und den Untergang des jüdischen Staates; das erste, zweite und vierte sind einfach, das dritte ist dreifach alphabetisch (§ 19, 5); das fünfte, in der Vg. als „Gebet des Jer." bezeichnet, ist nicht alphabetisch.

Vgl. die Ueberschrift in der LXX und Vg.: Et factum est, postquam in captivitatem redactus est Israel et Jerusalem deserta est, sedit Jeremias proph. flens et planxit lamentatione hac etc. — *Jos.* Ant. 10, 5, 1:

Ἰερεμίας ἐπικήδειον αὐτοῦ (Ἰωσίου) συνέταξε μέλος θρηνητικὸν, ὃ καὶ μέχρι νῦν διαμένει, scheint die Klagel. mit dem 2 Par. 35, 25 erwähnten Klageliede auf den Tod des Josias zu identificiren, — wenn nicht vielleicht auch letzteres zu seiner Zeit noch existirte (Thenius 116). Ebenso einmal Hieron. (zu Zach. 12, 11: Josias ... vulneratus est; super quo lamentationes scripsit Jerem., quae leguntur in ecclesia et scripsisse eum Paral. testatur liber), — während er zu Jes. 63, 3 (Jerem. in lamentationibus plangens eversionem Jerus.) und an mehrern andern Stellen das Richtige angibt. Ueber קִינָה s. Ewald, Dichter I, 41.

Im kirchlichen Officium der Charwoche werden die Klagel. theilweise auf den leidenden Erlöser angewendet. Danko 447. Gerlach 14.

2. Die Klagelieder werden durch die Tradition, wie sie schon in der Ueberschrift der griechischen Uebersetzung ausgesprochen ist, dem Jeremias zugeschrieben. Der Inhalt und die Sprache derselben sind auch ganz so, wie wir sie von Jeremias erwarten müssen, und die gegen die Echtheit vorgebrachten Argumente nicht beweisend.

Im 3. Cap. redet ganz deutlich Jer. Auch de Wette, Bleek, Stähelin halten ihn für den Verf. Nach Thenius 120 sind nur Cap. 2 u. 4 von Jer.; nach Ewald, Schrader und bes. Nägelsbach S. XI sind alle Cap. von einem (nach Nöldeke 145 von mehrern) jüngern Zeitgenossen des Jer. verfaßt. Aber die sprachliche Verschiedenheit zwischen den Reden des Jer. und diesen lyrischen Gedichten spricht nicht gegen die Identität des Verf. und Klagel. 2, 14 ist nicht von Ezech. 12, 24; 13, 6—11 ꝛc. abhängig. Vgl. Gerlach 2 und Theol. Lit.-Bl. 1869, 301.

Dritter Abschnitt.

Die exilischen Propheten.

§ 41.

Baruch.

Hävernick, de l. Baruchi apocrypho, Königsb. 1843. Zündel, Daniel (s. § 42) S. 189. Ewald, die Propheten III, 252. Commentare von Fritzsche und Reusch.

1. **Baruch** war der Begleiter des Jeremias, welcher dessen Reden aufschrieb (§ 39, 2) und mit ihm nach Aegypten zu gehen genöthigt wurde (Jer. 43, vgl. Jer. 45). Er las nach Bar. 1, 1—9 fünf Jahre nach der Eroberung Jerusalems durch die Chal-

däer einer Versammlung von jüdischen Exulanten in Babylonien eine von ihm verfaßte Schrift vor, welche darauf von diesen mit einem kurzen Begleitschreiben (Bar. 1, 10—14) an die zu Jerusalem zurückgebliebenen Juden geschickt wurde. Diese Schrift Baruchs geht von Bar. 1, 15 bis 5, 9. — Cap. 6 nach der Bezeichnung der Vulgata ist ein Brief, welchen Jeremias an die Juden richtete, welche nach Babylonien deportirt werden sollten; derselbe gehört also nicht zu dem eigentlichen Buche Baruch und ist in der griechischen Uebersetzung auch davon getrennt und ἐπιστολὴ Ἱερεμίου überschrieben.

In den ältesten Handschriften des griechischen A. T. stehen die Klagelieder zwischen dem B. Baruch und dem „Briefe Jeremiä".

2. Die Schrift des Baruch besteht außer der geschichtlichen Einleitung (1, 1—14) aus mehrern Abschnitten und enthält ein demüthiges Bekenntniß des Volkes, daß es sein Unglück durch seine Sünden verdient habe (1, 15—2, 35), ein Gebet um Befreiung aus dem Exil (3, 1—8), ein Lob der göttlichen Weisheit, deren Besitz den Ruhm Israels ausmache (3, 9—4, 4), und eine tröstende Zusammenfassung der Verheißungen über die Beendigung des Exils und die bessere Zukunft (4, 5—5, 9). — Der Brief des Jeremias enthält Warnungen gegen den Götzendienst und einen Nachweis der Nichtigkeit der Götzen. — Beide Schriften waren also für die Verhältnisse der Juden im Exil sehr angemessen.

Die Begründung der Eintheilung des B. Bar. s. bei Reusch 51. — Als messianisch können 2, 33. 34; 4, 21 ff.; 5, 1 ff. bezeichnet werden; über 3, 38 s. Reusch 268.

3. Jeremias und Baruch haben hebräisch geschrieben; das hebräische Original des B. Baruch ist uns aber nicht erhalten, sondern nur eine griechische Uebersetzung, welche der griechischen Uebersetzung des Jeremias angehängt ist. Von Einigen ist behauptet worden, das Buch sei — ganz oder theilweise — ursprünglich griechisch geschrieben und dann natürlich nicht von Baruch und Jeremias. Der sprachliche Charakter spricht aber eher gegen als für diese Ansicht. Für ein hebräisches Original spricht auch die Existenz eines zweiten griechischen Textes von Theodotion (§ 73, 4).

§ 41. Baruch.

Wegen der Verbindung mit dem B. Jer. wird das B. Bar. bei der Aufzählung der alttestamentlichen Bücher mitunter nicht ausdrücklich genannt und von den Kirchenvätern nicht selten unter dem Namen des Jeremias citirt; s. Reusch 2.

Nach Hävernick a. a. O. S. 3, Keil § 249 ist das Buch ganz, nach Fritzsche jedenfalls von 3, 9 an ursprünglich griechisch geschrieben. Vgl. dagegen Reusch 70. 82. Ewald III, 255 (nur Cap. 6 soll griechisch geschrieben sein). Davidson III, 426.

Die Hexapla des Origenes (§ 73, 5) hatte auch bei Bar. die kritischen Zeichen und Randnoten mit Verweisungen auf Theodotion und das Hebr.; s. *Blanchini*, Vindiciae 318 und die syrisch-hexaplarische Uebers. (§ 76, 2) des B. Bar. bei *Ceriani*, Monum. sacra, Mailand 1866, I, 2. 15.

Die griech. Uebers. liegt den andern Uebers. zu Grunde, der lateinischen (§ 74, 3), 2 syrischen (§ 76, 1. 2), der arabischen und der armenischen (§ 77, 2. 3); s. Reusch 88.

4. **Die Einwendungen gegen die Echtheit des B. Baruch und des Briefes Jeremias beruhen auf Mißdeutungen einzelner Stellen. Für die Echtheit spricht die Aufnahme derselben in die griechische Bibelübersetzung und das Zeugniß der alten Kirche.**

3, 11; 4, 22 ff. weisen nicht auf das Ende des Exils hin, und 1, 15 ff. ist nicht Nachahmung von Dan. 9 (Zündel 191, *Pusey*, Daniel 360), sondern umgekehrt; vgl. Reusch 65. 68, und über die 1, 1 ff. vorausgesetzten geschichtlichen Verhältnisse S. 24. — Die Uebereinstimmung vieler Stellen mit der griech. Uebers. des Jer., aus welcher Keil § 248, 5 die Unechtheit des B. Bar. folgert, erklärt sich daraus, daß der griech. Uebers. des Bar. die griech. Uebers. des Jer. gekannt hat oder mit dem Uebers. des Jer. identisch ist.

Ueber die geschichtlichen Beziehungen im Br. Jer. s. Zündel 190. Wenn 6, 3 die Dauer des Exils auf γενεαὶ ἑπτά bestimmt wird, so kann dieser Ausdruck mit den 70 Jahren Jer. 29, 10 in Einklang gebracht werden (Reusch 84); er bezieht sich aber vielleicht auf eine andere, spätere Rückkehr aus Babylon, als Jer. 29 (Stiefelhagen, in der Wiener Theol. Ztf. V, 465), oder er beruht auf einem Fehler des Uebersetzers (Wichelh. 91).

Anmerkung. Ganz verschieden von dem B. Baruch ist „die Apokalypse des Baruch", lat. bei *Ceriani*, Monum. I, 73 (der „Brief des Baruch" in der Pariser Polyglotte und bei *Fabricius*, Cod. pseudep. II, 146, vgl. Reusch 276, ist nur der Schluß dieser Apokalypse); vgl. *J. Langen*, de apocalypsi Baruch, Freib. 1867. Ewald, Gesch. des B. Israel VII, 84. — Das äthiopische B. Baruch (bei *Dillmann*, Chrestom. aeth., Lpz. 1866) ist identisch mit den Παραλειπόμενα Ἱερεμίου bei *Ceriani*, Monum. V, 9. Vgl. noch *Cypr.* Test. 3, 29.

§ 42.
Ezechiel.

Hengstenberg, Christologie II. Reinke, Mess. Weiss. IV, 1. Die Commentare von Hävernick, Hitzig, Kliefoth, Keil, Hengstenberg.

1. **Ezechiel** (Hesekiel, יְחֶזְקֵאל, Ἰεζεκιήλ), aus priesterlichem Geschlechte, wurde mit dem Könige Jechonias deportirt und lebte als Exulant am Flusse Chobar (Chaboras) in Babylonien. Im 5. Jahre seines Exils, im 7. vor der Zerstörung Jerusalems, zum Prophetenamte berufen, wirkte er unter seinen Mitexulanten wenigstens bis zum 27. Jahre seines Exils (1, 2; 29, 17).

„Wie Jer. unter den im h. Lande zurückgebliebenen Juden, so kämpfte Ezechiel unter den Weggeführten gegen die Verführung durch falsche Propheten und gegen die fleischlichen Hoffnungen und den unbußfertigen Sinn des Volkes. So lange Jerusalem noch stand, hofften die Weggeführten, durch ihre falschen Propheten bethört, auf baldigste Rückkehr; Ez. sucht ihnen diese thörichte Hoffnung zu entreißen und verkündigt ihnen durch Wort und That, durch Symbol und Predigt die unausbleibliche Zerstörung der h. Stadt. Und als nun Jerusalem gefallen war, da tröstete er das niedergeschlagene Volk durch Hinweisung auf die nahe und die ferne Errettung." Kurz, h. Gesch. § 106, 2. Vgl. Hengstb., Christol. II, 530. Caspari, Daniel 62.

2. **Das Buch Ezechiels** besteht aus drei Theilen: a. Offenbarungen über Israel, welche er vor der Zerstörung Jerusalems erhielt, Cap. 1—24; sie beziehen sich fast ausschließlich auf das bevorstehende Strafgericht. — b. Weissagungen über auswärtige Völker Cap. 25—32. — c. Offenbarungen über Israel aus der Zeit nach der Zerstörung Jerusalems Cap. 33—39 und 40—48; sie beziehen sich vorzugsweise auf die bereinstige Wiederherstellung der Theokratie.

Vgl. Kliefoth I, 79. 257. 307. Der 2. Theil geht nach Kl. bis 33, 20.

3. Wir finden bei Ezechiel mehr Visionen und symbolische Handlungen, als bei den frühern Propheten. Dadurch und durch die an kühnen Bildern reiche Darstellung wird das Verständniß dieses Propheten vielfach erschwert. Seine Sprache ist noch weniger rein, als die des Jeremias. — Die Echtheit dieses Buches ist so gut wie nie bezweifelt worden.

„Daß Ez. alles selbst aufgezeichnet hat, ist keinem Zweifel unterworfen;

selbst die Sammlung der Weissagungen kann von ihm hergeleitet werden." De Wette § 279.

4. Ezechiel verkündet wiederholt, namentlich im dritten Theile, die Wiederbegnadigung des Volkes Gottes nach dem Exil, und daran anknüpfend das Glück der messianischen Zeit unter verschiedenen Bildern, 11, 17; 16, 60; 17, 22; 34, 23; 36, 22; 37, 1—14 (die Vision von den Todtengebeinen); 37, 22; Cap. 40—48 (der neue Tempel ꝛc.). Den Messias schildert er als zweiten David 34, 23; 37, 24; vgl. 17, 22.

Für die symbolische Deutung von Cap. 40—48 s. Häv., Comm. 621. Reinke 138. Kliefoth II, 342; zur Erklärung vgl. F. Böttcher, Proben alttest. Schrifterkl., Lpz. 1833, S. 218. J. Balmer-Rinck, des Proph. Ez. Gesicht vom Tempel, Ludwigsb. 1859.

§ 43.

Daniel.

Hengstenberg, Beiträge zur Einl. in das A. T. 1. Bd.: die Authentie des Daniel ꝛc. Berlin 1831. Hävernick, Comm. Hamb. 1832, und Neue krit. Untersuchungen über das B. Daniel, Hamb. 1838. C. A. Auberlen, der Proph. Daniel und die Off. Joh. (2), Basel 1857. D. Zündel, Krit. Untersuchungen über die Abfassungszeit des B. Dan. Basel 1861. F. Speil, Zur Echtheit des B. Dan., Tüb. Q.-S. 1863, 191. *E. B. Pusey*, Daniel the prophet (3), Oxford 1864. C. P. Caspari, Zur Einführung in das B. Daniel, Lpz. 1869. Commentare von Hitzig, Kranichfeld, Kliefoth, Keil und Zöckler.

1. **Daniel** (דָּנִיֵּאל) wurde unter dem Könige Joakim von Jerusalem nach Babylon gebracht (wahrscheinlich 605, § 26, 2), dort auf Befehl Nabuchodonosors mit drei andern vornehmen jüdischen Jünglingen unterrichtet und unter dem Namen Baltassar (בֵּלְטְשַׁאצַּר) an den königlichen Hof gezogen (Cap. 1). Er bekleidete unter Nabuchodonosor und mehrern der folgenden Beherrscher von Babylon hohe Staatsämter (2, 48; 6, 2) und lebte nach 10, 1 wenigstens bis zum dritten Jahre nach der Einnahme Babylons durch Cyrus.

Nach den andern Quellen der babylonischen Geschichte folgte auf Nabuchodonosor (s. § 26, 2; 604—561 v. C.) sein Sohn Evilmerodach (Jer. 52, 31, nach 2 Jahren von seinem Schwager Nerigliffar ermordet, 561 bis 559), dann Nerigliffar (559—555), dann dessen unmündiger Sohn Laborofoarchob und nach einigen Monaten Nabonetus (Labynetus, 555—538). Ihm folgt als Beherrscher von Babylon Cyrus der Perser. Niebuhr 223. Keil 137. — Daniel erwähnt außer Nabuchod. und Cyrus nur den babylonischen König Baltaffar (בֵּלְשַׁאצַּר, Cap. 5. 7. 8; vgl. Bar. 1, 11) und Darius den Meder (דָּֽרְיָוֶשׁ), Sohn des אֲחַשְׁוֵרוֹשׁ, Assuerus (5, 31 Vg.; 9, 1; — 13, 65 Vg. Astyages). Diese Angaben werden hauptsächlich durch folgende Combinationen in Einklang gebracht:

a. Baltaffar = Evilmerodach; (5, 31 braucht nicht mit 5, 30 verbunden zu werden; „das 3. Jahr des Balt." 8, 1 ist das 3. Jahr nach seiner Thronbesteigung, das erste nach seiner Ermordung, vgl. 4 Kön. 15, 30). So Häv., Unterf. 71, Niebuhr, Zündel, Kranichfeld, Kliefoth, Keil, Zöckler 32, Röckerath, Bibl. Chronol. 123.

b. Baltaffar = Nabonet, der letzte babyl. König, nach 5, 11 ein Sohn oder Enkel Nabuchobonosors. So *Hier.* in Dan. 5, 1, Hengftb., Häv. Comm., Auberlen u. A. (Nach Pufey 402 war Baltaffar der Sohn und Mitregent des Nabonet; nach Caspari 83 Baltaffar = Laborofoarchob.)

c. Darius = Astyages von Medien, der nach der Ermordung Evilmerodachs (5, 30) Babylon unter seine Oberhoheit brachte, im folgenden Jahre aber in Medien von Cyrus gestürzt wurde, so daß Babylon sich wieder unabhängig machte. Niebuhr 91. 223.

d. Darius = Kyaxares II., Sohn des Astyages (*Xen.* Cyr. 1, 5, 2), Verbündeter des Cyrus bei der Eroberung Babylons, nach dieser 1 Jahr Beherrscher von Bab., ehe Cyrus die Herrschaft selbst übernahm. So *Jos.* Ant. 10, 11, 2. 4. *Hier.* in Dan. 5, 1. Hengftb., Häv., Auberlen 16. 212. Zündel, Kranichf., Klief., Keil, Zöckler 34.

2. Der Prophet Daniel, zu Babylon in einer ähnlichen Stellung, wie vordem Joseph in Aegypten, hatte die besondere Mission, durch Wunder und Weissagungen nicht nur das Volk Gottes während der äußern Unterdrückung in seinem Glauben zu bestärken, sondern auch den wahren Gott vor den heidnischen Weltreichen zu verherrlichen und dadurch einerseits die Befreiung Israels vorzubereiten, anderseits die Verbreitung der wahren Religion auch unter den Heiden anzubahnen. — Das **Buch Daniel** berichtet theils über Ereignisse aus dem Leben des Propheten, besonders Cap. 1—6 (und 13. 14 Vg.), theils über seine Visionen, besonders Cap. 7—12. — Vorzüglich wichtig sind die Offenbarungen über die vier Weltreiche, ihr Verhältniß zum Volke Gottes und ihre Vernichtung durch das messianische Reich, Cap. 2. 7. 8. 10—12, und über die 70 Jahrwochen, Cap. 9. — Die Abschnitte 2, 4—7, 28 sind chaldäisch, 1, 1—2, 3 und Cap.

8—12 hebräisch geschrieben. Drei andere Abschnitte finden sich nur in den alten Uebersetzungen, s. § 44.

Ueber die Mission Daniels s. Caspari 67; über die Eintheilung des Buches Zöckler 15. — Daniel unterscheidet sich sehr stark von den andern Propheten:

a. Er erhält nicht bloß göttliche Offenbarungen, sondern Gott wirkt auch durch ihn und für ihn Wunder (vgl. Elias § 27, 2). Die Wunder geschehen nicht bloß, um die Juden im Glauben zu stärken, sondern auch um der heidnischen Weltmacht gegenüber Jehova zu verherrlichen. Zündel 51: „So oft Israel mit den Weltvölkern sich berührt, und wäre es nur, daß die Bundeslade in Dagons Tempel ist [1 Sam. 5], wird seine Geschichte wunderbar. Nicht weniger Wunder geschahen vor den Augen Pharao's in Aegypten um Israels willen, als hier vor den chaldäischen Königen." Vgl. Hengstb., Beitr. 35. Häv., Unters. 80. Pusey 450. Caspari 20. 40.

b. In der Form unterscheiden sich Daniels Weissagungen von den andern dadurch, daß sie alle Visionen sind, während bei andern Propheten diese Form nur Ausnahme ist. Das B. gleicht in dieser Hinsicht der Apokalypse. Diese Form ist dem Inhalte angemessen, weil die dem Dan. gegebenen Offenbarungen weniger, wie die von den Propheten in ihren Reden ausgesprochenen, für die Zeitgenossen (§ 27, 2), als vielmehr dazu bestimmt waren, daß durch ihre Erfüllung die spätern Geschlechter im Glauben bestärkt werden sollten. Daraus erklärt sich auch, daß die Weissagungen theilweise sehr bestimmt und speciell sind. Hengstb. 190. Zündel 52. Casp. 50. Zöckler 4.

c. Die göttlichen Offenbarungen an Daniel knüpfen an seine persönliche Stellung an: er ist ein göttlicher Gesandter, zunächst nicht inmitten Israels, sondern im babylonischen Weltreiche. Während darum bei den andern Propheten die Verkündigung der Zukunft an die Geschichte Israels angeknüpft wird, schließt sie sich bei Dan. an die Geschichte der Weltreiche an: bei jenen ist das messianische Reich die Fortsetzung der israelitischen Theokratie, bei Dan. das letzte große Weltreich, Cap. 2. 7; jene sehen die Zukunft anderer Völker vom israelitischen Standpuncte aus, Daniel die Zukunft Israels vom Standpuncte der heidnischen Weltreiche, Cap. 10. 11. Darum wird auch die Zukunft der Weltreiche, mit denen Israel in Berührung kam, namentlich des persischen und des macedonischen Reiches und der Seleuciden und Ptolemäer, sehr speciell dargestellt, und diese specielle Darstellung bricht gerade da ab, wo die Berührung Israels mit diesen Staaten aufhört. Auberlen 29.

Mit Rücksicht auf Cap. 9 sagt *Hier.* Comm. in Dan. Prol.: Illud in praefatione commoneo, nullum prophetarum tam aperte dixisse de Christo. Non enim solum scribit eum esse venturum, quod est commune cum ceteris, sed etiam quo tempore venturus sit docet. Ueber die Berechnung der Jahrwochen s. die Christologieen und die Literatur bei Auberlen 103. Pusey 162 (Theol. Lit.-Bl. 1869, 970. Tüb. Q.-S. 1868, 535). — Ueber die vier Weltreiche s. Hengstb. 199. Pusey 58. Keil 205,

3. Der zweite Theil des Buches will von Daniel selbst geschrieben sein, 7, 1; 8, 1 u. s. w.; daß aber das ganze Buch von Einem Verfasser herrührt, wird jetzt allgemein anerkannt. Indeß ist die Annahme nicht unzulässig, daß Daniels Aufzeichnungen über seine Offenbarungen und Berichte über sein Leben und seine Zeit von einem Andern zu unserm Buche Daniel zusammengestellt worden sind.

So Herbst II, 2. § 34. Haneb. 398. Speil 194. Für die Abfassung durch Daniel selbst Hengstb. 225. Zündel 47. Danko 491. — Die Erwähnung Daniels in der 3. Person und in ehrenvollen Ausdrücken 1, 17; 5, 11; 6, 4; 9, 23; 10, 11 nöthigt nicht zu der ersten Annahme; s. § 10, 1. Zündel 47.

4. Im Widerspruche mit der jüdischen und christlichen Tradition wird von vielen Neuern die Abfassung des B. Daniel in der machabäischen Zeit (um 165) behauptet, und damit der prophetische Charakter seiner Weissagungen und die Glaubwürdigkeit seiner geschichtlichen Berichte bestritten.

Die Abfassung des B. in der machabäischen Zeit wurde zuerst von dem Neuplatoniker Porphyrius († 304) behauptet, welchen Eusebius, Hieron. u. A. bekämpften. *Hier.* Comm. in Dan. Prol.: Contra prophetam Danielem scripsit Prophyrius, nolens eum ab ipso, cujus inscriptus est nomine, esse compositum, sed a quodam, qui temporibus Antiochi Epiphanis fuerit in Judaea, et non tam Danielem ventura dixisse, quam illum narrasse praeterita. *Hier.* in Dan. 11, 44: Et dicit, eum, qui sub nomine Daniellis scripsit librum, ad refocillandam spem suorum fuisse mentitum. — Nachdem seit dem 17. Jahrh. vereinzelte Zweifel an der Echtheit einiger Capitel laut geworden (s. Hengstb., Beitr. 1), wurde die Echtheit des ganzen B. bestritten von Corrobi (1783), Bertholdt (Daniel übers. und erkl., Erlangen 1806—8) u. A., besonders von Bleek (Ueber Verf. und Zweck des B. Dan., in der Theol. Ztschr. von Schleiermacher ec., Berlin 1822, III, 171; die messian. Weiss. im B. Daniel, Jahrb. f. deutsche Theol. 1860, 1; Einl. 585), Baxmann (Ueber das B. Dan., St. u. Kr. 1863, 452), überhaupt von allen Rationalisten, s. die Lit. bei de-Wette § 318; — vertheidigt von Jahn, Hug (Ztf. f. d. Erzb. Freiburg VI, 150), Herbst und Welte, Speil, — Hengstb., Häv., Keil, Auberlen, Zündel, Kliefoth, Zöckler, Kranichfeld, Küper, Pusey u. A.

Der kritische Streit über das B. Dan. hat bis jetzt zwei sichere Resultate gehabt: a. Die Einheit des B. ist jetzt allgemein anerkannt (de Wette § 319). b. Es handelt sich nur noch um die Alternative, ob das B. ein gleichzeitiger Bericht über Daniels wirkliche Erlebnisse und Visionen, oder ein im machabäischen Zeitalter verfaßtes Buch mit erdichteten Erzählungen und Prophezeiungen über größtentheils vergangene Ereignisse ist. Ist letzteres richtig, so ist das B. „eine untergeschobene Schrift, und ihr Verf. wollte die nächsten Leser, zwar zu ihrem Heile, täuschen" (Hitzig S. X.). Es verhält sich dann mit Dan. anders, als z. B. mit dem Pred. (§ 24): ob dieser von Salomon oder von einem Spätern verfaßt ist, ist nicht von wesentlicher Bedeutung für den Werth seines belehrenden Inhalts; bei dem B. Dan. aber ist es von wesentlicher Bedeutung, ob seine Berichte wahr und seine Weissagungen wirkliche Weissagungen sind. Ist es also in der machabäischen Zeit erdichtet, so ist das Werk eines Betrügers in den Kanon des A. T. gekommen, von den Juden als heiliges Buch angesehen, von Christus als prophetisches B. citirt und in der christlichen Kirche fast 1800 Jahre als inspirirtes B. allgemein anerkannt worden. Daß das B. den Zweck und vielleicht den Erfolg hatte, die Juden in der machabäischen Zeit zu trösten und im Glauben zu befestigen, rechtfertigt nicht den Betrug, und daß das B. uns „den Geist jenes Zeitalters kennen lehrt und das Festhalten der messianischen Hoffnung in dieser Zeit zeigt und für die weitere Entwicklung der messianischen Idee in der Folgezeit von nicht unbedeutendem Einfluß gewesen ist" (Bleek, Einl. 610), gibt ihm keinen Anspruch darauf, unter den inspirirten Büchern des A. T. einen Platz zu behalten. Vgl. Pusey 1.

5. **Für die Echtheit und Glaubwürdigkeit des B. Dan.** sprechen folgende Gründe:

a. **Die jüdische Tradition.** Daß das Buch im jüdischen Kanon nicht unter den prophetischen Büchern steht, ist allerdings auffallend, aber nicht unerklärlich; es würde aber sicher von den Sammlern des Kanons auch nicht in die dritte Klasse der heiligen Bücher aufgenommen worden sein, hätten sie es für unecht gehalten.

Ueber die Eintheilung des Kanons in Gesetz, Propheten und Ketubim s. § 60, 1. Daß Dan. im hebr. Kanon nicht unter den Propheten steht, ist wohl aus der Eigenthümlichkeit seines B. (Nro. 2, a. b.) zu erklären. Vgl. Häv. I, 1, 60. Zündel 221. Pusey 349. — In der LXX steht er unter den Propheten; ob früher auch in der hebräischen Bibel (Herbst II, 2, 87. Speil 205), ist fraglich; vgl. *Jos.* c. Ap. 1, 8 (§ 60, 3). *Hier.* Prol. gal. und Praef. in Dan.

b. **Josephus** berichtet Ant. 11, 8, 5, die Juden hätten Alexander dem Großen die Weissagungen Daniels gezeigt. Jedenfalls wird das Buch schon 1 Mach. 2, 59. 60 und 1, 57 vgl. Dan. 9, 27 benutzt. — Wenn Sir. 49 Daniel nicht erwähnt wird, so ist zu beachten, daß der Verfasser dort nicht gerade alle großen Männer seines Volkes aufzählen will und z. B. auch Esdras nicht nennt;

sein Stillschweigen wird mehr als aufgewogen durch die Erwähnung Daniels bei Ez. 14, 14. 20; 28, 3.

Ueber den Bericht des Jos. f. Hengstb., Beitr. 277, Zöckler 24, über 1 Macc. Pusey 370. — „1 Macc. setzt die Bekanntschaft mit dem B. Daniel voraus, und zwar mit der alexandrinischen Uebers. desselben" (de Wette § 318); vgl. 1, 54 (57) βδέλυγμα ἐρημώσεως und Grimm z. d. St. Vielleicht beruht auch die griech. Uebers. von Deut. 32, 8 (ὅτε διεμέριζεν ὁ ὕψιστος ἔθνη, ἔστησεν ὅρια ἐθνῶν κατὰ ἀριθμὸν ἀγγέλων θεοῦ) und Sir. 17, 17 (ἑκάστῳ ἔθνει κατέστησεν ἡγούμενον) auf Dan. 10, 13. 20; 12, 1. Vgl. Häv. II, 2, 451. — Ueber Sir. u. Ezech. s. Herbst 88. Zündel 225. 258. Kliefoth 31 (gegen Bleek, Einl. 607).

Wenn sich bei den nacherilischen Propheten keine Spuren einer Berücksichtigung des B. Dan. finden (Bleek, Einl. 589), so ist dieses bei dem eigenthümlichen Charakter der Weiss. Daniels nicht auffallend, da die nacherilischen Propheten wieder auf dem Standpuncte der frühern stehen; s. o. Nro. 2, c. Daß Zach. 1, 18; 6, 1 sich auf die vier Weltreiche Daniels beziehe, nehmen an Zündel 249, Pusey 357, **W. Volck**, Vindiciae Danielicae, Dorpat 1866, S. 3 u. A., bestreiten Köhler, Zach. I, 86. 180 u. A. Köhler II, 138 und Volck S. 26 beziehen Zach. 11, 8 auf die Weltreiche, und Köhler II, 73 nimmt Zach. 9, 13 eine Beziehung auf Dan. 8, 8 ff. an.

c. Der Heiland bezieht sich Mth. 24, 15 auf das, was „von dem Propheten Daniel [9, 27; vgl. 11, 31; 12, 11] gesagt worden".

Vgl. § 9, 1 und Hengstb. 258. 269. Kliefoth 408. Keil 321. — Die Anspielungen des N. T. auf danielische Stellen (Mth. 19, 28; 24, 30 vgl. Dan. 7, 13 ff. u. f. w.; die Bezeichnung „des Menschen Sohn" vgl. Dan. 7, 13; Keil 223) beweisen allerdings nicht direct die Echtheit des B. Dan., wären aber ebenso unerklärlich, wie die Aufnahme des B. in den Kanon, wenn dasselbe eine dem Propheten untergeschobene Fiction wäre. Hengstb. 231. 272.

d. Der Verfasser des B. Dan. zeigt eine genaue Bekanntschaft mit den babylonischen Verhältnissen zur Zeit Daniels. Seine geschichtlichen Angaben finden zum Theil in andern glaubwürdigen Berichten eine Bestätigung, zum Theil lassen sie sich wenigstens mit diesen in Einklang bringen; und wenn einzelne Angaben anderweitig nicht bestätigt werden oder mit anderweitigen Berichten in Widerspruch zu stehen scheinen, so ist das bei der Dunkelheit und Unsicherheit, welche in dieser Partie der alten Geschichte herrscht, nicht auffallend.

„Man findet in dem Buche viele Beweise von Geschichtskenntniß, wovon

§ 43. Daniel.

manche in der That zuzugeben sind", de Wette § 318; vgl. Hengstb., Beitr. 333. Keil § 133, 5. Kranichf. 47.

Die scheinbaren Widersprüche zwischen Dan. und andern Geschichtsquellen lassen sich beseitigen: über die Könige s. Nro. 1; über das Datum Dan. 1, 1. Kliefoth 51. 68. Zöckler 30; über Susa Dan. 8, 1. Häv., Comm. 543. Pusey 407. — Ueber Angaben, die nur nicht durch andere Nachrichten bestätigt werden (über den Wahnsinn Nabuchodonosors 4, 29), oder unwahrscheinlich klingen, s. Jahn II. § 152. Hengstb., Beitr. 69 u. s. w. Pusey 394.

e. Wenn man nicht Wunder und Weissagungen überhaupt für unmöglich hält, so müssen die Wunder und Weissagungen des Buches Daniel als für die damaligen Zeitverhältnisse durchaus geeignet anerkannt werden. Dagegen entspräche das Buch seinem Zwecke jedenfalls nur sehr unvollkommen, wenn es im machabäischen Zeitalter zum Troste und zur Ermuthigung der von Antiochus bedrückten Juden verfaßt worden wäre.

S. o. Nro. 2. Die Weissagungen Daniels sind allerdings ungewöhnlich speciell. Es finden sich indeß auch sonst einzelne sehr specielle Weiss. (Aub. 71), und auch die speciellsten, wie C. 9—11, können nur hyperbolisch als anticipirte Geschichtschreibung bezeichnet werden; sie sind so gehalten, daß sie vor der Erfüllung vielfach dunkel und nicht unzweideutig waren. — Daß die Bestimmtheit der Vorhersagung immer nur bis auf Antiochus Epiphanes gehe (Bleek 590), ist nicht richtig; vgl. 9, 24 und Hengstb., Beitr. 198. Zündel 74; so weit es richtig ist, s. Nro. 2 c. — Wenn die Cap. 10—12 „unmittelbar nach der Nachricht von dem Tode des Ant. (11, 45) geschrieben sind" (Bleek, Ztf. 293) wie konnte der Verf. es wagen, auf die fingirte specielle Weiss. dessen, was für ihn nächste Vergangenheit war, Worte unmittelbar folgen zu lassen (12, 1 ff.), bei denen „man nicht verkennen kann, daß sie die Ankunft des Erretters und die Auferstehung der entschlafenen Frommen als unmittelbar nach dem Tode des Ant. bevorstehend in Aussicht zu stellen scheinen" (Bleek 236)?

Der „bedenklich specielle Charakter" der 11, 5—39 vorkommenden Weiss. hat Zöckler 199. 215 zu der Annahme einer interpolirenden Ueberarbeitung dieses Passus in der machabäischen Zeit verleitet; s. dagegen Theol. Lit.-Bl. 1869, 973.

Wie wenig das B. Dan. als Tendenzschrift in die machabäische Zeit paßt, zeigen Herbst II, 2. § 31. Zündel 60. Pusey 374. Kranichf. 61.

f. Auch die sprachliche Darstellung ist ganz so, wie sie für Daniels Zeit und Stellung paßt: Chaldäisch und Hebräisch neben einander, und zwar beides ähnlich wie in andern Schriften dieser Zeit (vgl. Ezech. und die chald. Stücke in 1 Esdr.). Auch das Vorkommen persischer und anderer fremder Wörter ist nicht auffallend; griechische Wörter kommen nur als Namen einiger Musik-Instrumente vor, welche zur Zeit Daniels durch Handelsverkehr nach Babylon gekommen sein konnten.

Der Sprachwechsel findet mitten in einem untrennbaren Abschnitte (2, 4) statt; das weist darauf hin, daß beide Sprachen dem Verf. so geläufig waren, daß er unvermerkt von der einen zur andern übergehen konnte, und daß er bei einem großen Theile seiner Zeitgenossen die Kenntniß beider Sprachen voraussetzen durfte; Hengstb. 297. Caspari 129. Ein Falsarius würde das B. wohl in Einer Sprache geschrieben haben.

Ueber die sprachliche Darstellung s. bes. Pusey 23. 565; über den Charakter des Hebr. und Chald. bei Dan. s. Keil § 133 Anm. 4. Zündel 239. — Die 4 griech. Wörter (Bertholdt zählte anfangs 10) sind: קִיתָרוֹס κίθαρις, סַבְּכָא σαμβύκη, סוּמְפֹּנְיָה oder סִיפֹנְיָה συμφωνία und פְּסַנְתֵּרִין ψαλτήριον (3, 5). Der griech. Ursprung ist aber wenigstens nicht bei allen unzweifelhaft (Häv., Unters. 100, Haneb. 398), und selbst de Wette (5. Aufl.) § 225 sagt: „Möglich ist allerdings, daß griech. Instrumente und deren Namen den Babyloniern um diese Zeit bekannt sein konnten." Kranichfeld 48. — Ueber die persischen Wörter s. Hengstb. 10.

g. Die Behauptung, daß die dogmatischen und ethischen Vorstellungen des Buches, namentlich seine Engel-Lehre (8, 16; 9, 21; 10, 13; 12, 1 u. s. w.), gegen die Echtheit sprechen, beruht auf der Verkennung der wesentlichen Uebereinstimmung derselben mit andern alttestamentlichen Büchern und auf der falschen Voraussetzung, die Engel-Lehre der spätern alttestamentlichen Bücher sei persischen Ursprungs.

Vgl. Hengstb. 76. 137 u. s. w. Herbst II, 2, 83. Pusey 462. Oehler in Tholucks Lit. Anz. 1843, Nr. 49. 50. Zöckler 26.

Anm. Die älteste griechische Uebersetzung des B. Daniel, die alexandrinische (LXX), ist sehr ungenau (Pusey 376. 606); statt ihrer kam daher in der alten Kirche schon früh die Uebersetzung des Theodotion (§ 73, 4) in allgemeinen Gebrauch. *Hier.* Praef. in Dan.; in Dan. 4, 16: LXX. translatores haec omnia nescio qua ratione praeterierunt. Unde judicio magistrorum ecclesiae editio eorum in hoc volumine repudiata est et Theodotionis vulgo legitur, quae et hebraeo et ceteris translatoribus congruit. (*Just.* Dial. c. 31, p. 247. 250 citirt nach der LXX, *Iren.* 5, 25. *Clem. Al.* Strom. 1, 21, 125 nach Theodotion.)

§ 44.

Deuterokanonische Zusätze zum Buche Daniel.

F. *Delitzsch*, De Habacuci prophetae vita atque aetate. Grimma 1844. Fritzsche, im Exeget. Handbuch zu den Apokryphen I. 111. Zündel, Daniel 182. Th. Wiederholt, Die Gesch. der Susanna, Tüb. Q.-S. 1869, 287.

1. Die brei Stücke, welche in den alten Uebersetzungen dem B. Daniel beigefügt sind (§ 43, 2), haben folgenden Inhalt: a. Gebet des Azarias und Lobgesang der drei Jünglinge im Feuerofen (Vg. 3, 24—90). — b. Die Geschichte der Susanna (Vg. 13). — c. Daniel überzeugt den König von einem Betruge der Priester des Bel und tödtet einen von den Babyloniern göttlich verehrten Drachen (Schlange); er wird darauf in die Löwengrube geworfen, dort aber wunderbar erhalten und von Habakuk gespeist (Vg. 14).

Hieron. hat diese Stücke aus Theodotion übersetzt, § 43 Anm. — Das erste Stück ist auch in den griech. Uebersetzungen in Cap. 3 eingeschoben, in den Hdsf. aber auch oft aus liturgischen Gründen gleich andern Hymnen dem Psalterium angehängt (§ 21, 7) gewöhnlich mit der Ueberschrift προςευχὴ Ἀζαρίου καὶ αἴνεσις τῶν τριῶν; das zweite hat gewöhnlich die Ueberschrift Σουσάννα, auch διάκρισις τοῦ Δανιήλ, und wird entweder mit Rücksicht auf die Chronologie vor das Buch gestellt, oder demselben angehängt, wie das dritte; dieses heißt gewöhnlich Βὴλ καὶ δράκων, in der alexandr. Uebers. ἐκ προφητείας Ἀμβακοὺμ υἱοῦ Ἰησοῦ ἐκ τῆς φυλῆς Λευΐ. Vgl. Fritzsche 112.

2. Diese Stücke sind von Anfang an mit den alten griechischen Uebersetzungen des B. Daniel verbunden gewesen und aus einem hebräischen oder chaldäischen Originale übersetzt. Der sprachliche Charakter des griechischen Textes dieser Stücke spricht jedenfalls eher für als gegen ein hebräisches oder chaldäisches Original, und die Wortspiele im griechischen Texte Sus. (Vg. Cap. 13) 54. 55. 58. 59 beweisen nicht für die Originalität desselben, da sie eine Nachbildung ähnlicher hebräischer oder chaldäischer Wortspiele sein können.

Daß die Stücke von Anfang an in der alexandr. Uebers. gestanden haben, dafür spricht schon der gleiche sprachliche Charakter; daß der Uebersetzer die Stücke nicht selbst verfaßt, sondern hebräische Quellen vor sich gehabt und diese (wenn auch frei und ungenau, wie das B. Daniel überhaupt § 43 Anm.), übersetzt hat, dafür spricht „das Abgebrochene derselben und daß sie in das B. Daniel in keiner Weise verarbeitet sind." Fritzsche 114. Delitzsch 25.

Daß schon **Origenes** (Ep. ad Afr. § 9) kein hebr. Original auffinden konnte, beweist nichts dagegen. Theodotion hat wahrscheinlich noch ein solches gehabt und banach übersetzt oder die alexanbr. Uebers. überarbeitet (Del. 30). Das Stück von der Susanna stand wahrscheinlich auch in der Uebers. des Symmachus (Del. 100, vgl. Δανιὴλ κατὰ τοὺς ἑβδομήκοντα, ed. *Hahn*, Lpz. 1845, S. 85).

Ueber ben sprachlichen Charakter bes griechischen Textes ber brei Stücke s. Welte II, 3, 240. 246. 256. Del. 27. Wiederholt 290. — Die Wortspiele σχῖνος, σχίσει — πρῖνος, πρίσει könnten eine Zuthat des griech. Uebers. sein; es können aber auch im Originale Wortspiele gestanden haben, die der Uebers. nachgeahmt hat (Welte 248. Haneb. 400. Wiederholt 299), wie sich dieselben ja auch in andern Sprachen nachahmen lassen. „Ejusmodi paronomasias in linguis semiticis facillimas esse, arabica quoque Susannae versio ostendit. Ergo nihili est argumentum inde petitum." Del. 102. Vgl. lat. Nachahmungen bei *Hier.* Praef. in Dan.

3. Die Gebete des ersten Stückes sind für die Gelegenheit ganz passend, und dasselbe enthält nichts, was nicht mit dem 3. Cap. des protokanonischen Buches ganz gut harmonirte. Auch die Einwendungen gegen den geschichtlichen Charakter der beiden andern Stücke sind nicht stichhaltig.

Die Widerlegung der ältern Einwendungen s. bei Welte 242. Haneb. 400. — Fritzsche und Keil haben keine nennenswerthen neuen Argumente gegen den historischen Charakter der Stücke vorgebracht. Wenn Daniel im Gegensatze zu den πρεσβύτεροι als παιδάριον bezeichnet wird, vgl. auch 2 Sam. 18, 5, so braucht darum der Vorfall mit der Susanna nicht gerade in die ersten Jahre des Exils zu fallen. — Schon **Origenes** (Ep. ad Afric.) hat diese Stücke, namentlich das zweite, gegen dergleichen Einwendungen vertheidigt; auch Hieron. gibt Praef. in Dan. einige apologetische Andeutungen, und wenn er sonst geringschätzig von den Stücken spricht, so ist das nach c. Ruf. 2, 38 nur im Sinne der Juden gesagt. Danko 492.

Die Geschichte der Sus. war auch den Juden, die Orig. befragte, nicht unbekannt (l. c. 7. 8). Es finden sich Hinweisungen darauf und auf den Inhalt des britten Stückes (von diesem auch ein hebr. Fragment) in spätern jübischen und samaritanischen Schriften; s. *Raym. Martini*, Pugio fidei ed. *Carpzov.* Lpz. 1687, S. 128. 956. Del. 32. 37. 46. Fürst, der Kanon 102. 140. Tüb. Q.-S. 1866, 224.

Manche Schwierigkeiten sind wohl durch die Uebersetzer verschuldet und würden verschwinden, wenn uns das Original oder eine genaue Uebersetzung vorläge. Der Satz 13, 65 Vg. steht nur bei Theod., nicht in der LXX; er paßt nicht zu Cap. 13, und wenn er weggelassen wird, fallen die Ereignisse des Cap. 14 in die Zeit eines babylonischen Königs; Rohrb., III, 45. Dagegen hat die LXX, nicht auch Theob., als Einleitung des britten Stückes die Notiz, Daniel sei ein ἱερεύς, υἱὸς Ἀβαλ (?) gewesen, und συμβιωτὴς τοῦ βασιλέως Βαβυλῶνος. — Habakuk wird nur bei Theob., nicht in der LXX (wenigstens nur in ihrer sonderbaren Ueberschrift, s. o. Nro. 1) Prophet genannt; auch sagt diese nicht, er sei in Judäa gewesen; vielleicht hat Theob. ὁ προφήτης ἐν τῇ Ἰουδαίᾳ beigefügt, weil er meinte, dieser discophorus Habakuk sei mit dem Propheten identisch, was freilich auch nicht unmöglich ist (§ 37. Danko 423).

4. Mehrere nehmen an, diese drei Stücke seien von dem Verfasser des protokanonischen B. Daniel verfaßt. Wahrscheinlicher und mit der kanonischen Dignität derselben ebenso wohl vereinbar dürfte aber wohl folgende Ansicht sein: die drei Stücke sind nicht ursprüngliche Bestandtheile des B. Daniel; die Gebete Cap. 3 sind aber wirklich von den drei Jünglingen gesprochen und nach ihrer Rettung von ihnen oder von einem Andern aufgezeichnet worden; die beiden andern Stücke sind von einem Zeitgenossen Daniels oder von einem Spätern nach der Tradition aufgezeichnet worden; die griechischen Uebersetzer haben die drei Stücke mit Rücksicht auf den Inhalt ihrer Uebersetzung des B. Daniel beigefügt, wie der griechische Uebersetzer des Jeremias das B. Baruch und den Brief des Jer. und der Uebersetzer des Buches Esther die deuterokanonischen Stücke.

Für ursprüngliche Bestandtheile des B. Dan. halten alle drei Stücke *Goldhagen*, Introd. II. § 241, Danko 491 u. A., wenigstens das erste Welte 241. 243. — Orig. l. c. 9 vermuthet, die Geschichte der Susanna sei von den Juden aus dem B. Daniel beseitigt worden.

Vierte Periode.

Die alttestamentliche Offenbarung in der nachexilischen Zeit.

§ 45.

Geschichtliche Uebersicht.

Kurtz, Lehrb. der h. Gesch. § 112. Meßmer, Gesch. der Offenb. I, § 142. Haneberg, Gesch. der Off. 405. Rohrbacher III, 111. Himpel, politische und religiöse Zustände des Judenthums in den letzten Jahrhunderten v. C., Tüb. Q.-S. 1858, 63.

1. Der Perserkönig Cyrus ertheilte nach der Eroberung Babylons (536 oder 537) den Juden die Erlaubniß zur Rückkehr

in ihr Vaterland. Ein Theil derselben kehrte jetzt gleich unter dem Davididen Zorobabel (Serubabel) und dem Hohenpriester Jesus (Josue) zurück und begann den Bau des Tempels, der aber längere Zeit unterbrochen und erst unter Darius Hystaspis wieder aufgenommen und 515 vollendet wurde. Während des Tempelbaus wirkten zu Jerusalem die Propheten Aggäus und Zacharias. — Viele Juden blieben noch im persischen Reiche zurück (Esther). Um die Mitte des 5. Jahrhunderts kamen der Priester Esdras mit einer neuen Schaar von Exulanten und Nehemias nach Jerusalem und ordneten die religiösen und bürgerlichen Verhältnisse ihres Volkes. Zu ihrer Zeit wirkte der letzte Prophet Malachias.

Ueber Cyrus und die persische Religion s. Windischmann, Zoroastrische Studien 121.

Reihenfolge der persischen Könige (über die Namen s. Niebuhr, Gesch. Assurs ꝛc. S. 29): 1. Cyrus, כֹּרֶשׁ, 1 Esdr. 1, 1. — 2. Kambyses 529, wahrsch. אֲחַשְׁוֵרוֹשׁ, Assuerus, 1 Esdr. 4, 6. — 3. Smerdes 522, wahrsch. אַרְתַּחְשַׁשְׂתְּא, Artaxerxes, 1 Esdr. 4, 7—23. — 4. Darius I. Hystaspis 521, דָּרְיָוֶשׁ, Darius, 1 Esdr. 4, 5; 5, 6 u. o. Agg. 1, 1; Zach. 1, 1. — 5. Xerxes I. 485, wahrsch. אֲחַשְׁוֵרוֹשׁ, Assuerus, Esth. 1, 1. — 6. Artabanus 465. — 7. Artaxerxes I. Longimanus 465 (nach Andern 474, s. Hengstb., Christol. III, 166), אַרְתַּחְשַׁשְׂתְּא, Artaxerxes, 1 Esdr. 7, 1; 8, 1; 2 Esdr. 2, 1; 5, 14. — 8. Xerxes II. 424. — 9. Sogdianus 424. — 10. Darius II. Nothus 424, vielleicht „Darius der Perser", 2 Esdr. 12, 22 (s. Nro. 14). — 11. Artaxerxes II. Mnemon 404. — 12. Artaxerxes III. Ochus 364. — 13. Arses 338. — 14. Darius III. Kobomannus 335, 1 Mach. 1, 1; wahrsch. „Darius der Perser", 2 Esdr. 12, 22 (s. Nro. 10 und § 48, 2).

Vgl. Stähelin 179. Köhler, Haggai 7. *Pusey*, Daniel 166. 335. Andere beziehen auch 1 Esdr. 4, 6. 7 (s. o. Nro. 2 und 3) auf Xerxes und Artaxerxes (Nro. 5 und 7); so Keil § 145, 1. Vaihinger, St. und Kr. 1857, 87. Bleek 380. Bertheau, Esra 69. Ebenso Hanb. 408, der aber weiter unter dem Darius, unter welchem der Tempel vollendet wurde, nicht Darius Hystaspis (Nro. 4), sondern Darius Nothus (Nro 10) versteht, und unter dem Artaxerxes, unter welchem Esdras und Neh. thätig waren, nicht Longimanus (Nro. 7), sondern Mnemon (Nro. 11). S. dagegen Welte, Entstehungszeit des serubabelischen Tempels, Tüb. Q.-S. 1851, 223. Windischmann 129.

2. Nach dem Tode Alexanders des Großen standen die Juden erst unter den ptolemäischen Königen von Aegypten, dann

unter den seleucidischen Königen von Syrien. Ptolemäus I. Lagi deportirte um 320 viele Juden nach Aegypten (*Jos. Ant.* 12, 1). — Der Seleucide Antiochus IV. Epiphanes (175—163) suchte die jüdische Religion zu unterdrücken; die Juden kämpften aber unter den Machabäern mit Erfolg für ihre Religion und ihre nationale Selbständigkeit, und bildeten von 140 an unter Fürsten aus dem machabäischen oder hasmonäischen Hause einen unabhängigen Staat, bis sie 63 v. C. unter die Oberherrschaft der Römer kamen.

Die **Seleuciden**: 1. Seleucus I. Nikator erobert Babylonien, Anfang der seleucidischen Aera 312 (Dan. 11, 5). — 2. Antiochus I. Soter 281. 3. Antiochus II. Theos 262 (Dan. 11, 6). — 4. Sel. II. Kallinikus 245 (Dan. 11, 8). — 5. Sel. III. Keraunos 226 (Dan. 11, 10). — 6. Antiochus III. der Große 224 (Dan. 11, 10; 1 Mach. 1, 11). — 7. Sel. IV. Philopator, Sohn des vorigen, 187 (Dan. 11, 20; 2 Mach. 3, 3—4, 7). — 8. Ant. IV. Epiphanes, Bruder des vorigen, 175 (Dan. 11, 21; 1 Mach. 1, 11—6, 16; 2 Mach. 4, 7—9, 28). — 9. Ant. V. Eupator, Sohn des vorigen, 163 (1 Mach. 6, 17; 2 Mach. 2, 21). — 10. Demetrius I. Soter, Sohn des Sel. IV., 161—150 (1 Mach. 7, 1—10, 50). — 11. Alexander Balas, angebl. Sohn des Ant. IV., 152—145 (1 Mach. 10, 1—11, 17). — 12. Demetrius II. Nikator, Sohn des Dem. I., 147—140 (1 Mach. 10, 67—14, 3). — 13. Ant. VI., Sohn des Aler., 145—143 (1 Mach. 11, 39—13, 31). — 14. Tryphon, Usurpator, 143—138 (1 Mach. 13, 31—15, 39). — 15. Antiochus VII. Sibetes, Bruder des Dem. II., 138 (1 Mach. 15, 1).

Die **Ptolemäer**: I. Ptolemäus I. Lagi 306 (Dan. 11, 5). — II. Philadelphus 284 (Dan. 11, 6). — III. Energetes 247 (Dan. 11, 7). — IV. Philopator 221 (Dan. 11, 11; 3 Mach. 1, 1). — V. Epiphanes 204 (Dan. 11, 14). — VI. Philometor 180—145 mit Unterbrechung (1 Mach. 10, 51—11, 18; 2 Mach. 9, 29). — VII. Physkon oder Energetes II. 170—116, theilweise zusammen mit dem vorigen, seinem Bruder (1 Mach. 1, 19).

Die **Machabäer**: Der Priester Mathathias † 166, 1 Mach. 2, 70. Seine drei Söhne: Judas Machabäus 166—161, 1 Mach. 3, 1—9, 18. — Jonathan 161—143, 1 Mach. 9, 31—13, 23. — Simon 143—135, seit 140 Fürst und Hoherpriester, 1 Mach. 13, 1—16, 16. — Simons Sohn, Johannes Hyrcanus 135—106, 1 Mach. 16, 23.

3. Die in Aegypten wohnenden Juden blieben ihrer Religion treu, nahmen aber die griechische Sprache an. Für sie wurden vom dritten Jahrhundert an die heiligen Bücher vor und nach aus dem Hebräischen und Chaldäischen in's Griechische übersetzt,

und mehrere sind uns nur in dieser griechischen Uebersetzung erhalten (§ 5). Das 2. B. der Machabäer und das B. der Weisheit wurden von ägyptischen Juden in griechischer Sprache verfaßt.

4. Die im folgenden Abschnitte zu besprechenden geschichtlichen Bücher behandeln meist die Geschichte des Volkes Gottes in dieser und theilweise in der vorhergehenden Periode, die Bücher Esther und Judith zwei einzelne Ereignisse aus derselben, die als Beweise des über Israel waltenden göttlichen Schutzes denkwürdig waren, das Buch Tobias endlich eine vorzugsweise ihrer didaktischen Bedeutsamkeit wegen aufgezeichnete Familiengeschichte. — Außerdem sind noch die drei letzten der kleinern Propheten und zwei didaktische Bücher zu besprechen, welche sich in ihrem Inhalte an die salomonischen Sprüche anschließen.

Erster Abschnitt.

Geschichtliche Bücher.

§ 46.

Die Bücher der Könige (in der Vulgata: drittes und viertes Buch der Könige).

Commentare von Keil, Thenius und Bähr.

1. Die Bücher der Könige, ursprünglich ein einziges Buch, wie die BB. Sam. § 18, 2, behandeln die Geschichte des Volkes Israel von der Thronbesteigung Salomons bis zum babylonischen Exil. (Aus der Geschichte Davids wird 3 Kön. 1. 2. noch einiges angeführt, was auf die Thronbesteigung Salomons Bezug hat.) Die Geschichte Salomons geht bis 3 Kön. 11; von 3 Kön. 12 bis 4 Kön. 17 wird die Geschichte der Könige von Juda und von Israel synchronistisch erzählt, 4 Kön. 18—25 die Geschichte der Könige von Juda von dem Untergange des Reiches Israel bis zur Zerstörung Jerusalems.

2. Als Quelle werden die Jahrbücher Salomons (סֵפֶר דִּבְרֵי שְׁלֹמֹה 3 Kön. 11, 41) und der Könige von Juda und von Israel citirt (3 Kön. לְמַלְכֵי יִשְׂרָאֵל und סֵפֶר דִּבְרֵי הַיָּמִים לְמַלְכֵי יְהוּדָה 14, 19. 29 und oft), — gleichzeitige Aufzeichnungen über die Ge-

schichte der einzelnen Könige oder eine auf gleichzeitigen Aufzeichnungen beruhende ausführlichere Bearbeitung der Geschichte der Könige. Außerdem sind wohl Aufzeichnungen von oder über Propheten benutzt, z. B. 3 K. 17 ff. — Aus diesen Quellen hat der Verfasser nicht eine gleichmäßig vollständige Geschichte Israels unter den Königen zusammenstellen wollen, sondern das geschichtliche Material nach einem deutlich hervortretenden Plane ausgewählt und geordnet. Er weist einmal nach, wie die dem David gegebene Verheißung über den Tempelbau und über das Fortbestehen seiner Dynastie (2 Sam. 7, 12 ff.) sich erfüllte, 3 Kön. 2, 12; 8, 20; 11, 36; 15, 4; 4 Kön. 11, 1 ff. Dann zeigt er, wie Gott sein Volk auf dem rechten Wege zu erhalten suchte (daher die ausführlichen Berichte über die Thätigkeit der Propheten, namentlich des Elias und Elisäus), endlich aber wegen der andauernden und zunehmenden Gottlosigkeit das (3 Kön. 9, 6; 14, 15) angedrohte Strafgericht erst über das Reich Israel, dann auch über Juda verhängen mußte, 3 Kön. 13, 34; 4 Kön. 17, 7 ff.; 21, 12; 23, 26; 24, 3 u. s. w.

Vgl. über den Plan des Buches Keil § 56, Bähr XVI, über die Quellen Movers, bibl. Chronik 185. Graf, die geschichtlichen Bücher 105. Delitzsch, Jesaia IX. 352. Häv. II, 1. § 169. Welte II, 1, 155. Bähr VIII.

3. Die griechische Uebersetzung und die Vulgata geben diesen beiden Büchern und den Büchern Samuels einen gemeinsamen Titel; dem geschichtlichen Inhalte nach schließen sich auch die vier Bücher der Könige an einander an. Sie bilden aber nicht Ein Ganzes und die zwei letzten Bücher haben einen andern Verfasser, als die zwei ersten. Das ergibt sich aus der Verschiedenheit der Darstellung: a. die zwei letzten Bücher citiren sehr oft die Quellen, die zwei ersten nie; b. jene enthalten viele chronologische Angaben, diese sehr wenige; c. die zwei ersten Bücher erzählen durchgängig viel ausführlicher, als die zwei letzten; d. in den zwei letzten Büchern tritt eine besondere Tendenz hervor (Nro. 2), wie sie in den zwei ersten nicht zu bemerken ist.

Die Einheit beider Werke nehmen an Jahn II. § 46., Herbst II, 1. § 37 u. A.; die Verschiedenheit Häv. II, 1. § 167, Welte II. 1, 142, Keil § 57, Bähr XIV u. A. — Die Hauptargumente für die Einheit sind: der Titel in der LXX und die enge Verbindung zwischen 3 Kön. und 2 Sam., namentlich der Bericht über das Lebensende Davids erst in 3 Kön.; s. o. Nro. 1. Nach Bleek 356 hätte 2 Sam. ursprünglich auch theilweise die Geschichte Salomons enthalten, der Verf. der BB. der Kön. sein Werk als Fortsetzung der BB. Sam. geschrieben, dabei aber den letzten Theil von diesen, von der Nachricht über die letzte Krankheit Davids an, losgetrennt und, aus andern Quellen erweitert, an die Spitze seiner Fortsetzung gestellt.

4. Nach Einigen sind die Bücher der Könige kurz vor dem Exil oder in den ersten Jahren desselben verfaßt worden, nach dem Talmud von Jeremias. Der Schluß des letzten Capitels, welcher von dem 37. Jahre nach der Wegführung des Jechonias redet, müßte dann dem Werke von späterer Hand zur Vervollständigung beigefügt worden sein. Andere nehmen an, die Bücher seien in der letzten Hälfte des Exils oder gleich nach demselben verfaßt worden.

Häv. § 171 und Haneb. 376 halten Jeremias für den Verf. (Bleek Baruch). Welte 148, Keil § 58 u. Bähr VII nehmen die zweite Hälfte des Exils als Abfassungszeit an; der Ausdruck „bis auf diesen Tag", welcher 3 Kön. 8, 8; 9, 21 auf einen frühern Verfasser hinzuweisen scheint, ist dann, wie 2 Par. 5, 9; 8, 8 u. s. w., aus wörtlicher Quellen-Benutzung zu erklären.

Ueber angebliche Widersprüche, Wiederholungen, unglaubwürdige Nachrichten u. dgl. (de Wette, Thenius) vgl. Keil § 57 und 60, und Bähr zu den einzelnen Stellen.

§ 47.
Die zwei Bücher der Paralipomena oder Chronik.

Ueber die BB. der Chronik, ihr Verh. zu den BB. Sam. und der Kön., ihre Glaubwürdigkeit und die Zeit ihrer Abfassung, Tüb. Q.-S. 1831, 201. K. F. Keil, Apologetischer Versuch über die BB. der Chronik, Berl. 1833. F. C. Movers, Krit. Untersuchungen über die bibl. Chronik, Bonn 1834, und Ztf. f. Philos. und kath. Theol. H. 10 u. 11. K. H. Graf, Die geschichtlichen Bücher des A. T., Lpz. 1866, S. 114—247: das B. der Chronik als Geschichtsquelle. — Comm. von Bertheau.

1. Der hebräische Titel des Werkes ist דִּבְרֵי הַיָּמִים, Chronik, Annalen, der griechische Παραλειπόμενα, d. h. Nachträge zu den Büchern der Könige. Die Eintheilung in zwei Bücher rührt, wie bei den Büchern Samuels und der Könige, von dem griechischen Uebersetzer her. — Die ersten 9 Capitel des 1. Buches enthalten Stammtafeln; dann folgt die Geschichte des Todes Sauls

(Cap. 10) und die Geschichte Davids (11—29). Das 2. Buch erzählt die Geschichte Salomons (1—9) und der Könige von Juda, nicht auch, wie die Bücher der Könige, der Könige von Israel (10—36). Es wird dabei besonders ausführlich über das berichtet, was auf den Cultus Bezug hat, und namentlich in dieser Hinsicht der Bericht der Bücher der Könige vervollständigt (vgl. 1 Par. 13. 15—17. 22—29. 2 Par. 2—7. 30. 31. 35). — In den letzten Versen wird kurz erwähnt, wie Jerusalem zerstört, das Volk nach Babylon geführt, von Cyrus aber demselben die Erlaubniß zur Rückkehr gegeben wurde.

Ps.-Ath. Synops. erklärt den griech. Titel: ἐπειδὴ παραλειφθέντα πολλὰ ἐν ταῖς βασιλείαις περιέχεται ἐν τούτοις. Vgl. Welte II. 1, 162.

Hier. Prol. gal.: Dibre hajamim, i. e. verba dierum, quod significantius chronicon totius divinae historiae possumus appellare. Sonst citirt er die BB. mit: in libro dierum, in verbis dierum, in Paralipomenis, in Praeteritorum libris.

2. Aus den Schlußversen (2 Par. 36, 22. 23), der Genealogie des Zorobabel (1 Par. 3, 19 ff.) und der Erwähnung persischer Münzen (1 Par. 29, 7) ergibt sich, daß das Buch nach dem Exil, aber vor der macedonischen Zeit verfaßt worden ist. Viele Rabbinen und Kirchenschriftsteller nennen Esdras als Verfasser. Für die Identität des Verfassers von Par. und 1 Esdr. spricht der Umstand, daß sich 1 Esdr. genau an 2 Par. anschließt, und daß beide Werke hinsichtlich des schriftstellerischen Charakters sich sehr ähnlich sind. Auch die Aufnahme der Stammtafeln und die besondere Hervorhebung dessen, was auf den Cultus Bezug hat, weist auf die Zeit der Wiederherstellung des jüdischen Staates hin.

Vgl. Keil, Einl. § 142. Seit Alexander wurden griechische Münzen statt der persischen Dariken üblich, Movers, Unters. 26. — Movers nimmt an, Chron. und 1 Esdr. hätten ursprünglich Ein Werk gebildet (s. dagegen Keil § 146, 4; § 149, 8) und seien bald nach Esdras verfaßt. Bertheau u. A. glauben, Chron., Esdr. und Neh. hätten von Einem Schriftsteller um 300 ihre jetzige Gestalt erhalten (vgl. § 48, 2); damit ist aber nicht ausgeschlossen, daß Esdras ursprünglich die Chron. geschrieben. Die Gründe für eine spätere Abfassung widerlegen Movers 30. Welte II, 1. § 42. *Pusey*, Daniel 330.

3. Als Quellen benutzte der Verfasser namentlich die wiederholt citirten Annalen der Könige von Juda und Israel (2 Par.

16, 11; 27, 7 u. o.) und Aufzeichnungen mehrerer Propheten, Samuel, Gad, Nathan, Abdo u. A. (1 Par. 29, 29; 2 Par. 9, 29; 12, 15), daneben wahrscheinlich auch unsere Bücher Sam. und der Könige.

Von den Genealogieen in den ersten Capiteln sind nur die der ältesten Zeit aus dem Pent. entnommen, für die andern muß der Chronist andere Quellen gehabt haben, als die ältern BB. des A. T. Keil § 139. Berth. XXIX. — Mit den verschiedenen Titeln 2 Par. 16, 11; 20, 34; 24, 27; 25, 26; 33, 18 wird wahrsch. ein und dass. Geschichtswerk über die Könige von Juda und Israel bezeichnet; die sonst citirten Aufzeichnungen der Propheten sind aber wohl nicht, wie Movers u. Bähr, Bücher der Kön. VIII, annehmen, bloß Abschnitte dieses Geschichtswerkes, s. Keil § 139 und Welte 190; s. o. § 46, 2. Daß auch unsere BB. der Kön., die ja eine frühere Epitome aus denselben oder ähnlichen Werken sind, von dem Chronisten — nicht als Hauptquelle, aber neben den citirten ausführlichern Quellen — benutzt oder doch berücksichtigt worden sind, ist zwar nicht sicher, aber wahrscheinlich, s. Welte 188. Stähelin 137. 155 gegen Keil § 141.

4. In den mit den BB. der Könige parallelen Abschnitten unterscheidet sich die Chronik nicht nur durch die Schreibart, sondern auch durch manche inhaltliche Abweichungen neben oft wörtlicher Uebereinstimmung. Ihre Berichte sind bald kürzer, bald ausführlicher, bald anders geordnet. Neben diesen Parallelstellen hat aber die Chronik auch größere, ihr eigenthümliche Abschnitte (s. o. Nro. 1). Der Verfasser hat also selbständig und vielfach mit deutlicher Rücksicht auf seinen besondern Zweck (Nro. 1 u. 2) seine Quellen benutzt. — Die „Widersprüche" zwischen beiden Geschichtswerken werden theils durch eine richtige Erklärung der betreffenden Stellen als nur scheinbare nachgewiesen, theils sind sie durch Corruptionen des Textes, namentlich in Namen und Zahlenangaben, entstanden. Was man sonst gegen die Glaubwürdigkeit des Chronisten vorgebracht hat, ist durch die neuern Apologeten seines Werkes als grundlos erwiesen worden.

Die Glaubwürdigkeit der Chron. angegriffen von de Wette, Krit. Versuch über die Glaubw. der Chron., Berl. 1806, und „in sehr roher und seichter Weise" (Bleek 393) von Gramberg, die Chronik nach ihrem geschichtl. Charakter, Halle 1823, neuerdings von Graf, — vertheidigt bes. von Movers u. Keil.

Eine Vergleichung der Parallelstellen in den Par. und Kön. s. Tüb. Q.-S. 209 und Keil § 139. Es zeigt sich dabei vielfach das Vorherrschen des gottesdienstlichen Gesichtspunctes. Mit Rücksicht darauf berichtet der Chronist manches, was die BB. der Kön. nicht erwähnen, und übergeht er manches, was diese berichten. So erwähnt er z. B. 2 Par. 5, 11 die levitische Musik bei der Tempelweihe, von der 3 Kön. 8 nichts meldet; dagegen erwähnt er den Götzendienst im R. Juda seltener (vgl. 2 Par. 13, 2 mit 3 Kön. 15, 3 u. s. w.), als die BB. der Kön. nach ihrer Tendenz (§ 46, 2) dieses thun mußten. Es ist eine Caritirung dieser Differenz, wenn de Wette u. A. sagen, der Chronist habe „aus Vorliebe für den levitischen Cultus und den Stamm Levi" manche Puncte „erweitert und ausgeschmückt und unbeliebte Nachrichten über Götzendienst u. dgl. weggelassen oder gemildert." — Dasselbe gilt von den der Chronik eigenthümlichen Nachrichten. S. Keil § 143. 144. Welte II. 1, 181.

Bloß scheinbar widersprechend sind z. B. 2 Sam. 24, 1: „Und der Zorn des Herrn ergrimmte wider Israel und reizte David: gehe hin, zähle Israel und Juda", und 1 Par. 21, 1: „Und Satan stand auf wider Isr. und reizte David zu zählen Isr." — 2 Sam. 24, 24: „David kaufte die Tenne und die Rinder für 50 Sekel Silber", und 1 Par. 21, 25: „David gab für den Platz [zum Tempelbau] 600 Sekel Gold" (Nach Keil, Sam. 369 wäre 2 Sam. 24 der Text corrumpirt). — Wirklich widersprechend sind die Angaben 2 Sam. 8, 4: „David nahm gefangen 1700 Reiter und 20,000 Fußgänger", und 1 Par. 18, 4: „7000 Reiter" 2c. — 3 Kön. 7, 15: Die Säulen vor dem Tempel waren 18 Ellen hoch, und 2 Par. 3, 15: 35 Ellen hoch, u. dgl. Vgl. Reinke, Beitr. I, 1; II, 551. Stähelin 148.

§ 48.

Die Bücher Esdras und Nehemias (in der Vulgata: erstes und zweites Buch Esdras).

A. F. Kleinert, Ueber die Entstehung, die Bestandtheile und das Alter der BB. Esra und Neh., Dorpater Beiträge zu den theol. Wiss., 1 Bd. Hamburg 1832. Keil, Integrität des B. Esra, in dem Werke über die Chronik (s. § 47) S. 93. Comm. von Bertheau.

1. Das **Buch Esdras** (das erste B. Esdras, Vulg.) berichtet im ersten Theile über die Heimkehr der jüdischen Exulanten unter Zorobabel (536) und über den Bau des Tempels (Cap. 1—6), im zweiten Theile über die Heimkehr einer zweiten Schaar von Exulanten unter Esdras (458 oder 467) und über dessen Bemühungen zur Durchführung des mosaischen Gesetzes, besonders zur Entfernung der ausländischen Weiber (Cap. 7—10). — Das **Buch Nehemias** (das zweite B. Esdras, Vg.) berichtet über die Wirksamkeit des Nehemias zu Jerusalem, welcher unter Arta-

rerxes Longimanus den Bau der Mauern leitete und die bürgerlichen Verhältnisse der Juden ordnete, § 45, 1.

Esdras (עֶזְרָא, Ἔσρας, bei Hieron. u. A. Ezras) kam im 7. Jahre des Artaxerxes (Longimanus, also 458 oder 467, f. § 45, 1) nach Jerusalem. Nehemias (נְחֶמְיָה), früher Mundschenk des Artaxerxes 1, 11, war vom 20. Jahre dess. (445 ob. 454) 12 Jahre lang persischer Unterfatrap (פֶּחָה, Vg. dux, vgl. Köhler, Mal. 48) zu Jerus. 5, 14, ging darauf an den persischen Hof zurück, kam aber später wieder nach Jerus. 13, 6. Die Angabe *Jos. Ant.* 11, 5, 5, Esdras sei schon vor der Ankunft des Neh. gestorben, ist irrig; Häv. II. 1, 312.

2. Es wird allgemein anerkannt, daß im ersten Buche 7, 27—9, 15 von Esdras geschrieben ist, von welchem hier in der ersten Person gesprochen wird, und daß aus demselben Grunde der größte Theil des zweiten Buches dem Nehemias zuzuschreiben ist. Einige nehmen an, das ganze erste Buch sei von Esdras, das zweite Buch mit Ausnahme einiger später eingeschobenen Verse von Nehemias verfaßt worden. Den chaldäisch geschriebenen Bericht über die Unterbrechung des Tempelbaus 1 Esdr. 4, 8—6, 15 hätte dann Esdras aus einer ältern Aufzeichnung aufgenommen (außerdem ist nur noch die Urkunde 7, 12—26 chaldäisch geschrieben). — Andere nehmen an, ein Späterer habe die beiden Bücher, welche wahrscheinlich ursprünglich Ein Buch bildeten, aus den Aufzeichnungen des Esdras und des Nehemias und andern Berichten in ihrer jetzigen Gestalt zusammengestellt.

Daß 1 Esdr. 7, 27—9, 15 von Esdras und 2 Esdr. 1, 1—7, 73 und 11, 1—13, 31 (mit Ausn. einiger kleinen Stücke) von Neh. geschrieben ist, zeigen außer dem Gebrauch der 1. Pers. auch die Bemerkungen Beider über ihre Stimmungen und Gedanken 1 Esdr. 7, 28; 8, 22; 2 Esdr. 5, 19; 6, 14.

Die erste Ansicht über die Abfassung der Bücher vertreten Jahn, Häv., Keil, Welte II. 1, 243, *Pusey*, Daniel 333; die zweite Herbst, Haneb. 507, Bleek, Bertheau. — Danko 516 glaubt, das 1. B. sei von Esdras, das 2. aber in seiner jetzigen Gestalt nicht von Neh. verfaßt. Nach Movers, Chron. 24, ist die Chron. und 1 Esdr. von demselben Verfasser um 400 geschrieben.

Daß in den übrigen Theilen des 1. B. von Esdr. in der 3. Person gesprochen (Keil, Chron. 121) und derselbe als סוֹפֵר מָהִיר בְּתוֹרַת מֹשֶׁה bezeichnet wird 7, 6. 11, spricht mehr für die zweite Ansicht; „erfahrener Gesetzesgelehrter" scheint, wenn auch nicht gerade ein bloßer Titel (Häv. 281), doch ein stehender Ehrenname des Esdr. gewesen zu sein (Welte 224). — Im 2. B. wird in dem Berichte über die feierliche Vorlesung des Gesetzes am

§ 48. Die Bücher Esdras und Nehemias.

Laubhüttenfeste Cap. 8—10 von Neh. in der 3. Person gesprochen. Dieses Stück scheint ein amtlicher Bericht (Protocoll) über die Feier zu sein. Er kann von Neh. oder von Esdr. (Häv. 305) verfaßt und von Neh. gleich den darauf folgenden Listen (Cap. 11. 12) seinem Buche einverleibt worden sein. Wenn aber 12, 11. 22 die Genealogie der Hohenpriester bis auf Jeddoa (Jabbua), den Urenkel Eliasibs, des Zeitgenossen des Neh. (13, 4), hinabgeführt wird, so verräth das eine spätere Hand, auch wenn Jabbua nicht der Zeitgenosse Alexanders des Gr. (Jos Ant. 11, 7) und „Darius der Perser" B. 22 nicht Kodomannus sein sollte; Welte 246 gegen Häv. 317 und Keil § 149, 7. Diese Verse wären also, wenn Neh. der Verf. des 2. B. ist, spätere Zusätze; Pusey 343. Auch 12, 26. 46 scheinen eine spätere Hand zu verrathen.

Für die zweite Ansicht über die Abfassung der beiden Bücher spricht ihre ursprüngliche Verbindung zu Einem Buche; § 60, 1. Bertheau, Esra 1. 12. Der Verf. oder vielmehr Redactor der beiden Bücher (nach Bertheau zugleich Verf. der Chronik, s. § 47, 2) hat dann zur Zeit Alexanders d. Gr. gelebt.

Anm. Die unter dem Namen **3. und 4. Buch Esdras** der Vulg. gewöhnlich angehängten Bücher gehören zu den Apokryphen (§ 63). Das 3. B. Esdras (auch Ἔσδρας ὁ ἱερεύς, Esdras graecus oder de restitutione templi überschrieben) enthält 2 Cap. der Chronik (2 Par. 35. 36), den größten Theil von 1 Esdr. und ein Stück aus dem B. Neh. mit manchen Abweichungen im Einzelnen, außerdem Cap. 3. 4 eine Legende von Zorobabel. In der LXX wird dieses B. gewöhnlich als 1 Esdr. bezeichnet, die beiden kanonischen Bücher als 2 Esdr. und B. Neh. — Das 4. B. Esdras (auch Ἔσδρας ὁ προφήτης, Ἔσδρα Ἀποκάλυψις), hauptsächlich angebliche Visionen und Prophetieen des Esdras enthaltend, wahrsch. im ersten christl. Jahrh. griechisch verfaßt, ist nur in einer lateinischen und andern alten Uebersetzungen erhalten.

J. Bonfrerii Praeloquia in s. script. c. 5, s. 2. *Calmet*, Dissert. in libros Esdrae. *Goldhagen*, Introd. I. § 171. Keil § 227 u. 252. Davidson III, 352. — Ueber 3 Esdr. s. Fritzsche, Exeget. Hdb. zu den Apokr. I, 1. A. Pohlmann, Das Ansehen des 3. B. Esdras, Tüb. Q.-S. 1859, 257. Die reiche Literatur über 4 Esdr. s. bei G. Volkmar, Hdb. d. Einl. in die Apokr. II.: Das 4. B. Esra, Tüb. 1863, 273. J. Langen, Das Judenthum in Palästina, Freib. 1866, S. 112. 174. *Le Hir*, Etudes bibliques I, 139. *A. Hilgenfeld*, Messias Judaeorum, Lpz. 1869, p. XVIII. 35.

Das 3. B. Esbr. wurde von Josephus (Ant. 11, 3) benutzt und wird von mehrern Kirchenschriftstellern, mitunter wie ein biblisches Buch, citirt; vgl. Pohlmann 263. *Orig.* in Ev. Joh. tom. 6, 1 und tom. 10, 22. *Eus.* Ecl. proph. 1, 25. Dagegen spricht *Hier.* Praef. in Esdr. von apocrypha tertii et quarti libri somnia. Außer der lat. gibt es auch eine syr., armen. und äthiop. Uebersetzung von 3 Esdr.

Das 4. B. Esbr. wird wie ein biblisches Buch citirt von *Barn.* Epist. c. 12. *Clem. Al.* Strom. 3, 16, 100. *Greg. Nyss.* Test. c. Jud. c. 5. *Tert.*

c. Marc. 4, 16. *Ambr.* de spir. s. 2, 6. de exc. Sat. 1, 64. de bono mortis 10 (vgl. die Mauriner Ausg. I, 384) u. A. Auch im Missale (fer. 3. Pentec. vgl. 2, 37) und Brev. Rom. (Comm. Mart. N. 3. Ant. 2. vgl. 2, 45) sind Stellen daraus entnommen. — Ueber die alten Uebersetzungen des 4. B. Esdr. (die lateinische, äthiopische, arabische, armenische, — die syrische bei *Ceriani*, Monumenta sacra V, 41) s. Langen 113. Hilgenfeld XVIII. Die Cap. 1. 2. 15. 16 Vulg. gehören nicht zu dem ursprünglichen Buche; dagegen fehlt nach 7, 35 ein Passus in der Vulg. — Eine andere, viel jüngere „Apokalypse des Esdras" bei *Tischendorf*, Apocalypses apocryphae, Lpz. 1866.

§ 49.

Das Buch Esther.

M. Baumgarten, de fide libri Estherae, Halle 1839. *J. A. Nickes*, de Estherae libro ... libri tres, 2 Bände, Rom. 1856. 58. J. Langen, Die deuterokan. Stücke des B. Esther, Freib. 1862. *L. Coletta*, Del libro di Esther, Neapel 1869.

1. Das Buch erzählt, wie die Jüdin Esther, die Pflegetochter des Mardochäus, die Gemahlin des Achaschwerosch (Assuerus), des Königs der Perser und Meder, wurde, und wie durch sie und Mardochäus die in dem Reiche dieses Königs wohnenden Juden von dem Untergange gerettet wurden, der ihnen von der Feindschaft des Aman drohte. Zum Andenken an diese Rettung wurde das Purimfest (9, 24. 26) eingeführt. Achaschwerosch (LXX Ἀρταξέρξης, in der Vg. Cap. 1—10 Assuerus, Cap. 11 ff. Artaxerxes) ist nach Einigen ein medischer, nach Andern ein persischer König, nach den meisten Neuern Xerxes.

Die ältern Ansichten über Achaschwerosch s. bei Menochius (s. o. S. 3) III, 391. Für einen medischen König halten ihn Welte u. A., speciell für Kyaxares Nickes, der die Vernichtung der Feinde der Juden mit der Vernichtung der Scythen combinirt; s. dagegen Reusch, Tüb. Q.-S. 1858, 512, — für Artaxerxes (vgl. LXX) Longimanus *Jos.* Ant. 11, 6 und die meisten ältern Exegeten, für Artar. Mnemon *Hier.* in Ezech. p. 40 und die meisten Kirchenväter, für Xerxes zuerst Scaliger, dann Jahn, Herbst, Baumgarten, Coletta u. A. — Die Notiz 2, 6; 11, 4 spricht nicht gegen die letzte Annahme, da sie nicht sagt, daß Mard. selbst aus Jerusalem durch Nabuchodonosor deportirt worden sei, s. Tüb. Q.-S. 1858, 510. Bertheau 307.

2. Für die historische Wahrheit des in dem Buche erzählten Ereignisses bürgt die Feier des Purimfestes bei den Juden (schon 2 Mach. 15, 37 erwähnt); die Angaben desselben stehen

§ 49. Das Buch Esther.

auch in keiner Weise mit dem Charakter eines altorientalischen Reiches und Herrschers (namentlich eines Xerxes) im Widerspruch; ja manche Angaben über die Sitten und Einrichtungen des Reiches werden durch andere Berichte bestätigt.

S. außer Baumgarten Häv. II. 1, 329. Keil § 151. Stähelin 172. Rohrb. III, 130. — Scharfe Urtheile über das Buch bei Nöldeke, Altteſt. Lit. 81, Reuß in Schenkels Bibel-Lex. II, 193. De Wette bezeichnet als „Hauptschwäche der Erzählung", daß Esther ihre jüdische Abkunft so lange verborgen zu halten wußte, — was doch keinenfalls unmöglich war.

3. Das hebräische Buch Esther ist wahrscheinlich geschrieben, um beim Purimfeste vorgelesen zu werden, und zwar nicht lange nach den Ereignissen selbst von einem Juden im persischen Reiche. Nach 9, 20 hat Mardochäus selbst über die Ereignisse etwas aufgezeichnet, und diese Aufzeichnungen und die Reichsannalen sind wohl neben der mündlichen Tradition die Quellen des Buches.

9, 20. 32 (hebr.) wird nicht Mard. als Verf. unsers B. Esther bezeichnet. — Die Erläuterung persischer Sitten (1, 13; 8, 8) weist nicht auf eine späte Abfassungszeit hin, da das Buch auch für die Juden außerhalb Persiens bestimmt war. Jedenfalls scheint das Buch noch während des Bestehens des persischen Reiches geschrieben zu sein. Häv. II. 1. 361. Stäh. 178. — Auffallend ist „das gänzliche Zurücktreten der religiösen Betrachtungsweise der Ereignisse" (der Name Gottes wird keinmal genannt); der Verf. wollte wohl „die ganze Begebenheit, in der sich zwar das Walten der göttlichen Vorsehung über einen großen Theil der Juden, aber nicht das Walten Jehova's, des Gottes Israels, unter seinem Volke geoffenbart hatte, nicht unter einen Gesichtspunct stellen, der seinen Zeitgenossen und der Sache selbst fremd war, und begnügte sich deßhalb mit der einfachen Erzählung der Thatsachen ohne alle subjective Reflexion." So Keil § 152, 2. Baumg. 56. Häv. 357. Dagegen nimmt Hülskamp (Rohrb. 154) an, das B. Esther erzähle die Geschichte genau so, wie sie in die persischen Reichsannalen eingetragen worden sei; nur 9, 20—10, 3 sei zugesetzt (9, 20—32 hält auch Bertheau 277. 282 für eine spätere Einschaltung).

4. Die griechische Uebersetzung hat an verschiedenen Stellen größere Zusätze zum hebräischen Texte, theilweise Urkunden, welche auf die in dem Buche erzählte Geschichte Bezug haben und, wahrscheinlich von dem Uebersetzer des hebräischen Buches selbst, aus hebräischen oder chaldäischen Quellen, die sich neben dem hebräischen B. Esther vorfanden, als Ergänzung in die griechische Uebersetzung

dieses letztern an den betreffenden Stellen eingeschaltet worden sind. (Vgl. den analogen Fall beim B. Daniel, § 44, 4.) In der Vulgata sind diese „deuterokanonischen Zusätze zum Buche Esther" am Schlusse desselben 10, 4—16, 24 zusammengestellt. Schon Josephus (Ant. 11, 6) hat diese Zusätze benutzt; die Behauptung, sie enthielten geschichtliche Unrichtigkeiten und ständen mit dem hebräischen Buche in Widerspruch, ist unbegründet; sie bilden vielmehr ganz passende Ergänzungen desselben.

J. B. de Rossi, Specimen variarum lect. .... et chaldaica Estheris fragmenta. Rom 1782 (Tüb. 1783). Nickes a. a. O. I, 11. Welte II. 3, 263. Fritzsche, Exeget. Hdb. zu den Apokr. I, 67. Keil § 237.

„Ohne Zweifel setzte man mit der allgemeinen Einführung des Purimfestes auch eine bestimmte Form der Erzählung von Esther fest. Aber auch nach der Firirung des Textes für den liturgischen Gebrauch erhielten sich erweiterte Nachrichten, welche zum Theil in der LXX und Vg. aufbewahrt sind," Haneb. 494. Bei der Gleichheit der Diction ist es wahrscheinlicher, daß der griech. Uebers. des hebr. B. Esther selbst, als daß ein Späterer die deuterokan. Stücke der Uebersetzung beigefügt hat. Wahrscheinlich wurden sie aus denselben Quellen, aus welchen der Verf. des hebr. B. schöpfte, vielleicht aus einer ausführlichern hebr. oder aram. Bearbeitung des ganzen Stoffes entnommen. Die Annahme von de Rossi, Welte und Fürst (Der Kanon 105. 140), daß das hebr. B. selbst nur ein Auszug aus dieser ausführlichern Bearbeitung sei, ist unwahrscheinlich; Langen 23. 38. — Die von de Rossi edirten chaldäischen Zusätze zum B. Esther bestätigen die Annahme von der Existenz ausführlicherer (hebr. oder aram.) Berichte, sind aber nicht das Original unserer griechischen Zusätze (s. Tüb. Q.-S. 1858, 505 gegen Nickes 11).

Daß die Zusätze ursprünglich griechisch geschrieben seien (Fritzsche, Keil), ist nicht erweislich; Welte 268. Langen 26. Ueber ihr Verhältniß zu dem protokan. B. und die scheinbaren Widersprüche zwischen beiden (zum Theil durch den Uebersetzer verschuldet) s. Langen 49. Daß in den Zusätzen das religiöse Moment viel mehr hervortritt, begründet keine wesentliche, sondern nur eine formelle Differenz; Langen 59.

Von dem griech. Texte dieser Zusätze, wie von der griech. Uebers. des B. Esther überhaupt gibt es zwei Recensionen; Ἐσθήρ, duplicem libri textum ed. *O. F. Fritzsche*. Zürich 1848. J. Langen, Die beiden griech. Texte des B. Esther, Tüb. Q.-S. 1860, 244.

§ 50.
Das Buch Tobias.

Die Commentare von Serarius, Ilgen, Fritzsche und Reusch, und die Aufsätze in der Tüb. Q.-S. 1856, 422, und 1858, 318.

§ 50. Das Buch Tobias. 135

1. Das Buch erzählt die bekannte Geschichte des ältern und jüngern Tobias (im Anfange des assyrischen Exils), als ein schönes Beispiel, wie Gott zwar auch die Gerechten mit zeitlichem Unglück heimsucht, dasselbe aber, wenn sie sich darin bewähren, zu ihrem Besten lenkt. Insofern ist die Geschichte des Tobias ein Seitenstück zu der des Job. Daß das Buch nicht eine Dichtung, sondern ein geschichtliches ist, zeigt die Darstellung; und wenn man nicht die Möglichkeit von Wundern bestreitet, läßt sich gegen den geschichtlichen Charakter und die Glaubwürdigkeit des Buches nichts Gegründetes vorbringen; denn die angeblichen historischen und geographischen Unrichtigkeiten beruhen auf Mißdeutungen einzelner Stellen. In dogmatischer und moralischer Hinsicht steht das Buch in keiner Weise im Widerspruch mit andern biblischen Büchern.

Der Vater heißt im Griech. Τωβίτ, in der Itala Thobis, in der Vg. wie der Sohn Tobias. — Ueber die angeblichen hist. und geogr. Unrichtigkeiten s. Reusch S. VI. Was das B. von den Engeln lehrt (bes. 12, 12. 15), ist mindestens nicht antibiblisch (Reusch 117 und Tüb. Q.-S. 1858, 320), und wenn „das Auftreten des Engels als Reisebegleiter des Tobias über das hinausgeht, was sonst in der Bibel von Engelerscheinungen erzählt wird" (Keil), so ist es darum noch nicht unmöglich. — Daß der Dämon Asmodäus von Gott Gewalt erhält, die Männer der Sara zu tödten (von einer „Liebe" des Dämons zu Sara sagt das Buch auch nach dem griech. Texte 6, 15 nichts), und daß seine Vertreibung mit einer sinnbildlichen äußern Handlung in Verbindung gebracht wird, ist dogmatisch unbedenklich; vgl. Reusch 39. 73. 82 und „Der Dämon Asmodäus im B. Tobias", Tüb. Q.-S. 1856, 422. Windischmann, Zoroastrische Studien S. 138. — Hinsichtlich der Moral hat man hauptsächlich an dem angeblichen „Lügen" des Engels (5, 18) und an den Stellen über das Almosengeben 4, 11 u. s. w. Anstoß genommen, vgl. Reusch 46. 53 und Tüb. Q.-S. 1858, 323.

Nöldeke, Alttest. Lit. 101, der das B. Tob. mit Jonas, Esther und Judith zu den „Romanen" des A. T. zählt, bezeichnet es als „eins der schönsten Denkmale der jüdischen Literatur: die Charaktere sind sehr einfach, aber sehr richtig gezeichnet; die schlichte Erzählung ist sehr zweckmäßig disponirt" 2c.

2. Von wem und wann das Buch verfaßt worden ist, läßt sich nicht bestimmen. Im griechischen Texte wird in den ersten Capiteln (1, 1—3, 16) von dem ältern Tobias in der ersten Person gesprochen und 12, 20 erzählt, die beiden Tobias seien von dem Engel aufgefordert worden, ihre Geschichte aufzuschreiben; danach könnte man annehmen, daß Aufzeichnungen der beiden Tobias

dem Buche zu Grunde lägen. In dem lateinischen Texte finden sich aber diese Andeutungen nicht.

Vgl. Reusch S. XIV. — Serarius und andere ältere Gelehrte halten die beiden Tobias für die Verfasser des Buches selbst.

3. Der chaldäische Grundtext des B. Tobias ist verloren; wir haben von demselben zwei alte unmittelbare Uebersetzungen, eine griechische (und eine Ueberarbeitung derselben) und die lateinische Uebersetzung des Hieronymus (Vulgata). Diese Texte stimmen im Wesentlichen überein, weichen aber in vielen Einzelheiten von einander ab. Hieronymus hat freier übersetzt, als der griechische Uebersetzer.

Daß ein chaldäisches Original vorhanden war, sagt *Hier.* Praef. in Tob.: librum chaldaeo sermone conscriptum; und die Einwendungen gegen diese Angabe sind unbegründet; vgl. Reusch S. XVI. Neben der gewöhnlichen griech. Uebersetzung, welche der armenischen und der ersten Hälfte der syrischen Uebersetzung zu Grunde liegt, gibt es eine Ueberarbeitung derselben (im Cod. FA und Sin., s. § 73, 6), welche der ältesten lat. Uebersetzung (Itala) und der zweiten Hälfte der syrischen zu Grunde liegt. Aus späterer Zeit gibt es zwei hebr. Bearbeitungen des B. Tobias. Vgl. über das Verhältniß der verschiedenen Texte Reusch S. XIX.

§ 51.
Das Buch Judith.

B. de Montfaucon, La vérité de l'histoire de Judith, Paris 1690. *J. Nickes,* De libro Judithae, Bresl. 1854. Vgl. Tüb. Q.-S. 1854, 471. O. Wolff, Das B. Judith als geschichtliche Urkunde vertheidigt und erklärt, Lpz. 1861. Comm. von Fritzsche im Exeget. Hdb. zu den Apokr. II, 113.

1. Das Buch erzählt, wie Judith durch die Ermordung des assyrischen Feldherrn Holofernes ihre Vaterstadt Bethulia und das jüdische Volk rettete. — Das Buch war ursprünglich chaldäisch geschrieben, das Original ist aber verloren und wir haben nur zwei alte unmittelbare Uebersetzungen, eine griechische und die lateinische des Hieronymus (Vulgata). Das Verhältniß dieser Texte zu einander und zum Originale ist ähnlich wie beim B. Tobias.

Die Angabe des Hieron. Praef. in Judith: chaldaeo sermone conscriptus, wird durch den sprachlichen Charakter des griech. Textes (Hebraismen und Uebersetzungsfehler) bestätigt (Movers, Ueber das B. Judith, Zs. f. Phil. u. kath. Theol., H. 13, 43, Welte II. 3, 97 und Keil § 236). — Neben dem gewöhnlichen griech. Texte gibt es eine Ueberarbeitung desselben, die der Itala und der syr. Uebers. zu Grunde liegt, s. Fritzsche 117. Hieron. übersetzte aus dem Chald. mit Benutzung der Itala. Die griech. Uebers. ist vielfach ungenau und corrumpirt; Hieron. hat, wie er selbst sagt, frei übersetzt. Den Grundtert repräsentiren also die beiden Uebers. nur da sicher, wo sie übereinstimmen; was nur Eine derselben bietet, kann Interpolation sein. Wolff 14. — Hebräische Bearbeitungen der Gesch. der Judith aus späterer Zeit s. bei A. Jellinek, Bet Hamidrasch, Lpz. 1853, I. S. XI. A. Lipsius, Jüd. Quellen zur Judithsage, in Hilgenfelds Ztf. f. wiss. Theol. 1867, 337.

2. Das Buch Judith will offenbar nicht als eine Dichtung, sondern als eine geschichtliche Schrift angesehen werden. Das Ereigniß, welches darin erzählt wird, fällt nach der Ansicht der meisten Neuern nicht in die nachexilische, sondern in die vorexilische Zeit, wahrscheinlich in die Zeit der Minderjährigkeit des Josias (641—610); denn ein König von Juda wird in dem Buche nicht erwähnt. Der Nabuchodonosor des Buches ist dann nicht der berühmte babylonische König dieses Namens, sondern ein früherer assyrischer König. Das Schweigen anderer Quellen über das Ereigniß beweist nichts gegen die Geschichtlichkeit desselben, hat aber, verbunden mit der Mangelhaftigkeit der uns erhaltenen Uebersetzungen, zur Folge, daß die Zeit desselben nicht ganz sicher zu bestimmen ist und einige historische und geographische Schwierigkeiten nicht mit voller Sicherheit gelöst werden können. — Die Zeit der Abfassung des Buches läßt sich nicht genau bestimmen.

Daß das Buch als ein geschichtliches angesehen werden will, zeigen die vielen speciellen geographischen, histor. und chronol. Angaben (1, 5 ff.; 2, 1. 12 ff.; 8, 1 ff.), die nicht gestatten, es als Allegorie oder dichterische Bearbeitung einer historischen Sage (Keil § 235 u. A.) zu erklären, vgl. Nickes 16.

Die Hauptschwierigkeit ist, das im B. Jud. erzählte Ereigniß in die jüd. Gesch. einzureihen. Die Meinung der meisten Aeltern (*Aug.* C. D. 18, 26. *Sulp. Sev.* Chron. 2, 14; vgl. *Wouters*, Dilucid. IV, 303. Danko 432), das Ereigniß falle in die nachexilische Zeit, wird unter den Neuern fast nur von Vincenzi III, 14 und Meßmer I. § 151 festgehalten. Einige Stellen des griech. Textes scheinen zwar deutlich auf die nachexilische Zeit hinzuweisen (4, 3; 5, 18. 19); aber die Vermuthung, daß hier der griech. Uebersetzer, von der Ansicht ausgehend, es sei von der nacheril. Zeit die Rede, das Original nicht genau wiedergegeben, liegt um so näher, als in der Vulg. an den entsprechenden Stellen jede Hinweisung auf das Exil fehlt. Wolff 17. Welte 120.

Wenn kein König von Juda erwähnt wird und der Hohepriester an der Spitze des Volkes steht, so weist das auf eine Zeit hin, wo der König minderjährig oder abwesend war. „Nabuchodonosor, der König der Assyrier," kann der babylonische Nab. oder, was zu 1, 5 besser paßt, ein assyrischer König sein, der sonst unter einem andern Namen erwähnt wird; denn Nabuchodonosor (oder der Name, den die Uebers. so wiedergeben) kann ein Beiname assyrischer Könige sein, wie Arpharab (1, 1) ein allgemeiner Name der medischen Könige ist (Niebuhr, Gesch. Assurs 285). — Einige denken an die Zeit, wo Sedecias in Babylon war (Jer. 51, 59; Movers, Phönicier II. 1, 424, Nickes 46; vgl. Niebuhr 285), Danko 433 an die Zeit der Gefangenschaft Joakims (Nab. ist dann der babyl. König); die Meisten mit Bellarmin an die Zeit der Minderjährigkeit (oder der Gefangenschaft) des Manasses (Welte, Haneb., Scholz, Rohrb. II, 426. Nab. = Asarhaddon oder Saosduchin von Assyrien). Nach Wolff ist Nab. = Kinelaban von Assyrien (§ 26, 2), Arpharab = Phraortes von Medien, der nach Herodot 1, 102 von den Assyriern besiegt wurde (Jud. 1, 5). Der Feldzug des Holofernes gegen die Juden fällt dann in das J. 636, in die erste Zeit des Josias, der als Knabe von 8 Jahren König wurde und also wohl unter der Vormundschaft des Hohenpriesters (Ἰωακίμ, Eliachim 4, 5 Vg. = Helcias 4 Kön. 22, 4 oder dessen Vorgänger) stand, wie Joas 4 Kön. 12, 2. Aehnlich J. v. Gumpach, Zeitrechnung der Bab. und Ass., Heidelb. 1852, 161. W. Baur, Niniveh und Persepolis, Lpz. 1852, 31. — Ueber die andern historischen Schwierigkeiten s. Wolff 47 und zu den einzelnen Stellen.

Bethulia (sonst nicht erwähnt), jetzt Bet. Jlva, lag am nördlichen Abhange des Gebirges Gelboe über dem Thale Beisan, durch welches man vom Jordan her in die Ebene Esdrelon gelangte; Wolff 155. Sepp, Jerus. und das h. Land, Schaffh. 1863, II, 63. — Die zahlreichen geograph. Namen des B. sind in den Uebersetzungen großentheils corrumpirt und dadurch die Geographie des B. sehr verwirrt; s. Movers, Ztf. 35. Niebuhr 287. Wolff zu den einzelnen Stellen.

Ueber den sittlichen Werth des Benehmens der Judith sagt *Thom.* 2, 2. q. 110, a. 3: Quidam commendantur in scriptura non propter perfectam virtutem, sed propter quandam virtutis indolem, sc. quia apparebat in eis aliquis laudabilis affectus, ex quo movebantur ad quaedam indebita facienda; et hoc modo Judith laudatur, non quia mentita est Holopherni, sed propter affectum, quem habuit ad salutem populi, pro qua periculis se exposuit. Vgl. *Aug.* c. Gaud. 1, 31. Eine Parallele zu der Ermordung des Holofernes s. Richt. 4, 17 ff.; 5, 24 ff.

Wolff 188 hält einen Zeitgenossen der Ereignisse, und zwar den Achior (Jud. 5, 5), für den Verfasser des Buches. Nach Nickes 47 und Danko 433 ist es in der exilischen, nach den Meisten in der nachexilischen Zeit verfaßt; s. Welte, Einl. 110, und Tüb. Q.-S. 1854, 477. — Nur als Curiosum verdient Erwähnung die Meinung von G. Volkmar (Hdb. der Einl. in die Apokr. I., Tüb. 1860), es handle sich im B. Jud. um den jüdischen Krieg Trajans 117 n. C.; s. Lipsius, Ztf. f. wiss. Theol., Jena 1859, 39.

§ 52.
Die zwei Bücher der Machabäer.

Die Streitschriften von Frölich, Khell und Wernsdorff (f. u. Nro. 4). C. Bertheau, de 2. libro Macc. Gött. 1829. *F. X. Patritii S. J.* de consensu utriusque libri Mach. Rom. 1856. A. Cigoi, Historisch-chronol. Schwierigkeiten im 2. Makk., Klagenfurt 1868. Comm. von Grimm im Exeg. Hdb. zu den Apokr. III. u. IV.

1. Das **erste Buch der Machabäer** erzählt die Kämpfe der Juden für ihre religiöse Freiheit und staatliche Selbständigkeit gegen die seleucidischen Könige von Syrien (§ 45, 2) unter dem Priester-Mathathias († 166) und dessen Söhnen Judas Machabäus, Jonathan und Simon. Die letzten Verse erzählen noch, daß Johannes Hyrcanus der Nachfolger seines Vaters Simon in der Regierung und im Hohenpriesterthum geworden sei (135 v. C.). — Das Buch ist ursprünglich hebräisch geschrieben; wir haben jetzt nur noch eine alte und wörtliche griechische Uebersetzung. Allem Anscheine nach ist das Buch noch im 2. Jahrh. v. C. verfaßt und wahrscheinlich nicht viel später in's Griechische übersetzt worden.

Ὁ Μακκαβαῖος (wahrscheinlich von מקבה, der Hammer) ist zunächst Beiname des Judas; von ihm ist der Name Machabäer auf die Familie des Mathathias überhaupt (sonst Hasmonäer genannt), später auch auf solche übertragen worden, welche während der seleucidischen Verfolgung für ihren Glauben Märtyrer wurden (namentlich die „sieben machabäischen Brüder", 2 Mach. 7); vgl. auch unten über 3 Mach. S. Welte 8. Grimm III, S. IX.

Ueber die Grundsprache des Buches vgl. *Hier.* Prol. gal.: Machabaeorum primum librum hebraicum reperi. (Nach Origenes bei *Eus.* H. E. 6, 25 scheint das Original σαρβηθ σαβαναιελ [σαρβανε ελ] betitelt gewesen zu sein, wahrsch. שר בני אל, Geschichte der Fürsten der Söhne Gottes). Auch die Sprache des griechischen Textes weist auf ein hebr. Original hin. Grimm III, S. XV. Welte 10. Keil § 230.

In Bezug auf die Abfassungszeit wird nur gestritten, ob das Buch noch vor oder bald nach dem Tode des Johannes Hyrcanus (106) verfaßt ist, Welte 16. Grimm S. XXIV. Unser griechischer Text liegt auch der alten lat. und syr. Uebers. zu Grunde, Grimm S. XXX.

2. Das **zweite Buch der Machabäer** ist keine Fortsetzung des ersten, sondern behandelt Cap. 3—15 die Geschichte der Juden unter Seleucus IV., Antiochus Epiphanes und dessen nächsten Nach-

folgern und unter Judas Machabäus in den Jahren 176—161.
Es führt also die Geschichte nicht so weit, wie das erste Buch,
erzählt aber manches ausführlicher, namentlich die Religionsver=
folgung unter Antiochus (die sieben machabäischen Brüder, Cap. 6. 7),
und nimmt besonders Rücksicht auf die Schicksale des Tempels,
vgl. 2, 20 ff. — Das Buch ist in griechischer Sprache geschrie=
ben und nach der Vorrede 2, 20—33 ein Auszug aus einem Ge=
schichtswerke eines sonst nicht weiter bekannten Jason von Cyrene.
— Vorausgeschickt sind dem Buche 1, 1—9 und 1, 10—2, 19
zwei Briefe der palästinensischen Juden an die ägyptischen über
das zur Erinnerung an die durch Judas Machabäus vorgenom=
mene Tempelreinigung eingesetzte Fest. — Der Verfasser des
zweiten Buches ist eben so unbekannt, wie der des ersten. Da
einer der Briefe vom J. 123 v. C. datirt ist und die Briefe
wahrscheinlich von dem Verfasser selbst mit seinem Werke ver=
bunden worden sind, so ist das zweite Buch wohl um das Jahr
100 v. C. verfaßt.

Hier. Prol. gal.: Machabaeorum primum librum hebraicum reperi,
secundus graecus est, quod ex ipsa quoque phrasi probari potest. Vgl.
Welte 31. Grimm IV, 6. Auch das Werk des Cyrenäers Jason war ohne
Zweifel griechisch geschrieben.

Ob die beiden Briefe ursprünglich hebräisch (oder chalbäisch) oder griechisch
geschrieben waren, ist streitig; s. Grimm IV, 23. Danko 571. *F. Schlünkes*,
Epistolae 2 Mach. 1, 1—9 explicatio, Köln 1844; Diff. epistolae 2 Mach.
1, 10—2, 18 locorum explic., Köln 1847. — Die beiden Briefe sind wahr=
scheinlich von dem Verf. selbst seinem Buche beigefügt worden, Welte 40.
Wenn Grimm IV, 22 dieses bestreitet, so ist das inconsequent, da er S. 12
nachweist, der Verf. habe bei seinem Buche den besondern Zweck gehabt, Ehr=
furcht vor dem Tempel einzuflößen und zur Bethätigung derselben durch Theil=
nahme an dem Tempelweihfeste einzuladen.

Wir haben von 2 Mach., wie von 1 Mach., eine vorhieronymianische lat.
und eine alte syr. Uebers. Das arabische 2 Mach. (in der Pariser Polyglotte)
ist ein ganz anderes Werk spätern Ursprungs (auch 5 Mach. genannt, David=
son III, 465). Auch die äthiop. 2 BB. der Mach. sind eine späte Dichtung,
Gött. Gel. Anz. 1859, 190.

3. Bei den chronologischen Angaben zählen beide Bücher
nach der seleucidischen Aera ($\text{ἐν ἔτει} \ldots \text{Ἑλλήνων}$ 1 Mach. 1, 11);
das erste Buch läßt aber dieselbe mit dem J. 312, das zweite mit
dem J. 311 v. C. beginnen, so daß die Zahlenangaben durchgängig

um ein Jahr von einander abweichen. Die Widersprüche der beiden Bücher in ihren geschichtlichen Angaben sind nur scheinbar. Hinsichtlich der Darstellung aber unterscheiden sie sich merklich von einander: das erste Buch erzählt ganz objectiv in dem einfachen und kräftigen Stile der ältern geschichtlichen Bücher des A. T., das zweite ist rhetorisch geschrieben, erzählt manches ausführlicher, hebt das Wunderbare mehr hervor und flicht oft Reflexionen ein.

Hinsichtlich der Chronologie sind folgende Ausgleichungsversuche zu bemerken: a. Gewöhnlich wurde der 1. Oct. 312 v. C. als Anfang der seleucidischen Aera angenommen; 1 Mach. zählt die Monate nach jüdischer Weise und beginnt die Aera mit dem 1. Nisan 312, also ein halbes Jahr früher, 2 Mach. mit dem 1. Tischri 311, ein ganzes Jahr früher. So Ideler, Handb. der Chronol. I. 530 ff. u. A. — b. 1 Mach. zählt vom Frühjahr (1. Nisan) 312, 2 Mach. vom Herbst 312 an. So Patrizi 41 u. A. — c. 1 Mach. zählt (mit den Syriern) vom Herbst 312, 2 Mach. (mit den Babyloniern?) vom Herbst 311 an. So Welte 58 u. A. Noch anders Röckerath, Bibl. Chronol. 232.

Hinsichtlich des Verhältnisses des 2. B. zum 1. bemerkt Grimm IV, 7: „Die 3, 1—4, 6 erzählten Begebenheiten fallen 1—2 Jahre vor den von 1 Mach. umfaßten Zeitraum; 4, 7—7, 42 fügt sich im Ganzen sehr leicht und bequem in den geschichtlichen Rahmen von 1 Mach. 1, 10—64 und bietet einen sehr reichhaltigen geschichtlichen Commentar und eine unschätzbare Ergänzung dazu; von Cap. 8 bis zum Schluß läuft das B. im Ganzen und Allgemeinen parallel mit 1 Mach. 3—7." Im Einzelnen aber sollen hier viele Widersprüche vorkommen in Folge von „Unkunde und Mißverständniß" und von „Entstellung, Ausschmückung und Erweiterung" auf Seiten des 2 Mach. — In Bezug auf die Ausgleichung der scheinbaren Widersprüche kann auf die ältern kath. Commentare und Untersuchungen und auf Welte, Patrizi und Cigoi verwiesen werden.

Auch die beiden Briefe vor 2 Mach. widersprechen dem B. selbst nicht, s. Welte 40. Cigoi 46.

4. Der Verfasser des ersten Buches benutzte als Quellen, wiewohl er nie dergleichen citirt, wahrscheinlich ältere Aufzeichnungen über die Machabäer; manche Documente theilt er wörtlich oder im Auszuge mit (8, 23; 10, 18 u. s. w.). Der Verfasser des zweiten Buches benutzte, von den beiden Briefen abgesehen, nur das Werk des Jason (2, 24). — Die Nachrichten der beiden Bücher stimmen großentheils erweislich mit andern alten Nachrichten überein; andere stehen nur scheinbar im Widerspruch mit diesen; wo ein wirklicher Widerspruch vorhanden ist, läßt sich

nicht nachweisen, daß der Irrthum auf Seiten der biblischen Bücher ist.

Nach 1 Mach. 16, 23. 24 gab es Annalen über Johannes Hyrcanus, wahrscheinlich also (vgl. 1 Mach. 9, 22; 2 Mach. 2, 14) auch über seine Vorgänger, die dann der Verf. von 1 Mach. benutzen konnte; Welte 19. Grimm III, S. XXII.

Ueber die geschichtliche Auctorität der beiden BB. wurde um die Mitte des vorigen Jahrh. ein gelehrter Streit geführt zwischen den Jesuiten Erasmus Frölich und J. Khell und den Brüdern E. F. und G. Wernsdorff, s. die Literatur bei Welte 22. — Ueber die neuern Einwendungen gegen die Glaubwürdigkeit, bes. des 2 Mach. s. Gigoi, Welte 21. 49. Haneb. 497.

Daß die Juden mit den Spartanern verwandt gewesen seien (1 Mach. 12, 21; 2 Mach. 5. 9), behaupten übrigens unsere BB. selbst nicht, s. Haneb. 501. *E. Palmer*, De epistolarum, quas Spartani atque Judaei invicem sibi misisse dicuntur, veritate. Darmst. 1828. Ebenso wenig sind sie für das verantwortlich zu machen, was Judas über die Römer hörte, 1 Mach. 8, 1 ff. — Die Einwendungen gegen 2 Mach. stützen sich fast alle auf die angeblichen Widersprüche mit 1 Mach. (s. Nro. 3) und auf die darin vorkommenden Wunder, bes. die Engel-Erscheinungen, von welchen aber Grimm IV, 29 richtig bemerkt, daß sie „nach Qualität und Zweck denen der [proto-]kanonischen BB. um nichts nachstehen."

5. Die beiden Bücher der Machabäer sind wichtig als Darstellung einer interessanten Periode der Geschichte Israels. Das zweite Buch ist außerdem wichtig für die Lehre des A. T. von der Unsterblichkeit und Auferstehung (6, 26 ff.; 7, 1 ff.), von der Fürbitte für Verstorbene (12, 42 ff.) und von dem Gebete der abgeschiedenen Gerechten für die Lebenden (15, 14).

Grimm III, S. XXI. nennt 1 Mach. „in historischer Beziehung eine Urkunde von unschätzbarem Werthe" (vgl. *Pusey*, Daniel 367, Nöldeke, Alttest. Lit. 66), und bezeichnet IV, 13 auch 2 Mach. als „die in Bezug auf den Beginn des machabäischen Abschnittes der jüdischen Geschichte nicht hoch genug zu schätzende ergiebigste Quelle."

Anmerkung. In den Ausgaben des griechischen A. T. wird gewöhnlich ein apokryphisches **drittes Buch der Machabäer** beigefügt, welches einen legendenhaften Bericht über eine Verfolgung der Juden in Aegypten unter Ptolemäus IV. Philopator (221—204) enthält. Es wird von einigen griechischen Kirchenschriftstellern citirt und in einigen syrischen und äthiopischen Verzeichnissen der alttestamentlichen Bücher genannt. Eine alte lateinische Uebersetzung desselben existirt nicht, wohl aber eine syr. — **Viertes Buch der Machabäer** nennt man eine griechische Abhandlung (eine jüdisch-hellenistische Predigt aus dem 1. Jahrh. n. C.) über das Martyrium des Eleazar und der sieben machabäischen Brüder (2 Mach. 6. 7), welche von Eusebius und Hieronymus (mit Unrecht) bem Flavius Josephus zugeschrieben wird. — Vgl. *Calmet*, Comm. lit. ed. Mansi V, 871. Grimm IV, 211. 283. Keil § 234. Davidson III, 454. Langen, Das Judenthum 74. 176. J. Freudenthal, Die Flavius Jos. beigelegte Schrift „Ueber die Herrschaft der Vernunft" (4. Makkabäerbuch), Breslau 1869 (s. Theol. Lit.-Bl. 1869, 769).

Can. apost. 85 werden unter den ältest. BB. Μαχαβαϊκῶν τρία (Var. τέσσαρα) genannt. *Theod*. in Dan. 11, 1 citirt: ἡ τρίτη τῶν Μακκαβαίων βίβλος. *Ps.-Athan*. Synops. nennt unter den ἀντιλεγόμενα: Μακκαβαϊκὰ βιβλία δ΄ Πτολεμαϊκά (Μακκ. καὶ Πτολ.?).

Der Titel „3 Macc." erklärt sich daraus, daß man den Namen Machabäer auf die Juden in Aegypten übertrug, weil sie um ihres Glaubens willen verfolgt wurden, wie die Juden in Palästina zur Zeit der Machabäer. — Die Abhandlung über Eleazar und die machabäischen Brüder steht in der alex. Hdschr. (und in einigen Ausgaben) des griech. A. T. als Μακκαβαίων δ΄, in einigen Handschriften als Werk des Josephus (in den meisten Ausgaben desselben abgedruckt). *Eus*. H. E. 3, 10, 6. *Hieron*. Catal.: Alius quoque liber ejus (Josephi), qui inscribitur περὶ αὐτοκράτορος λογισμοῦ, valde elegans habetur, in quo et Machabaeorum sunt digesta martyria. Freudenthal 117.

Zweiter Abschnitt.
Die nachexilischen Propheten.

§ 53.
Aggäus.

Hengstenberg, Christologie III. 1, 208. Küper, Das Prophetenthum 398. Comm. von Schegg und Hitzig zu den kleinern Proph., von Köhler zu den nacheril. Proph., von Reinke zu Haggai.

Aggäus (Haggai, חגי) wirkte während des Tempelbaues gleichzeitig mit Zorobabel und Jesus (§ 45, 1). Er trat als Prophet auf im zweiten Jahre des Darius Hystaspis (520). Das erste Capitel seiner Schrift enthält eine Ermahnung zum eifrigen Fortbau des Tempels und berichtet über den guten Erfolg derselben; in einer zweiten Rede (2, 2—10 Vg.) spricht der Prophet von der Verherrlichung des im Bau begriffenen Tempels in der messianischen Zeit; in der dritten (2, 11—20) eifert er gegen die bloß äußerliche Gesetzeserfüllung; die vierte (2, 21—24), an Zorobabel gerichtet, bezieht sich auf die Verherrlichung des Hauses David in der messianischen Zeit.

§ 54.
Zacharias.

Hengstenberg, Beitr. I.: Die Authentie des Daniel und die Integrität des Sacharjah; Christologie III. 1, 243. Reinke, Mess. Weiss. IV. 2, 1. u. Beitr. VI, 1. *F. B. Koester*, Meletemata crit. et exeget. in Zach. partem posteriorem, c. 9—14, Gött. 1818. *H. L. Sandrock*, Prioris et posterioris Zach. partis vaticinia ab uno eodemque auctore profecta, Bresl. 1856. J. v. Ortenberg, Die Bestandtheile des B. Sacharjah, Gotha 1859. Comm. von Schegg, Hitzig und Köhler.

1. **Zacharias** (Sacharjah, זְכַרְיָה), der Sohn des Barachias, aus priesterlichem Geschlechte, trat in demselben Jahre wie Aggäus (520) als Prophet auf. Seine Schrift zerfällt in zwei Theile. Der erste Theil (Cap. 1—8) enthält eine kurze Bußpredigt (1, 1—6), erzählt dann in Prosa acht Visionen und eine symbolische Handlung (1, 7—6, 15) und schließt mit einer durch eine Frage in Betreff der Fasttage veranlaßten prophetischen Rede (Cap. 7 und 8). Durch die Visionen und die symbolische Handlung werden die zukünftigen Schicksale des auserwählten Volkes versinnbildet. Messianisch sind besonders die Stellen 3, 7 ff. und 6, 12 ff.; Cap. 8 wird das Glück der messianischen Zeit ähnlich wie von ältern Propheten geschildert.

2. Der zweite Theil (Cap. 9—14) besteht aus einer prophetischen Rede in zwei Abschnitten (s. die Ueberschriften 9, 1 und 12, 1) in sehr dunkler Darstellung. Er bezieht sich auf die zukünftigen Schicksale des auserwählten Volkes und der ihm feindlichen Mächte und enthält mehrere sehr wichtige messianische Weissagungen, besonders 9, 9 ff. vgl. Mth. 21, 4. — 11, 12 ff. vgl. Mth. 27, 9. — 12, 10 vgl. Joh. 19, 37. — 13, 7 vgl. Mth. 26, 31.

3. In neuerer Zeit ist die **Echtheit des zweiten Theiles des Zacharias** von Vielen bestritten worden. Man hat denselben mitunter einem spätern, gewöhnlich aber einem Propheten oder zwei Propheten der vorexilischen Zeit zugeschrieben, weil a. die Sprache und Darstellung von der des ersten Theiles sehr verschieden sei und b. die geschichtlichen Beziehungen in den Weissagungen des zweiten Theiles auf die vorexilische Zeit hinwiesen.

— Diese Argumentation bloß aus innern Gründen ist aber hier ebenso bedenklich, wie bei dem zweiten Theile des Jsaias (§ 35, 5). Die Verschiedenheit der Sprache erklärt sich auch hier aus der Verschiedenheit des Inhaltes, und die „geschichtlichen Beziehungen" sind zu unsicher, als daß daraus etwas geschlossen werden könnte. Zudem findet sich auch auf der andern Seite in der Darstellung einige Verwandtschaft zwischen beiden Theilen, und einige Stellen des zweiten Theiles scheinen auf das Exil hinzuweisen 9, 12; 10, 6. 9, andere von Stellen in prophetischen Büchern abhängig zu sein, welche jünger sind, als die angeblichen Verfasser des zweiten Theiles.

Die Gesch. und Literatur der Controverse bei Sandrock 3. Ortenb. 1. Köhler 297. — J. Mede und andere englische Gelehrte gegen Ende des 17. Jahrh. schrieben, durch das Citat Mth. 27, 9 (s. Reinke 150. Köhler 163) verleitet, den 2. Theil ganz oder theilweise dem Jer. zu; Eichhorn u. A. wollten ihn in die persische oder macedonische Zeit hinabrücken; die neuern Gegner der Echtheit versetzen ihn alle in die vorexilische Zeit (2 Par. 26, 5; Js. 8, 2 wird ein früherer Proph. Zacharias erwähnt), und zwar schreiben die meisten Cap. 9—11 (und 13, 7—9) einem, Cap. 12—14 einem andern Verf. zu (Ewald, Hitzig, Ortenb. und besonders Bleek, St. und Kr. 1852, Einl. 553, welcher 9—11 in die Zeit des Ozias, 12—14 in die Zeit der letzten Könige von Juda versetzt). — Die Echtheit wird vertheidigt von Köster, Hengstb., Herbst, Häv., Keil, Sandrock, Köhler, Stähelin 321 u. A.; de Wette hat die Echtheit in der 1.—3. Aufl. seiner Einl. bestritten, in der 4.—6. vertheidigt; in der 8. wird sie von Schrader bestritten.

Die Ermittlung der geschichtlichen Beziehungen, worauf Bleek fast ausschließlich Gewicht legt, ist bei der poetisch-bildlichen Darstellung der Propheten (§ 27, 7 d) in der Regel sehr unsicher. So kann z. B. auch ein nacheril. Proph. mit Rücksicht auf die frühern Verhältnisse „Ephraim und Juda" u. dgl. (9, 10. 13; 10, 6) als bildliche Bezeichnung des gesammten Volkes Israel, und „Assur und Aegypten" (10, 10) als bildliche Bezeichnung seiner Feinde gebrauchen. Anderseits scheint 10, 6 ff. auf eine Zeit hinzuweisen, wo Juda, aber nicht auch Israel aus dem Exil zurückgekehrt war, und die Weise, wie 9, 13 Javan (Graecia) erwähnt wird, erinnert eher an Dan. 8, 21, als an Joel 3, 6; vgl. Hengstb., Christol. 389.

Die Verschiedenheit der Darstellung erklärt sich daraus, daß der erste Theil nur einen Bericht über Visionen und auf die Gegenwart berechnete prophet. Reden enthält, der zweite dagegen Offenbarungen über die ferne Zukunft nach Analogie von Js. 40—66 und Dan. 8. 10—12. Von den beiden Theilen gemeinsamen eigenthüml. Ausdrücken, welche Keil § 103, 2 u. A. aufzählen, können wenigstens einige, wie מֶעֱבָר וְגוֹמֵב, als beweisend angesehen werden; auch weisen die Ausdrücke אָנֹכִי 9, 7 (vgl. Hengstb., Christol. 486) und מַשָּׂא דְבַר יְהֹוָה 9, 1; 12, 1 (nur noch Mal. 1, 1) auf die nacheril. Zeit hin.

Von mehrern Stellen geben auch Bleek und Ortenb. 25 zu, daß sie Stellen anderer Proph. so ähnlich sind, daß eine Abhängigkeit des einen Proph. vom andern anzunehmen ist; vgl. 9, 10a und Mich. 5, 9b; — 12, 1 und Jf. 44, 24; — 14, 16 und Jf. 66, 23; — auch 14, 10. 11 und Jer. 31, 38—40. Welcher Proph. von dem andern entlehnt hat, ist freilich aus den Worten nicht sicher zu erschließen; vgl. Stähelin 323.

Der Hauptbeweis für die Echtheit wird die Tradition bleiben müssen, und dieser gegenüber kann durch bloß innere Gründe die Unmöglichkeit der Abfassung durch Zach. nicht erwiesen werden. Köhler 307. — Uebrigens passen auch die messian. Weiss. des zweiten Theils nach der von dem N. T. und der Tradition gegebenen Deutung bei ihrer großen Bestimmtheit eher in die nacheril. als in die voreril. Zeit.

§ 55.
Malachias.

Hengstenberg, Christol. III, 1. Comm. v. Schegg, Hitzig, Reinke und Köhler.

Malachias (Maleachi, מַלְאָכִי) weissagte später als die beiden vorigen Propheten, nach der Vollendung des Tempelbaues (1, 10; 3, 1), wahrscheinlich zur Zeit des Esdras und Nehemias in der Mitte des 5. Jahrh. — Seine prophetische Rede zerfällt in mehrere kleine Abschnitte und bezieht sich größtentheils auf die Fehler seiner Zeitgenossen, besonders auf die Nachlässigkeit im Cultus, die gemischten Ehen und den Mangel an Gottvertrauen. Besonders wichtig sind die Stellen von dem reinen Opfer der Zukunft, 1, 11, und von dem Vorläufer des Messias, Elias, 3, 1; 4, 5. 6; vgl. Mth. 11, 10 und die Parallelstellen.

Die Gleichzeitigkeit des Mal. und des Esdr. und Neh. ergibt sich aus Mal. 2, 8. 10—16; 3, 7—12 vgl. 2 Esdr. 13. Genauer läßt sich die Zeit nicht mit Sicherheit bestimmen (Hengstb. u. A. nehmen die Zeit der zweiten Anwesenheit des Neh. in Jerusalem an, Köhler eine etwas frühere Zeit), vgl. Herbst II. 2, 169. Reinke 32.

Es ist kein Grund vorhanden, מַלְאָכִי = מַלְאָכִיָּה, d. i. Bote Jehova's, mit Ewald u. A. nicht für den wirklichen Namen des Proph. zu halten. Die LXX übersetzen 1, 1: מַשָּׂא דְבַר־יְהֹוָה בְּיַד מַלְאָכִי mit λῆμμα λόγου κυρίου ἐν χειρὶ ἀγγέλου αὐτοῦ (vgl. 4 Esdr. 1, 40). Hier. Comm. in Mal. Prol.: Nec putandum est juxta quorundam (namentl. des Origenes)

§ 56. Das Buch Sirach. 147

opinionem, *angelum* venisse de coelo et assumpsisse corpus humanum...
Malachi autem Hebraei *Ezram* aestimant sacerdotem (der chaldäische Paraphrast Jonathan: Mal. cujus nomen appellatur Ezra scriba). Im Comm. zu Mal. 3, 7 billigt Hieron. letztere Ansicht. Noch Hengst. 582 hält מַלְאָכִי nicht für einen Eigennamen, sondern für einen „idealen Namen", wahrscheinlich des Esdras. „Doch dies sind unglückliche Grübeleien über einen Namen, der zufällig zugleich das Amt dessen bezeichnet, der diesen Namen führt und dessen Lebensgeschichte unbekannt ist." Herbst 168; vgl. Reinke a. a. O. Caspari, über Micha 28. Köhler 3.

Dritter Abschnitt.
Didaktische Bücher.

§ 56.
Das Buch Sirach (Ecclesiasticus).

J. van Gilse, Commentatio qua libri Sir. argumento enarrato accuratius doctrinae fons exponitur, additur libri cum Prov. Sal. comparatio. Grön. 1830. J. Horowitz, Das Buch Jesus Sirach, Breslau 1865. Delitzsch, Zur Gesch. der jüd. Poesie, Lpz. 1836, S. 20. 131. 198. Comm. von Fritzsche.

1. Dieses Buch ist eine der salomonischen ähnliche Sammlung von Sprüchen, Belehrungen und Ermahnungen mannigfaltiger Art, die durchgängig ohne strenge Ordnung an einander gereiht sind. Den Schluß bilden drei zusammenhängende Stücke: eine Lobpreisung des Schöpfers 42, 15—43, 37, eine Lobrede auf große Männer der israelitischen Geschichte Cap. 44—50, und ein Gebet Cap. 51. — Der Verfasser des Buches hieß Jesus, Sohn des Sirach, und war aus Jerusalem, 50, 29. In den griechischen Handschriften hat es den Titel Σοφία Ἰησοῦ υἱοῦ Σειράχ. Die lateinischen Väter citiren es auch unter dem Titel Ecclesiasticus, und unter diesem steht es in der Vulgata; er bezieht sich wahrscheinlich darauf, daß das Buch in den ersten christlichen Jahrhunderten vielfach bei dem Unterrichte der Katechumenen in der Kirche gebraucht wurde.

Der Verf. hieß יְהוֹשֻׁעַ בֶּן־סִירָא בֶּן־אֱלִיעֶזֶר. Neben dem Titel σοφία (Ἰησοῦ υἱοῦ) Σειράχ (Orig. c. Cels. 6, 7; ähnl. *Clem. Al.* Str. 1, 4, 27. *Hier.* in Eccl. 3, 16: Sapientia filii Sirach) finden sich auch die Bezeichnungen η σοφία (*Clem. Al.* Paed. 1, 8, 69; *Orig.* in Mth. t. 13, 4), liber Sapientiae (*Hier.* c. Pel. 1, 33) und πανάρετος σοφία (*Eus.* Dem. 8, 2, 71. *Hier.* Praef. in 11. Sal.). Mit liber Sap. werden noch jetzt im röm. Missale die drei salomon. Schriften, Sir. und Weish. (die sog. libri sapientiales) bezeichnet (*Aug.* Ep. 140, 75 citirt Spr. 1, 26 mit in quodam libro Sapientiae). Diese 5 Bücher fassen die ältern lat. Kirchenschriftsteller oft unter dem Titel Salomon zusammen und citiren daher auch Stellen aus Sir. mit apud Salomonem (*Cypr.* Test. 3, 6. 12, ähnlich Zeno, Opt., Leo u. A., selbst *Hier.* in Ez. 33, 1) oder apud Sal. in Ecclesiastico (*Cypr.* Test. 3, 35. 95). Darum zählen alte Verzeichnisse der ältest. Bücher Salomonis libri *quinque.* Vgl. die lat. Uebers. von *Orig.* in Num. hom. 18, 3: in libro, qui apud nos inter Salomonis volumina haberi solet et Eccli. dici, apud Graecos vero Sap. Jesu filii Sir. appellatur. Aber auch *Clem. Al.* Str. 2, 5, 24. u. A. citiren das B. unter dem Namen Salomons. — Der Name Ecclesiasticus (Eccli., im Unterschied von Eccl. § 24) zuerst bei *Cypr.* l. c. vgl. *Ruf.* Exp. in Symb.: Sap. quae dicitur filii Sirach, qui liber apud Latinos generali vocabulo Eccli. appellatur, quo vocabulo non auctor libelli, sed scripturae qualitas cognominata est. *Aug.* div. qu. 1, 20.

Von der salomonischen Spruchsammlung unterscheidet sich die des Siraciben namentlich dadurch, daß darin längere Belehrungen in Spruchform zahlreicher, einzelne Sprüche seltener sind, und daß die Belehrungen vielfach mehr in die einzelnen Lebensverhältnisse eingehen. Vgl. v a n G i l s e, 96. D e l i t z s ch 20.

2. **Das Buch ist in hebräischer Sprache geschrieben; der Grundtext, den Hieronymus noch sah, ist aber verloren. Die griechische Uebersetzung ist von einem (gleichnamigen?) Enkel des Verfassers in Aegypten angefertigt worden. Der Verfasser hat nach Einigen um 280, der Uebersetzer um 230 gelebt, nach Andern jener um 180, dieser um 130 v. C.**

Hier. Praef. in II. Sal.: (librum Jesu f. Sir.) *hebraicum reperi*, non Eccli. ut apud Latinos, sed Parabolas [מְשָׁלִים] praenotatum. „Daß das Buch noch lange hebr. vorhanden gewesen, bezeugen auch der Talmud und rabbin. Schriften, worin etwa 40 Sentenzen daraus, meist in abgekürzter Form, citirt werden, darunter aber einige, die in unserm B. Sir. sich nicht finden. Das Werk scheint früh in das Aramäische übersetzt und diese Uebertragung später mit fremden, nicht immer des Buches würdigen Zuthaten bereichert worden zu sein. Wir besitzen auch noch ein Büchlein, ‚Ben Sira's Alphabet' oder ‚Ben Sira's Buch' genannt, welches weit jünger ist, als jene alte aram. Bearbeitung, aber neben manchen Fabeln auch noch einige Spuren aus dem echten Sir. enthält." Z u n z, Die gottesdienstl. Vorträge der Juden, Berl. 1852, S. 100 ff. Die hebr. Citate aus Sir. s. bei D e l i t z s ch 204, vgl. 20. und bei L. D u k e s, Rabbin. Blumenlese, Lpz. 1844, S. 67. Ueber die später dem Ben Sira untergeschobenen Schriften f. Dukes 32. Alphabetum Siracidis utrumque ed. *Steinschneider*, Berl. 1858.

Daß auch der Enkel Jesus Sohn des Sirach geheißen, sagt ein zweiter Prolog, welcher in der Complutenser Polyglotte mit abgedruckt, aber unecht ist.

Für die Bestimmung des Zeitalters des Verf. und des Uebers. bietet das Buch selbst folgende Anhaltspuncte: a. der Verf. war ein Zeitgenosse des Hohenpr. Simon, des Sohnes des Onias, 50, 1—26; b. der Uebers. sagt in der Vorrede, er sei ἐν τῷ ὀγδόῳ καὶ τριακοστῷ ἔτει ἐπὶ τοῦ Εὐεργέτου βασιλέως nach Aegypten gekommen. Ist der Hohenpr. Simon I. (310—291) und der König Ptolemäus III. (247—221) gemeint, so ist das Buch um 280 verfaßt und um 230 übersetzt worden, dagegen ein Jahrh. später, wenn Simon II. (219—199) und Ptolemäus VII. (170—116) gemeint sind. Die erste Ansicht vertreten Hug, über das Zeitalter Jesu Sir., Ztschr. f. d. Erzb. Freib. VII, 38, Welte, Scholz, Danko, Keil, Vaihinger, St. u. Kr. 1857, 94, Zündel, Daniel 236 u. A.; die zweite Dillmann, Jahrb. f. deutsche Theol. 1858, 476, Delitzsch 20, Fritzsche, Rohrb. III, 439. — Nach der ersten Ansicht sind die citirten griech. Worte zu übersetzen, „in meinem 38. Lebensjahre unter Euergetes", da Ptol. III. keine 38 Jahre regierte (Rutgers — f. S. 96. — S. 30 versteht die Worte von dem 38. Jahre der mit dem 1. Jahre des Philadelphus 285 beginnenden Aera des Dionysius); nach der zweiten können sie übersetzt werden: „im 38. Regierungsjahre des Ev." (vgl. Agg. 1, 1; 1 Macch. 13, 42; 14, 27); die Regierungsjahre des Ptol. VII. sind dann freilich von dem Zeitpuncte an zu zählen, wo er mit seinem Bruder Philometor gemeinschaftlich zu regieren anfing (170, nicht erst 145—116). Ptol. VII. hat sonst den Beinamen Physkon; Euergetes II. war aber wohl sein (unverdienter) officieller Beiname. — Nach Winer (de utriusque Siracidae aetate, Erl. 1832, und bibl. RWB.) und Horowitz wären Ptol. VII. und Simon I. gemeint; mit ὁ πάππος μου bezeichnet der Uebersetzer den Verfasser nach Horowitz 24 nicht gerade als seinen Großvater, sondern als Vorfahren.

3. **Die Echtheit des ganzen Buches unterliegt keinem gegründeten Zweifel.** — Die griechische Uebersetzung ist sehr wörtlich; sie liegt den andern alten Uebersetzungen zu Grunde, namentlich auch der (vorhieronymianischen) lateinischen. Dem Texte der ältesten griechischen Handschriften gegenüber haben andere Handschriften, die lateinische Uebersetzung und viele Citate bei den Vätern vielfach kleine Zusätze. Diese können großentheils, aber nicht sämmtlich als Interpolationen erklärt werden, so daß also wenigstens an manchen Stellen der Text der ältesten griechischen Handschriften zu vervollständigen ist. — In der Geschichte der Entwicklung der

alttestamentlichen Offenbarung nimmt dieses Buch eine ähnliche Stellung ein, wie die Sprüche Salomons, vgl. § 22, 4 und § 57, 2.

Hypothesen über die Entstehung des Buches aus ältern Spruchsammlungen (Eichhorn, Ewald, Bibl. Jahrb. III, 125) sind hier ebenso willkürlich wie bei den Sprüchen Sal. (§ 22, 3), s. Welte 218, Keil § 241.

In der griechischen Uebersetzung tritt das hebräische Original vielfach noch sehr deutlich hervor, z. B. 6, 22; 43, 8 (griech.); an einigen Stellen ist es nachweislich unrichtig übersetzt, 24, 27; 25, 15: οὐκ ἔστι κεφαλὴ ὑπὲρ κεφαλὴν ὄφεως (Verwechselung von ראש, Kopf, und ראש, Gift); s. Welte 209, Keil § 243.

In den andern Uebersetzungen stehen die Cap. 30—36 in anderer Ordnung als in der griechischen. — Daß auch der lateinischen Uebersetzung der griechische, nicht etwa der hebräische Text zu Grunde liegt, zeigen schon die vielen in ihr beibehaltenen griechischen Wörter, wie eucharis, acharis u. s. w., Welte 215; auch ist sonst kein biblisches Buch vor Hieronymus aus dem Hebräischen in's Lateinische übersetzt worden. — Das Verhältniß der beiden Texte bedarf auch nach den Bemerkungen von Welte 212, Scholz III, 201 und Fritzsche XXI noch einer genauern Untersuchung. Wahrscheinlich ist der ursprüngliche Text in unsern ältesten griechischen Handschriften (einige jüngere Hdschr. haben einen ähnlichen Text, wie die Vg.) hie und da verkürzt, in der lateinischen Uebersetzung vielfach erweitert worden; zu solchen Corruptionen eignete sich kein Buch besser, als dieses. In Cap. 1 z. B. kann V. 2. 3 Vg. bloße Erweiterung von V. 2. 3 Gr. sein, V. 19 Vg. ist bloße Wiederholung von V. 13, aber V. 5 Vg. findet sich auch in griech. Hdschr., desgl. V. 27, den auch schon Clem. Al. citirt. Auch die syrische Uebersetzung gibt einen ausführlichern Text wieder; sie ist aber vielfach ungenau (nach Horowitz 40 läge ihr ein interpolirter hebr. Text zu Grunde); sie liegt der arabischen zu Grunde. Die syrisch-hexaplarische und die äthiopische Uebers. sind noch nicht gedruckt; vgl. Fritzsche XXV. Die vollständige armenische Uebers. ist nicht in der Bibelausg. von 1805 enthalten (Welte 238), aber 1833 von den Mechitaristen besonders herausgegeben worden.

§ 57.
Das Buch der Weisheit.

Die Commentare von Grimm (Eseget. Hbb. VI) und Schmid.

1. Das **Buch der Weisheit** (in der griechischen Bibel Σοφία Σαλωμών) enthält in seinen beiden ersten Theilen Cap. 1—5 und 6—9 Ermahnungen zum Streben nach Weisheit, Schilderungen ihrer Segnungen und Belehrungen über die Mittel, sie zu erlangen, — im dritten Theile, Cap. 10—19, eine Darstellung des

Waltens der göttlichen Weisheit in der Geschichte der Patriarchen und in den entgegengesetzten Schicksalen der Israeliten und der Aegyptier zur Zeit des Auszugs der erstern aus Aegypten. In diesen letzten Theil ist Cap. 13—15 eine Episode über den Götzendienst eingeschaltet.

Die Einheit und Integrität des B. wird gegen einige schwache Einwendungen von Grimm 9 und Welte 172 vertheidigt.

Den Titel „Weisheit Salomons" haben auch die alten Uebersetzungen; seit Aug. und Hieron. (s. u. Nro. 4) wird aber bei den Lateinern die Bezeichnung liber Sapientiae die gewöhnliche.

2. Unter der **Weisheit** ist, wie in den Sprüchen Salomons (§ 22, 4) und im Ecclesiasticus, bald die theoretische oder praktische **menschliche** Weisheit (namentlich höhere religiöse Erkenntniß und eine ihr entsprechende Gesinnung und Handlungsweise), bald die **göttliche** Weisheit zu verstehen. Von letzterer wird an mehrern Stellen des Buches, namentlich Cap. 7 u. 8, so geredet, daß wohl nicht bloß an die göttliche Vollkommenheit der Weisheit (Sapientia essentialis) zu denken ist, sondern eine persönliche göttliche Weisheit (Sapientia notionalis, der göttliche Logos) und damit eine Mehrpersönlichkeit Gottes wenigstens angedeutet wird. Besonders wegen dieses Punctes, dann auch wegen der Stellen, welche von der Unsterblichkeit und der Vergeltung nach dem Tode handeln (Cap. 2—5), gehört das Buch der Weisheit zu den dogmatisch wichtigsten Büchern des A. T.

Vgl. E. Lichtenstein, Bibl. Darstellung der Selbstoffenbarung Gottes, Tüb. Q.-S. 1843, 349. J. Kuhn, Kath. Dogmatik, Tüb. 1857, II, § 3. Langen, Das Judenthum 20. 26. 248.

„Wie die Sprüche des Siraciden überhaupt die Proverbien Salomons zum Vorbilde haben, so erkennen wir auch in seiner Weisheitslehre eine Nachbildung der salomonischen... Wie wir die Lehre von der σοφία beim Siraciden ausgebildet und fortgeschritten sehen, lag es nun nahe, von ihrer Personification als göttlicher Eigenschaft zu dem Gedanken ihrer real-lebendigen und selbstständigen Existenz fortzuschreiten. Diesen Fortschritt zeigt uns das B. der Weisheit." Lichtenst. 357. — Die Darstellung der alttest. Lehre von der göttlichen Weisheit und ihrer allmählichen Entwicklung, — welche von Andern anders aufgefaßt wird, vgl. namentlich Staudenmaier, Philos. des Christenth. I, 10, Schmid 128 — gehört in die alttest. Theologie.

Ueber das Verhältniß des B. der Weisheit zu der alexandrinisch-jüdischen Religionsphilosophie, insbes. Philo's, s. Welte 161. Langen 32. 264. 334.

Die Stelle 2, 12 ff. (vgl. Mth. 27, 40 ff.) wird von vielen Bätern und einigen Neuern (Schmid 155, Danko 548) als messianische Weissagung angesehen (*Aug.* C. D. 17, 20: passio Christi apertissime prophetatur); die richtige Deutung geben schon C. Jansenius und Corn. a Lap. z. d. St. Vgl. Reusch, Gehört Weish. 2, 12—20 zu den mess. Weiss.? Tüb. Q.-S. 1864, 330.

3. **Der griechische Text** ist aus äußern und innern Gründen als der **Originaltext** anzusehen: „Sapientia Salomonis apud Hebraeos nusquam est, quin et ipse stilus graecam eloquentiam redolet." *Hier.* Praef. in II. Sal.

Die Originalität des griechischen Textes ist seit Hieron. nur von Wenigen, in neuerer Zeit nur von Schmid 34 (s. u. Nro. 4) bestritten worden. Von einem hebräischen Original findet sich keine Spur und keine Nachricht; auch die Rabbinen kennen nur Uebersetzungen des griechischen Textes (Zunz, Gottesdienstl. Vortr. 105). Daß einzelne Hebraismen vorkommen und der parallelismus membrorum beobachtet wird, ist bei einem griechisch schreibenden Juden nicht auffallend; anderseits tritt die graeca eloquentia in einzelnen Stellen (4, 2; 5, 10—13; 7, 22. 23; 10, 7 2c.) und in der ganzen Diction in einer Weise hervor, die an einen Uebersetzer zu denken verbietet. Grimm 5.

4. Die griechische Ueberschrift (Nro. 1) scheint Salomon als Verfasser zu bezeichnen; dieser tritt auch in dem Buche selbst, namentlich Cap. 7—9, redend auf, und wird von mehrern Bätern als Verfasser desselben angesehen. Aber schon Hieronymus und Augustinus erklären diese Ansicht für irrig. — Die Originalität des griechischen Textes, die Berücksichtigung späterer philosophischer Ansichten (2, 1 ff.; 8, 7) und daneben auch die Verschiedenheit der Darstellung von der der salomonischen Schriften sprechen entschieden dafür, daß nicht Salomon, sondern ein ägyptischer Israelit in der ptolemäischen Zeit das Buch geschrieben hat, um seine Glaubensgenossen in der Liebe zur Weisheit und insbesondere im Festhalten an dem wahren Glauben gegenüber dem Unglauben (Cap. 2) und der Abgötterei (Cap. 13) ihrer Umgebung und inmitten der ungünstigen äußern Verhältnisse, unter denen sie lebten (Cap. 2—5, 10 ff.), zu befestigen. Der Verfasser führt den Salomon nur redend ein als den israelitischen Weisen $\kappa\alpha\tau'$ $\dot{\epsilon}\xi o\chi\dot{\eta}\nu$; daraus erklärt sich die griechische Ueberschrift, und aus dieser und der Verbindung des Buches mit den salomonischen Schriften (§ 56, 1) die Meinung mancher Väter, Salomon sei der Verfasser.

§ 57. Das Buch der Weisheit.

In neuerer Zeit hat nur Schmid die salomonische Abfassung des Buches vertheidigt. Wenn Salomon in dem B. redet (deutlich geschieht dieses Cap. 7—9) und dasselbe vielleicht von dem Verfasser selbst als „Weish. Sal." bezeichnet wurde, so „schloß dieser sich damit an die Sitte, die eigenen Worte ältern Lehrern in den Mund zu legen, insofern an, als er den berühmtesten Vertreter der althebräischen Weisheit, den König Sal., das von ihm selbst hier Auseinandergesetzte vortragen ließ. Doch hatte er dabei, wie aus der Berücksichtigung seiner eigenen Zeit deutlich genug hervorgeht, so wenig die Absicht irgend einer Täuschung, als etwa Plato sie hatte, wenn er den Sokrates zum Darsteller seines eigenen Systems machte. Er konnte aber dem Salomon um so mehr seine Worte in den Mund legen, als in der That alle von ihm vorgetragenen Grundsätze und Lehren echt salomonisch und althebräisch waren." Lutterbeck, Die neutest. Lehrbegriffe, Mainz 1852, I, 404. Man braucht nicht einmal mit Aeltern und Neuern (*Goldh.* II. § 169. Haneb. 477) anzunehmen, der Verfasser habe verloren gegangene salomonische Schriften frei bearbeitet. — Der Materialismus, so in ein System gebracht, wie er Cap. 2 erscheint, weist unverkennbar auf eine spätere Zeit hin, desgl. die Zusammenstellung der vier Cardinaltugenden 8, 7; die Contrastirung der Aegyptier und Israeliten im 3. Theile paßt auch am besten für einen ägyptischen Verfasser und für eine Zeit, wo Israel und Aegypten wieder in nahe Berührung kamen. Vgl. Welte § 41.

Hieron. spricht Praef. in II. Sal. von dem liber ψευδεπίγραφος, qui Sap. Sal. inscribitur, und Aug. sagt C. D. 17, 20 nach Aufzählung der drei salomonischen Bücher: alii vero duo, quorum unus Sap., alter Eccli. dicitur, propter eloquii nonnullam similitudinem ut Salomonis dicantur obtinuit consuetudo (§ 56, 1); non autem esse ipsius non dubitant doctiores; vgl. doctr. chr. 2, 8: illi duo libri de quadam similitudine Salomonis esse dicuntur. — Schmid 44 zählt sehr mit Unrecht alle Kirchenschriftst., welche das B. mit „Salomon sagt" u. dgl. citiren, zu den Vertretern seiner Ansicht; solche Citirformeln allein beweisen nach § 56, 1 nichts, sie kommen sogar bei Hieron. vor, Ep. 58, 1; in Is. 65, 20; ausdrücklich als Verf. wird aber Sal. bezeichnet, z. B. *Lact.* Inst. 4. 16, 10, und wahrsch. *Hippol.* c. Jud. c. 9.

Verschiedene haltlose Vermuthungen über den Verf. s. bei Welte § 40, Schmid 24, Grimm 21. Gegen die alte Meinung, Philo sei der Verf. (vgl. *Hier.* Praef. in II. Sal.), spricht Inhalt und Form des Buches.

Die Hdschr. geben (mit manchen Varianten) denselben griechischen Text, mit welchem auch die alten Uebersetzungen, die lateinische, syrische, arabische, armenische ꝛc., in allem Wesentlichen übereinstimmen; s. *Reusch,* Observationes crit. in I. Sap., Freib. 1861.

Allgemeine Einleitung in das Alte Testament.

§ 58.

Uebersicht.

Die allgemeine Einleitung in das A. T. hat nach § 1 zunächst zu zeigen, welche Bücher — oder daß die in der speciellen Einleitung behandelten Bücher die heiligen Schriften des A. T. sind oder den Kanon des A. T. bilden. Damit hängt zusammen der Beweis, daß diesen Büchern der Charakter der Inspiration zukommt: I. Vom Kanon des A. T. — Es ist dann ferner zu zeigen, wie uns die heiligen Schriften des A. T. im Grundtext und in alten Uebersetzungen erhalten sind: II. Vom Grundtexte und den alten Uebersetzungen des A. T.

Im 1. Capitel des 2. Abschn. wird nur von dem hebr. (und chald.) Grundterte des A. T. gehandelt werden; der Grundtert der griechisch geschriebenen Bücher des A..T. (§ 5, 1) wird im 2. Cap. mit der griechischen Uebersetzung der andern altteft. Bücher zusammen besprochen.

Ueber den Zusammenhang der Lehre vom Kanon mit der Lehre von der Inspiration s. § 59, 2. 3.

Erster Abschnitt.

Vom Kanon des Alten Testamentes.

§ 59.

Definition von Inspiration und Kanon, und Lehre der Kirche darüber.

1. Unter Inspiration versteht man den übernatürlichen Einfluß und Beistand des h. Geistes, unter welchem die Bücher der h. Schrift verfaßt worden sind.

Die Erläuterung und Präcisirung dieser nur vorläufigen unbestimmten Definition s. u. § 65. — Es handelt sich hier nicht um den weitern Begriff von Inspiration, wonach jede übernatürliche Einwirkung Gottes auf den Geist des Menschen, welche eine Erhebung desselben über sich selbst hervorbringt, damit bezeichnet wird (Drey, Apologetik I. § 28), sondern speciell um die göttliche Einwirkung, welche bei der Abfassung der h. Schriften stattfand.

2. Kanon der h. Schrift nennt man die Gesammtheit der inspirirten oder biblischen Bücher, Kanon des Alten Testamentes die Gesammtheit der inspirirten Bücher, welche uns aus der vorchristlichen Zeit erhalten sind. Diejenigen Bücher, welche zum Kanon der h. Schrift gehören, heißen kanonisch, im Gegensatze dazu diejenigen, welche mit Unrecht auf kanonisches Ansehen Anspruch machen, apokryphisch.

Κανὼν τῆς ἀληθείας, τῆς πίστεως, τῆς ἐκκλησίας oder ἐκκλησιαστικός, regula veritatis, fidei, ecclesiae oder ecclesiastica nennen die ältern Väter die von Gott geoffenbarte und in der Kirche aufbewahrte und von ihr verkündete Lehre als die Richtschnur des Glaubens und Lebens; *Iren.* 4, 35, 4: Nos autem unum et solum verum Deum doctorem sequentes et *regulam veritatis* habentes ejus sermones. *Tert.* praescr. c. 37: in ea regula incedimus, quam ecclesia ab apostolis, apostoli a Christo, Christus a Deo tradidit. Vgl. Kuhn in der Tüb. Q.-S. 1858, 385 ff. und Belegstellen für diese und andere Bedeutungen des Wortes κανών bei K. A. Credner, Zur Geschichte des Kanons, Halle 1847, S. 1 ff. Als göttliche Offenbarungen enthaltend, wird auch die h. Schrift als κανὼν τῆς ἀληθείας u. dgl. bezeichnet; *Isid. Pelus.* Ep. 114: ὅτι δὲ ταῦτα οὕτως ἔχει, τὸν κανόνα τῆς ἀληθείας, τὰς θείας φημὶ γραφὰς κατοπτεύσωμεν. — Der jetzige Sprachgebrauch, wonach Kanon (ohne weitern Zusatz) die Gesammtheit der biblischen Bücher bezeichnet, ist jüngern Ursprungs; s. die lat. Ueberſ. von *Orig.* in Jos. hom. 15, 6: libellus non habetur in canone; *Ruf.* Expos. in Symb.: haec sunt, quae patres intra canonem concluserunt. *Hier.* Prol. gal.: Sap. Sal. . . . non sunt in canone. *Innoc. I.* Ep. ad Exsup.: qui vero libri recipiantur in canone sanctarum scripturarum. *Aug.* c. Cresc. 2, 31: Neque enim sine causa tam salubri vigilantia canon ecclesiasticus constitutus est, ad quem certi prophetarum et apostolorum libri pertinent, quos omnino judicare non audeamus et secundum quos de ceteris literis libere judicemus. C. D. 15, 23; 18, 38. c. Faust. 11, 5. 6.

Die Bezeichnung κανονικός oder κανονιζόμενος findet sich schon bei *Orig.* in Cant. Prol.: quae in scripturis, quas canonicas habemus, nusquam legimus, in apocryphis tamen inveniuntur; andere Stellen bei Herbst I. § 2. Wie in dieser Stelle, so ist auch sonst bei den Vätern apokryphisch (bei den Rabbinen גנוז; vgl. Bleek 676) der Gegensatz von kanonisch; s. u. § 63, 1.

Wie apokryphisch der Gegensatz von kanonisch, so ist ψευδεπίγραφος der Gegensatze von authentisch oder echt; so nennt *Hier.* Praef. in II. Sal. das B. der Weish. als mit Unrecht dem Salomon zugeschrieben ψευδεπίγραφος und ebenso in Jer. Prol. Bar. 6, als (nach seiner Meinung) mit Unrecht dem Jeremias zugeschrieben, ψευδεπίγραφον epistolam Jeremiae.

Die Begriffe „inspirirt" und „kanonisch" sind nach dem Gesagten dem Umfange nach gleich: alle kanonischen Bücher sind inspirirt, und alle uns erhaltenen inspirirten Bücher gehören zum Kanon.

3. Es ist katholisches Dogma: a. daß die in der Vulgata enthaltenen Bücher sämmtlich und mit allen ihren Theilen zum Kanon gehören, zum alttestamentlichen Kanon also die in der speciellen Einleitung behandelten Bücher; — b. daß die Bücher des Alten wie die des Neuen Testamentes inspirirt sind. Conc. Trid. S. 4. de can. scr.:

S. Synodus ... omnes libros tam. V. quam N. Testamenti, cum *utriusque Deus sit auctor*, nec non traditiones ... pari pietatis affectu ac reverentia suscipit et veneratur. Sacrorum vero librorum indicem huic decreto adscribendum censuit ... Sunt vero infra scripti: Testamenti Veteris, 5 Moysis .. Jos., Jud., Ruth, 4 Regum, 2 Par., Esdrae primus et secundus, qui dicitur Nehemias, *Tobias*, *Judith*, Esther, Job, Psalterium Davidicum 150 psalmorum, Parabolae, Eccl., Cant. cant., *Sap.*, *Eccli.*, Is., Jerem. *cum Baruch*, Ezech., Dan., 12 proph. min., ... *2 Mach.*, primus et secundus ... Si quis autem libros ipsos *integros cum omnibus suis partibus*, prout in ecclesia cath. legi consueverunt et in veteri vulgata latina editione habentur, *pro sacris et canonicis* non susceperit ... anathema sit.

4. Die Kirche entscheidet mit Unfehlbarkeit, was zu der von Christus den Aposteln überlieferten Lehre gehört; die Erklärung der Kirche ist also für den Katholiken die Bürgschaft für die Wahrheit dieser beiden Sätze (Dieringer, Dogmatik § 125. 126). Die Aufgabe der Wissenschaft aber ist es, das Dogma von der Inspiration und von dem Kanon — hier des Alten Testamentes — aus den beiden Quellen der Kirchenlehre, aus Schrift und Tradition nachzuweisen.

S. über die richtige Form des theologischen Beweises für den Kanon und die Inspiration bes. Carb. Wiseman, Die Lehren und Gebräuche der kath. Kirche (deutsch, 3. Aufl. Regensb. 1867), 2. u. 3. Vortrag. Vosen, der Katholicismus ꝛc., Freib. 1865, I, 103.

5. Daß Christus den Aposteln die in dem Trienter Decrete aufgezählten alttestamentlichen Bücher als inspirirt bezeichnet hat, daß dieselben also den Kanon des A. T. bilden, läßt sich nur unvollkommen aus dem Neuen Testamente nachweisen. Es werden nämlich in diesem zwar viele Stellen des A. T. so citirt,

daß daraus die Inspiration der Bücher, aus denen diese Stellen entnommen sind, geschlossen werden muß; aber nirgendwo gibt das N. T. ein vollständiges Verzeichniß der kanonischen Bücher des A. T. Da aber der Heiland und die Apostel sich wiederholt auf die von den Juden als „heilige Schriften" anerkannten Bücher berufen und den Glauben an die Inspiration derselben bestätigen, so sind alle diejenigen Bücher als kanonisch anzusehen, welche bei den Juden zur Zeit Christi als solche galten (s. § 60).

Joh. 5, 39: Scrutamini *scripturas*, quia vos putatis in ipsis vitam aeternam habere; et illae sunt, quae testimonium perhibent de me. Mth. 5, 17: Nolite putare, quoniam veni solvere *legem aut prophetas*: non veni solvere, sed adimplere. Luc. 24, 44: Necesse est impleri omnia, quae scripta sunt in *lege Moysi et prophetis et psalmis* de me. 2 Tim. 3, 15. 16: ab infantia *sacras literas* nosti, quae te possunt instruere ad salutem... *Omnis scriptura divinitus inspirata* utilis est ad docendum etc.

6. Sichern Aufschluß über den Umfang des alttestamentlichen Kanons gibt uns die Tradition; denn es läßt sich nachweisen, daß alle in dem Trienter Decrete aufgezählten alttestamentlichen Bücher seit der apostolischen Zeit von der Kirche als kanonisch angesehen worden sind, daß also der Glaube an ihre kanonische Dignität auf apostolischer Ueberlieferung beruht. — Es handelt sich hier namentlich um diejenigen Bücher, welche in der hebräischen Bibel fehlen und von den Protestanten nicht als kanonisch anerkannt werden, und welche man gewöhnlich mit dem Namen „deuterokanonisch" bezeichnet zum Unterschiede von den protokanonischen Büchern, welche auch in der hebräischen Bibel enthalten sind und auch von den Protestanten anerkannt werden. Die deuterokanonischen Bestandtheile des A. T. sind: die Bücher Baruch, Tobias, Judith, 1. und 2 Mach., Sirach und Weisheit und die nur in griechischer Uebersetzung erhaltenen Stücke in den Büchern Daniel und Esther. Der Name „deuterokanonisch" besagt nicht, daß diesen Büchern ein geringeres Ansehen zukommt, als den protokanonischen — denn das Trienter Decret unterscheidet gar nicht zwischen protokanonischen und deuterokanonischen Büchern, — sondern nur, daß ihr kanonisches Ansehen später, als das der protokanonischen, in der Kirche allgemeine Anerkennung gefunden hat.

Irrthümlich haben auch einige nachtridentinische Theologen einen Unterschied zwischen beiden Classen von Büchern hinsichtlich ihrer Auctorität statuiren wollen; so B. Lamy, Apparatus bibl. 1. 2, c. 5. Jahn I. § 30. S. dagegen Welte, Tüb. Q.=S. 1839, 224. — In der oben angegebenen Bedeutung darf aber die sehr bequeme Bezeichnung „protok. und deuterok." unbedenklich beibehalten werden. In diesem Sinne gibt es auch deuterok. Bestandtheile des N. T. (die sog. ἀντιλεγόμενα, s. Hug, Einl. I, 112), wiewohl in der neutestamentl. Einl. diese Bezeichnung nicht üblich ist, da die Kanonicität dieser Bücher auch von den Protestanten anerkannt wird.

§ 60.
Der alttestamentliche Kanon der Juden.

F. C. Movers, Loci quidam historiae canonis V. T. illustrati, Breslau 1842. J. B. Malou, das Bibellesen in der Volkssprache, übersetzt von H. Stöveken, Schaffh. 1849. 2 Bde. Welte, Bemerkungen über die Entstehung des alttest. Kanons, Tüb. Q.=S. 1855, 58. F. Bleek, Ueber die Stellung der Apokryphen des A. T. im christl. Kanon, St. und Kr. 1853, 267. A. Dillmann, Ueber die Bildung der Sammlung heiliger Schriften des A. T., Jahrb. für deutsche Theol. 1858, III, 457. J. Fürst, Der Kanon des A. T., nach den Ueberlieferungen in Talmud und Midrasch, Lpz. 1868.

1. Der Kanon der Juden, wie ihn Hieronymus und der Talmud angeben, umfaßt 22 oder 24 Bücher — sämmtliche protokanonischen und keine deuterokanonischen Bücher — in drei Classen: a. Gesetz, תּוֹרָה, die 5 Bücher Moyses; b. Propheten, נְבִיאִים, Jos., Richter (mit Ruth), Sam., Kön., Js., Jer. (mit den Klagel.), Ezech., kl. Proph. — c. Hagiographa, כְּתוּבִים, Job, Ps., Spr., Pred., H. L., Dan., Paral., Esdr. (und Neh.), Esth. (Ruth, Klagel.). — In diesem Umfange ist der Kanon nach der Annahme Vieler von Esdras oder doch bald nach ihm (von der „großen Synagoge") festgesetzt worden. Neben diesem Kanon der hebräisch redenden Juden (besonders der Palästinenser und Babylonier) gab es dann aber nach der Annahme vieler neuern Gelehrten einen Kanon der hellenistischen Juden, welcher auch die mit der griechischen Uebersetzung der protokanonischen Bücher verbundenen deuterokanonischen Bücher umfaßte, so daß also hinsichtlich des Umfanges des Kanons eine Differenz zwischen den beiden Theilen der Juden bestanden hätte. Eine solche Differenz konnte in der That unbeschadet der religiösen Einheit bestehen, da sie nicht

§ 60. Der alttestamentliche Kanon der Juden.

größer war, als andere sicher bestehende Differenzen: die ägyptischen Juden hatten z. B. einen eigenen Tempel zu Leontopolis und gebrauchten eine von dem hebräischen Originale vielfach abweichende griechische Uebersetzung der heiligen Bücher. Wenn letzteres keine wesentliche Differenz begründete, so konnte es auch nicht als wesentliche Differenz angesehen werden, wenn einzelnen Büchern (Daniel und Esther) einige Stücke und der ganzen Sammlung der alttestamentlichen Bücher einige Bücher beigefügt waren, die sich in der hebräischen Bibel nicht fanden, die aber in keiner Weise in Widerspruch mit dieser standen.

Hinsichtlich der Reihenfolge der BB. der 2. und 3. Classe weicht das Verzeichniß des Talmud, Tr. Baba Bathra fol. 14, von dem des Hieron. Prol. gal., und von den hebr. Bibelausgaben ab; s. § 62, 2.

Die Annahme eines Doppel-Kanons vertheidigen namentlich Herbst I. § 3. 4 und Welte a. a. O. 85. — Man hat dagegen auch geltend gemacht, daß der Alexandriner Philo die deuterok. Bücher nie citire; aber dieser citirt außer dem Pent. überhaupt die alttest. Bücher selten und auch viele protok. gar nicht (21 gar nicht, 7 nur einmal); s. Movers 23, Welte 88, Bleek, Einl. 677.

Oehler (Real-Encycl. von Herzog VII, 255) meint, die Alexandriner hätten keinen neuen erweiterten Kanon gebildet, gibt aber zu, man habe „in Aler. keine Scrupel haben können, wenn in die griech. Uebers. des A. T. Zusätze zu manchen Schriften aufgenommen, auch die alttest. [protok.] Schriften im Gebrauch mit spätern Producten [den deuterok.] vermischt wurden. Das Ansehen, welches die Uebers. der LXX genoß, ging dann auch auf die ihr einverleibten Bücher über. So weit, aber nicht weiter, führt der Rückschluß aus der spätern Praxis der aler. Kirche." Vgl. Bleek, Einl. 675. Fürst 141. Ewald, Gesch. des V. Isr. VII, 441.

2. Es ist jedoch nicht einmal erweislich, daß die Hebraisten schon seit Esdras einen so strenge abgeschlossenen Kanon gehabt haben, wie ihn Hieronymus und der Talmud angeben. Daß von Esdras die zu seiner Zeit schon vorhandenen heiligen Bücher gesammelt worden sind, ist freilich sehr wahrscheinlich; es läßt sich aber nicht nachweisen, daß zu seiner Zeit oder bald nach ihm der Kanon des A. T. in dem Sinne „abgeschlossen" worden sei, daß die Juden fortan grundsätzlich kein anderes Buch mehr als inspirirt hätten anerkennen und in den Kanon aufnehmen sollen. Zu der Erklärung, daß fortan kein inspirirtes Buch mehr erscheinen könne, war keine jüdische kirchliche Behörde berechtigt; von einem Propheten

ober einem inspirirten Schriftsteller aber haben wir keine Erklärung über den Umfang des Kanons. — Mehrere Thatsachen weisen darauf hin, daß auch bei den Hebraisten in der ältern Zeit in Bezug auf den Kanon nicht vollkommene Uebereinstimmung herrschte, und daß eine förmliche Ausschließung der deuterokanonischen Bücher von dem Kanon, wie sie die Stellen des Hieronymus und des Talmud voraussetzen, erst in der Zeit nach Christus stattgefunden hat: a. Die alten Verzeichnisse der von den Juden allgemein anerkannten Bücher weichen in einigen Puncten von einander ab. — b. Es finden sich Nachrichten, daß noch in den ersten christlichen Jahrhunderten über das kanonische Ansehen einiger protokanonischen Bücher unter den jüdischen Gelehrten gestritten wurde. — c. Einige deuterokanonische Bücher werden von hebräischen Schriftstellern nicht nur erwähnt, sondern auch ganz so wie biblische Bücher citirt. Wenn aber auch bei den Hebraisten einige Bücher von Einigen als kanonisch anerkannt wurden, welche Andere vielleicht hoch schätzten, aber nicht den biblischen Büchern beizählten, so kann es um so weniger auffallen, daß die Hellenisten mehr Bücher zum A. T. rechneten.

„Daß Esra den Kanon abgeschlossen habe, ist nicht wahrscheinlich. Wissen wir ja nicht einmal, ob er vor oder nach dem letzten Propheten gestorben ist. Wie durfte er aber den Kanon schließen, wenn er nicht gewiß wußte, daß der Geist der Prophetie erloschen sei? Und wenn auch Mal. vor Esra gestorben ist, wußte er denn, daß der Herr seinem Volke keinen $\dot{\alpha}\nu\dot{\eta}\varrho$ $\vartheta\varepsilon\dot{o}\pi\nu\varepsilon\nu\sigma\tau o\varsigma$ mehr erwecken werde?" E. Nägelsbach (Real-Encycl. v. Herzog IV, 171).

Die älteste Nachricht über eine Sammlung der h. Bücher zur Zeit des Esdras ist 2 Mach. 2, 13, wonach Nehemias $\varkappa\alpha\tau\alpha\beta\alpha\lambda\lambda\acute{o}\mu\varepsilon\nu o\varsigma$ $\beta\iota\beta\lambda\iota o\vartheta\acute{\eta}\varkappa\eta\nu$ $\dot{\varepsilon}\pi\iota\sigma\upsilon\nu\acute{\eta}\gamma\alpha\gamma\varepsilon$ $\tau\grave{\alpha}$ $\pi\varepsilon\varrho\grave{\iota}$ $\tau\tilde{\omega}\nu$ $\beta\alpha\sigma\iota\lambda\acute{\varepsilon}\omega\nu$ $\varkappa\alpha\grave{\iota}$ $\pi\varrho o\varphi\tilde{\eta}\tau\tilde{\omega}\nu$ $\varkappa\alpha\grave{\iota}$ $\tau\grave{\alpha}$ $\tau o\tilde{\upsilon}$ $\varDelta\alpha\upsilon\grave{\iota}\delta$ $\varkappa\alpha\grave{\iota}$ $\dot{\varepsilon}\pi\iota\sigma\tau o\lambda\grave{\alpha}\varsigma$ $\beta\alpha\sigma\iota\lambda\acute{\varepsilon}\omega\nu$ $\pi\varepsilon\varrho\grave{\iota}$ $\dot{\alpha}\nu\alpha\vartheta\varepsilon\mu\acute{\alpha}\tau\omega\nu$. Die Stelle ist aber zu dunkel, als daß sich mit Sicherheit etwas daraus schließen ließe. Vgl. Bleek, Einl. 665. Ewald, Gesch. VII, 420. „Die talmudischen und rabbinischen Sagen von der großen Synagoge und deren Arbeiten [Fürst 22. Haneberg, Relig. Alterth. 94] enthalten kein entscheidendes Zeugniß über die Sammlung des Kanon", gesteht Keil § 154; vgl. Stähelin 10, Bleek 684. — Wenn im Prolog des B. Sir. wiederholt $\dot{o}$ $\nu\acute{o}\mu o\varsigma$ $\varkappa\alpha\grave{\iota}$ $o\dot{\iota}$ $\pi\varrho o\varphi\tilde{\eta}\tau\alpha\iota$ $\varkappa\alpha\grave{\iota}$ $\tau\grave{\alpha}$ $\ddot{\alpha}\lambda\lambda\alpha$ oder $\tau\grave{\alpha}$ $\lambda o\iota\pi\grave{\alpha}$ $\tau\tilde{\omega}\nu$ $\beta\iota\beta\lambda\acute{\iota}\omega\nu$ ($\pi\alpha\tau\varrho\acute{\iota}\omega\nu$) erwähnt werden, so werden damit keineswegs „die h. Schriften als eine längst geschlossene Sammlung nach ihren drei Theilen vorausgesetzt" (Keil § 155, Zündel, Daniel 231, Pusey, Daniel 295); es wird vielmehr nur vorausgesetzt, daß Sir. außer dem Pent. prophetische und andere heilige Bücher kannte, ohne daß sich bestimmen ließe, wie viele und welche. S. Welte 87. Dillmann 478. Stähelin 5.

§ 60. Der alttestamentliche Kanon der Juden. 161

Vgl. zu der obigen Darstellung Döllinger, Christenth. u. Kirche 148. Zu a. In dem Verzeichnisse des Origenes bei *Eus*. H. E. 6, 25 (fehlen durch einen Irrthum der Abschreiber die kl. Proph. und) steht Ἱερεμίας σὺν τοῖς θρήνοις καὶ τῇ ἐπιστολῇ (Var.) und am Schlusse: ἔξω δὲ τούτων ἐστὶ τὰ Μακκαβαϊκά, ἅπερ ἐπιγέγραπται Σαρβὶθ Σαβαναιέλ (s. § 52, 1). Das B. Bar. nennen unter den protok. BB. auch *Cyr. Hier., Epiph., Hil.* (§ 61, 7) und das Conc. Laod., und Const. ap. 5, 20 wird gesagt, es sei auch bei den Juden in Gebrauch; s. Reusch, Baruch 5. 8. 13. — Dagegen fehlt das B. Esther in den Verzeichnissen des Melito (bei *Eus*. H. E. 4, 26), Athanasius, Gregor Naz. (§ 61, 7) u. A.; s. Movers 28.

Zu b. S. die Stellen bei Delitzsch „Das H. L. verunreinigt die Hände", Ztf. f. luth. Theol. 1854, 280. Movers 26. Bleek 672. Fürst 83. 94. Daß es sich bei den Erörterungen der jüdischen Gelehrten „um Schriften handelte, die allgemein als kanonisch galten, von denen aber Einzelne glaubten, man hätte sie nicht in den Kanon aufnehmen sollen und sollte sie daher auch nicht in demselben lassen" (Welte 81; ähnlich Zündel, Daniel 196. 205), ist vollkommen richtig; aber solche Zweifel und das Gewicht, welches ihnen beigelegt wird, wären unerklärlich, wenn der Kanon allgemein als ein längst und endgültig „abgeschlossener" gegolten hätte.

Zu c. Vgl. *Raymundi Martini* Pugio fidei ed. J. B. Carpzov, Leipz. 1687, p. 125. Malou II, 36. Zunz, Die gottesdienstlichen Vorträge der Juden 101 ff. Fürst 127; s. o. § 56, 2. „Die Stellung, welche das rabbinische Judenthum zu jenen der LXX beigegebenen Schriften einnahm, entsprach ohne Zweifel seiner Stellung zu der LXX selbst. Diese wurde theils im Zusammenhange mit dem wachsenden Widerwillen gegen die griechische Literatur überhaupt, theils um des Ansehens willen, welches die LXX bei den Christen genoß, mehr und mehr eine feindselige." Oehler a. a. O. 256. Ewald, Gesch. VII, 465; vgl. § 73, 3.

3. **Flavius Josephus** (im ersten christlichen Jahrhundert) sagt von seinen Glaubensgenossen, sie hätten 22 heilige Bücher, nämlich 5 Bücher des Moyses, ferner 13 Bücher, in welchen die nach Moyses lebenden Propheten das aufgezeichnet hätten, was zu ihrer Zeit, vom Tode des Moyses bis auf Artaxerxes, geschehen sei, endlich 4 Bücher, welche Loblieder auf Gott und Sittenregeln enthielten. Mit diesen 22 Büchern meint Josephus wahrscheinlich alle protokanonischen und keine deuterokanonischen Bücher. Er fügt aber bei: „Auch von Artaxerxes bis auf unsere Zeit ist alles aufgezeichnet worden; es wird aber nicht desselben Glaubens werth erachtet, wie das Frühere, weil die genaue Aufeinanderfolge der Propheten mangelt." Josephus selbst benutzt auch in seinen Werken einige deuterokanonische Bücher und bezeichnet sie als heilige Schriften.

— Es darf aus dieser Stelle des Josephus geschlossen werden, daß zu seiner Zeit das kanonische Ansehen der protokanonischen Bücher allgemein anerkannt, das der deuterokanonischen dagegen von der Mehrzahl der hebraistischen Juden nicht anerkannt wurde, eine förmliche Ausschließung derselben vom Kanon jedoch noch nicht stattgefunden hatte. — Die Verzeichnisse, welche Melito von Sardes (im 2. Jahrh.) und Origenes (im 3. Jahrh.) von den bei den Juden anerkannten heiligen Büchern mittheilen, stimmen ziemlich genau mit denen des Hieronymus und des Talmud (Nro. 1).

Jos. c. Ap. 1, 8: Οὐ γὰρ μυριάδες βιβλίων εἰσὶ παρ' ἡμῖν ἀσυμφώνων καὶ μαχομένων, δύο δὲ μόνα πρὸς τοῖς εἴκοσι βιβλία, τοῦ παντὸς ἔχοντα χρόνου τὴν ἀναγραφήν, τὰ δικαίως θεῖα πεπιστευμένα (θεῖα fehlt in den Hss. und steht nur bei *Eus.* H. E. 3, 10). καὶ τούτων πέντε μέν ἐστι τὰ Μωυσέως ... ἀπὸ δὲ τῆς Μωυσέως τελευτῆς μέχρι τῆς Ἀρταξέρξου τοῦ μετὰ Ξέρξην Περσῶν βασιλέως ἀρχῆς οἱ μετὰ Μωυσῆν προφῆται τὰ κατ' αὐτοὺς πραχθέντα συνέγραψαν ἐν τρισὶ καὶ δέκα βιβλίοις. αἱ δὲ λοιπαὶ τέσσαρες ὕμνους εἰς τὸν θεὸν καὶ τοῖς ἀνθρώποις ὑποθήκας τοῦ βίου περιέχουσιν. ἀπὸ δὲ Ἀρταξέρξου μέχρι τοῦ καθ' ἡμᾶς χρόνου γέγραπται μὲν ἕκαστα, πίστεως δὲ οὐχ ὁμοίας ἠξίωται τοῖς πρὸ αὐτῶν διὰ τὸ μὴ γενέσθαι τὴν τῶν προφητῶν ἀκριβῆ διαδοχήν. Die 4 Bücher der letzten Classe sind sicher die Psalmen und die 3 salomonischen Bücher, die 13 Bücher der zweiten Classe höchst wahrscheinlich folgende: 1. Jos., 2. Richter und Ruth, 3. Sam., 4. Kön., 5. Paral., 5 Esdras und Neh., 7. Esther, 8. Job, 9. Is., 10 Jer. mit den Klagel., 11. Ezech., 12. Dan., 13. die kl. Proph. Vgl. Welte 68 gegen Movers 26 und Haneb. 740. An andern Stellen zählt aber Josephus auch noch andere als die protok. Bücher zu den ἱεραὶ βίβλοι, vgl. Movers 14. Bleek, St. u. Kr. 323.

Ueber die Verzeichnisse des Melito und Orig. s. o. Nro. 2. Anm. zu a.

4. Die Frage, welche Bücher bei den Juden zur Zeit Christi als kanonisch gegolten (§ 59, 5), läßt sich also nur dahin beantworten, daß hinsichtlich des Umfanges des alttestamentlichen Kanons bei den Juden damals eine allgemeine Uebereinstimmung nicht geherrscht habe. Es bleibt mithin auf anderm Wege zu untersuchen, in welchem Umfange der alttestamentliche Kanon von Christus approbirt worden ist (vgl. § 59, 6).

§ 61.
Der alttestamentliche Kanon der Kirche.

A. Vincenzi, Sessio IV. Conc. Trid. etc. (s. o. S. 5). Malou und Bleek a. a. O. (s. § 60). Welte, Ueber das kirchliche Ansehen der deuterok.

Bücher, Tüb. Q.=S. 1839, 224. *Chr. Wordsworth*, On the canon of the Scriptures, London 1848. *E. Reuss*, Histoire du canon des saintes écritures dans l'église chrétienne (2), Straßburg 1864. *Pusey*, Eirenicon III, Orford 1870, S. 122.

Daß die protokanonischen Bücher von jeher und mit allgemeiner Uebereinstimmung in der Kirche als Bestandtheile des alttestamentlichen Kanons angesehen worden sind, wird von keiner Seite bezweifelt; es handelt sich also hier nur um das kanonische Ansehen der deuterokanonischen Bücher.

I. Aus dem Neuen Testamente läßt es sich wenigstens als wahrscheinlich nachweisen, daß Christus auch die deuterokanonischen Bücher zum Kanon des A. T. gezählt hat.

a. Die griechische Uebersetzung des A. T. wird zwar im N. T. nicht ausdrücklich approbirt, aber die alttestamentlichen Stellen werden oft nach ihr citirt, und zwar auch solche, bei denen sie vom hebräischen Texte abweicht. Das zeigt, daß diese griechische Uebersetzung von den Aposteln als authentische Ausgabe des A. T. gebraucht wurde, und macht es von vornherein wahrscheinlich, daß die Apostel auch diejenigen Theile des griechischen A. T., welche sich im hebräischen A. T. nicht finden, als kanonisch ansahen.

Hieronymus sagt zwar in Is. l. 15 init. und oft, im N. T. würden Stellen des A. T. nach der LXX nur dann citirt, wenn diese mit dem Hebr. übereinstimme; aber an andern Stellen, z. B. zu Is. 6, 9, spricht er das Richtige aus. Citate aus der LXX, abweichend vom Hebr., finden sich z. B. Mth. 15, 8. 9; Apg. 2, 25—28; 7, 42. 43; Röm. 15, 10. 12; Hebr. 2, 7; 10, 5—7; 11, 21. Von etwa 350 Citaten sind nur etwa 50 von der LXX abweichend. Döllinger, Christenth. u. K. 151. *E. F. Kautzsch*, de locis V. T. a Paulo allegatis, Lpz. 1869. — Mit Rücksicht auf diesen Gebrauch der LXX im N. T. sagt *Aug.* Ep. 28, al. 19, 35: ab apostolis approbata est.

b. Es werden zwar im N. T. keine Stellen aus den deuterokanonischen Büchern ausdrücklich citirt, — wie auch nicht aus mehrern protokanonischen Büchern, z. B. Richter, Pred., H. L., —, aber es gibt Stellen des N. T., in welchen allem Anscheine nach auf Stellen der deuterokanonischen Bücher angespielt wird. Daraus folgt wenigstens, daß diese Bücher den Aposteln bekannt waren und von ihnen benutzt wurden.

Vgl. z. B. Luk. 6, 31 mit Tob. 4, 16, Mth. 27, 40. 43 mit Weish. 2, 17 ff.,

Röm. 1, 20 ff. mit Weish. 13—15, Röm. 9, 22—23 mit Weish. 12, 20. 21, Röm. 13, 1 mit Weish. 6, 4, Hebr. 1, 3 mit Weish. 7, 26. S. Vincenzi I, 13 und besonders Bleek a. a. O. 335.

II. Daß Christus und die Apostel die deuterokanonischen Bücher als kanonisch anerkannt haben, ergibt sich als sicher aus der Tradition.

1. Die ältern griechischen Kirchenschriftsteller benutzten ausschließlich die alte griechische Uebersetzung des A. T., die lateinischen eine nach dieser wahrscheinlich schon im 2. Jahrhundert angefertigte lateinische Uebersetzung (§ 74, 1). In beiden waren die deuterokanonischen Bücher enthalten. Es finden sich darum bei den Kirchenschriftstellern der drei ersten Jahrhunderte nicht nur Anspielungen auf die deuterokanonischen Bücher, sondern es werden auch Stellen aus denselben theils neben oder mitten unter Stellen aus den protokanonischen Büchern, theils mit Anführungsformeln citirt, wie sie nur bei Bibelstellen gebraucht werden, wie „die h. Schrift sagt" u. dgl.

Schon in den ältesten Handschriften des griechischen A. T. (§ 73, 6) stehen die deuterok. Bücher mitten unter den protok. — In Bezug auf die Belegstellen aus den Kirchenschriftstellern muß hier und bei den folgenden Nummern auf Herbst, Scholz, Malou und besonders Vincenzi verwiesen werden, für einzelne Bücher auf Khell (Auctoritas utriusque l. Macc. p. 8), Nickes (de l. Judithae p. 58), Schmid (B. der Weish. 2) und Reusch (Baruch 3 und Obs. crit. in l. Sap.). — Ueber die apostolischen Väter und die Apologeten, besonders Justin, s. Herbst 29. — Neben ἡ (θεία) γραφὴ λέγει finden sich beim Citiren von Bibelstellen auch φησί, εἴρηται, γέγραπται, γάρ u. dgl. Allerdings werden auch einige Apokryphen so citirt, aber diese Citate sind ganz vereinzelt im Vergleich zu denen aus den deuterok. Büchern.

Clem. Rom. 1 Cor. c. 3. 27. 55. *Polyc.* Ep. c. 10. *Barn.* Ep. c. 19 (?). *Athenag.* Leg. c. 6, § 69. *Iren.* adv. haer. 4, 5, 2; 5, 35 etc. *Hippol.* c. Jud. § 9 etc. *Dion. Al.* de mart. c. 2 etc. *Tert.* Praescr. c. 7 etc. *Commod.* Carmen apol. v. 366, — sehr oft *Clem. Al., Cypr.* und *Orig.* (Pusey 133). — Ueber die Const. apost. s. Herbst 30.

2. Die bildlichen Darstellungen aus den ersten christlichen Jahrhunderten, namentlich in den römischen Katakomben, haben neben Scenen aus dem Leben des Moyses, Jonas ꝛc. auch Personen und Ereignisse aus den deuterokanonischen Büchern zum Gegenstande, z. B. Tobias, Susanna und die machabäischen Brüder.

§ 61. Der alttestamentliche Kanon der Kirche.

Daraus folgt wenigstens, daß der Inhalt dieser Bücher den alten Christen als heilige Geschichte bekannt war.

Scholz I, 737. J. S. Northcote, die römischen Katakomben, Köln 1860 (3), 93.

3. Verzeichnisse der alttestamentlichen Bücher haben wir außer denen von Melito und Origenes (§ 60, 3) aus den drei ersten Jahrhunderten nicht. Wiewohl Origenes wußte, daß die deuterokanonischen Bücher nicht in der hebräischen Bibel standen, citirt er sie nicht nur unzählige Male, sondern vertheidigt auch ausdrücklich ihre Kanonicität, besonders in dem Briefe an Africanus, den Einzigen in dieser Zeit, von welchem wir wissen, daß er daran zweifelte.

Vgl. *Orig.* in Matth. Comm. 61: Ausi sumus uti in hoc loco Danielis exemplo, non ignorantes, quoniam in Hebraeo positum non est, sed quoniam *in ecclesiis tenetur*. Vgl. *Hippol.* (Opp. ed. Lagarde p. 147) über Dan. 13: ταῦτα μὲν οὖν οἱ τῶν Ἰουδαίων ἄρχοντες βούλονται νῦν περικόπτειν τῆς βίβλου. — In der interessanten Correspondenz zwischen Africanus und Orig. (*Orig.* Opp. I, 12) handelt es sich zunächst um Dan. 13 (s. § 44).

4. Besonders bemerkenswerth ist, daß bei den Controversen zwischen Orthodoxen und Häretikern Citate aus den deuterokanonischen Büchern beiderseits anerkannt und weder von der einen noch von der andern Seite mit der Einrede bestritten wurden, sie seien nicht aus einem kanonischen Buche entnommen.

Hippol. c. Noët. 2 und 5 bestreitet nur die Deutung, welche die Noetianer der Stelle Bar. 3, 36 gaben. Aehnlich *Eus.* c. Marc. 2, 1. *Opt.* schism. Don. 4 (Vincenzi I, 72). — Den Arianern gegenüber citiren die Väter oft Bar. 3, 36 und andere Stellen (Vinc. I, 76, Reusch, Bar. 268). Vgl. *Aug.* (ed. Migne) II, 1047. VIII, 686. 726. 791. 813. IX, 55. 63. X, 1420. — Die Semipelagianer waren die Ersten, welche gegen ein ihnen unbequemes Citat die angedeutete Einrede erhoben; dagegen *Aug.* praed. sct. 14: Non debuit repudiari Sapientiae liber, qui meruit in ecclesia Christi de gradu lectorum tam longa annositate recitari atque ab omnibus christianis ab episcopis usque ad extremos laicos ... cum veneratione divinae auctoritatis audiri (vgl. Ep. 64, al. 235, 3); s. Vinc. I, 78.

5. Wie in die älteste lateinische Bibelübersetzung, so gingen die deuterokanonischen Bücher mit den protokanonischen aus der griechischen Uebersetzung auch in andere alte Uebersetzungen über. Da Hieronymus nur zwei derselben neu übersetzte, behielt

man in der lateinischen Kirche neben seiner Uebersetzung des A. T. die andern aus der frühern Uebersetzung bei (§ 74, 3).

Ueber die alten Uebersetzungen s. u. § 77, 2. In dem Cod. Amiatinus der Vulg. aus dem Anfang des 6. Jahrh. stehen die deuterok. Bücher (mit Ausnahme von Bar.) zwischen den von Hieron. übersetzten; Vinc. II, 105.

6. Wie von den Kirchenschriftstellern der drei ersten Jahrhunderte, so werden auch von den meisten griechischen und lateinischen Kirchenschriftstellern der nächstfolgenden Jahrhunderte die deuterokanonischen Bücher ganz ebenso citirt, wie die protokanonischen. **Augustinus** doctr. chr. 2, 8 zählt dieselben Bücher auf, wie das Tridentinum.

Keine Verzeichnisse, aber viele Citate finden sich bei dem Syrer **Ephräm** (vgl. Tüb. Q.-S. 1866, 244), bei den Griechen **Didymus, Basilius, Gregor von Nyssa, Chrysostomus, Cyrillus von Alex. u. A.**, bei den Lateinern **Lactantius, Firmicus Maternus, Ambrosius, Orosius, Zeno, Paulinus, Leo u. A.** — Eusebius theilt die Verzeichnisse von Melito und Origenes mit (§ 60, 2) und bezeichnet die protok. Bücher als αἱ παρὰ τε Ἰουδαίοις καὶ ἡμῖν πεπιστευμέναι θεῖαι γραφαί (Ecl. proph. 1, 1); er weiß auch, daß οἱ ἐκ περιτομῆς nur 22 θεόπνευστοι γραφαί haben; aber er citirt die deuterok. BB. gerade so, wie die protok.

Aug. doctr. chr. 2, 8: Totus autem canon scripturarum his libris continetur (folgen die protok. und deuterok. BB. ohne Unterscheidung.) His 44 libris Testamenti Veteris terminatur auctoritas. Vgl. Welte 271. Aeußerungen wie c. Gaud. 1, 31: Hanc scripturam quae appellatur Machabaeorum non habent Judaei sicut legem et prophetas et psalmos, quibus Dominus testimonium perhibet tanquam testibus suis (Luk. 24, 44); sed *recepta est ab ecclesia* non inutiliter, si sobrie legatur vel audiatur, finden in zahllosen andern ihre Erklärung resp. Berichtigung; vgl. unten S. 171.

7. Einige der angesehensten Väter des vierten Jahrhunderts sprechen sich aber, wo sie die Bücher des A. T. aufzählen, über die deuterokanonischen Bücher ganz anders aus, nämlich unter den Griechen **Athanasius** († 373), **Cyrillus von Jerusalem** († 386) und **Gregorius von Nazianz** († um 390), unter den Lateinern **Hilarius** († 366), **Rufinus** († 410) und **Hieronymus** († 420). Sie zählen entweder nur die protokanonischen Bücher auf, oder bezeichnen nur diese als „kanonisch", die deuterokanonischen Bücher aber mit einem andern Namen, ἀναγινωσκόμενα, libri ecclesiastici u. dgl., einzelne Male sogar apo-

crypha. — Ebendieselben Väter citiren indeß gleichwohl in ihren Werken sehr oft Stellen aus den deuterokanonischen Büchern gerade so wie Stellen aus den protokanonischen, und ausdrücklich als Stellen der h. Schrift, stellen also in praxi, wie die andern Kirchenschriftsteller, die beiden Classen einander gleich. Auf diese constante Praxis aber ist hier, wo es sich um Ermittlung der kirchlichen Anschauung ihrer Zeit handelt, mehr Gewicht zu legen, als auf jene vereinzelten und zudem theilweise nur gelegentlichen und schwankenden Aeußerungen. — Die angeführten Unterscheidungen beruhen auf der Thatsache, daß die deuterokanonischen Bücher nicht, wie die protokanonischen, auch von den Juden anerkannt wurden, und auf der auch von Andern aus dieser Thatsache gezogenen Folgerung, daß sie in der Polemik gegen die Juden nicht citirt werden könnten. Dieser Unterschied soll in jenen Distinctionen zunächst hervorgehoben werden, wiewohl es diesen Vätern nicht gelang, dafür den richtigen Ausdruck zu finden. Wenn sie in jenen Distinctionen den deuterokanonischen Büchern wirklich ein geringeres Ansehen zusprechen wollen, — was nur bei Einigen wahrscheinlich ist, — so stimmt das nicht zu dem traditionellen Glauben der Kirche, und, wie gesagt, auch nicht zu der Praxis, welche diese Väter selbst befolgen.

Ath. Ep. fest. (Opp. I, 767): Ἔδοξε κἀμοί, προτραπέντι παρὰ γνησίων ἀδελφῶν καὶ μαθόντι ἄνωθεν, ἑξῆς ἐκθέσθαι τὰ κανονιζόμενα καὶ παραδοθέντα, πιστευθέντα τε θεῖα εἶναι βιβλία, τῷ ἀριθμῷ τὰ πάντα εἰκοσιδύο· τοσαῦτα γάρ, ὡς ἤκουσα, καὶ τὰ στοιχεῖα τὰ παρ' Ἑβραίοις εἶναι παραδέδοται... ἔστι τοίνυν τῆς μὲν παλαιᾶς διαθήκης βιβλία (folgen die protok. BB. mit Ausnahme von Esther, Ἱερεμίας καὶ σὺν αὐτῷ Βαρούχ, Θρῆνοι, ἐπιστολή, — dann die neutest. BB.) ... ἀλλ' ἕνεκά γε πλείονος ἀκριβείας προστίθημι καὶ τοῦτο γράφων ἀναγκαίως, ὡς ὅτι ἔστι καὶ ἕτερα βιβλία τούτων ἔξωθεν, οὐ κανονιζόμενα μέν, τετυπωμένα δὲ παρὰ τῶν πατέρων ἀναγινώσκεσθαι τοῖς ἄρτι προσερχομένοις καὶ βουλομένοις κατηχεῖσθαι τὸν τῆς εὐσεβείας λόγον· σοφία Σολομῶντος καὶ σοφία Σιράχ καὶ Ἐσθὴρ καὶ Ἰουδὶθ καὶ Τωβίας καὶ διδαχὴ καλουμένη τῶν ἀποστόλων καὶ ὁ ποιμήν· καὶ ὅμως κἀκείνων κανονιζομένων καὶ τούτων ἀναγινωσκομένων οὐδαμῶς τῶν ἀποκρύφων μνήμη κτλ. — Die bem Ath. zugeschriebene Synopsis scripturae ist nicht von ihm, sondern aus späterer Zeit (s. Credner, Zur Gesch. des Kanons 127), hat übrigens wesentlich dieselben Angaben.

Cyr. Hier. Cat. 4, 33: φιλομαθῶς ἐπίγνωθι παρὰ τῆς ἐκκλησίας, ποῖαι μέν εἰσιν αἱ τῆς παλαιᾶς διαθήκης βίβλοι, ποῖαι δὲ τῆς καινῆς, καί μοι μηδὲν τῶν ἀποκρύφων ἀναγίνωσκε· ὁ γὰρ τὰ παρὰ πᾶσιν ὁμολογούμενα μὴ εἰδὼς τί περὶ τὰ ἀμφιβαλλόμενα ταλαιπωρεῖς μάτην; ἀναγίνωσκε τὰς θείας γραφὰς, τὰς εἴκοσι δύο βίβλους τῆς παλαιᾶς διαθήκης (folgen die protof. BB. des A. T., darunter καὶ Ἱερεμίου μετὰ Βαροὺχ καὶ θρήνων καὶ ἐπιστολῆς, dann die neutest. BB.) ... τὰ δὲ λοιπὰ πάντα ἔξω κείσθω ἐν δευτέρῳ.

Greg. Naz. Carm. I. 1, 12 (al. 34): Ὄφρα δὲ μὴ ξείνῃσι νόον κλέπτοιο βίβλοισι, Πολλαὶ γὰρ τελέθουσι παρέγγραπτοι κακότητες, Δέχνυσο τοῦτον ἐμεῖο τὸν ἔγκριτον, ὦ φίλ', ἀριθμόν (folgen die protof. BB. mit Ausnahme von Esther, 12 hiſtor., 5 poet., στιχηραί, und 5 prophet.). Ἀρχαίας μὲν ἔθηκα δύω καὶ εἴκοσι βίβλους, Τοῖς τῶν Ἑβραίων γράμμασιν ἀντιθέτους (folgen die neutest. BB. mit Ausnahme der Apof.). Εἴ τι τούτων ἐκτὸς, οὐκ ἐν γνησίαις. — Carm. II. 2, 8 (al. 125) ad Seleucum (nach Einigen von Gregors Zeitgenoſſen Amphilochius von Ikonium) v. 252: ... Οὐχ ἅπασα βίβλος ἀσφαλής Ἡ σεμνὸν ὄνομα τῆς γραφῆς κεκτημένη. Εἰσὶν γὰρ, εἰσὶν ἔσθ' ὅτε ψευδώνυμοι Βίβλοι· τινὲς μὲν ἔμμεσοι καὶ γείτονες, Ὡς ἄν τις εἴποι, τῶν ἀληθείας λόγων· Αἱ δ' αὖ νόθοι τε καὶ λίαν ἐπισφαλεῖς.... Τούτων χάριν σοι τῶν θεοπνεύστων ἐρῶ Βίβλων ἑκάστην, ὡς δ' ἂν εὐκρινῶς μάθῃς. Τὰς τῆς παλαιᾶς πρῶτα διαθήκης ἐρῶ. (Folgen die protof. BB. ohne Esther.) v. 288: Τούτοις προςεγκρίνουσι τὴν Ἐσθὴρ τινες. (Folgen die neutest. BB. ohne Apof.) v. 316: Τὴν δ' ἀποκάλυψιν τὴν Ἰωάννου πάλιν Τινὲς μὲν ἐγκρίνουσιν, οἱ πλείους δέ γε Νόθον λέγουσιν· οὗτος ἀψευδέστατος Κανὼν ἂν εἴη τῶν θεοπνεύστων γραφῶν.

Ruf. in Symb. c. 37. 38: Quae sunt N. ac V. Testamenti volumina, quae secundum majorum traditionem per ipsum Spiritum S. inspirata creduntur et ecclesiis Christi tradita, competens videtur in hoc loco ... designare. (Folgen die protof. BB. des A. und die BB. des N. T.) Haec sunt, quae patres *intra canonem concluserunt et ex quibus fidei nostrae assertiones constare voluerunt.* Sciendum tamen est, quod et alii libri sunt, qui *non canonici, sed ecclesiastici* a majoribus appellati sunt: id est Sap. quae dicitur Salomonis, et alia Sap. quae dicitur filii Sirach; ... ejusdem vero ordinis libellus est Tob. et Judith et Macc. libri, in Novo vero T. libellus, qui dicitur Pastoris ... quae omnia *legi quidem in ecclesiis voluerunt, non tamen proferri ad auctoritatem ex his fidei confirmandam.* Ceteras vero scripturas *apocryphas* nominarunt, quas in ecclesiis legi noluerunt.

Hier. Prol. gal. zählt die protof. BB. auf und sagt dann: Quidquid extra hos est, inter *apocrypha* ponendum. Igitur Sap. quae vulgo Salomonis inscribitur et Jesu filii Sirach liber et Judith et Tob. et Pastor (ſ. o. *Ath.*) *non sunt in canone.* Mach. primum librum hebraicum reperi, secundus graecus est etc. Vgl. Praef. in ll. Sal.: Fertur et Jesu f. Sir. liber et . . Sap. Sal. . . . Sicut ergo Judith et Tob. et Mach. libros *legit quidem ecclesia, sed inter canonicas scripturas non recipit,* sic et haec duo volumina *legal ad aedificationem plebis, non ad auctoritatem ecclesiasticorum dogmatum confirmandam.*

Mit Unrecht zählt man gewöhnlich auch Epiphanius († 403) zu diesen Vätern. Er sagt de pond. c. 22. 23: Διὸ καὶ εἰκοσιδύο εἰσὶ τὰ παρὰ τοῖς Ἑβραίοις γράμματα, καὶ πρὸς αὐτὰ καὶ τὰς βίβλους αὐτῶν κβ´ ἠρίθμησαν . . . ὧν πρώτη Βρησίθ (folgen die protok. BB.). Epiph. spricht hier offenbar vom jüdischen Kanon; desgl. Haer. 1, 8, 7 (Opp. I, 19): Ἔσχον δὲ οὗτοι οἱ Ἰουδαῖοι ἄχρι τῆς ἀπὸ Βαβυλῶνος αἰχμαλωσίας ἐπανόδου βίβλους τε καὶ προφήτας τούτους καὶ προφητῶν βίβλους ταύτας (folgen die protok. BB., darunter aber Ἱερεμίαν μετὰ τῶν θρήνων καὶ ἐπιστολῶν αὐτοῦ τε καὶ τοῦ Βαροὺχ) . . . καὶ αὗταί εἰσιν αἱ εἰκοσιέπτα βίβλοι, αἱ ἐκ θεοῦ δοθεῖσαι τοῖς Ἰουδαίοις, εἰκοσιδύο δὲ ὡς τὰ παρ᾽ αὐτοῖς στοιχεῖα τῶν ἑβραϊκῶν γραμμάτων ἀριθμούμεναι . . . εἰσὶ δὲ καὶ ἄλλαι δύο βίβλοι παρ᾽ αὐτοῖς ἐν ἀμφιλέκτῳ, ἡ σοφία τοῦ Σιρὰχ καὶ ἡ τοῦ Σολομῶντος, χωρὶς ἄλλων τινῶν βιβλίων ἐναποκρύφων [sc. παρ᾽ αὐτοῖς]. πᾶσαι δὲ αὗται ἱεραὶ βίβλοι τὸν Ἰουδαϊσμὸν ἐδίδασκον. Auch Haer. 1. 3, t. 1 (haer. 56. vel 76) c. 5 (Opp. I, 941) werden die deuterok. BB. zwar von den protok. unterschieden, aber in ganz unbedenklicher Weise: Εἰ γὰρ τίς ἐξ ἁγίου πνεύματος γεγεννημένος καὶ προφήταις καὶ ἀποστόλοις μεμαθητευμένος, ἔδει σε διελθόντα ἀπ᾽ ἀρχῆς γενέσεως κόσμου ἄχρι τῶν τῆς Ἐσθὴρ χρόνων ἐν εἴκοσι καὶ ἑπτὰ βίβλοις παλαιᾶς διαθήκης εἰκοσιδύο ἀριθμουμέναις, τέτρασι δὲ ἁγίοις εὐαγγελίοις (folgen die neutest. BB.), . . . ἔν τε ταῖς σοφίαις, Σολομῶντός τέ φημι καὶ υἱοῦ Σιρὰχ, καὶ πάσαις ἁπλῶς γραφαῖς θείαις κτλ.

Auch Hilarius kann kaum diesen Vätern beigezählt werden. Er sagt Prol. in Ps. § 15: *Et ea causa est, ut in* XXII *libros lex Testamenti V. deputetur, ut cum literarum numero convenirent. Qui ita secundum traditionem veterum deputantur, ut Moysi sint libri V* . . . (folgen die protok. BB., darunter Jerem. cum lamentatione et epistola) . . . *Quibusdam autem visum est, additis Tobia et Judith* XXIV *libros secundum numerum graecarum literarum connumerare.* Diese Bemerkungen sind aber, mit Ausnahme des letzten Satzes, fast wörtlich aus Origenes (bei *Eus.* H. E. 6, 25; s. o. S. 161) entnommen, und das *secundum traditionem veterum* entspricht dem ὡς οἱ Ἑβραῖοι παραδιδόασιν.

Ganz vereinzelt steht Junilius (s. o. S. 3), der c. 3—6 libri perfectae, mediae und nullius auctoritatis unterscheidet und zur 2. Classe (*quos adjungunt plures, qui non inter canonicas scripturas currunt, quoniam apud Hebraeos quoque super hac differentia recipiebantur, sicut Hieron. caeterique testantur*) Paral., Job, Esdr., Judith, Esth., Mach., Weish. u. H. L., zur 1. auch Sir. zählt.

Die genannten Väter stellen sonst in praxi die deuterok. Bücher den protok. gleich. Vgl. Herbst I, 34. Die dort gegebenen Citate sind leicht zu vermehren. Hieronymus z. B. citirt Stellen aus deuterok. BB. mit divina scriptura loquitur (Ep. 118, 1), mit audiamus scripturam monentem (in Is. l. 15. p. 663), mit dicente scriptura (in Jer. l. 4. p. 972, in Ez. l. 14. p. 564, in Is. l. 2. p. 57, l. 5. p. 227), mit alio propheta loquente (in Jer. l. 1. p. 838), mit scriptum est (in Is. l. 1. p. 27, l. 2. p. 48, l. 9. p. 386. 395, l. 11. p. 458, l. 18. p. 788, in Ez. l. 6. p. 207, l. 13. p. 561, in Zach. l. 3. p. 924, in Mal. p. 955), mit legimus in alio loco (in Ez. l. 4. p. 182, in Os. l. 2. p. 102) u. f. w. An zahllosen Stellen citirt und benutzt Hieronymus deuterok. BB. ebenso wie die protok., ohne sie ausdrücklich mit solchen Formeln anzuführen; vgl. *Reusch*, Obs. crit. in l. Sap. p. 8. *Pusey* 130. — Von Rufinus vgl. bef. Apol. 2, 32—35.

Hilarius zählt a. a. O. die alttest. Bücher bei Gelegenheit der Besprechung der alphabetischen Psalmen auf; die Rücksicht auf die Zahl der Buchstaben des hebräischen Alphabets hat bei Mehrern dazu mitgewirkt, die 22 protokanonischen Bücher an erster Stelle zu erwähnen und die andern in der Kirche als kanonisch angesehenen Bücher als eine Art von Anhang zu jener Hauptmasse des Kanons zu behandeln. *Orig.* in Ps. 1 (II, 528): Καὶ τὸ εἶναι τὰς ἐνδιαθήκους βίβλους, ὡς Ἑβραῖοι παραδιδόασιν, δύο καὶ εἴκοσιν, ὅσος ὁ ἀριθμὸς τῶν παρ᾽ αὐτοῖς στοιχείων ἐστίν, οὐκ ἄλογον τυγχάνει. *Eucher.* l. form. c. 11 (*Migne* L, 771): XXII ad sacramentum divinorum voluminum secundum literas Hebraeorum. Orig. und Eucherius erkennen gleichwohl die deuterok. Bücher an. *Victorinus Pet.* in Apoc. 4 (*Migne* V, 325) zählt mit Rücksicht auf die 24 Aeltesten Apok. 4, 4. 24 h. Bücher. — Die sog. „Vorreden" des h. Hieronymus zu den alttest. Büchern, auch der Prol. gal., sind zunächst nur Briefe an Freunde. Neben den darin vorkommenden bedenklichen Aeußerungen über die deuterokanonischen Bücher finden sich bei ihm auch andere, z. B. in den Vorreden zu Tob. und Jud.; sehr oft citirt er sie mit Formeln, wie si cui tamen placet librum recipere u. dgl., in Dan. p. 676, in Jon. p. 390, in Hab. p. 590, in Agg. p. 745, in Zach. l. 2. p. 839, l. 3. p. 902. 938, Ep. 54, 16 u. f. w. (In derselben Weise citirt er den Hebräerbrief, in ep. ad Eph. l. 2. p. 583 u. o.) Wie er selbst sagt, führt er in seinen exegetischen Schriften oft die Ansichten Anderer an, ohne ausdrücklich sein Urtheil darüber auszusprechen (in Jer. prol., c. Ruf. 2, 33); so will er im Prol. gal. jedenfalls zunächst die Ansicht der Juden mittheilen. Vgl. noch c. Jov. 2, 15: licet hoc in hebraicis voluminibus non invenerimus; — c. Pel. 1, 33, nachdem er Weish. 1, 1 citirt: Ac ne forte huic volumini contradicas, audi apostolum . . et Ecclesiasten, de quo certe libro nulla est ambiguitas.

Darauf, daß die deuterok. Bücher den Juden gegenüber nicht citirt werden konnten, bezieht sich zunächst *Ruf.* l. c., *Hier.* Praef. in 11. Sal., Praef. in Judith: cujus auctoritas *ad roboranda illa, quae in contentionem veniunt,* minus idonea judicatur. — Aehnlich *Aug.* C. D. 17, 20: Adversus contradictiones non tanta firmitate proferuntur, quae scripta non sunt in canone Judaeorum. *Orig.* de or. 14: ἐπεὶ δὲ τὸ μὲν ἐν τῷ Δανιὴλ ῥητὸν ὠβέλισαν ὡς μὴ κείμενον ἐν τῷ ἑβραικῷ, τῇ δὲ τοῦ Τωβὶτ βίβλῳ ἀντιλέγουσιν οἱ ἐκ περιτομῆς ὡς μὴ ἐνδιαθήκῳ, παραθήσομαι ἐκ τῆς πρώτης τῶν βασιλειῶν.

Von den meisten Vätern werden die beiden Classen von Büchern zusammen den Apokryphen gegenüber gestellt, f. *Ath, Greg., Ruf.* l. c. Wenn Hieron. im Prol. gal. die deuterok. Bücher zu den Apokryphen zählt, so ist das im Sinne der Juden gesagt (vgl. Praef. in Tob. und in Jud., wo apocrypha, nicht hagiographa zu lesen ist); denn Praef. in II. Sal. spricht er anders und sonst bezeichnet er mit jenem Namen ganz andere Bücher, vgl. in Is. 1. 17. p. 761, c. Vig. 6. Κανονιζόμενα und ἀναγινωσκόμενα, libri canonici und ecclesiastici u. dgl. entspricht unserm „protok. und deuterok." — Vgl. noch *Hier.* ep. ad Dard. 129, 3, wo libri canonici *et ecclesiastici* den apocryphi gegenübergestellt werden, und *Aug.* C. D. 18, 36: Non in scripturis sanctis, quae *canonicae* appellantur, sed in *aliis* invenitur, in quibus sunt et Machabaeorum libri, *quos non Judaei, sed ecclesia pro canonicis habet.* Derf. Ep. 82, al. 19, 22: ab auctoribus *sanctarum* scripturarum, et maxime *canonicarum* omnino abesse mendacium.

8. Diese Aeußerungen über den Umfang des alttestamentlichen Kanons, denen ähnliche Schwankungen in Bezug auf den neutestamentlichen Kanon zur Seite stehen, waren wohl mit Veranlassung dazu, daß gegen Ende des vierten und im Anfange des fünften Jahrhunderts einige Concilien sich darüber aussprachen. Die Synode von Hippo v. J. 393, und die dritte und die sechste Provincial-Synode von Carthago, 397 und 419, stellen denselben Kanon auf, wie das Trienter Concil; desgleichen Papst Innocenz I. (405) in seinem Schreiben an Exsuperius von Toulouse.

Daß das Concil von Nicäa etwas über den Kanon beschlossen habe (vgl. *Hier.* Praef. in Judith), ist unwahrscheinlich; Hefele, Conciliengeschichte I, 354. Das Concil von Laodicea (zwischen 343 und 381) dagegen gibt im 60. Kanon ein Verzeichniß der biblischen Bücher, in welchem beim A. T. von den deuterok. Büchern nur Baruch erwähnt wird und beim N. T. die Apok. fehlt; Hefele I, 749. Reuß 191. Anspielungen und Citate aus deuterok. Büchern finden sich schon in ältern Synodalschreiben; Vincenzi I, 174.

Conc. *Hipp.* can. 36 (*Denzinger*, Enchiridion VIII): Item placuit, ut praeter scripturas canonicas nihil in ecclesia legatur sub nomine divinarum scripturarum. Sunt autem canonicae scripturae: Genesis ... Salomonis libri V. (f. § 56, 1), ... Esaias, Hieremias (über Bar. f. § 41, 3), ... Tob., Judith ... Mach. libri II. ... Hoc etiam fratri et consacerdoti nostro Bonifacio vel aliis earum partium episcopis pro confirmando isto canone innotescat, quia a patribus ista accepimus in ecclesia legenda.

Innoc. *I.* Ep. ad Exsup. 6, 7 (*Denzinger* X.): Qui vero libri recipiantur in canone, brevis annexus ostendit... Moysi libri V, ... prophetarum libri XVI, Salomonis V, ... Tobi liber I, Esther I, Judith I, Machabaeorum II etc.

Das Decret des P. Gelasius vom J. 494, welches denselben Kanon gibt (*Denzinger* XIX.), ist unecht; Hefele II, 599. — Daß die orientalische Synode von 692 (Concilium Trullanum II. oder Quinisextum) die Beschlüsse der africanischen Synoden über den Bibelkanon bestätigt habe (Welte, Tüb. Q.-S. 1839, 265), ist nicht nachzuweisen; Hefele III, 301. Reuß 264.

9. Seitdem fand das kanonische Ansehen der deuterokanonischen Bücher in der Kirche immer allgemeinere Anerkennung, wiewohl auch noch spätere Theologen die oben (Nro. 7) angeführten ungenauen Aeußerungen einzelner Väter wiederholen, namentlich lateinische Theologen bis tief in das Mittelalter hinab die in den Vorreden des h. Hieronymus vorkommenden Sätze. In den kirchlich recipirten Bibelübersetzungen der abendländischen und der morgenländischen Kirche behielten die deuterokanonischen Bücher ihren Platz zwischen den protokanonischen, und in die liturgischen Bücher wurden Stücke aus allen Büchern des A. T. ohne Unterschied aufgenommen. Die **schismatischen Kirchen** des Orients stimmen in diesem Punkte mit der katholischen Kirche überein. — Auf dem **Concil von Florenz** war 1441 der Umfang des alttestamentlichen Kanons schon in derselben Weise bestimmt worden, wie auf dem Concil von Trient.

Cassiodorus (Inst. c. 12. 13) stellt das Verzeichniß bei *Hier.* Prol. gal. und das bei *Aug.* doctr. chr. 2, 8 neben einander. An Hieronymus schließt sich an der Ausdruck bei *Greg. M.* Mor. 19, 21: De qua re non inordinate agemus, si ex libris licet non canonicis, tamen ad aedificationem ecclesiae editis testimonium proferamus (folgt 1 Mach. 6, 46). *Hugo a S. Caro*, Prol. in Eccli.: Apocryphorum duo sunt genera. Quaedam sunt, quorum et auctor et veritas ignoratur, ut est liber de infantia Salvatoris ... et hos non recipit ecclesia. Alii sunt, quorum auctor ignoratur, sed de veritate non dubitatur, ut est liber Judith et Mach. et l. Sap. et Eccli., l. Tob. et Pastor; et hos recipit ecclesia, non ad fidei dogmatum assertionem, sed ad morum instructionem. *Thom.* S. th. 1. q. 89, a. 8 ad 2. Vgl. Welte a. a. O. 255. Reuß 265 ff. *Pusey* 345. Malou II, 100 ff. (S. 88: „Im Mittelalter las man den Prol. gal. des Hieron. überall, während die Apologie gegen Rufin, worin er sich anders ausspricht, wenig bekannt war.")

Ueber die liturgischen Bücher s. Malou II, 142.

§ 61. Der alttestamentliche Kanon der Kirche.

Ueber die schismatischen Orientalen s. Malou II, 132 ff. — Das Auf=
treten des (protestantisirenden) Patriarchen Cyrillus Lukaris (vgl. Tüb.
Q.=S. 1843, 570. 590) veranlaßte eine griechisch=schismatische Synode zu
Jerusalem 1672 zu der Erklärung: ἡμεῖς γὰρ μετὰ τῶν ἄλλων τῆς θείας
γραφῆς γνησίων βιβλίων καὶ ταῦτα (die deuterot.) γνήσια τῆς γραφῆς μέρη
κρίνομεν, ὅτι ἡ παραδόσασα ἀρχαία συνήθεια καὶ μάλιστα ἡ καθολικὴ
ἐκκλησία γνήσια εἶναι τὰ ἱερὰ εὐαγγέλια καὶ τὰ ἄλλα τῆς γραφῆς βιβλία
καὶ ταῦτα εἶναι τῆς ἁγίας γραφῆς μέρη ἀναμφιβόλως παρέδωκεν, καὶ τούτων ἡ ἄρνησίς ἐκείνων ἐστὶν ἀθέτησις.

Ueber das Florentinum s. *Pallavicini*, Hist. conc. Tr. 6, 11, 11. Welte 245.

Anm. In Luthers Bibelübersetzung stehen die deuterot. Bücher zwischen
dem A. und N. T. unter der Ueberschrift: „Apokrypha, das sind Bücher,
so nicht der h. Schrift gleichgehalten und doch nützlich und gut zu lesen sind."
Die lutherischen Symbole sprechen sich über den Umfang des Kanons nicht
aus. In den 39 Artikeln der anglicanischen Kirche heißt es Art. 6 von den
deuterot. Büchern: „Andere Bücher aber, wie Hieron. sagt, liest die Kirche
zwar zum Exempel des Lebens und zur sittlichen Ausbildung, gebraucht sie
aber nicht zur Bestätigung von Glaubenssätzen." Aehnlich andere reformirte
Symbole. Dagegen erklärt das Glaubensbekenntniß der schottischen Presby=
terianer: „Die Apokryphen gehören in keiner Weise zum Kanon der h. Schrift
und dürfen nicht anders betrachtet werden, als andere menschliche Bücher."
Vgl. Reuß 326. De Wette § 34. Die Bücher sind in fast alle protestan=
tischen Bibelübersetzungen aufgenommen und in praxi von protestantischen
Theologen vielfach benutzt worden. Einzelne haben aber auch schon früher
ihren historischen, dogmatischen und ethischen Charakter angegriffen, namentlich
J. Rainold, Prof. zu Oxford, Censura librorum apocr. N. T., 2 Bde.,
Oppenh. 1611. Vgl. Reuß 379. Diestel Gesch. des A. T. 323. — Seit
1825 sind die „Apokryphen", mit Rücksicht auf die Frage über die Zulässigkeit
der Verbreitung derselben durch die Bibelgesellschaften, der Anlaß zu einer bittern
Polemik unter den protestantischen Theologen geworden. Es sind namentlich
folgende Ansichten hervorgetreten: 1) die Apokr. sind zwar nicht inspirirte, aber
providentielle Bücher, von Gott dazu bestimmt, als Erläuterung der kanonischen
Bücher gelesen zu werden (R. Stier, die Apokr. Braunschw. 1855). 2) Die
Apokr. sind an sich gewöhnliche menschliche Bücher, aber zur Erläuterung der
kanonischen Bücher und zur Erbauung dienlich; sie sind in der Kirche immer
mit der Bibel verbunden gewesen, und es ist kein Grund da, mit dieser Praxis
zu brechen (Hengstenberg, Für Beibehaltung der Apokr. Berlin 1853.
Aehnlich Wordsworth 102). 3) Es ist nicht erlaubt, die Apokr., da sie
nicht zur Bibel gehören, mit der Bibel zu verbreiten, zumal dieselben viele
verderbliche Irrthümer enthalten und eine durchaus unbiblische Tendenz ver=
folgen (Ph. F. Keerl, die Apokr. des A. T. Lpz. 1852 u. s. w.). 4) Die
Rationalisten geben den Begriff der Inspiration auf und damit auch den
wesentlichen Unterschied zwischen kanon. und nicht kanon. Büchern, und stellen

einzelne „Apokr.", z. B. Sir., höher als einzelne kanon. Bücher, z. B. Esther (Bleek, Fritzsche, Grimm, Reuß, Nöldeke u. A.). Malou II, 171. Keil § 217. Bleek, Einl. 698.

§ 62.
Namen und Eintheilung des A. T.

1. „**Altes Testament**" oder „**Alter Bund**" (testamentum = διαθήκη = בְּרִית) heißt zunächst die vorchristliche Heilsanstalt, welche oft als ein Bund zwischen Gott und seinem Volke dargestellt wird; dann ist der Name auf die Bücher übertragen worden, in welchen die vorchristliche Offenbarung niedergelegt ist; vgl. 2 Kor. 3, 14. — Andere biblische und patristische Namen der Bücher des A. (und N.) T. sind: heilige (göttliche) Bücher oder Schriften (Schrift) oder einfach die Schriften, die Schrift, die Bibel u. s. w.

2 Kor. 3, 14: ἡ ἀνάγνωσις τῆς παλαιᾶς διαθήκης. Die lat. Kirchenschriftsteller geben παλαιὰ διαθήκη durch vetus testamentum, instrumentum oder foedus wieder; *Tert.* c. Marc. 4, 1: alterius instrumenti vel, quod magis usui est dicere, testamenti. *Lact.* Inst. 4, 20: Scriptura omnis in duo testamenta divisa est.

Γραφαὶ ἅγιαι, scripturae sanctae Röm. 1, 2; τὰ ἱερὰ γράμματα, sacrae literae 2 Tim. 3, 15; τὰ βιβλία τὰ ἅγια, sancti libri 1 Mach. 12, 9; αἱ γραφαί, scripturae Mth. 21, 42 u. o.; ἡ γραφή, scriptura Apg. 8, 32 (sonst auch in der Bedeutung „Schriftstelle", Apg. 8, 35; Joh. 19, 37); bei den Vätern auch: θεῖαι γραφαί, ἱεραὶ βίβλοι, θεόπνευστος γραφή, ἐνδιάθηκοι βίβλοι, scriptura divina, scripturae oder paginae coelestes, divinae literae, scripturae Dei oder deificae, sancti codices, bibliotheca divina (*Hier.* Catal. 75) u. s. w., vgl. Klee, Dogm. I, 252. — Nicht selten werden auch A. und N. T. von den Vätern durch prophetae et apostoli bezeichnet, *Orig.* princ. (s. § 64, 2). *Aug.* Ep. 82, al. 19, 3: Non te arbitror sic legi tuos libros velle, tanquam prophetarum et apostolorum, de quorum scriptis quod omni errore careant dubitare nefarium est; (vgl. Ep. 177, al. 95, 8: legitimae, propheticae, evangelicae apostolicaeque literae).

2. Die gewöhnlichen Eintheilungen der alttestamentlichen Bücher sind:

a. bei den Juden in Gesetz (תּוֹרָה, Pent.), Propheten (נְבִיאִים), und zwar frühere oder vordere (נְבִיאִים רִאשׁוֹנִים, Jos., Richt., Sam. und Kön.) und spätere oder hintere Propheten

(נְבִיאִים אַחֲרוֹנִים, Jſ., Jer., Ez. und Kl. Proph.), und Hagio=
grapha (כְּתוּבִים, die andern Bücher); vgl. § 60, 1.

Hier. Prol. gal. nennt die Bücher der 3. Claſſe in dieſer Ordnung: Job,
David, Salomon (Prov. Eccl. Cant.), Dan., Par., Esdr., Esth.; nonnulli
Ruth et Cinoth inter hagiogr. scriptitant. Der Talmud Baba Bathra f. 14:
Ruth, Pſ., Job, Spr., Pred., H. L., Klagel., Dan., Eſth., Par. Die gewöhnl.
Bibelausgaben: Pſ., Spr., Job, dann die 5 Megilloth (ſ. § 70, 1) in der
Ordnung, wie ſie im jüdiſchen Kirchenjahr zur liturgiſchen Leſung kommen:
H. L., Ruth, Klagel., Pred., Eſth.; dann Dan., Esdr. und Neh., Par. Die
Hdſ. haben zum Theil eine andere Ordnung; ſ. Delitzſch, Pſ. 3. Keil,
Joſua 361.

b. bei den Chriſten (außer der Eintheilung in proto= und
deuterokanoniſche Bücher § 59, 6) in (geſetzliche), ge=
ſchichtliche, poetiſche und didaktiſche, und prophetiſche
Bücher.

Nach dieſen Claſſen ſind die altteſtamentl. Bücher in der Vulg. geordnet;
nur ſtehen die Bücher der Mach. ganz am Ende. Die 5 Bücher Moyſes werden
paſſender mit den Aeltern als libri legales bezeichnet, als mit den meiſten
Neuern zu den hiſtoriſchen Büchern gezählt. — Die poetiſchen Bücher heißen
bei den Aeltern gewöhnl. libri morales oder auch sapientiales (vgl. § 56, 1).

§ 63.
Die Apokryphen.

J. A. Fabricius, Codex pseudepigraphus V. T. 2 Bde. (2), Hamb.
1722. Movers, „Apokryphen" und „Apokryphen=Literatur", Freib. Kirchen=
Lexikon I, 315. A. Dillmann, „Pſeudepigraphen", Herzogs Realencykl.
XII, 300. J. Langen, Das Judenthum in Paläſtina, Freib. 1866. *Le Hir*,
Etudes bibliques II, 90.

1. Die altteſtamentlichen Apokryphen (§ 59, 2) ſind meiſt
Nachbildungen kanoniſcher Bücher von jüdiſchen oder chriſtlichen,
oft von häretiſchen Verfaſſern, größtentheils mehr oder weniger
reich an unglaubwürdigen Berichten und irrigen Anſchauungen
und Lehren. Viele derſelben ſind zugleich Pseudepigrapha, d. h.
fälſchlich als Schriften irgend eines in der Geſchichte der Offen=
barung berühmten Mannes bezeichnet.

Ueber die verſchiedenen Bedeutungen von ἀπόκρυφος in der patriſtiſchen
Literatur ſ. Movers 325. Gieſeler, „Was heißt apokryphiſch"? St. u.
Kr. 1839, 141. Bleek, daſ. 1853, 267. — Die Proteſtanten nennen ge=

wöhnlich nach dem Vorgange Luthers die deuterok. Bücher des A. T. (mitunter außerdem 3 und 4 Esdr., 3 und 4 Mach. und das Gebet des Manasses) Apokryphen (§ 61, 9 Anm.) und bezeichnen dann die eigentlichen Apokryphen mit dem Namen Pseudepigrapha.

Hier. in Is. 64, 4: Unde apocryphorum deliramenta conticeant, quae ex occasione hujus testimonii (1 Kor. 2, 9) ingeruntur ecclesiis Christi. De quibus vere dici potest, quod *sedeat* diabolus *in insidiis cum divitibus in apocryphis, ut interficiat innocentem.* Et iterum: *insidiatur in apocrypho quasi leo in spelunca sua; insidiatur, ut rapiat pauperem* (Ps. 9 B, 8. 9 LXX). Vgl. *Aug.* Qu. in Hept. 4, 42. Dieses harte Urtheil findet aber nicht auf alle Apokr. Anwendung: der Inhalt mancher ist ganz unverfänglich; vgl. Movers 329. — *Aug.* C. D. 15, 23, 4: In apocryphis etsi invenitur aliqua veritas, tamen propter multa falsa nulla est canonica auctoritas. Ueber häretische Apokr. s. *Aug.* Ep. 237, al. 253. Ueber neutest. Citate aus Apokr. s. Döllinger, Christenth. und K. 153.

2. Die wichtigsten alttestamentlichen Apokryphen sind: das 3. und 4. B. Esdras (§ 48 Anm.), das 3. und 4. B. der Machabäer (§ 52 Anm.), das Gebet des Manasses (vgl. 2 Par. 33, 18. 19), das Buch Henoch (vgl. Judas 14) und mehrere Psalmen, Ps. 151 angeblich von David und 18 angeblich salomonische Psalmen.

Das Gebet des Manasses findet sich griechisch in Handschr. und Ausg. des griech. A. T., auch in den Const. ap. 2, 22, lateinisch im Anhang der Vg., zuweilen auch unter den Cantica hinter den Ps. (so in dem Zürcher griech. Psalt. aus dem 7. Jahrh., im äthiop. Psalterium und im mozarabischen Brevier). Einige Kirchenväter citiren es, z. B. *Ephr.* Opp. II, 199. S. Fritzsche, Exeg. Hdb. zu den Apokr. I, 155. Keil § 247. Davidson III, 434.

Der Psalm 151 (nach dem Siege über Goliath) steht in griech. Hdschr. und in der syr., arab. und äthiop. Uebers. des Psalt. (auch in einigen Hdschr. der lat. Uebers. und im mozarab. Brevier), im Griech. mit der Ueberschrift: οὗτος ὁ ψαλμὸς ἰδιόγραφος εἰς Δαυίδ καὶ ἔξωθεν τοῦ ἀριθμοῦ. Er wird citirt von Athan., Vigilius von Tapsus u. A.; s. Fabricius I, 905. Ewald, die Dichter des A. B. I, 266. — Die 18 „salomonischen Psalmen" (nach Movers, Langen 65 u. A. aus dem Hebr. übers. und kurz vor Chr. gedichtet, nach Andern ursprünglich griech.) stehen griech. bei *Fabr.* I, 914. und bei *Hilgenfeld,* Messias Judaeorum p. 1. Sie werden nur von spätern griech. Schriftst. erwähnt.

Das Buch Henoch (im 2. Jahrh. v. C. verfaßt) wird von vielen griechischen und lateinischen Kirchenschriftstellern erwähnt und citirt (s. *Fabr.* I, 167), als echt angesehen von *Tert.* cult. fem. 1, 3. Vollständig erhalten ist es nur in einer äthiop. Uebers.; Liber Henoch aethiopice, ed. *A. Dillmann,* Lpz. 1851. Das B. Henoch übers. und erkl. von A. Dillmann, Lpz. 1853.

Langen 35. — Ueber die „Apokalypse des Baruch" s. § 41, 4 Anm. — Das Buch der Jubiläen oder die kleine Genesis (im 1. Jahrh. v. C. hebr. geschrieben), aus dem Aethiop. übers. von A. Dillmann, in Ewalds Jahrb. der bibl. Wiss. II. und III., äthiop. herausg. von Dillmann, Gött. 1861. Vgl. *Epiph.* haer. 39, 5: ἐν τοῖς Ἰωβηλαίοις τῇ καὶ λεπτογενέσει καλουμένῃ. *Hier.* Ep. 78, al. 127, 18. 24: liber apocr., qui a graecis λεπτὴ γένεσις appellatur. So heißt das B. auch bei den spätern Griechen; *Fabr.* I, 851. Langen 84. — Die „Himmelfahrt des Moyses" (Ἀνάληψις Μωϋσέως, Assumtio Moysis, vgl. Judas 9) nach einer alten lat. Uebers. bei *Ceriani*, Monum. I, 55. *Merx*, Archiv I, 111; danach in's Griech. übers. bei *Hilgenfeld* l. c. p. 435. Vgl. *Le Hir* II, 110. Langen 102. — Testamenta XII Patriarcharuna ed. *R. Sinker*, Cambridge 1869. Langen 140.

Viele von alten Schriftstellern erwähnte Apokryphen sind verloren, einige nur in spätern Uebersetzungen erhalten. Besonders reich an Apokr. ist die äthiop. Literatur; vgl. A. Dillmann in Ewalds Jahrb. der bibl. Wiss. V, 144.

§ 64.

Biblische und traditionelle Begründung des Dogmas von der Inspiration der alttestamentlichen Bücher.

1. **Das Neue Testament.** Der Glaube der Juden an die Inspiration der alttestamentlichen Bücher wird von dem Heiland, wenigstens in Bezug auf die Prophezeiungen, ausdrücklich bestätigt. Er citirt Ps. 109, 1 mit den Worten: „David sagt im h. Geiste" (vom h. Geiste erleuchtet), Marc. 12, 36, vgl. Mth. 22, 43. Er sagt ferner wiederholt, die Weissagungen des A. T. müßten erfüllt werden, Mth. 26. 54; Luk. 18, 31; 24, 25. 44; Joh. 10, 35; 13, 18. — Ebenso sagen die Apostel, der h. Geist oder Gott habe geredet durch den Mund Davids und aller Propheten, Apg. 1, 16; 3, 18. 21; 4, 25; 28, 25; Hebr. 1, 1; 3, 7; 10, 15 u. s. w. — 2 Tim. 3, 15. 16 werden die h. Schriften, welche Timotheus von Kindheit an kannte, also das A. T., γραφὴ θεόπνευστος, scriptura divinitus *inspirata* genannt, und 2 Petr. 1, 19—21 heißt es von den Propheten, sie hätten geredet ὑπὸ πνεύματος ἁγίου φερόμενοι, spiritu sancto *inspirati*.

2. **Tradition.** Clemens von Rom (im 1. Jahrh.) nennt die Schriften des A. T. wahre Aussprüche des h. Geistes; Ju=

stinus (im 2. Jahrh.) sagt, die Propheten seien von dem göttlichen Logos inspirirt gewesen; **Theophilus** von Antiochien (im 2. Jahrh.), der Logos habe durch die Propheten geredet und diese seien Werkzeuge Gottes gewesen. Aehnlich drücken sich die andern Väter aus, und **Origenes** (de princ. praef.) bezeichnet es als Lehre der Kirche: Spiritus iste sanctus unumquemque sanctorum vel prophetarum vel apostolorum inspiravit et non alius spiritus in veteribus, alius vero in his, qui in adventu Christi inspirati sunt. — Den Glauben an die Inspiration setzen auch die Namen voraus, womit die Väter die Bücher des A. wie des N. T. bezeichnen (§ 62, 1), und die Formeln, womit sie Stellen aus den alttestamentlichen Büchern, und zwar aus allen ohne Unterschied, citiren: der heilige oder der prophetische Geist sagt u. dgl.

Mit „Propheten" werden von Orig. a. a. O. und sonst die alttestamentlichen Schriftsteller überhaupt bezeichnet; s. § 62, 1.

Clem. Rom. 1 Cor. 45: ἐγκύπτετε εἰς τὰς γραφὰς, τὰς ἀληθεῖς ῥήσεις πνεύματος τοῦ ἁγίου. — Just. Apol. I, 36: ὅταν δὲ τὰς λέξεις τῶν προφητῶν λεγομένας ὡς ἀπὸ προσώπου ἀκούητε, μὴ ἀπ' αὐτῶν τῶν ἐμπεπνευσμένων λέγεσθαι νομίσητε, ἀλλ' ὑπὸ τοῦ κινοῦντος αὐτοὺς θείου λόγου. — Theoph. ad Aut. 2, 9: οἱ δὲ θεοῦ ἄνθρωποι πνευματοφόροι πνεύματος ἁγίου καὶ προφῆται γενόμενοι ὑπ' αὐτοῦ τοῦ θεοῦ ἐμπνευσθέντες καὶ σοφισθέντες ἐγένοντο θεοδίδακτοι καὶ ὅσιοι καὶ δίκαιοι· διὸ καὶ κατηξιώθησαν τὴν ἀντιμισθίαν ταύτην λαβεῖν, ὄργανα θεοῦ γενόμενα καὶ χωρήσαντες σοφίαν τὴν παρ' αὐτοῦ, δι' ἧς σοφίας εἶπον καὶ τὰ περὶ τῆς κτίσεως τοῦ κόσμου καὶ τῶν λοιπῶν ἁπάντων. — Clem. Al. Str. II, 2, 9: ὁ πιστεύσας ταῖς γραφαῖς ταῖς θείαις . . . τὴν τοῦ τὰς γραφὰς δεδωρημένου φωνὴν λαμβάνει θεοῦ. — Tert. de or. 22: Apostolus eodem spiritu actus, quo cum omnis scriptura divina tum illa Genesis digesta est. — Vgl. Klee, Dogm. I, 252.

Citate aus dem A. T. werden eingeleitet mit λέγει γὰρ τὸ πνεῦμα τὸ ἅγιον, Clem. R. 1 Cor. 13; τὸ προφητικὸν πνεῦμα λέγει, Just. Ap. 1, 39; spiritus sanctus dicit in psalmis, Cypr. de zelo 8; φησὶ γοῦν καὶ ὁ θεῖος λόγος, Orig. c. Cels. 8, 50 u. s. w.

§ 65.

Nähere Bestimmung der Inspiration des A. T.

1. Die Kirche bezeichnet die h. Schrift als Wort Gottes und Gott als den Urheber der h. Schrift. Mit Rücksicht darauf kann die oben § 59, 1 gegebene Definition der Inspiration so vervoll-

ständigt werden: die Inspiration ist eine solche übernatürliche Einwirkung Gottes oder des h. Geistes auf den Geist eines Schriftstellers, daß das, was dieser unter dieser Einwirkung schreibt, als Wort Gottes, und Gott als der auctor (principalis) dieser Schrift bezeichnet werden kann. — Bei der nähern Bestimmung dieser Einwirkung des h. Geistes sind die Theologen nicht einig.

Conc. Trid. S. 4, decr. de can. scr.: omnes libros tam V. quam N. Testamenti, quum utriusque unus *Deus sit auctor* etc. — Ib. S. 5, c. 1 ref.: .. caelestis ille ss. librorum thesaurus, quem Spiritus sanctus summa liberalitate hominibus tradidit. — *Conc. Vat.* S. 3 cap. 2: Eos (libros V. et N. T.) vero ecclesia pro sacris et canonicis habet, non ideo quod sola humana industria concinnati sua deinde auctoritate sint approbati, nec ideo duntaxat, quod revelationem sine errore contineant, sed propterea quod Spiritu sancto inspirante conscripti Deum habent auctorem atque ut tales ipsi ecclesiae traditi sunt.

Ueber die theologischen Controversen s. *Ph. Chrismann*, Regula fidei § 49—51. *R. Simon*, Hist. crit. du texte du N. T. ch. 23—25; Nouvelles observations sur le texte et les versions du N. T. ch. 3—6; De l'inspition des livres sacrés, Rotterdam 1699. *F. X. Patritii* Commentationes tres, de scripturis div. etc., Rom. 1851, S. 16. *A. Matignon*, La liberté de l'esprit humain dans la foi cath., Paris 1864, S. 181.

2. Einige sagen, auch ein auf rein menschliche Weise ohne übernatürlichen Einfluß des h. Geistes zu Stande gekommenes Buch könne inspirirt genannt werden, wenn der h. Geist (durch die Kirche) später erkläre, es enthalte keine Irrthümer (Leß und Duhamel), oder wenn es „durch die Aufnahme in den Kanon zum Worte Gottes erhoben" werde (Haneberg S. 817). — Bei einem solchen Buche könnte aber von einer inspiratio nicht die Rede sein, und Gott könnte nicht als auctor desselben bezeichnet werden. Diese Auffassung ist also zu lax und auf kein biblisches Buch anwendbar.

Seit Bonfrere (Praeloquia c. 8) findet man vielfach eine Eintheilung der Inspiration in: 1. inspiratio antecedens, wobei der menschliche Schriftsteller nur aufzeichnet, was ihm der h. Geist eingibt; — 2. insp. concomitans, wobei er durch den h. Geist zum Schreiben angeregt und beim Schreiben unterstützt und vor Irrthum bewahrt wird; — 3. insp. subsequens, wobei er ohne irgend welche übernatürliche Einwirkung schreibt, seine Schrift aber später vom h. Geiste für wahr erklärt wird. Vgl. *Goldh.* I, § 115. Haneb. 817. — Inspiratio subsequens ist aber eine contradictio in adjecto; über insp. antecedens und concomitans s. Nro. 4. Bonfrere will übrigens die britte Weise der Inspiration nur als möglich, bei keinem Theile der Bibel als wirklich behaupten, während die von den Universitäten Löwen und Douay 1587 und 88 censurirte Propositio *Lessii et Hamelii* lautet: Liber aliquis, *qualis forte est 2 Mach.*, humana industria sine assistentia Spiritus sancti scriptus, si Spiritus sanctus postea testetur, ibi nihil esse falsum, efficitur scriptura sacra. Vgl. **Simon**, Hist. crit. 279; Nouv. obs. 33. **Welte**, Tüb. Q.-S. 1855, 58.

3. Andere sagen, die Inspiration bestehe darin, daß der h. Geist dem menschlichen Schriftsteller das, was er schreiben solle, ganz nach Inhalt und Form mittheile, gleichsam dictire. So würde Gott allerdings im eigentlichsten Sinne auctor der h. Schrift und diese verbum Dei sein. Aber diese Auffassung, die Annahme einer inspiratio verbalis der ganzen h. Schrift, ist aus folgenden Gründen als zu strict zu bezeichnen:

a. Es würden in diesem Falle Uebersetzungen der h. Schrift, da sie dem Originale nicht in allem gleichkommen können (Sir. Prol.), uns nicht den ganzen Offenbarungsinhalt derselben mittheilen können, — eine Ansicht, welche gegen die Lehre und Praxis der Kirche ist (§ 74, 5).

b. Es werden im N. T. nicht selten Stellen des A. T. einerseits nach der griechischen Uebersetzung statt nach dem Grundtexte, anderseits nicht wörtlich, sondern frei citirt; vgl. § 61, I a und Apg. 2, 17 ff.; 15, 16 ff.; Hebr. 10, 37. 38 u. s. w.

c. Es tritt in der Sprache und Darstellung der einzelnen biblischen Bücher die Individualität der Verfasser deutlich hervor, und die Berichte verschiedener Schriftsteller über denselben Gegenstand sind zwar nicht widersprechend, aber doch abweichend; vgl. die Bücher der Kön. und Par. § 47, 4 und das 1. und 2. Buch der Mach. § 52, 3. Beides wäre bei einer inspiratio verbalis sehr auffallend.

d. Die Verfasser der biblischen Bücher äußern sich einige Male über ihre eigene Thätigkeit beim Schreiben so, daß man sieht, sie haben nicht einfach niederzuschreiben gehabt, was der h. Geist ihnen eingab; 2 Mach. 2, 27 ff.; 15, 39; Luc. 1, 3.

Die Annahme einer inspiratio verbalis ist bei den ältern kath. Theologen nicht ungewöhnlich und wird durch manche Aeußerungen der Väter begünstigt, z. B. **Greg. M.** Mor. praef. c. 1 (I, 7); vgl. indeß *Hier.* Ep. 121, al. 151, 10: Illud quod crebro diximus: *Etsi imperitus sermone, non tamen scientia*

(2 Kor. 11, 6), nequaquam Paulum de humilitate, sed de conscientiae veritate dixisse, etiam nunc approbamus. Profundos enim et reconditos sensus lingua non explicat. Et quum ipse sentiat, quid loquatur, in alienas aures puro non potest transferre sermone. *Aug.* cons. ev. II, 12, 27. 28; 21, 51. 52. *Agobardus* c. Fredeg. c. 12 (*Migne* CIV, 166): Apparet, quod ita sentiatis de prophetis et apostolis, ut non solum sensum praedicationis et modos vel argumenta dictionum Spiritus s. eis inspiraverit, sed etiam ipsa corporalia verba extrinsecus in ore illorum ipse formaverit. Quod si ita sentitis, quanta absurditas sequatur, quis dinumerare poterit? Von den neuern kath. Theologen ist diese Ansicht fast allgemein aufgegeben; vgl. *Goldhagen* I, § 114. *Liebermann*, Dem. rel. cath., p. 2. c. 1. Bei den ältern prot. Theologen ist sie die gewöhnliche (eine ausführliche Darstellung und Kritik ihrer Ansichten gibt R. Rothe, Zur Dogmatik, Gotha 1863, S. 133, abgedr. aus den St. u. Kr. 1860; vgl. Dorner, Gesch. der prot. Theol., München 1867, S. 549; Diestel, Gesch. des A. T. 320); auch in der neuern Zeit hat sie wenigstens außerhalb Deutschlands noch Vertreter; vgl. Tholuck, Literar. Anzeiger 1842, Nro. 28. Die Rationalisten haben dagegen die Inspiration im eigentlichen Sinne ganz aufgegeben: die biblischen Bücher sind menschliche Schriften, keineswegs irrthumslos und maßgebend für den Glauben; heilige oder göttliche Schriften können sie nur wegen ihres religiös-bedeutsamen Inhalts genannt werden. Gemäßigte Rationalisten (Rothe, Bleek 2c.) erkennen dabei an, daß den Verfassern einiger biblischer Bücher einzelne „Inspirationen", d. h. übernatürliche Erleuchtungen und Offenbarungen zu Theil geworden seien, z. B. den Propheten (s. Nro. 4 c); als Schriftsteller aber hatten die Verfasser der biblischen Bücher keinen übernatürlichen Beistand des h. Geistes (s. Nro. 4 a. b.; Rothe 272), und der größte Theil des A. T. besteht aus solchen Büchern, in welchen „vom theokratischen Geiste bewegte Männer ihre persönlichen Empfindungen oder Reflexionen aussprechen oder die Geschichte vergangener Zeiten in besonderm Hinblicke auf die Theokratie und deren Interesse berichten, wie sie dieselbe durch mündliche oder schriftliche Ueberlieferung überkommen und erforscht haben" (Bleek 713).

4. **Die richtige Auffassung der Inspiration** ist folgende: Die Inspiration umfaßt bei allen Theilen der h. Schrift wenigstens a. die übernatürliche Anregung des Schriftstellers zum Schreiben, b. die Unterstützung desselben und Bewahrung vor jedem Irrthum beim Schreiben; dazu kommt bei einigen Theilen der h. Schrift c. die Mittheilung von übernatürlichen göttlichen Offenbarungen. Letzteres gilt im A. T. von den Prophetieen und von denjenigen Theilen anderer Bücher, namentlich des Pentateuchs, welche göttliche Offenbarungen zum Inhalte haben. Bei solchen Offenbarungen mag auch oft die sprachliche Fassung des Inhalts mitgetheilt worden

sein. Bei geschichtlichen Büchern und Abschnitten dagegen, worin die Verfasser aufzeichneten, was sie selbst gesehen oder aus menschlichen Quellen geschöpft hatten, bestand die Inspiration bloß in der Anregung zum Schreiben und in der Unterstützung und Leitung des Schriftstellers bei der Erforschung und Auswahl des Materials und in der Bewahrung vor Irrthum. Ein ähnliches Zusammenwirken der göttlichen und der menschlichen Thätigkeit ist bei den poetischen und didaktischen Büchern anzunehmen; vgl. § 21, 6.

Wo die drei angeführten Momente zusammenkommen, tritt das ein, was Bonfrere insp. antecedens nennt, bei den andern Theilen der Bibel die insp. concomitans. Die Anregung zum Schreiben und die Unterstützung beim Schreiben (a und b) braucht nicht eine dem Schriftsteller bewußte zu sein; vgl. 2 Mach. 2, 25 ff.; 15, 39.

Vgl. *Thom.* 2. 2. q. 174 a. 2: Illorum, qui hagiographa conscripserunt, plures loquebantur frequentius de his, quae humana ratione cognosci possunt, non quasi ex persona Dei, sed ex persona propria, cum adjutorio tamen divini luminis. — *Bellarm.* Controv. de verbo Dei l. 1. c. 15: Respondeo, Deum quidem esse auctorem omnium divinarum scripturarum, sed aliter adesse prophetis, aliter aliis, praesertim historicis. Nam prophetis *revelabat* futura [und Anderes] et simul *assistebat*, ne aliquid falsi admiscerent in scribendo; aliis autem scriptoribus Deus non semper revelabat ea, quae scripturi erant, sed *excitabat*, ut scriberent ea, quae vel viderant vel audierant vel quorum recordabantur, et simul *assistebat*, ne falsi aliquid scriberent; quae assistentia non faciebat, ne laborarent in cogitando vel quaerendo, quid et quomodo scripturi essent. Vgl. Bellarmin zu Ps. 44, 2. Aehnlich M. Canus, R. Simon, Patrizi, Matignon u. v. A.

§ 66.

Stellung des Alten Testamentes im System der göttlichen Offenbarung. Aufgabe der biblischen Hermeneutik.

1. Das Alte Testament sowohl wie das Neue ist Wort Gottes (Conc. Trid. S. 4. decr. de can. scr.). Das A. T. enthält aber die vorchristliche, wie das N. T. die christliche Offenbarung; darum erhält das A. T. in dem N. seine Erfüllung, seine Vollendung und namentlich auch seine Erklärung: in Veteri Testamento Novum latet, in Novo Vetus patet, *Aug.* Quaest. in Ex. 73. — Auf der andern Seite ist die Kenntniß des A. T. für das richtige

Verständniß des N. T. dem Inhalte und der Darstellung nach unentbehrlich.

Aug. Serm. 300, 3: T. enim V. velatio est Novi T., et T. N. revelatio est Veteris T.; vgl. Serm. 160, 6; de pecc. mer. 1, 27, 53. *Greg. M.* in Ezech. I, hom. 6, 15: Quod T. V. promisit, hoc N. exhibuit, et quod illud occulte annuntiat, hoc istud exhibitum aperte clamat. Prophetia ergo Testamenti N. Testamentum V. est et expositio Testamenti V. Testamentum N.

2. Die alttestamentliche Offenbarung ist eine **stufenweise Vorbereitung** auf die neutestamentliche. Darum treten manche Offenbarungswahrheiten in den spätern Büchern klarer und bestimmter hervor, als in den ältern; so die Lehre vom jenseitigen Leben, von den Engeln und besonders vom Messias und von der göttlichen Weisheit. Auch in dieser Hinsicht bilden die deuterokanonischen Bücher einen wesentlichen Bestandtheil des A. T., da ohne sie in der Entwicklung der alttestamentlichen Offenbarung eine Lücke sein würde.

J. **Kuhn**, Einl. in die kath. Dogm., Tüb. 1846, S. 96: „Man versuche es einmal, die Ideen der Offenbarung von ihren ersten Anfängen an bis in's N. T. herein zu verfolgen, und man wird finden, daß der Faden der Entwicklung abbricht, daß ein Sprung zwischen dem A. T. und dem N. stattfindet, sobald man die deuterok. Bücher übergeht. Den augenfälligsten Beleg hiefür bildet wohl die Johanneische Logoslehre. Sie wird entweder für etwas ganz Neues oder für ein einem andern Gebiete als dem der Offenbarung Entsprungenes nur deßhalb so häufig gehalten, weil man jene Bücher, in denen allein die unmittelbare Vorbereitung auf sie zu finden ist, dabei nicht zu Rathe zieht oder nicht als Offenbarungsschriften gelten läßt." Vgl. **Langen**, Das Judenthum 6.

3. Die h. Schrift des A. und N. T. ist für uns nicht die einzige Quelle der Offenbarung, sondern neben derselben auch die Tradition (Conc. Trid. l. c.). Darum kann zwischen Schrift und Tradition kein Widerspruch bestehen. Das Verständniß der h. Schrift selbst, sofern sie göttliche Offenbarungen enthält, gehört zu den Objecten der kirchlichen Tradition. Darauf beruht der katholische Grundsatz, die h. Schrift sei in rebus fidei et morum juxta unanimem consensum patrum zu erklären. Darüber aber, was göttliche Offenbarung ist, entscheidet die Kirche mit Unfehlbarkeit; darum darf die h. Schrift nicht erklärt werden contra eum sensum, quem tenuit ac tenet sancta mater ecclesia,

cujus est judicare de vero sensu et interpretatione scripturarum sacrarum. Conc. Trid. S. 4 decr. de ed. et usu ss. libr.

4. Wegen der Inspiration der h. Schrift und mit Rücksicht auf diese Grundsätze (Nro. 3) genügen für die Auslegung und das Verständniß derselben die Regeln nicht, welche für die Auslegung anderer Schriften gegeben werden (Beachtung des Sprachgebrauchs, Zusammenhangs u. dgl.). Die wissenschaftliche Darstellung der bei der Auslegung oder Erforschung des Sinnes der h. Schrift zu beobachtenden Grundsätze und Regeln ist die biblische Hermeneutik.

Zweiter Abschnitt.

Vom Grundtexte und den alten Uebersetzungen des Alten Testaments.

Erstes Capitel.

Der hebräische Text des Alten Testamentes.

§ 67.

Die hebräischen Schriftzeichen.

Hug, Ueber die später angenommene Schrift der Hebräer, Zts. f. d. Erzb. Freib. IV, 1. H. Hupfeld, Kritische Beleuchtung dunkler Stellen der alttest. Textgeschichte, St. und Kr. 1830 und 37, und Ausführliche hebr. Grammatik, 1. (einzige) Lief., Cassel 1841. F. Böttcher, Lehrb. der hebr. Sprache, Lpz. 1866, I, 34. Reinke, Beitr. VII.

1. Außer der jetzt üblichen hebräischen Schrift, der sogenannten assyrischen oder Quadratschrift, gibt es noch eine andere, gewöhnlich die samaritanische genannt, welche sich auf jüdischen Münzen aus den letzten vorchristlichen Jahrhunderten findet und der samaritanischen und phönicischen Schrift sehr ähnlich ist. Diese letztere Schrift war vor der Quadratschrift bei den Juden gebräuchlich; nach dem Talmud, Hieronymus und andern Kirchenschriftstellern haben die Juden bald nach dem Exil die Quadratschrift statt der ihrigen von den Babyloniern adoptirt; nach vielen Neuern hat sich die Quadratschrift aus der ältern allmählich gebildet;

jedenfalls ist aber die Quadratschrift schon in der vorchristlichen Zeit bei den Juden herrschend geworden.

Die Fragen über die hebräischen Schriftzeichen, Vocale u. s. w. kommen hier nur insoweit in Betracht, als sie mit der Frage über die Integrität des hebräischen Textes zusammenhängen. Das Weitere gehört in die hebräische Grammatik.

Bei den Juden heißt die Quadratschrift כְּתָב מְרֻבָּע oder אַשּׁוּרִי (assyrisch, nach Andern: fest, gerade), die ältere כְּתָב עִבְרִי. Die Ansicht, die Juden hätten immer eine heilige Schrift (die Quadratschr.) und eine profane (die Münzschr.) neben einander gehabt, — so Burtorf u. A., neuerdings (Molitor), Philosophie der Gesch. (2. Aufl., Münster 1857), I, 543 — ist unhaltbar; Herbst I, 56.

Hier. Prol. gal.: Certum est, Esdram ... alias literas reperisse, quibus nunc utimur, cum ad illud usque tempus iidem Samaritanorum et Hebraeorum characteres fuerint. Vgl. *Orig.* in Ez. 9, 4; in Ps. 2 (II, 539). — *Gemara Hier.*, Sanh. f. 22: Mutata est per manum Esrae scriptura, cum vocetur nomen ejus אַשּׁוּרִית, quia ascendit cum iis ex Assur. — Daß auf Münzen die ältere Schrift beibehalten wurde, ist nicht auffallend; Hug a. a. O.

Ulr. Kopp (Bilder und Schriften der Vorzeit, II, 97) und Hupfeld (St. u. Kr. 1830, 256) haben der andern Ansicht Eingang verschafft, daß nicht eine förmliche Vertauschung der einen mit der andern Schrift, sondern eine allmähliche Umgestaltung der ältern zur Quadratschrift stattgefunden. Ihre jetzige Gestalt hätte die Schrift nach Kopp erst im 4., nach Hupfeld 285 im 1. oder 2. christlichen Jahrhundert erhalten. Gegen diese letztere Annahme sprechen aber außer andern Gründen die Aeußerungen der Schriftsteller schon des 2. und 3. Jahrhunderts, nach welchen die Quadratschrift zu ihrer Zeit schon lange an die Stelle der ältern getreten war; Herbst I, § 19. Nölbeke in der Ztf. der DMG. 1865, 640. — Vielleicht hat sich die Quadratschrift in Babylonien aus der ältern Schrift entwickelt und dann in der nachexilischen, aber vorchristlichen Zeit auch bei den Juden Eingang gefunden; Bleek; Einl. 730.

Die sog. rabbinische oder hebräische Cursivschrift hat sich im Mittelalter aus der Quadratschrift gebildet.

2. Die jetzigen **Vocalzeichen und Accente** sind, da sie von Hieronymus und im Talmud noch nicht erwähnt werden, nicht vor dem 6. Jahrhundert, wahrscheinlich in der Zeit vom 7. bis 9. Jahrhundert dem hebräischen Texte, dessen Lesung bis dahin traditionell war, beigefügt worden. — Die **Trennung der Worte** ist viel älter, wiewohl ursprünglich wohl in continuum fort geschrieben wurde.

Hier. in Hab. 3, 5: In hebraeo tres literae sunt positae, Daleth, Beth, Res, *absque ulla vocali;* quae si legantur *dabar,* verbum significant, si *deber,* pestem. (vgl. in Jer. 9, 22). Ep. 73, al. 126, 8: Nec refert, utrum *Salem* an *Salim* nominetur, quum *vocalibus in medio literis perraro utantur Hebraei* et pro voluntate lectorum ac varietate regionum eadem verba diversis sonis atque accentibus proferantur. Unter vocales versteht Hieron. an dieser und andern Stellen die matres lectionis א, ו, י und auch ה und ע; vgl. in Amos Prol., wo er bemerkt, die Namen אֶרֶץ und עָמָס würden von den Lateinern beide Amos geschrieben, weil sie tantam vocalium literarum et S literae, quae apud Hebraeos triplex est, differentiam nicht hätten. Vgl. Hupfeld, St. u. Kr. 1830, 571. — Ueber angebliche Lesezeichen im Talmud s. das. 554.

Erst im 10. Jahrhundert werden die Vocalzeichen erwähnt. (Ueber die ältesten Spuren ders. s. Delitzsch, Ps. (1), II, 519). Von vielen protestantischen Theologen des 16. und 17. Jahrhunderts, namentlich von den Buxtorf's — neuestens katholischer Seits von Molitor a. a. O. 509, wird die Ursprünglichkeit der Vocalzeichen oder ihre Einführung durch Esdras behauptet. S. bes. *Jo. Buxtorfi* Tiberias, Basel 1620, c. 11. *Jo. Buxtorfi* fil., De punctorum vocalium et accentuum in ll. V. T. origine, antiquitate et auctoritate, Basel 1648. Dagegen: *Lud. Cappelli* Arcanum punctationis revelatum, Leyden 1624, und *Jo. Morini* Exercitationes biblicae, Par. 1669. Vgl. *Walton*, Proleg. III. § 38. Häv. I, 1, 51. Diestel, Gesch. d. A. T. 253. 334. 596. Schon Raymund Martini († 1278) behauptet den spätern Ursprung der Vocale.

Die Accente (Interpunctions- und Declamationszeichen) stammen aus derselben Zeit, wie die Vocale; vgl. Hupfeld, Gramm. § 23. Ueber die „metrische Accentuation" (in Ps., Job und Spr.) s. S. Bär bei Delitzsch, Ps. (1) II, 475. Ztf. der DMG. 1866, 200.

Daß „vor der Entstehung der Vocalzeichen an schwierigen Stellen diakritische Puncte oder Striche angebracht wurden" (Haneb. 756), ist nicht unwahrscheinlich; aber apex Mth. 5, 18 bezeichnet dergleichen nicht (s. *Aug.* de serm. in monte 1, 8: apex est literae aliqua in summo particula. *Hier.* in Ez. 6, 14: Daleth et Res parvo apice distinguuntur), und accentus bei Hieron. bezeichnet die Aussprache, nicht dergleichen Zeichen, s. o. Ep. 73 und andere Stellen bei Jahn I, 333. — Ueber Spuren einer andern, sog. assyrischen Punctation s. Ewald, Jahrb. I, 160. S. Pinsker, Einl. in das babylonisch-hebräische Punctationssystem nach den Odessaer Handschr. Wien 1863. Ztf. der DMG. 1864, 314.

Die alten Uebersetzer haben den Text nicht selten anders gelesen, als er jetzt punctirt ist, z. B. Gen. 47, 31 מִטָּה, LXX ῥάβδος = מַטֶּה; Ps. 4, 2 בְּעֵת, LXX εἰσήκουσέν μου = עֲנֵנִי; Reinke 14. — An andern Stellen haben die alten Uebersetzer die Wörter anders getrennt, z. B. Ps. 4, 3: עַד־מֶה כְבוֹדִי לִכְלִמָּה, LXX ἕως πότε βαρυκάρδιοι; ἱνατί κτλ. =

דִּבְדֵי כָל לְמַד; Reinke 23. Diese Fälle sind aber so selten, daß die Worttrennung in dem hebr. Text der LXX schon durchgängig eingeführt gewesen sein muß; Herbst I, 83.

§. 68.
Abtheilung der Bücher.

Hupfeld, Hebr. Grammatik § 19 ff. und St. und Kr. 1837, 830.

1. Die jetzige Capitel- und Vers-Abtheilung und Zählung ist erst im 13. Jahrhundert in der Vulgata, erst im 15. Jahrhundert im hebräischen Texte eingeführt worden.

Die Capitel-Abtheilung hat wahrsch. zuerst Card. Hugo a Sancto Caro, † 1262, eingeführt (Jahn I, 367); R. Isaak Nathan im 15. Jahrh. adoptirte sie für seine hebr. Concordanz, und im 16. Jahrh. wurde sie auch in den hebr. Bibelausgaben eingeführt. — Die Capitel wurden seit Card. Hugo in der Vulg. durch die in ungefähr gleicher Distanz angebrachten Buchstaben A B C u. s. w. in kleinere Theile zerlegt. Erst Robert Stephanus 1548 (1555) numerirte die Verse; aus der Vulg. ging die Numerirung in die hebr. Bibelausgaben über. Früher wurden die einzelnen Abschnitte nach dem Inhalte citirt, z. B. Marc. 12, 26: ἐν τῇ βίβλῳ Μωϋσέως ἐπὶ τοῦ βάτου (Ex. 3); Röm. 11, 2: ἐν Ἠλίᾳ (3 Kön. 19) τί λέγει ἡ γραφή;

2. Schon die Mischna kennt aber die Abtheilung der prosaischen Bücher in Sätze, פְּסוּקִים, die unsern Versen entsprechen. In den poetischen Büchern und Stücken wurden schon in den ersten christlichen Jahrhunderten im hebräischen Texte und in den Uebersetzungen gewöhnlich die Versglieder zeilenweise abgesetzt, in στίχοι, versus, geschrieben.

Ueber die פְּסוּקִים s. Hupfeld § 21; de Wette § 109. Der Schluß eines Satzes wurde anfangs gar nicht oder nur durch einen kleinen leeren Raum bezeichnet, erst später durch סוֹף פָּסוּק (:).
Ueber die Stichen (auch sie heißen פְּסוּקִים) s. Hupfeld § 20; de Wette § 108. *Epiph.* de pond. c. 14: πέντε στιχήρεις, ἡ τοῦ Ἰὼβ βίβλος und die 4 andern poetischen Bücher. Die ältesten griech. Handschr. dieser Bücher sind στιχηρῶς geschrieben; über die hebr. Handschr. s. Delitzsch, Psl. 20. — Hieron. führte in seiner lateinischen Uebersetzung auch bei den prophetischen und andern Büchern eine ähnliche Schreibung nach cola et commata ein. Praef. in Is., Ezech. etc.

3. Schon vor dem 6. Jahrhundert waren die einzelnen Bücher in kleinere Abschnitte getheilt, welche durch Zeilenabsätze oder Zwischenräume innerhalb der Zeile, später im Pentateuch durch

ein ס oder ם markirt wurden. Beim Pentateuch heißen diese Abschnitte (kleine) Paraschen. Zum Behufe der Sabbath-Vorlesungen wurde der Pentateuch in 54 (große) Paraschen getheilt, deren Anfang durch פפפ oder ססס markirt wird.

פ bedeutet פָּרָשָׁה פְּתִיחָה, offene (mit Alinea beginnende), ס dagegen פָּרָשָׁה סְתוּמָה, geschlossene (mitten in der Zeile beginnende) Parasche. — Ueber die Eintheilung des samarit. Pent. s. Ztf. der DMG. 1867, 290.

Die den großen Paraschen entsprechenden Perikopen aus den prophetischen Büchern, Haftaren, werden nur in Randnoten notirt. Vgl. Zunz, Gottesdienstliche Vortr. der Juden S. 3. Hupfeld 97. (Apg. 13, 15. 27; 15, 21. *Reuss*, Hist. du can. p. 3).

Eine Abtheilung des ganzen A. T. in 446 sog. סְדָרִים nahm R. Jakob Ben Chajim aus einer Handschr. in seine Bibelausgabe auf; s. Delitzsch, Ps. (1) II, 474.

Den (669) kleinen Paraschen und den ähnlichen Abschnitten der andern Bücher ungefähr entsprechend sind die κεφάλαια, capituli, tituli, breves der alten Bibelübersetzungen. Origenes und Hieron. bezeichnen in ihren Commentaren mit περικοπή, capitulum nicht feststehende Abschnitte, sondern die Abschnitte, in welche sie bei der Erklärung den Text zerlegen; Hupfeld 94.

§ 69.
Die Masora.

J. Buxtorf, Tiberias sive commentarius masorethicus, Basel 1620, 3. Aufl. 1665. (Molitor), Philosophie der Geschichte (2. Aufl., Münster 1857) I, 633. Böttcher, Lehrb. der hebr. Spr. I, 44.

1. Masora (Tradition) heißt ein in der Zeit vom 6. bis 10. Jahrhundert aufgezeichneter Complex von kritischen und grammatischen Bemerkungen und Beobachtungen jüdischer Gelehrten über den hebräischen Text des A. T. Diese Gelehrten heißen danach die Masorethen und der von ihnen fixirte und punctirte Text der masorethische. — Die sog. kleine Masora, welche sich in den gewöhnlichen Bibelausgaben findet, ist ein Auszug aus der vollständigen, großen Masora.

מַסֹרָה, מַסֹרֶת oder מָסֹרֶת, von מָסַר, überliefern; בַּעֲלֵי מָסֹרָה, die Masorethen. — Die am Rande des Textes befindlichen Bemerkungen heißen Masora textualis, die am Schlusse der einzelnen Bücher beigefügten M. finalis. Die große M. ist gedruckt in den sog. rabbinischen Bibeln, zuerst in der Bomberg'schen von 1526 (§ 70, 2). — Ueber die frühern kritischen Arbeiten der Rabbinen s. de Wette § 119.

2. Die Bemerkungen der Masora beziehen sich auf ortho‍graphische und grammatische Eigenthümlichkeiten der Wörter und Verse (eigenthümlich geschriebene Buchstaben, auffallende Vocale und Accente, eigenthümliche Bedeutungen und Verbindungen von Wörtern, scriptio plena und defectiva u. dgl.), auf die Zahl der Verse, Wörter und Buchstaben der einzelnen Bücher u. dgl., zum Theil auch auf Emendationen des Textes — (קְרִי וּכְתִיב).

Das קְרִי gibt oft eine wirkliche Variante oder Emendation an, oft nur eine grammatisch oder orthographisch regelmäßigere Form, mitunter nur ein decenteres oder unbedenklicheres Wort. Bleek 800.

Eine übersichtliche Erklärung der masorethischen Bemerkungen s. im An‍hange der einzelnen Bände von Stier's und Theile's Polyglotten-Bibel.

3. Die masorethischen Bemerkungen sind von sehr ungleichem Werthe. Zum Theil beruhen sie auf älterer Tradition und auf der Vergleichung von Handschriften, zum Theil auf kritischen Con‍jecturen und Einfällen der Rabbinen. Jedenfalls hat die Masora das Verdienst, zur treuen Ueberlieferung des Textes vieles bei‍getragen zu haben.

Burtorf, Molitor u. A. überschätzen das Verdienst der Masora; aber „einer weitgehenden Entstellung des hebr. Bibeltextes wurde durch die Maso‍rethen jedenfalls vorgebeugt. Selbst die Zählung der Verse, Wörter und Buch‍staben war ein zwar beschwerliches, aber gutes Mittel, den Text gegen Zuthaten und Weglassungen zu sichern; selbst was man als Kleinigkeiten, die der Mühe des Aufzeichnens kaum werth waren, bezeichnet, wie z. B. die Angabe auf‍fallender Eigenthümlichkeiten einzelner Verse, oder die Anzeige bestimmter Constructionsweisen, war in fraglicher Hinsicht nicht ganz gleichgültig. Die kritischen und exegetischen Bemerkungen behalten ohnehin als alte Traditionen ihre Bedeutsamkeit. Freilich wäre zu wünschen, daß eine berichtigende und ordnende Hand über das zum Theil noch ungeordnete und manche Versehen verrathende masorethische Material kommen möchte." Welte, Kirchenlexikon VI, 914. — Vgl. J. Frensdorff, Das Buch Ochla Weochla (Massorah), übers. u. mit Anm., Hannover 1864. Hupfeld in der Ztschr. der DMG. 1867, 201.

§ 70.

Handschriften und Ausgaben des hebräischen Textes.

Herbst I. § 42 ff.

1. Die uns erhaltenen Handschriften des hebräischen A. T. reichen fast ohne Ausnahme nicht über das 9., die datirten nicht

über das 11. Jahrhundert hinauf. Sie geben alle den masorethischen Text mit verhältnißmäßig wenigen Abweichungen. Es sind theils Synagogenrollen, in Quadratschrift, unpunctirt, aber sorgfältig geschrieben, jedoch nur den Pentateuch oder die andern liturgischen Lesestücke enthaltend, — theils Privathandschriften, in punctirter Quadratschrift oder in rabbinischer Schrift geschrieben und das ganze A. T. oder Theile desselben enthaltend.

In neuester Zeit ist eine unvollständige unpunctirte Handschr. des Pent. vom J. 843, und eine punctirte Handschr. der spätern Propheten vom J. 916 gefunden worden (vgl. Delitzsch, Gen. 62). Die andern datirten Handschriften sind erst aus dem 12. Jahrhundert (5 oder 6, — aus dem 13. gegen 50 u. s. w.). Das Alter der nicht datirten zu bestimmen, ist sehr schwierig. Herbst § 45. Häv. I, 1. § 65.

Die Synagogenrollen enthalten entweder den Pent., oder die Haftaren (§ 68, 3), oder die fünf Megilloth (die Bücher H. L., Ruth, Klagel., Pred., Esther, welche an einzelnen Tagen vorgelesen werden, § 62, 2 a). Sie sind auf Pergament in alterthümlichem Rollenformat geschrieben. Der talmudische Tractat Soferim enthält die dabei zu beobachtenden Vorschriften. — Die Privathandschriften sind auf Pergament oder Papier von verschiedenem Formate geschrieben. Die in rabbinischer Schrift geschriebenen haben keine Puncte und keine Masora, zuweilen aber eine Uebersetzung neben dem Texte; die in Quadratschrift geschriebenen enthalten gewöhnlich die Masora, oft chaldäische und andere Uebersetzungen oder rabbinische Commentare.

2. Das hebräische Psalterium wurde zuerst 1477, der Pentateuch 1482, das ganze A. T. 1488 (zu Soncino) gedruckt. Die bemerkenswerthesten ältern Ausgaben des masorethischen Textes sind die von Daniel Bomberg (Venedig 1518 und sieben andere Ausgaben) und die von dem ältern Buxtorf (Basel 1611 und 1618) besorgten. Die Grundlage der meisten spätern und der jetzt gebräuchlichen Handausgaben sind die Ausgaben von Joh. Leusden und Jos. Athias (Amsterdam 1661) und die von E. van der Hooght (Amsterdam 1705). — Den kritischen Apparat haben am vollständigsten gesammelt Benj. Kennicott (1776—80) und Joh. Bern. de Rossi (1784—98).

Das älteste gedruckte hebr. Buch ist Raschi's Commentar zum Pent. 1475. — Ueber die ältern Bibelausg. s. Herbst § 47. Die älteste von Christen besorgte Ausg. des hebr. A. T. ist die in der Polyglotte des Carb. Ximenez, 1517 vollendet (§ 78 a). Die Bomberg'schen Ausgaben wurden u. a. von dem bekehrten Juden Felix von Prato und von dem R. Jakob Ben Chajim aus

§ 71. Kritische Beschaffenheit des hebr. Textes.

Tunis bearbeitet; es sind theils Ausgaben des Textes allein, theils rabbinische Bibeln (den hebr. Text, die große Masora, Targumim und rabbinische Commentare enthaltend). — Die besten neuern Handausgaben sind die Stereotyp-Ausgaben von A. Hahn, Lpz. 1832 (4. Aufl. 1859), und von Theile, Lpz. 1849 (3. Aufl. 1867).

V. T. hebraicum cum variis lectionibus (aus c. 600 Hdschr.) edidit *Benj. Kennicott* (Prof. zu Oxford, † 1783), 2 Bde. in Folio, Oxford 1776—80. *J. B. de Rossi* (Prof. zu Parma, † 1831), Variae lectiones V. T. ex immensa mss. (c. 700) editorumque codicum congerie haustae et ad Samar. textum, ad vetustissimas versiones, ad accuratiores sacrae criticae fontes ac leges examinatae. 4 Quartbbe., Parma 1784—88. Scholia critica in V. T. libros seu Supplementa ad varias sacri textus lectiones, 1 Quartbb., Parma 1798. Diestel, Gesch. des A. T. 593.

§ 71.
Kritische Beschaffenheit des hebräischen Textes. Aufgabe der biblischen Kritik.

1. Eine absichtliche Verfälschung des hebräischen Textes durch die Juden aus dogmatischen oder polemischen Rücksichten ist bei keiner Stelle des A. T. erweislich, und schon Origenes, Hieronymus und Augustinus weisen nach, daß eine solche Verfälschung sowohl in der vorchristlichen, als auch in der christlichen Zeit nicht wohl stattgefunden haben könne.

Von den ältern Streitschriften über die kritische Beschaffenheit des hebr. Textes sind zu erwähnen: *J. Morini* Exercitationum biblicarum de hebraei graecique textus sinceritate ll. 2, Paris 1669. *L. Capelli* Critica sacra, Paris 1650 (Halle 1775). *Jo. Buxtorf* fil., Anticritica sacra, Basel 1653. *Bonav. a Magdalono*, Triplex biblico-critica demonstratio, 3 Bde., Venedig 1760. *G. Fabricy*, Des titres primitifs de la révélation, ou considérations critiques sur la pureté et l'intégrité du texte original de l'A. T., 2 Bde., Rom 1772. Vgl. Diestel, Gesch. des A. T. 326, 344. Reinke, Beitr. VII. Th. Lit.-Bl. 1866, 402.

Fl. Jos. c. Ap. 1—8: δῆλον δέ ἐστιν ἔργῳ, πῶς ἡμεῖς τοῖς ἰδίοις γράμμασι πεπιστεύκαμεν. τοσούτου γὰρ αἰῶνος ἤδη παρῳχηκότος οὔτε προσθεῖναί τις οὐδὲν οὔτε ἀφελεῖν αὐτῶν οὔτε μεταθεῖναι τετόλμηκεν. — *Hier.* in Is. 6, 9: Quod si aliquis dixerit, Hebraeos libros postea a Judaeis esse falsatos, audiat Origenem, quid in octavo volumine explanationum Isaiae huic respondeat quaestiunculae: quod nunquam Dnus et apostoli, qui cetera crimina arguunt in scribis et pharisaeis, de hoc crimine, quod erat maximum, reticuissent. Sin autem dixerit, post adventum Dni Salvatoris et praedicationem apostolorum libros hebraeos fuisse falsatos, cachinnum tenere non potero, ut Salvator et evangelistae et apostoli ita testimonia protulerint, ut Judaei postea falsaturi erant. Gegenüber dieser Erklärung kommen andere Stellen nicht in Betracht, wo Hieron. eine Fälschung für möglich zu halten scheint, wo es sich aber durchgängig um unwichtige Dinge handelt, und wo ein solcher Verdacht sicher unbegründet ist, z. B. in Gal. 3, 10. — *Aug.* C. D. 15, 13: Absit ut prudens quispiam Judaeos cujuslibet perversitatis atque malitiae tantum potuisse credat in codicibus tam multis et tam longe lateque dispersis etc.

Einige Väter sprechen allerdings diese Beschuldigung gegen die Juden aus, z. B. *Just.* c. Tryph. 71; vgl. *Magdalono* I, 104. Reinke, Weiss. von der Jungfrau 237. Uebrigens sind an manchen Stellen, wo sie von Verfälschungen der h. Schrift durch die Juden reden, nicht Corruptionen des Textes, sondern falsche Uebersetzungen und Auslegungen gemeint; vgl. *Fabricy* I, 145. — Gerade an den Stellen, wo man am ersten eine Fälschung erwarten könnte, ist der masorethische Text kritisch gesichert, — auch Ps. 21, 17 כארי; s. Reinke, Mess. Ps. I, 266. Ueber Is. 19, 18 s. Caspari, Ztf. f. luth. Theol. 1841, 3, 29; über Is. 49, 5 s. Schegg z. d. St.; über Zach. 12, 10 s. Reinke, Mess. Weiss. IV. 2, 220.

2. Ebenso wenig kann aber eine vollkommene kritische Integrität des hebr. Textes behauptet werden. Es haben in die Handschriften des A. T., wie anderer alten Bücher, Fehler Eingang gefunden durch die Nachlässigkeit oder Willkür der Abschreiber, durch Verwechselung ähnlich geformter oder ähnlich lautender Buchstaben oder Wörter, durch falsche Worttrennung, durch Vertauschung synonymer Wörter u. s. w.

Ueber die Entstehung von verschiedenen Lesarten und Corruptionen s. Herbst I. § 27 ff. de Wette § 111 ff. Reinke, Beitr. VII, 11, 57. — Beispiele: Neh. 12, 3: זְבַנְיָה, B. 14: שְׁבַנְיָה — Esdr. 2, 46: שַׁלְמַי, Neh. 7, 48: שַׁלְמַי — vgl. § 18, 3 und § 47, 4. Keil, Bibl. Comm., Josua 127. 158. Sam. 51. 52. 273 u. s. w.

3. Die uns erhaltenen Handschriften geben den masorethischen Text, und ihre Varianten sind ganz unbedeutend. Die Vergleichung der alten Uebersetzungen, des samaritanischen Pentateuchs, der alttestamentlichen Citate und Notizen in alten Schriftstellern und anderer kritischen Documente ergibt als Resultat, daß der masorethische Text im Allgemeinen richtig und genau ist, wenn er auch in manchen Einzelheiten verbessert werden kann. — Die Grundsätze und Regeln, welche bei der Feststellung des Textes der h. Schrift zu beobachten sind, wissenschaftlich darzustellen, ist Aufgabe der **biblischen Kritik**.

§ 71. Kritische Beschaffenheit des hebr. Textes.

Ein Verzeichniß von ungefähr 200 verschiedenen Lesarten der babylonischen und palästinensischen Juden in Bezug auf die Consonanten (in der zweiten rabbinischen Bibel Bombergs, vgl. Ztf. b. DMG. 1864, 317) betrifft fast nur Kleinigkeiten. Die Differenzen des R. Aaron Ben Ascher und des R. Jakob Ben Naphtali (um 940) beziehen sich nur auf Vocale und Accente. S. Delitzsch, Pf. (1) II, 459.

Die Masorethen und die jüdischen Kritiker der christlichen Zeit überhaupt haben durchgängig den Text, wie sie ihn vorfanden, auch im Kleinen gewissenhaft beibehalten und festgestellt. Der Text des Orig. und des Hieron. war nach dem, was sie darüber mittheilen, durchgängig dem masorethischen gleich.

Aus der vorchristlichen Zeit dienen zur Controlirung des hebräischen Textes namentlich die alte griechische Uebersetzung und beim Pentateuch der samaritanische Pent. (§ 9, 2 Anm.), und aus der Vergleichung dieser ergibt sich, daß auch der hebräische Text der damaligen Zeit im Wesentlichen dem masorethischen gleich gewesen ist, wiewohl diese Documente, sowie die alten Uebersetzungen überhaupt zur Berichtigung des masorethischen Textes im Einzelnen neben den Handschriften, dem kritischen Apparat der Masora u. s. w. verwendet werden müssen. „Der masorethische Text hat schon den alten Uebersetzern, die sich am genauesten an das Original anschließen, vorgelegen; und er hat sich seit der Zeit nicht bedeutend geändert. Daß er auch vorher schon bestanden, läßt sich nach der ängstlichen Sorgfalt der Juden mit Wahrscheinlichkeit annehmen. Daß aber in ihm der Urtext der nach dem Exile zusammengestellten Bücher im Ganzen richtig überliefert sei, sieht man aus den sorgfältig beibehaltenen charakteristischen Eigenthümlichkeiten der verschiedenen Schriftsteller. Selbst die Abweichungen der parallelen Stellen beweisen für die Richtigkeit des Textes." De Wette § 129.

Die Frage, ob der samaritanische oder der masorethische Pentateuch den Vorzug verdiene, ist verschieden beantwortet worden. Für den samaritanischen Pentateuch entscheiden sich bes. *Jo. Morinus*, Exercitationes in utrumque Samarit. Pent., Paris 1631, und *Alex. a S. Aquilino*, Pentateuchi hebraeosamarit. praestantia, Heidelb. 1783; für den masorethischen bes. *Sim. de Muis*, Assertio hebraicae veritatis adv. Exercit. Morini, Paris 1631, und *G. Gesenius*, De Pentateuchi samarit. origine, indole et auctoritate, Halle 1815. Vgl. Herbst I. § 33. Bleek 747. *Danko*, de s. scr. 147. Ztf. der DMG. 1867, 288. — Ueber die alten griech. Uebers. s. u. § 73.

Eine kurze Darstellung der biblischen Kritik in Bezug auf das A. T. s. bei Jahn, § 117, Scholz I, 546 ff., de Wette § 131.

Zweites Capitel.
Die alten Uebersetzungen des Alten Testamentes.

§ 72.
Uebersicht.

Die alten Uebersetzungen der h. Schrift sind von Wichtigkeit für die biblische Kritik (§ 71, 3), ferner für die Auslegung der h. Schrift, sofern wir aus ihnen ersehen, wie die Uebersetzer den Sinn des Grundtextes aufgefaßt haben. Natürlich sind in dieser doppelten Hinsicht die unmittelbaren Uebersetzungen wichtiger als die mittelbaren (After-Uebersetzungen), die ältern wichtiger als die jüngern, und durchgängig die wörtlichen wichtiger als die freien. — Die Uebersicht der alten Bibelübersetzungen zeigt außerdem die Verbreitung der h. Schrift unter den verschiedenen Völkern und in den verschiedenen Theilen der Kirche.

Nicht minder wegen ihres ausgedehnten kirchlichen Gebrauches, als wegen ihres kritischen und exegetischen Werthes sind unter den Uebersetzungen des A. T. am wichtigsten die griechischen und die lateinischen, nächst ihnen die syrischen.

§ 73.
Griechische Uebersetzungen.

H. Hodii de Bibliorum textibus originalibus et versionibus graecis et latina vulgata libri IV, Oxford 1705. Apologia sententiae patrum de LXXvirali versione, in Daniel sec. LXX ex tetraplis, Rom. 1772, S. 307. Z. *Frankel*, Vorstudien zu der Septuaginta, Lpz. 1841. Die Prolegomena in Tischendorfs Ausg. der LXX und in Montfaucons Ausg. der Hexapla (s. u. Nro. 6). *J. L. Hug*, De Pentateuchi versione Alexandrina, Freib. 1818. *H. Thiersch*, De Pent. vers. Alex. libri tres, Erl. 1841. *J. Wichelhaus*, De Jeremiae versione Alex., Halle 1847. (Andere Schriften s. u. Nro. 2 u. 4.)

1. Im dritten vorchristlichen Jahrhundert wurde in Aegypten damit begonnen, das A. T. für die dort lebenden Juden (§ 45, 3) in das Griechische zu übersetzen (Sir. Prol.). Zuerst, wahrscheinlich unter Ptolemäus Philadelphus (284—247), wurde der Pentateuch

übersetzt, nach einer alten Sage von 72 gelehrten Juden, — später von verschiedenen Uebersetzern die andern alttestamentlichen Bücher, einschließlich der hebräisch oder chaldäisch geschriebenen deuterokanonischen Bestandtheile des A. T. Mit dieser Uebersetzung wurden dann das Buch der Weisheit und das zweite Buch der Machabäer verbunden. — Diese Uebersetzung heißt die alexandrinische oder auch die Siebenzig (οἱ ό, LXX), wiewohl der letztere Name ursprünglich nur vom Pentateuch galt.

Nach einer Notiz des Aristobulus (bei *Clem. Al.* Strom. 1, 22 und bei *Eus.* Praep. 18, 12) wurde schon vor Alexander dem Großen etwas aus dem A. T. übersetzt: ἡ δὲ ὅλη ἑρμηνεία τῶν διὰ τοῦ νόμου πάντων (des Pent. oder des ganzen A. T.?) geschah unter Ptolemäus Philadelphus auf Veranlassung des Demetrius Phalereus. Vgl. Häv. I, 1. § 70. Wichelh. 21.

Ein ausführlicher Bericht über die Uebers. des Pent. findet sich in einem (wahrscheinlich unechten) langen Briefe des Aristeas (abgedruckt bei Hody und bei Merr, Archiv für das A. T. I, 241), welchen auch *Jos.* Ant. 2, 12 im Auszuge mittheilt (vgl. *Eus.* Praep. 8, 1). Danach hätten 72 gelehrte Juden aus Jerusalem, 6 aus jedem Stamme, unter Philadelphus auf Veranlassung des Demetrius den Pent. übersetzt. Aehnlich *Philo* de vita Moys. 2, 6. 7; nur sagt er nichts über die Zahl der Uebersetzer und bemerkt: καθάπερ ἐνθουσιῶντες προεφήτευον, οὐκ ἄλλα ἄλλοι, τὰ δ' αὐτὰ πάντες ὀνόματα καὶ ῥήματα, ὥσπερ ὑποβολέως ἑκάστοις ἀοράτως ἐνηχοῦντος. — Bei *Clem. Al.* Str. 1, 22, *Iren.* 3, 21, 2, *Just.* Cohort. 13. *Epiph.* de pond. 23 u. A. findet sich dann die weitere Angabe, die 72 Uebersetzer hätten jeder einzeln in seiner Zelle (*Just., Clem.*), oder je zwei zusammen (*Epiph.*) gearbeitet, aber vollkommen übereinstimmend übersetzt, und zwar nach *Just., Clem., Iren.* u. A. nicht bloß den Pent., sondern das ganze A. T.; vgl. dagegen *Hier.* in Ez. 5, 12: Et Aristeas et Josephus et omnis schola Judaeorum quinque tantum libros Moysi a LXX translatos asserunt; s. Hody l. 2. c. 7. — Viele Kirchenväter halten diese Sage für wahr (z. B. *Aug.* C. D. 18, 42; doctr. chr. 2, 15); schon Hieronymus erklärt sie aber für eine Fabel, Praef. in Pent.: Nescio, quis primus auctor septuaginta cellulas Alexandriae mendacio suo exstruxerit, quibus divisi eadem scriptitarent, quum Aristeas et Josephus nihil tale retulerint.

Ueber die Unechtheit des Briefes des Aristeas s. bes. Hody l. 1. und *Ant. van Dale*, Dissertatio super Aristea, Amsterb. 1705. Nöldeke, die ältest. Lit. 109. — Als geschichtlich darf wohl angesehen werden, daß der Pent. unter Ptol. Philadelphus, nach Andern unter Ptol. Lagi (Hug, Herbst u. A., dagegen Keil § 175, 7) in Aegypten übersetzt worden ist (Hody l. 2. c. 2. 4), vielleicht auf Veranlassung des Königs und des Demetrius Phalereus (Herbst 151, Bleek 755, gegen Hody, welcher l. 2. c. 3 annimmt, die Juden hätten den Pentateuch übersetzen lassen).

§ 73. Griechische Uebersetzungen.

Die Uebersetzung wenigstens der meisten andern alttestamentlichen Bücher war zur Zeit des Enkels des Jesus Sirach (§ 56) vollendet; Sir. Prol. τὰ λοιπὰ τῶν βιβλίων braucht nicht gerade alle Hagiographa zu bezeichnen, s. § 60, 2 und Hoby 1. 2. c. 9. § 5. Die deuterok. Zusätze zum Buch Esther sind (nach Esth. 11, 1 Vg.) im 4. Jahre des Ptolemäus (Philometor) und der Kleopatra (176) übersetzt; vgl. Tüb. Q.-S. 1860, 257.

Daß die Uebersetzungen der alttestamentlichen Bücher nicht von Einer Hand sind, zeigt ihr ungleicher Charakter überhaupt (Nro. 2) und die verschiedene Uebertragung desselben hebr. Wortes in verschiedenen Büchern, z. B. אֲחַשְׁוֵרוֹשׁ, Ἀσσουῆρος Esdr., Ἀρταξέρξης Esth., — אֲרַם נַהֲרַיִם, Μεσοποταμία Pent., Συρία ποταμῶν Richt., — פְּלִשְׁתִּים Φυλιστιείμ Pent., ἀλλόφυλοι Sam. ꝛc. — אָמֵן ἀμήν Par., Neh., γένοιτο Ps. u. s. w., vgl. Hoby 1. 2. c. 10. Auch die Parallelstellen Is. 2, 2—4 und Mich. 4, 1—3; Is. 36—39 und 4 Kön. 18 ff. sind verschieden übersetzt.

2. Die alexandrinische Uebersetzung ist in der sog. διάλεκτος κοινή geschrieben (§ 5, 3). Die einzelnen Theile derselben sind von ungleichem Werthe: die Uebersetzung des Pentateuchs ist am besten gelungen und, einige Freiheiten abgerechnet, genau und verständlich zugleich; die andern Bücher sind größtentheils zu sklavisch wörtlich übersetzt, namentlich die Psalmen, weichen aber dabei an manchen Stellen stark vom Grundtexte ab; es finden sich augenscheinliche Unrichtigkeiten, besonders in den historischen Büchern, auch Auslassungen, Versetzungen und Zusätze, namentlich im Job, Jeremias und Daniel.

Vgl. Döllinger, Christenth. u. K. 151. Wichelhaus 177. Ueber den Pent. s. Hug, Thiersch und *Th. E. Töpler*, De Pent. interpr. Alex. indole crit. et herm., Halle 1830, über Job *G. Bickell*, De indole ac ratione versionis Alex. in interpr. 1. Jobi, Marb. 1863, über die Spr. Zöckler 24 und P. de Lagarde, Anmerkungen zur griech. Uebers. der Prov., Lpz. 1863, über Is. Gesenius, Comm. I, 56, über Jer. oben § 39, 3.

In allen Büchern werden manche starke Tropen mit dem eigentlichen Ausdrucke vertauscht, Anthropomorphismen vermieden (Langen, das Judenth. 201), anstößig scheinende Stellen gemildert u. dergl., z. B. Ex. 24, 10: וַיִּרְאוּ אֵת אֱלֹהֵי יִשְׂרָאֵל, καὶ εἶδον τὸν τόπον, οὗ εἱστήκει ὁ θεὸς τοῦ Ἰσραήλ. Ps. 3, 4: וְאַתָּה יְהוָה מָגֵן בַּעֲדִי, σὺ δέ, κύριε, ἀντιλήπτωρ μου εἶ.

Beispiele von sklavisch wörtlicher Uebertragung: Ps. 8, 6: ἠλάττωσας αὐτὸν βραχύ τι παρ' ἀγγέλους, 18, 11: γλυκύτερα ὑπὲρ μέλι, 20, 13: θήσεις αὐτοὺς νῶτον, — von Auslassungen: Spr. 18, 23 — 19, 2; 20, 14—19; 23, 23 (fehlen in den ältesten Handschr.), — von Zusätzen: Job 2, 9; 42, 17. Spr. 1, 7; 4, 27 (vielleicht spätere Interpolationen), — von Versetzungen: Spr. 15, 27 ff.; 24, 23 ff. Jer. 25 ff. s. § 39, 3.

Hier. Hebr. qu. praef.: Libros Moysi nos quoque confitemur plus quam caeteros cum hebraicis consonare. — Praef. in Jer.: Ordinem visionum, qui apud Graecos et Latinos omnino confusus est, ad pristinam fidem correximus. — Ep. 57, al. 101, 11: Longum est nunc revolvere, quanta LXX de suo addiderint, quanta dimiserint. — In Jer. 29, 14: Hucusque in LXX non habetur; caetera, in quibus vel singuli versus vel pauca ab eis praetermissa sunt verba, victus taedio annotare nolui. — Praef. in Ez.: Vulgata ejus editio non multum distat ab hebraico. — Hieron. klagt bes. über ungenaue Uebers. der mess. Stellen; Hebr. qu. praef.: cum illi Ptolemaeo regi mystica quaeque in scripturis sanctis prodere noluerint et maxime ea, quae Christi adventum pollicebantur, ne viderentur Judaei et alterum Deum colere, quos ille Platonis sectator magni idcirco faciebat, quia unum Deum colere dicerentur. Vgl. Praef. in Is. und Praef. in Pent.: . . . Illi interpretati sunt ante adventum Christi et, quod nesciebant, dubiis protulere sententiis.

3. Bei den Juden stand diese Uebersetzung anfangs in großem Ansehen; noch Josephus benutzt sie, und Philo hält sie für inspirirt; auch im Talmud kommen Stellen vor, in denen sie sehr hoch gestellt wird; sie wurde auch bei den Synagogen-Vorlesungen gebraucht. Die spätern Juden verwarfen sie aus polemischen Rücksichten. — Das N. T. citirt oft die alttestamentlichen Stellen nach dieser Uebersetzung (§ 61, Ia), und in der Kirche hat sie immer in großem Ansehen gestanden: in der griechischen Kirche wurde und blieb sie die kirchlich recipirte Uebersetzung, und die lateinische Kirche hatte und hat theilweise noch jetzt eine Uebersetzung, der sie zu Grunde liegt (§ 74, 1. 3); auch mehrere andere alte Uebersetzungen haben sie zur Grundlage (§ 77, 2). Mehrere Kirchenväter hielten sie für inspirirt.

Ueber das Ansehen der LXX bei den Juden s. Hoby l. 3. p. 1. c. 1. Keil § 176, 2. Wichelh. 31. Delitzsch, Ps. 29. — *Tert.* Apol. 18: Sed et Judaei palam lectitant. Justinians Novelle 146: Hi, qui per graecam (linguam) legunt, LXX utantur traditione. Dagegen *Just.* c. Tryph. 68: τοῖς διδασκάλοις ὑμῶν, οἵτινες τολμῶσι λέγειν, τὴν ἐξήγησιν, ἣν ἐξηγήσαντο οἱ ἑβδομήκοντα ὑμῶν πρεσβύτεροι, . . . μὴ εἶναι ἐν τισιν ἀληθῆ. *Eus.* Dem. 5, proem. 35. *Aug.* C. D. 18, 43: Hanc (interpretationem), quae LXX est, tanquam sola esset, sic recepit ecclesia eaque utuntur graeci populi christiani, quorum plerique utrum alia sit aliqua ignorant. Ex hac LXX interpretatione etiam in latinam linguam interpretatum est, quod ecclesiae latinae tenent. . . Spiritus, qui in prophetis erat, quando illa dixerunt, idem ipse erat etiam in LXX viris, quando illa interpretati sunt. . . Si igitur, ut oportet, nihil aliud intueamur in scripturis illis, nisi quid per homines dixerit Dei Spiritus, quidquid est in hebraeis codicibus et non est apud interpretes LXX, noluit ea per istos, sed per illos prophetas Dei Spiritus dicere; quidquid vero est apud LXX, in hebraeis autem codicibus non est, per istos ea maluit, quam per illos, idem Spiritus dicere, sic ostendens, utrosque fuisse prophetas. . . Unde vestigia sequens apostolorum, quia et ipsi ex utrisque, i. e. hebraeis et ex LXX testimonia prophetica posuerunt, utraque auctoritate utendum putavi, quoniam utraque una atque divina est. Vgl. 15, 23, 3. Qu. in Hept. 1, 169. 6, 19. Cons. ev. 2, 66, 128. — *Hier.* Praef. in Par. II.: . . LXX interpretibus, qui *Spiritu sancto pleni* ea, quae vera fuerunt, transtulerant. . . Quid LXX interpretes addiderint, vel ob decoris gratiam, vel ob *Spiritus sancti auctoritatem*, licet in hebraeis voluminibus non legatur. Dagegen Praef. in Pent.: Aliud est vatem, aliud est esse interpretem; ibi Spiritus ventura praedicit, hic eruditio et verborum copia ea, quae intelligit, transfert. . . Aut aliter de eisdem libris per LXX interpretes, aliter per apostolos Spiritus sanctus testimonia texuit, ut, quod illi tacuerunt, hi scriptum esse mentiti sint? Vgl. *Hil.* in Ps. 2, 2. 3. — Ueber die Verbreitung der LXX in der Kirche sagt Hieron.: nascentis ecclesiae roboraverat fidem (Praef. in Par. I.); LXX interpretes leguntur in ecclesiis (in Is. 28, 10); quorum editio toto orbe vulgata est (in Is. 65, 20). Daher der Name Vulgata bei Hieron.

Trotz ihrer Mängel „ist diese Uebersetzung als ältester Schlüssel zum sprachlichen Verständniß der alttestamentlichen Schriftdenkmäler, als ältester Spiegel des bescheidener kritischer Prüfung nicht zu entziehenden alttestamentlichen Textes [§ 71, 3] und als gewichtige Controle des in Talmud, Midrasch und überhaupt der außerägyptischen Nationalliteratur überlieferten Schriftverständnisses von unschätzbarem Werthe. . . Sie nimmt eine epochemachende Stellung in der Geschichte der göttlichen Offenbarung ein. Denn sie war die erste Bekanntmachung der Heidenwelt mit der alttestamentlichen Offenbarung und also die erste Einführung Japhets in die Hütten Sems. Zugleich war mit ihr ein entscheidender Schritt vorwärts zur Entschränkung des alttestamentlichen Particularismus gethan. Sie war also ein das Christenthum, in welchem die Bestimmung der Religion Israels zur Weltreligion sich vollendet, anbahnendes Ereigniß. Sie hat dem Christenthum im voraus die Sprache geschaffen, die es reden sollte." Delitzsch, Ps. 27. Vgl. *Eus.* Praep. 8, 1. *Aug.* C. D. 18, 42.

4. Im Anfange des zweiten christlichen Jahrhunderts übersetzte Aquila (Ἀκύλας), ein jüdischer Proselyt aus Sinope in Pontus, das A. T. (wohl nur die protokanonischen Bücher) bis zur Unverständlichkeit wörtlich in's Griechische. Diese Uebersetzung fand bei den Juden statt der alexandrinischen Eingang. — Nicht viel später übersetzten die Ebioniten Theodotion aus Ephesus

und Symmachus das A. T. Die Uebersetzung des Symmachus war freier als die alexandrinische, die des Theodotion mehr eine Ueberarbeitung und Verbesserung der LXX, als eine neue Ueber= setzung. Theodotions Uebersetzung des Daniel wurde in der Kirche statt der alexandrinischen recipirt (§ 43 Anm.). — Von einigen Büchern fand Origenes noch andere griechische Uebersetzungen vor, welche, da ihre Urheber nicht bekannt waren, als **fünfte, sechste und siebente** Uebersetzung bezeichnet wurden.

Aquila und Theodotion werden schon von *Iren.* 3, 21, 1 erwähnt, Symmachus zuerst von Origenes. Aq. soll unter Hadrian, Theob. unter Commodus, Symm. unter Severus gelebt haben. Ueber Aquila s. *C. Vercellone*, Dissertazioni accademiche, Rom 1864, S. 143. Ewald, Gesch. des V. Isr. VII, 350. In jüdischen Schriften wird Aquila mitunter mit Onkelos (§ 75, 2) verwechselt; *R. Anger*, de Onkelo chaldaico Pentateuchi paraphraste et quid ei rationis intercedat cum Akila graeco V. T. interprete; p. 1: de Akila, Lpz. 1845. — Ueber Symmachus s. Geigers Jüd. Ztf. I, 39. Ztf. der DMG. 1866, 457. Heidenheims Ztf. 1867, III, 463.

Aug. C. D. 15, 23: Aquila, quem interpretem Judaei ceteris anteponunt. *Hier.* Ep. 36, al. 125, 13: Aquilam vero ut in ceteris et in hoc maxime loco proprie transtulisse, omnis Judaea conclamat et synagogarum consonant universa subsellia. — *Hier.* Praef. in Job I: Quasi non et apud Graecos Aq., Symm. et Theod. vel *verbum e verbo*, vel *sensum e sensu* vel *ex utroque commixtum* et medie temperatum genus translationis expresserint; cf. Praef. in Chron. Eus.: alio nitente verbum de verbo exprimere, alio sensum potius sequi, tertio non multum a veteribus (LXX) discrepante. — Ep. 57, al. 101, 11: Aquila proselytus et contentiosus interpres, qui non solum verba, sed etymologias quoque verborum transferre conatus est, jure projicitur a nobis. Quis enim pro frumento et vino et oleo possit vel legere vel intelligere $\chi\varepsilon\tilde{\upsilon}\mu\alpha$, $\dot{\upsilon}\pi\omega\rho\iota\sigma\mu\dot{\upsilon}\nu$, $\sigma\tau\iota\lambda\pi\nu\dot{\upsilon}\tau\eta\tau\alpha$, quod nos possumus dicere fusionem pomationemque et splendentiam? Aut quia Hebraei non solum habent $\ddot{\alpha}\rho\vartheta\rho\alpha$, sed et $\pi\rho\dot{\upsilon}\alpha\rho\vartheta\rho\alpha$, ille $\varkappa\alpha\varkappa\sigma\zeta\dot{\eta}\lambda\omega\varsigma$ et syllabas interpretatur et literas dicitque: $\sigma\dot{\upsilon}\nu$ $\tau\dot{\upsilon}\nu$ $\upsilon\dot{\upsilon}\rho\alpha\nu\dot{\upsilon}\nu$ $\varkappa\alpha\dot{\iota}$ $\sigma\dot{\upsilon}\nu$ $\tau\dot{\eta}\nu$ $\gamma\tilde{\eta}\nu$. — In Amos 3, 11: *Symmachus* non solet verborum $\varkappa\alpha\varkappa\sigma\zeta\eta\lambda\dot{\iota}\alpha\nu$, sed intelligentiae ordinem sequi. — Praef. in Ev.: *Theodotio* inter novos (Symm.) et veteres (LXX) medius incedit. — In Eccl. 2, 1: LXX et Theodot., sicut in pluribus locis, ita in hoc quoque concordant.

Hier. Praef. in Job I: Aquila et Symm. et Theod... multa *mysteria Salvatoris* subdola interpretatione *celarunt*. — In Is. 2, 20: Non possum invenire rationem, quare LXX tam perspicuam de Christo prophetiam in graecum noluerint vertere; caeteri enim, qui verterunt quidem, sed sermonem ambiguum ad impietatis traxere sensum, non mirum cum male interpretati sint nec voluerint de Christo gloriosum quid dicere, in quem non credebant, videlicet judaei aut semijudaei, i. e. Ebionitae. Dies gilt namentlich von Aquila; f. jedoch *Hier*. Ep. 32, 1; Ep. 36, 12. 13 und in Hab. 3, 13: Isti semichristiani (Symm. und Theod.) judaice transtulerunt, et judaeus Aquila interpretatus est ut christianus. Vgl. *Vercellone* 152.

In Comm. zum Ezech. (zu 3, 15 u. o.) erwähnt Hieron. Aquilae *secunda editio*, quam Hebraei κατὰ ἀκρίβειαν nominant.

Hier. in Tit. 3, 9: Nonnulli libri et maxime hi, qui apud Hebraeos versu compositi sunt, tres alias editiones habent, quas *quintam*, *sextam* et *septimam* translationem vocant, auctoritatem sine nominibus interpretum consecutas. Nach den erhaltenen Fragmenten erstreckten sich die V. und VI. über Pent., Pf., H. L. und kl. Propheten, die VII. über Pf. und H. L.; Herbft § 62.

Am Rande griechischer Handschr. werden noch citirt: ὁ Ἑβραῖος, ὁ Σύρος, ὁ Ἑλληνικός, τὸ Σαμαρειτικόν. Die Bedeutung dieser Bezeichnungen ist nicht klar; vgl. Herbft § 63.

5. Um das Verhältniß der LXX zum hebräischen Texte darzulegen, stellte Origenes in seiner sogenannten Hexapla (Octapla) den hebräischen Text in hebräischer Schrift, denselben in griechischer Schrift, Aquila, Symmachus, die LXX und Theodotion (und bei einigen Büchern die Quinta, Sexta oder Septima) columnenweise neben einander, ergänzte dabei die Lücken der LXX aus Theodotion oder einer andern Uebersetzung unter Beifügung eines Asteriscus ※ und bezeichnete die Zusätze der LXX zum hebräischen Texte mit einem Obelus ÷ oder ⸓. (Die Tetrapla war eine Zusammenstellung der LXX und der drei andern Uebersetzungen.) — Der Text der LXX, wie ihn Origenes aufnahm, heißt der hexaplarische, der Text, wie er vor ihm, vielfach corrumpirt, verbreitet war, die κοινὴ ἔκδοσις, editio vulgata. — Auch der Priester Lucianus von Antiochien († 311) und der ägyptische Bischof Hesychius besorgten kritische Recensionen der LXX, über welche aber nichts Sicheres bekannt ist.

Orig. in Matth. t. 15, 14 (III, 671): Τὴν μὲν οὖν ἐν τοῖς ἀντιγράφοις τῆς παλαιᾶς διαθήκης διαφωνίαν Θεοῦ διδόντος εὕρομεν ἰάσασθαι, κριτηρίῳ χρησάμενοι ταῖς λοιπαῖς ἐκδόσεσιν· τῶν γὰρ ἀμφιβαλλομένων παρὰ τοῖς ὁ διὰ τὴν τῶν ἀντιγράφων διαφωνίαν τὴν κρίσιν ποιησάμενοι ἀπὸ τῶν λοιπῶν ἐκδόσεων, τὸ συνᾷδον ἐκείναις ἐφυλάξαμεν, καί τινα μὲν ὠβελίσαμεν ἐν τῷ ἑβραϊκῷ μὴ κείμενα, οὐ τολμήσαντες αὐτὰ πάντη περιελεῖν, τινὰ δὲ μετ᾽ ἀστερίσκων προσεθήκαμεν, ἵνα δῆλον ᾖ, ὅτι μὴ κείμενα παρὰ τοῖς ὁ ἐκ τῶν λοιπῶν ἐκδόσεων συμφώνως τῷ ἑβραϊκῷ προσεθήκαμεν. *Epiph.* de pond. 6. *Hier.* in Tit. 3, 9: Nobis curae fuit, omnes veteris legis libros, quos vir doctus Adamantius in *Hexapla* digesserat, de Caesariensi bibliotheca descriptos, ex ipsis authenticis emendare, in quibus et ipsa hebraea propriis sunt characteribus verba descripta, et graecis literis tramite expressa vicino, Aquila etiam et Symmachus et LXX quoque et Theodotio suum ordinem tenent, nonnulli vero libri ... tres alias editiones additas habent, quas V., VI. et VII. translationem vocant... Haec immortale illud ingenium suo nobis labore donavit. — Praef. in Pent.: Origenes editioni antiquae translationem Theodotionis miscuit, asterisco et obelo, i. e. stella et veru, opus omne distinguens, dum aut illucescere facit, quae minus ante fuerant, aut superflua quaeque jugulat et confodit.

Hier. Ep. 106, al. 135, 2: Sciatis aliam esse editionem, quae Orig. et Eus. omnesque Graeciae tractatores κοινήν, i. e. communem appellant atque vulgatam, aliam LXX interpretum, quae in ἑξαπλοῖς codicibus reperitur... Κοινή autem ista, h. e. communis editio ipsa est quae et LXX; sed hoc interest inter utramque, quod κοινή pro locis et temporibus et pro voluntate scriptorum vetus corrupta editio est, ea autem, quae habetur in ἑξαπλοῖς ipsa est, quae in eruditorum libris incorrupta et immaculata LXX interpretum translatio reservatur.

Hier. Praef. in Par. II: Alexandria et Aegyptus in LXX suis *Hesychium* laudat auctorem; Constantinopolis usque ad Antiochiam *Luciani* martyris exemplaria probat (vgl. Delitzsch, Pf. (1) II, 430. Wichelh. 180); mediae inter has provinciae Palaestinos codices legunt, quos ab *Origene* elaboratos Eus. et Pamphilus vulgaverunt. — Ep. 112, al. 89, 19: Vis amator esse verus LXX interpretum? Non legas ea, quae sub asteriscis sunt, imo rade de voluminibus... Quod si feceris, omnes ecclesiarum bibliothecas damnare cogeris; vix enim unus aut alter invenietur liber, qui ista non habeat.

Die kritischen Zeichen finden sich in manchen uns erhaltenen Handschriften (und in der syr. Ueberf. § 76, 2). Ueber die Form derselben s. *Rordam*, libri Jud. (§ 76, 2) p. III. *Tischendorf*, Fragmenta Origenianae Pentateuchi editionis, Lpz. 1860, p. XV. Der Schluß der Stelle, für welche der Obelus oder Asteriscus galt, wurde durch duo puncta : (*Hier.* praef. in Ps. II) oder den Metobelus /. oder ⊢ bezeichnet. Der Lemniscus ⌢ und Hypolemniscus ⌣ wiesen wahrscheinlich auf eine abweichende Lesart oder Uebersetzung hin.

6. Die alexandrinische Uebersetzung ist uns vollständig in vielen, freilich mannigfach von einander abweichenden (Uncial- und Cursiv-) Handschriften erhalten, unter denen die Vaticanische (II.) zu Rom, die Alexandrinische (III.) zu London und die Sinaitische (ℵ, Sin.) zu Petersburg, alle drei wahrscheinlich

aus dem 4. oder 5. Jahrhundert, die wichtigsten sind. Die erste liegt der von Sixtus V. (Rom 1587) veranstalteten (und der Ausgaben von A. Mai, Rom 1857, und Vercellone, Rom 1868), die zweite der von J. E. Grabe (Oxford 1707—20) besorgten Ausgabe zu Grunde. Diese beiden Hauptausgaben sind die Grundlage der meisten andern. Die Varianten aus vielen Handschriften (I—XIII. und 14—311) sind gesammelt in der Ausgabe von Holmes und Parsons (Oxford 1798—1827). — Die andern in der Hexapla enthaltenen Uebersetzungen sind mit Ausnahme von Theodotions Uebersetzung des Daniel bis auf viele kleine Bruchstücke verloren; letztere haben B. de Montfaucon und Fr. Field gesammelt.

Die älteste Ausgabe der LXX ist die Complutensische in der Polyglotte des Carb. Ximenez (§ 78, a) 1517 (die Pf. zuerst Mailand 1481). Die Albinische erschien in Venedig 1518. Die Vaticanische oder Sirtinische Ausgabe: V. T. juxta LXX ex auctoritate Sixti V. P. M. editum, Rom 1587, Fol. V. et N. T. ex antiquissimo cod. Vat. ed. *Angelus Maius*, Rom 1857, 5 Fol. Bibliorum sacrorum graecus Codex Vat. collatis studiis *C. Vercellone* et *J. Cozza* editus. T. V. (N. T.), Rom 1868. T. I. (Pent.), Rom 1869. (Vgl. *Vercellone*, Dissert. 115. 407.) Die Grabe'sche Ausgabe: V. T. LXX interpretum, ex antiquissimo cod. Alex. ed. *J. Ernestus Grabe*, Oxf. 1707—20, 4 Fol. V. T. graecum e cod. Alex. . . . typis ad similitudinem ipsius codicis fideliter descriptum cura *Henr. Herveji Baber*, London 1816—28, 4 Fol. — V. T. graecum cum variis lectionibus ed. *Robertus Holmes* (vom 3. Bande an editionem continuavit *Jacobus Parsons*), Oxf. 1798—1827, 5 Fol.

Bibliorum Codex Sinaiticus Petropolitanus ed. *C. Tischendorf*, Petersburg 1862, 4 Fol. (einige Stücke derselben Handschr. [zu Leipzig] hat Tischendorf früher eibirt und Cod. Friderico-Augustanus, FA, genannt; א und FA enthalten vom A. T. Tob., Jud., 1 und 4 Macch., Is., die kl. Proph. mit Ausnahme von Hos., Am., Mich., die 6 poet. Bücher und Stücke von Par. u. Jer.). Durch Tischendorf hat der kritische Apparat zur LXX auch sonst wesentliche Bereicherungen erhalten; s. E. Ranke, über T.'s ältest. Arbeiten, St. u. Kr. 1858, 193. J. E. Volbeding, C. Tischenb. in seiner 25jährigen schriftstellerischen Wirksamkeit, Lpz. 1862. — Fragmente der Propheten aus dem 7. Jahrh. bei *J. Cozza*, S. Bibliorum vetust. fragm. ex palimps. Rom 1867; s. Th. L.-Bl. 1866, 598; 1867, 433.

Handausgaben von Leander van Eß, Leipzig 1824, von V. Loch, Regensb. 1866, und von Tischendorf, Leipzig 1850, (4) 1870, 2 Bde. Alle drei geben den Vaticanischen Text, Tischenb. mit Varianten aus den ältesten Handschriften und mit guten Prolegomena, die auch die Handschriften und Ausgaben der LXX besprechen. — Genesis graece ed. *P. A. de Lagarde*,

Lpz. 1868. Liber Judicum sec. LXX interpr. ed. *O. F. Fritzsche*. Zürich 1867; vgl. § 49, 4.

Statt der alexandrinischen Uebersetzung des Daniel geben die Handschriften und Ausgaben die Theodotion'sche. Die alexandrinische Uebersetzung: Daniel secundum LXX ex Tetraplis Origenis nunc primum editus e cod. Chisiano (cura *Simonis de Magistris*), Rom 1772, — ed. *H. A. Hahn*, Lpz. 1845; auch im Anhang von Tischendorfs Ausgabe.

Die Fragmente der andern griechischen Uebersetzungen: Hexaplorum Origenis quae supersunt . . . ed. *D. Bernardus de Montfaucon*, Par. 1714, 2 Fol. (ed. *C. F. Bahrdt*, Lpz. 1769, 2 Bde. 8; ed. *L. B. Drach*, im 6. Bande der Migne'schen Ausgabe des Origenes; vgl. *Danko*, De s. scr. 177). Origenis Hexaplorum quae supersunt, ed. *Fr. Field*, Oxford 1867 ff. (bis jetzt 3 Fasc.) Th. Lit.-Bl. 1866, 296.

Anm. *Versio Veneta* nennt man eine griechische Uebersetzung einiger alttestamentlichen Bücher, welche in einer zu Venedig befindlichen Handschrift aus dem 14. Jahrhundert enthalten ist. Der Uebersetzer, welcher nicht bekannt ist und nach dem 9. Jahrhundert gelebt zu haben scheint, hat den masorethischen Text sklavisch wörtlich in den attischen Dialect (die chaldäischen Stücke in den dorischen) zu übersetzen gesucht; seine Arbeit ist für die Kritik werthlos. — Nova versio graeca Prov., Eccl., Cant., Ruth, Thren., Dan. et selectorum Pent. locorum, ex unico cod. Ven. eruta a *J. B. Casp. d'Ansse de Villoison*, Straßb. 1784. Nova versio gr. Pent. . . . ed. *C. F. Ammon*, Erl. 1790. Vgl. Herbst I. § 67. Häv. I, 1. § 78.

§ 74.
Lateinische Uebersetzungen — Itala und Vulgata.

J. Martianay's Prolegomena in S. Hieronymi Divinam Bibliothecam, in der Mauriner (und Migne'schen) Ausgabe der Werke des Hieronymus. L. van Eß, pragmatisch-kritische Geschichte der Vulgata. Tübingen 1824. *J. Brunati*, de nomine, auctore, emendatoribus et authentia Vulgatae. Wien 1827. J. A. Hagen, Sprachliche Erörterungen zur Vulgata, Freiburg 1863. F. Kaulen, Geschichte der Vulgata, Mainz 1868. H. Rönsch, Itala und Vulgata. Das Sprachidiom der urchristlichen Itala und der kath. Vulgata. Leipzig 1869.

1. Vor Hieronymus (346—420) ist das A. T. nur aus (der κοινὴ ἔκδοσις, § 73, 5) der Septuaginta in's Lateinische übersetzt worden. Die ältesten Spuren einer lateinischen Bibelübersetzung finden sich bei Tertullian (um 200 n. C.). Wenn Hilarius, Hieronymus und Augustinus von vielen lateinischen interpretes sprechen, so nehmen Einige an, es sei damit eine Reihe

von selbständigen Uebersetzungen gemeint, welche sich aber sämmtlich enge an den griechischen Text angeschlossen hätten und darum ihrem Charakter nach sehr ähnlich gewesen seien; Andere dagegen nehmen an, eine einzige — vor 200 n. C. in Africa oder in Italien entstandene — lateinische Bibelübersetzung sei von Vielen in stilistischer Hinsicht überarbeitet und nach verschiedenen griechischen Handschriften geändert worden, und darum um 400 n. C. in vielen, im Einzelnen sehr abweichenden Textesgestaltungen verbreitet gewesen. Wenn also Augustinus de doctr. chr. 2, 15 sagt: In ipsis autem interpretationibus (latinis) Itala ceteris praeferatur; nam est verborum tenacior cum perspicuitate sententiae, so wird hier nach der ersten Ansicht eine in Italien entstandene oder dort gebräuchliche Uebersetzung den andern Uebersetzungen, nach der zweiten Ansicht die in Italien verbreitete Recension jener alten Uebersetzung andern Textesgestaltungen derselben vorgezogen. Wahrscheinlich gab es um 400 n. C. (wenigstens von manchen biblischen Büchern) mehrere selbständige Uebersetzungen und daneben viele Ueberarbeitungen der ältesten Uebersetzung, und alle diese verschiedenen lateinischen Bibeltexte werden ohne Unterscheidung als interpretationes bezeichnet.

Der Name Itala kommt sonst in der ganzen patristischen Literatur nicht vor, ist also jedenfalls in der patristischen Zeit keine stehende Bezeichnung einer bestimmten Uebersetzung oder Recension gewesen. Im Folgenden wird nach dem Vorgange vieler Neuern der Kürze halber mit dem Namen Itala überhaupt die vorhieronymianische lateinische Bibel bezeichnet (das Wort also in einer andern Bedeutung gebraucht, wie von Augustinus).

Die Itala schließt sich durchgängig sklavisch genau an den griechischen Text an und ist nicht in der gewöhnlichen lateinischen Schriftsprache (sermo latinus), sondern in der Volkssprache (lingua vulgaris oder rustica) geschrieben. Nur von einigen alttestamentlichen Büchern ist sie ganz erhalten (s. Nro. 3); von andern haben wir nur Bruchstücke in Handschriften und viele Citate bei den lateinischen Kirchenschriftstellern der ersten Jahrhunderte. Das Vorhandene ist gesammelt von Peter Sabatier (1743) u. A.

§ 74. Lateinische Uebersetzungen — Itala und Vulgata.

Eine einzige, im Laufe der Zeit vielfach überarbeitete Uebersetzung nehmen an Card. Wiseman, „Zwei Briefe über 1 Joh. 5, 7, nebst einer Untersuchung über den Ursprung der Itala," (1832) in den Abhandlungen über verschiedene Gegenstände, Regensb. 1854, I. Bd., C. Lachmann, N. T. gr. et lat., Berlin 1842, I, S. IX, Tischendorf, Evangelium Palatinum ineditum, Lpz. 1847, S. XVI, A. Maier, Einl. in das N. T. 562, *Vercellone*, Diss. accad. 21, Reusch, Die Aeußerungen des h. Aug. über die Itala, Tüb. Q.-S. 1862, 244, Hagen S. 3, — mehrere selbständige Uebersetzungen Jahn, Herbst, Welte, Scholz, Hug, Reithmayr, Danko, Lamy, Häv., Keil, Rönsch u. A., J. H. Reinkens, Hilarius von Poitiers, Schaffh. 1864, S. 340. Die oben am Ende des ersten Alinea vorgetragene Ansicht vertreten im Wesentlichen Bleek, Einl. in das N. T. 738, Fritzsche in Herzogs Real-Encycl. XVII, 423, Kaulen 125.

Bei dieser letzten Annahme erklären sich am leichtesten die Thatsache, daß die „vielen interpretes" nie genauer bezeichnet und unterschieden werden, und Aeußerungen wie *Aug.* Doctr. chr. 2, 11: Qui scripturas ex hebraea lingua in graecam verterunt, numerari possunt, *latini* autem *interpretes* nullo modo; ut enim cuique primis fidei temporibus in manus venit codex graecus et aliquantulum facultatis sibi utriusque linguae habere videbatur, ausus est *interpretari*. *Hil.* in Ps. 54: Hymnos *aliqui translatores nostri* carmina nuncuparunt, *plerique* autem hymnos ... posuerunt. *Hier.* Praef. in Jos.: Cum apud Latinos tot sint exemplaria, quot codices, et unusquisque pro arbitrio suo vel addiderit vel subtraxerit, quod ei visum est. — Interpretari kann Aug. auch von dem Ueberarbeiten einer vorhandenen Uebersetzung nach dem Originale sagen, sofern dabei ja theilweise neu übersetzt wurde. So sagt er Ep. 71, al. 10, 6 von der Ueberarbeitung der lat. Uebersetzung des N. T. durch Hieronymus: Evangelium de graeco *interpretatus* es (*Hier.* Ep. 112, 20 antwortet: Si me in Novi T. *emendatione* suscipis); vgl. Wiseman 21.

Die meisten Abweichungen in den Bibel-Citaten der lateinischen Kirchenschriftsteller (Herbst I, 237) beweisen nicht die Existenz verschiedener Uebersetzungen, da sich gleich starke Abweichungen in den Citaten der griechischen Schriftsteller und nicht selten bedeutende Verschiedenheiten in den Citaten desselben Schriftstellers finden. Manche Stellen werden aber allerdings so verschieden citirt und manche in Handschriften erhaltene Abschnitte bieten so starke Differenzen, daß zur Erklärung der Verschiedenheit die Annahme der Ueberarbeitung eines einzigen Textes nicht auszureichen scheint.

Daß die älteste Uebersetzung in Rom oder Italien entstanden sei, nehmen an R. Simon, B. Gams, Kirchengesch. von Spanien, Regensb. 1862, I, 86, Kaulen 109 u. A.; — in Africa proconsularis lassen sie entstehen Wiseman 37, Hug I, 406, Lachmann, Bleek, Fritzsche u. A. In Africa wurde eine lateinische Uebersetzung wohl eher Bedürfniß, als zu Rom, wo mehr griechische Bildung herrschte. Vor dem Jahre 230 hat höchstens Ein italienischer Kirchenschriftsteller lateinisch geschrieben; die ältesten lateinischen Kirchenschriftsteller sind alle Africaner. — Ueber die Latinität der Itala s. bes. Rönsch, vgl. Kaulen 130. Die von Wiseman angeführten Eigenthümlichkeiten sind allerdings keine „Africanismen" (s. Gams a. a. O.), sondern theils Gräcismen (und Hebräismen), theils Eigenthümlichkeiten der lingua rustica; aber der Gebrauch dieser erklärt sich in einer Provinz doch wohl eher als in Rom.

Daß die älteste lat. Uebersetzung vor dem J. 200 entstanden ist, ergibt sich aus ihrer Benutzung und Erwähnung durch Tertullian; s. bes. Monog. 11: Sciamus plane non sic esse in graeco authentico (1 Kor. 7, 39), quomodo *in usum exiit* per duarum syllabarum aut callidam aut simplicem *eversionem;* c. Marc. 5, 4: Quae sunt allegorica (Gal. 4, 24), i. e. aliud portendentia: haec sunt duo testamenta, sive duae ostensiones, sicut *invenimus interpretatum;* de or. 21. 22. Vgl. Hug I, 405. Hagen 10.

Bibliorum sacrorum versiones antiquae latinae . . ed. *Petrus Sabatier*, 3 Fol. Rheims 1743, 2. (Titel-) Aufl. Par. 1751. Neu entdeckte handschriftliche Fragmente der prophetischen Bücher bei *F. Münter*, Fragmenta versionis ant. lat. antehieronym., Kopenh. 1819; *Fr. Mone*, de libris palimpsestis, Karlsr. 1855; *E. Ranke*, Fragm. versionis lat. antehieronym. fasc. 1—4, Marb. 1860. 68; A. Vogel, Beiträge zur Herstellung der alten lateinischen Bibel-Uebers., Wien 1868; Librorum Lev. et Num. versio antiqua Itala e cod. Ashburnhamiensi, London 1868 (vgl. Tüb. Q.=S. 1870, 32). Anderes bei Vercellone (s. u. Nro. 6 und Dissert. acad. 17) u. A. Viele von Sabatier noch nicht benutzte patristische Citate namentlich in A. Mai's Spicil. Rom. IX. und Nova Patrum Biblioth. I. Vgl. *Danko*, De s. scr. 206.

2. In der zweiten Hälfte des 4. Jahrhunderts war der Text durch die Nachlässigkeit, Unwissenheit und Willkür der Abschreiber in vielen Handschriften corrumpirt und die Verschiedenheit der nach dem griechischen Texte angestellten Ueberarbeitungen (oder der Uebersetzungen) war immer größer geworden. Zudem wurde man jetzt auch auf die Abweichungen der nach der κοινὴ ἔκδοσις angefertigten Itala von dem revidirten hexaplarischen Texte der LXX (§ 73, 5) und von dem Hebräischen aufmerksam. — Um diesen Uebelständen abzuhelfen, besorgte der h. Hieronymus in den letzten Decennien des 4. Jahrhunderts eine Revision der lateinischen Uebersetzung (des N. T. und) des A. T. (mit Ausnahme der deuterokanonischen Bücher) nach dem hexaplarischen Texte der LXX und mit Berücksichtigung des Hebräischen, unter Beifügung der kritischen Zeichen des Origenes. Das Psalterium revidirte er zweimal: zuerst 383 oder 384 zu Rom nach der

Lucianischen Recension oder der *κοινὴ ἔκδοσις* der LXX — Psalterium Romanum, — einige Jahre später zu Bethlehem durchgreifender nach dem hexaplarischen Texte — Psalterium Gallicanum. Außer diesen beiden Psalterien ist von dieser Arbeit des Hieronymus nur das Buch Job erhalten.

O. Zöckler, Hieronymus, Gotha 1865, S. 99. 181. Ueber den Zustand der Itala s. *Hier.* Praef. in Jos. (s. o. Nro. 1). Praef. in Par. II.: Ita in graecis et lat. codicibus hic nominum liber vitiosus est, ut non tam hebraea, quam barbara quaedam et sarmatica nomina conjecta arbitrandum sit. — Praef. in Job I.: Apud Latinos ante eam translationem, quam sub asteriscis et obelis nuper edidimus, septingenti ferme aut octingenti versus desunt (vgl. Praef. in Job II.) — *Aug.* Ep. 71, al. 10, 6: Plurimum profueris, si eam scripturam graecam, quam LXX operati sunt, latinae veritati reddideris, quae in diversis codicibus ita varia est, ut tolerari vix possit, et ita suspecta, ne in graeco aliud inveniatur, ut inde aliquid proferri aut probari dubitetur.

Ueber die zwei Bearbeitungen des Psalteriums s. *Hier.* Praef. in Ps. Die erste Bearbeitung fand gleich zu Rom, die zweite zuerst in Gallien Eingang. *Martianay*, Prol. II. 5. Ueber die Revision der andern Bücher s. *Martianay*, Prol. II. 1. Die Bearbeitung des Buches Job steht in den Werken des Hieron. (dazu gehört die Praef. II. in Job vor der Vulg.); von der Bearbeitung des Paral. ist die Vorrede erhalten (Praef. II. vor der Vulg.); die der 3 salomonischen Bücher erwähnt Hieron. Praef. in ll. Sal.

3. In den letzten Jahren des 4. und in den ersten Jahren des 5. Jahrhunderts übersetzte Hieronymus aus dem Hebräischen und Chaldäischen alle protokanonischen Bücher und die Bücher Tobias und Judith. Es waren nun längere Zeit die ältere und diese neue Uebersetzung des A. T. in der lateinischen Kirche in Gebrauch; die ältere wurde aber allmählich verdrängt, und seit dem 7. Jahrhundert ist die Uebersetzung des h. Hieronymus in der ganzen lateinischen Kirche gebräuchlich unter dem Namen Vulgata. Nur von dem Psalterium wurde nicht die neue Uebersetzung des Hieronymus, sondern die von ihm besorgte Revision der Itala recipirt. Von den deuterokanonischen Büchern, die Hieronymus nicht neu übersetzt hatte, wurde die alte Uebersetzung beibehalten. — Die jetzige Vulgata besteht also aus folgenden Elementen: a. Aus dem Hebräischen oder Chaldäischen von Hieronymus übersetzt: alle protokanonischen Bücher mit Ausnahme der Psalmen und die Bücher Tobias und Judith. —

b. Aus der Itala beibehalten (also aus dem Griechischen übersetzt), aber von Hieronymus revidirt: die Psalmen, und zwar das Psalterium gallicanum (und das N. T.). — c. Aus der Itala beibehalten und von Hieronymus nicht revidirt: alle deuterokanonischen Bücher mit Ausnahme von Tobias und Judith.

Ueber die Zeit der Vollendung der einzelnen Bücher s. *Martianay*, Prol. II. 1. Die deuterokanonischen Stücke in Esther und Daniel übersetzte Hieron. aus dem Griechischen.

Das Unternehmen des Hieron. fand bei Unwissenden und Uebelwollenden vielen Widerspruch (s. die Praefationes vor der Vulg. und *Ruf.* Apol. 2, 32 —37); aber auch Männer wie Augustinus, welche das Verdienstliche seiner Arbeit wohl würdigten, hielten es für bedenklich, eine ganz neue Uebersetzung statt der bisherigen einzuführen, und glaubten, es sei besser, für den kirchlichen Gebrauch diese, in ähnlicher Weise wie das N. T. und das Psalterium revidirt, beizubehalten. *Aug.* Ep. 71, al. 10, 4: Ego sane te mallem graecas potius canonicas nobis interpretari scripturas, quae LXX interpretum auctoritate perhibentur. Perdurum enim erit, si tua interpretatio per multas ecclesias frequentior coeperit lectitari, quod a graecis ecclesiis latinae ecclesiae dissonabunt. Ders. in einem spätern Briefe (82, al. 18, 34): De interpretatione tua jam mihi persuasisti, qua utilitate scripturas volueris transferre de hebraeis, ut scilicet ea, quae a Judaeis [in der LXX, vgl. *Hier.* Praef. in Pent.] praetermissa vel corrupta sunt, proferres in medium. . . . Hi, qui me invidere putant utilibus laboribus tuis, intelligant, propterea me nolle tuam ex hebraeo interpretationem in ecclesiis legi, ne contra LXX auctoritatem tanquam novum aliquid proferentes magno scandalo perturbemus plebes Christi, quarum aures et corda illam interpretationem audire consueverunt, quae etiam ab apostolis approbata est. — In Bezug auf das Psalterium erkannte dieses Hieron. selbst an, Ep. 106, al. 135, 46: Sic psallendum, ut nos interpretati sumus, et tamen sciendum, quid hebraica veritas habeat. Hoc enim, quod LXX transtulerunt, propter vetustatem in ecclesiis decantandum est, et illud ab eruditis sciendum propter notitiam scripturarum.

Die Psalmenübersetzung des Hieron. ist uns zwar erhalten, aber nie in kirchlichem Gebrauch gewesen. Das gallicanische Psalterium war zuerst in Gallien in Gebrauch, verdrängte aber allmählich das römische überall, auch zu Rom, so daß dieses jetzt nur noch in der Peterskirche in Gebrauch ist; vgl. Brunati 10. Thalhofer, Ps. S. XVII. — In den Introitus, Grabualia u. s. w. des Missale und in dem Invitatorium, den Responsorien und einigen andern kleinern Bestandtheilen des Breviers sind Stücke aus der Itala (und dem Psalt. rom.) beibehalten; vgl. Analecta juris pontificii, Rom 1856, Livr. 12, p. 1848.

Die Kirchenschriftsteller vom 5. bis 7. Jahrhundert citiren die Bibelstellen

§ 74. Lateinische Uebersetzungen — Itala und Vulgata.

theils nach der alten, theils nach der neuen Uebersetzung. *Greg. M.* († 604) Moral. in Job, praef.: Novam vero translationem edissero, sed ut comprobationis causa exigit, nunc novam, nunc veterem per testimonia assumo, ut, quia sedes apostolica, cui auctore Deo praesideo, utraque utitur, mei quoque labor studii ex utraque fulciatur. *Isid. Hisp.* († 636) de off. 1, 12: Cujus (Hieronymi) editione generaliter omnes ecclesiae usquequaque utuntur, pro eo quod veracior sit in sententiis et clarior in verbis. *Martianay*, Prol. II. 2—4. *Vercellone*, Dissert. accad. 38. Kaulen 190.

„Mit guter hebräischer Sprachkenntniß ausgerüstet, übersetzte Hieron. aus genauen hebräischen Handschriften, unter Benutzung der exegetischen Tradition der Juden und der frühern Uebersetzer, und vermied nach richtigen Grundsätzen ebensosehr allzugroße, unverständlich werdende Wörtlichkeit, als auch willkürliche Abweichungen vom Originale, so daß seine Uebersetzung, trotzdem daß er öfter mit großer Eilfertigkeit arbeitete und bisweilen aus Furcht vor Neuerungen die bessere Ueberzeugung der ältern Auctorität opferte, doch alle alten Versionen an Genauigkeit und Treue übertrifft." Keil § 197. Das erste „trotzdem" bezieht sich darauf, daß Tobias in Einem, die 3 salomonischen Bücher in drei Tagen übersetzt wurden, das zweite darauf, daß Hieron. sich mitunter (bei einigen Büchern mehr als bei andern) an die vorhandene lateinische Uebersetzung, soweit es anging, anschloß. Aehnliche günstige Urtheile bei de Wette § 81. Häv. I, 1, 414. Delitzsch, Pf. 33. Hupfeld, Pf. I, 57. Baur, Amos 146. 151. Zöckler, Hieronymus 342. R. v. Raumer, Einwirkung des Christenth. auf die althochd. Sprache 160; vgl. Hagen 7.

4. Diese Vulgata genoß in der lateinischen Kirche seit dem 7. Jahrhundert dasselbe Ansehen, wie früher die Itala und in der griechischen Kirche die LXX. Auf den Concilien, von den Päpsten und von den Theologen wurde die h. Schrift nach ihr citirt, bei dem kirchlichen Gottesdienste nach ihr gelesen und gebetet. Mit Rücksicht auf die im 16. Jahrhundert erschienenen neuen lateinischen Bibelübersetzungen und auf die damaligen Angriffe gegen die Vulgata fand es das Trienter Concil für gut, dieselbe in ihrem traditionellen Ansehen zu bestätigen und ausdrücklich anzuordnen, was bis dahin stillschweigend anerkannt gewesen war: daß unter allen lateinischen Bibelübersetzungen die Vulgata als authentische anzusehen sei. Conc. Trid. S. 4, decr. de ed. et usu ss. libr.:

Insuper eadem sacrosancta synodus considerans, non parum utilitatis accedere posse ecclesiae Dei, si ex omnibus latinis editionibus quae circumferuntur sacrorum librorum quaenam pro authentica habenda sit, innotescat, — statuit et declarat, ut haec ipsa vetus et vulgata editio, quae longo tot saeculorum usu in ipsa ecclesia probata est, in publicis lectionibus, disputationibus, praedicationibus et expositionibus pro authentica habeatur, et ut nemo illam rejicere quovis praetextu audeat vel praesumat.

5. „Die Vulgata ist die authentische lateinische Bibelübersetzung" heißt: die Vulgata ist diejenige lateinische Bibelübersetzung, von welcher auf die Auctoritat der Kirche hin — der es zusteht, über den wahren Sinn und die Auslegung der h. Schrift zu urtheilen (Trid. l. c.) — zu glauben ist, daß sie uns getreu, vollständig und unverfälscht die Offenbarungen wiedergibt, welche Gott in der h. Schrift niedergelegt hat; sie kann darum überall, wo es sich darum handelt, den doctrinellen Inhalt der h. Schrift zu ermitteln oder darzulegen, als zuverlässige Quelle benutzt werden.

Ph. Chrismann, Regula fidei § 64: Patres Tridentini vulgatam versionem declararunt *authenticam*, i. e. conformem fonti autographo in ordine ad probanda fidei et morum dogmata, quo sensu certa sane habetur fidei regula ab ecclesia proposita, quatenus nihil continet, quod sit a veritate christianae fidei vel devium vel contrarium. — a. Das Trienter Decret behauptet nicht, daß die Vulg. die in jeder Hinsicht beste Bibelübersetzung sei; eine andere Uebersetzung kann als literarisches Product besser sein, ist aber nicht authentisch, so lange die Kirche dieses nicht erklärt hat. — b. Das Decret behauptet nicht, die Vulgata sei von allen Fehlern frei, sondern nur, daß sie keine Fehler enthält, welche den Offenbarungsinhalt der h. Schrift alteriren. — c. Das Concil hätte auch Uebersetzungen in andern Sprachen und Ausgaben des Grundtextes für authentisch erklären können; da aber die lateinische Sprache die officielle kirchliche Sprache ist, genügte eine lateinische Uebersetzung. — d. Das Concil hat nicht die Vulgata den Originalen vorgezogen, — unter den lateinischen Uebersetzungen ist die Vulgata die authentische; — die Originaltexte der h. Schrift, wie sie aus der Hand der Verfasser hervorgegangen sind, stehen über allen Uebersetzungen und brauchen gar nicht von der Kirche für authentisch erklärt zu werden; über den jetzigen Grundtext und über den Sinn desselben hat die Kirche keine allgemeine Erklärung abgegeben. Am allerwenigsten hat das Concil die Benutzung der Grundtexte verbieten wollen, die ja, wie bei jeder Uebersetzung, so auch bei der Vulgata für das Verständniß derselben nöthig oder nützlich ist. — e. Das Concil hat nicht „die Vulgata zum authentischen Texte [f. d.] erhoben" (Keil § 199), sondern das Ansehen, welches sie seit Jahrhunderten in der Kirche genossen hatte, ausdrücklich bestätigt; Sixtus V. sagt in der Bulle Aeternus ille (bei v. Eß 279): . . eam prius quidem universali s. ecclesiae et ss. patrum consensione, deinde vero generalis Concilii Trid. decreto . . . comprobatam etc.

§ 74. Lateinische Uebersetzungen — Itala und Vulgata. 211

Die beste Erörterung des Decretes bei *Pallavicini*, Hist. Conc. Trid. VI, 17. Vgl. *Bonfrerii* Praeloquia c. 15, § 3. *Joh. Mariana* pro editione vulgata (bei Menochius, f. § 2, 3). *M. Cani* Loci theol. 1. 2. c. 13 sq. *Nat. Alex.* Sacc. IV. diss. 39. *J. B. Branca*, de Vg. editionis auctoritate, Mailand 1791. Welte, Ueber das kirchl. Ansehen der Vulg., und Rechtfertigung des kirchl. Ansehens der Vulg., Tüb. Q.=S. 1845. *C. Vercellone*, Sulla autenticità delle singole parti della Bibbia Volgata, Rom 1866 (vgl. Ghiringhello in der Rivista universale, Genua 1867). Reusch, Erkl. der Decrete des Trienter Concils, welche sich auf die Vulg. beziehen, Kath. 1860, I, 641. Vgl. Chilianeum (Würzb. 1864) V, 201. Th. L.=Bl. 1867, 403.

6. Nachdem die Uebersetzung des h. Hieronymus in den kirchlichen Gebrauch übergegangen war, wurde sie bald durch Handschriften vervielfältigt, dabei aber der Text vielfach entstellt. Für die Herstellung und Erhaltung eines richtigen Textes bemühten sich im Anfange des 9. Jahrhunderts Alcuin, im 11. Jahrhundert Lanfrank von Canterbury, ferner vom 12. bis 14. Jahrhundert Card. Hugo a Sancto Caro und Andere durch Anfertigung der sogenannten Correctoria biblica, d. h. genau revidirter Exemplare mit kritischen Randbemerkungen. — Nach der Erfindung der Buchdruckerkunst erschienen bald zahlreiche Ausgaben der Vulgata, — vor 1517 schon über 200, — theils einfach nach Handschriften mit mehr oder weniger Kritik gedruckt, theils nach dem Grundtexte geändert, so daß zur Zeit des Trienter Concils sehr verschiedene Texte der Vulgata in Umlauf waren.

Ueber die mittelalterlichen kritischen Arbeiten in Bezug auf die Vulgata vgl. Hug, Ueber eine Handschr. der lat. Uebers. des A. und N. T. nach Alcuins Ausgabe, Ztf. f. d. Erzb. Freib. II, 1. Welte, Tüb. Q.=S. 1845, 363, Kaulen 224, über die Correctoria auch *Vercellone*, Dissert. acad. 35. Die erste Ausgabe der Vulgata s. l. et a., nach Einigen Mainz 1450, nach Andern Bamberg 1453—55; das Psalterium Mainz 1457, die ganze Bibel zuerst datirt Mainz 1462. Vor 1517 nach Panzer 55 Ausg. in Italien [Rom 1471, von 1475—1500 in Venedig 26, f. *Vercellone*, 101], 79 in Frankreich, 94 in Deutschland, zus. 228. Vgl. Kaulen 304. G. W. Meyer, Gesch. der Schrifterklärung, Gött. 1802, I, 186. — Nach dem Originale geändert ist namentlich die Ausgabe des Bischofs Isidor Clarius, Venedig 1542. Kaulen 333. — Die sorgfältigsten Ausgaben vor der officiellen römischen besorgten seit 1547 die Löwener Theologen (bes. Joh. Hentenius). Vgl. auch Notationes in s. biblia, quibus variantia discrepantibus exemplaribus loca discutiuntur, auct. *Franc. Luca Brugensi*, Antw. 1580. Variae lectiones Vulgatae .. ed. *C. Vercellone*, Rom 1860, bis jetzt 2 Bände.

7. Das Trienter Concil verordnete 1546 (Sess. 4. decr. de ed. et usu ss. libr.), ut posthac S. Scriptura, potissimum vero haec ipsa vetus et vulgata editio quam emendatissime imprimatur. Noch in demselben Jahre wurden in Rom die Vorbereitungen zur Herstellung einer correcten Ausgabe begonnen und mit wenigen Unterbrechungen bis 1592 fortgesetzt. Die im Jahre 1590 vollendete Ausgabe — Biblia sacra vulgatae editionis *Sixti V. P. M.* jussu recognita atque edita — wurde als ungenügend gleich nach der Veröffentlichung zurückgezogen und 1592 unter Clemens VIII. durch eine neue ersetzt; von dieser erschien ein zweiter Abdruck 1593 und ein dritter 1598, letzterer mit den nöthigen Indices correctorii zu den drei clementinischen Ausgaben. Der clementinische Text ist nunmehr der officielle kirchliche Text der Vulgata und jede Aenderung desselben untersagt.

Vgl. Vercellone in den Prolegomena zu seiner Varianten-Sammlung und Dissert. accad. 57. Reusch a. a. O. 670 und: Zur Geschichte der Entstehung der officiellen Ausg. der Vulg., Kath. 1860, II, 1.

Die „Emendation" sollte natürlich nicht eine doctrinelle, sondern nur eine kritische sein; vgl. die Bulle Aeternus ille von Sirtus V. (bei v. Eß 271): Vulg. editio cum una esset, variis lectionibus in plures quodammodo distracta videbatur. Et quamvis in hac tanta lectionum varietate *nihil hucusque repertum sit, quod fidei et morum causis tenebras offundere potuerit*, verendum tamen fuit, ne crescente ... addendi detrahendique temeritate etc. Es wurden viele und alte Handschr. (auch der Cod. Amiatinus aus dem 6. Jahrh.), Citate bei den Vätern und die Grundterte verglichen. Die bedeutendsten Gelehrten jener Zeit waren Mitarbeiter: Toletus, Bellarmin, Flaminius Nobilius, Peter Morinus, Agellius u. A. *E. Ranke,* Codex Fuldensis, Marburg 1868, p. 569: Eorum opinionem, qui celeberrimum illud ecclesiae rom. cimelium citra artis criticae leges redactum esse suspicantur, erroneam esse absque ulla dubitatione assero. In universum satis bonum esse illius textum neque absimilem a fontibus authenticis etc.

Die Differenzen zwischen der sirtinischen und der clementinischen Ausgabe (s. *Thomas James*, Bellum papale, London 1600) sind alle ohne doctrinelle Bedeutung und größtentheils auch kritisch nicht sehr bedeutend. Vgl. *Henr. a Bukentop*, Lux de luce, Köln 1710.

Gute neuere Ausgaben sind die von V. Loch, Regensb. 1849 und 1863, die bei H. Marietti zu Turin 1851 gedruckte und die von Vercellone, Rom 1861. — Die kirchlichen Bestimmungen über die Herausgabe der Vulg. s. in der Bulle Clemens' VIII. und in der Praef. ad Lectorem (von Bellarmin) vor den Ausgaben; vgl. die Vorrede von Loch, und Bukentop a. a. O.

§ 75.
Chaldäische Uebersetzungen und Paraphrasen — Targume.

Zunz, Die gottesdienstlichen Vorträge der Juden historisch entwickelt, Berlin 1832, S. 61 ff. Nölbeke, Die ältest. Lit. S. 255.

1. Wahrscheinlich wurden schon in den letzten vorchristlichen Jahrhunderten Theile des A. T. in die chaldäische Sprache, welche nach dem Exil die Volkssprache der Juden war (§ 5, 2), übersetzt. Die ältesten uns erhaltenen chaldäischen Uebersetzungen, תַּרְגּוּמִים, stammen aus dem letzten Jahrhundert vor Christus. Da diese Targume alle mehr oder weniger paraphrasirende Uebersetzungen sind, sind sie für die Texteskritik minder wichtig, als andere, wörtlichere Uebersetzungen; für die Exegese sind die ältern Targume namentlich darum von Wichtigkeit, weil wir aus ihnen die bei den Juden herrschende Auffassung vieler, insbesondere der messianischen Stellen kennen lernen. Die jüngern Targume sind mehr für die Kenntniß der spätern jüdischen Theologie, als für die biblische Wissenschaft von Wichtigkeit.

Bei den Sabbathvorlesungen in den Synagogen „wurde von einem in der Regel dazu angestellten Uebersetzer der vorgelesene Text der Schrift vers- oder paragraphenweise auswendig der Gemeinde aramäisch übersetzt, so daß der Vorlesende und der Uebersetzer abwechselnd vortrugen." Zunz 8. Wahrscheinlich gab es aber schon unter den Hasmonäern geschriebene aramäische Uebersetzungen der meisten biblischen Bücher. Zunz 61.

Die messianischen Stellen aus den Targumen s. bei *J. Buxtorf*, Lexicon chaldaicum, talmud. et rabb., Basel 1639, S. 1268; vgl. Langen, Das Judenthum 418.

2. Das Targum des Onkelos (אֻנְקְלוֹס, im ersten christlichen Jahrhundert) zum Pentateuch schließt sich durchgängig ziemlich genau an den Grundtext an; das (wahrscheinlich etwas jüngere) Targum des Jonathan Ben Ussiel zu den frühern und spätern Propheten (§ 62, 2) ist freier und bei den eigentlich prophetischen Büchern mehr erklärende Paraphrase, als Uebersetzung. Viel jünger und durchgängig freier und ungenauer, und darum für die Kritik und Exegese ohne Werth sind die Targume zu den Hagiographen und ein fälschlich dem Jo-

nathan zugeschriebenes (Pseudo=Jonathans) Targum zum Pentateuch.

Ueber Onkelos s. *G. B. Winer*, De Onkeloso ejusque paraphrasi chald. Lpz. 1820. *R. Anger*, De Onkelo chaldaico Pentateuchi paraphraste part. 2, Lpz. 1846. J. M. Schönfelder, Onkelos und Peschittho; Studien über das Alter des Onkelos'schen Targums, München 1869. Zunz 52: „Die Arbeit des O. ist fast durchgängig eine schlichte und sehr verständige Uebertragung. Nächst dem Bestreben, alles Anthropomorphistische zu beseitigen, wird sein Vortrag nur an wenigen, meist dichterischen Stellen durch bildliche Auslegung zur Hagaba, obwohl manches, was wir jetzt der Art im O. lesen, ihm nicht zugehört. — Jonathan macht schon zu den historischen Büchern oft den Ausleger; zu den eigentlichen Propheten geht diese zur wirklichen Hagaba werdende Auslegung fast ununterbrochen fort; indeß ist wohl manches von späterer Hand hineingetragen. [Vgl. Gesenius, Jes. II, 65. Baur, Amos 138.] Jonathan scheint Onkelos' Version bereits gekannt zu haben." Vgl. Langen, Das Judenthum 70. 209.

Es gibt ein Targum zu dem ganzen Pentateuch, welches dem Jonathan zugeschrieben wird, und ein sogenanntes jerusalemisches Targum zu einzelnen Stellen des Pentateuchs. Nach Zunz 66 ist aber letzteres nur ein Auszug aus ersterm und dieses ein Werk des 7. Jahrhunderts. „Onkelos ist nur zuweilen Ausleger, der Hierosolymitaner nur zuweilen Uebersetzer." Vgl. *G. B. Winer*, De Jonathanis in Pent. paraphrasi chald., Erl. 1829. *J. Petermann*, De duabus Pent. paraphrasibus, Berlin 1829. *H. Seligsohn*, De duabus Hieros. Pent. paraphr., Breslau 1858.

Mehr oder weniger denselben Charakter haben die Targume zu den Hagiographen; es gibt deren zu allen Hagiographen mit Ausnahme von Dan., Esdr. und Neh., zu Esther zwei. Das Targum zu den Megilloth (§ 70, 1) wurde irrthümlich Joseph dem Blinden († 325) zugeschrieben. Vgl. Zunz 65. Häv. § 82. Delitzsch Ps. (1) II, 425. *S. Cohn*, De targumo Jobi disquisitio, Schwerin 1867.

Gedruckt sind die Targume meist in den Polyglotten (§ 78) und rabbinischen Bibeln (§ 70, 2), theilweise auch besonders.

§ 76.
Syrische Uebersetzungen.

N. Wiseman, Symbolae philol. ad historiam versionum syr. V. T., in den Horae syriacae, Rom 1828. *A. Ceriani*, Le edizioni e i manoscritti delle versioni siriache del Vecchio Testamento, Mailand 1869.

1. Die älteste syrische Bibelübersetzung heißt Peschito, d. i. die einfache oder wörtliche. Die protokanonischen Bücher des A. T. sind, wahrscheinlich im 2. Jahrhundert und zwar von christlicher

Hand, treu und gut aus dem hebräischen Texte übersetzt, die deuterokanonischen Bücher wahrscheinlich nicht viel später, aus dem Griechischen übersetzt, beigefügt worden. — Die Peschito genoß in der syrischen Kirche dasselbe Ansehen, wie die LXX in der griechischen und die Vulgata in der lateinischen Kirche. Die Nestorianer und die Monophysiten (Jakobiten) hatten eigene Recensionen derselben (die der letztern heißt die karkaphische oder versio montana), die man mit Unrecht für selbständige Uebersetzungen gehalten hat.

Ueber das Alter und die Entstehung der Peschito s. Wiseman 96, Herbst § 83. Danko 178. R. Simon und einige neuere (namentlich jüdische) Gelehrte (auch *Le Hir*, Etudes bibl. I, 308) halten sie für jüdischen Ursprungs; s. *J. Perles*, Meletemata Peschitthoniana, Breslau 1859. S. dagegen Herbst § 84. Häv. § 83. Gesenius, Jes. II, 81. Delitzsch, Pf. 28. *J. Wichelhaus*, De N. T. versione syr., Halle 1850, S. 73. Nöldeke, Alttest. Lit. 262. — Ueber die nestorianische und die karkaphische Recension (von dem Kloster auf dem Berge Sigara so genannt) s. Wiseman 139. 149. Wichelhaus 187. — Ueber die deuterok. Bücher s. Scholz I, 238.

Die Peschito ist gedruckt in den Polyglotten (§ 78); das A. T. (die protokanonischen Bücher) herausgegeben von S. Lee, London 1823, der Pent. von Kirsch 1787, die Psalmen von Erpenius 1625, Dathe 1768 u. s. w., die deuterokanonischen Bücher (und Br. Bar., 3 Esdr. und 3 Macc.) von P. A. de Lagarde, Libri V. T. apocryphi syriace, Leipz. 1861.

L. Hirzel, De Pent. versionis syr., quam Pesch. vocant, indole, Lpz. 1825. *C. A. Credner*, De proph. min. versionis syr., quam Pesch. vocant, indole, Göttingen 1827.

2. Im Jahre 617 übersetzte der monophysitische Bischof Paul von Tella das A. T. aus dem hexaplarischen Texte der LXX (§ 73, 5) sehr wörtlich und mit Beibehaltung der kritischen Zeichen des Origenes (syrisch=hexaplarische Uebersetzung). — Um 500 übersetzte der Chorbischof Polykarpus im Auftrage seines Bischofs Philoxenus von Mabug oder Hierapolis (das N. T. und) die Psalmen aus der LXX.

Von der syrisch=hexapl. Uebers. ist der größte Theil in Handschr. zu Mailand, Paris und London erhalten. Herausgegeben sind Dan. und die Ps. von Bugati, Mailand 1788 und 1820, Jer. und Ez. von Norberg 1787, die 4 Bücher der Kön., Jes., die kl. Proph., die 3 salomonischen Bücher, Job und die Klagel. von Middeldorpf, Berl. 1835, Richter und Ruth von T. Skat Rorbam, Libri Jud. et Ruth sec. vers. syriaco-hexapl., Kopenh. 1861 (mit

Prolegomena über Paul von Tella), Klagel. und Bar., Gen. und Er. von A. M. Ceriani, Monumenta sacra et profana, t. 1 u. 2, Mailand 1861. 63, noch nicht edirt u. a. Weish. und Sir. — *J. Th. Pflschke*, De Psalterii syr. a. C. Bugato editi indole et usu critico, Bonn 1835.

Versio figurata ist nur eine auf einem Mißverständniß beruhende Bezeichnung der syrisch-heraplarischen Uebers. — Bruchstücke der Philorenianischen (?) Uebersetzung des Js. bei *Ceriani*, Mon. t. 5. — Thomas von Charkel (Heraklea) hat nur (616) die Philor. Uebers. des N. T. überarbeitet, Jakob von Edessa (im 8. Jahrh.) einen syr. Bibeltert aus der Peschito, der herapl. Uebers. und griech. Handschriften bearbeitet; Bruchstücke davon bei *Ceriani*, Mon. t. 5. — Von einer angeblichen Uebers. des A. T. aus dem Griechischen von dem nestorianischen Patriarchen Mar Abba († 552) ist nichts weiter bekannt. Vgl. Wiseman und Michelhaus a. a. O., Herbst § 86 ff.

§ 77.
Andere alte Uebersetzungen des A. T.

1. Der Pentateuch ist nach der samaritanischen Recension (§ 9, 2, Anm.) im Ganzen wörtlich und genau in das Samaritanische übersetzt worden, wahrscheinlich in den ersten christlichen Jahrhunderten.

G. B. Winer, De versionis Pent. samaritanae indole, Lpz. 1817. *S. Kohn*, De Pent. sam. ejusque cum versionibus antiquis nexu, Breslau 1865. Ders., Samarit. Studien, Breslau 1868. Keil § 194. — Die Uebersetzung ist gedruckt in den Polyglotten (§ 78, c und d). Die Gottesnamen werden umschrieben, die Anthropomorphismen und anstößigen Ausdrücke beseitigt; sonst ist die Uebersetzung wörtlich. — Τὸ Σαμαρειτικόν (§ 76, 4) bezeichnet vielleicht eine griech. Uebers. dieser sam., oder Auszüge aus dieser letztern; Keil § 195. Hengstb., Beitr. II, 32.

Es gab auch eine sehr freie sam. Bearbeitung des B. Josue. Den Titel „Buch Josue" trägt auch eine bei den Samaritanern gefundene, im 13. Jahrh. in arab. Sprache geschriebene Chronik, welche bis auf Theodosius M. reicht und in welche jenes sam. Buch Josue und außerdem viele sam. Legenden aufgenommen sind. Chronicon samaritanum arabice conscriptum, cui titulus est liber Josuae, ed. *J. Juynboll*, Leyden 1848. Vgl. Keil § 215.

2. Nach der LXX wurde das A. T., einschließlich der deuterokanonischen Bücher, übersetzt: im 2. bis 4. Jahrhundert in die verschiedenen ägyptischen oder koptischen Dialecte, im 4. von dem arianischen Bischof Ulfilas († 381) in das Gothische, wahrscheinlich gleichfalls im 4. Jahrh. in das Aethiopische, im 5. auf Veranlassung des h. Mesrop († 441) in das Ar-

§ 77. Andere alte Uebersetzungen des A. T.   217

menische, im 6. in das Georgische, theilweise im 9. durch die hh. Cyrillus und Methodius, theilweise später in das Altslawische. — Die Töchter=Versionen in der LXX, — außer den hier genannten die Itala (§ 74, 1), die syrisch=hexaplarische (§ 76, 2) und die arabischen (Nro. 3), — sind wichtig für die Textkritik der LXX.

Die Uebersetzung des A. T. in den (in Nieder=Aegypten herrschenden) memphitischen Dialect ist in Handschriften ganz erhalten; edirt sind der Pent. von Wilkins, London 1731, von Fallet, Paris 1854, von P. de Lagarde, Lpz. 1867; die Psalmen, Rom 1744, von Ideler, Berlin 1837, und von Schwartze, Lpz. 1843; die kl. und die gr. Propheten von Tattam, Oxf. 1836 und 52; Daniel von Bardelli, Pisa 1849. — Von den Uebersetzungen in den sahibischen oder thebaidischen Dialect (in Ober=Aegypten) und in den basmurischen Dialect (Misch=Dialect der beiden andern, im Delta herrschend) sind nur kleine Stücke von Münter, Mingarelli, Zoega und Engelbreth edirt. Vgl. Keil § 182. Danko 199.

Von der gothischen Uebersetzung des A. T. sind nur kleine Fragmente der Bücher Esdr. und Neh. erhalten (von A. Mai in einem Mailänder Palimpsest gefunden) und mit den viel bedeutendern Fragmenten des N. T. öfter edirt, namentlich von H. F. Maßmann, Stuttg. 1857, und von J. L. Stamm, Paderb. 1858, 4. Aufl. von M. Heyne 1869. Vgl. Danko 235.

Die äthiopische Uebers. (in der alten Gheez=Sprache, s. § 5, 2) rührt nach der äthiopischen Sage von dem h. Frumentius, einem der Apostel des Landes, her und ist bei den abessinischen Christen noch jetzt in Gebrauch. Sie enthält außer sämmtlichen Büchern des A. T. auch mehrere Apokryphen; vgl. § 63, 2 und A. Dillmann, Ueber den Umfang des Bibelkanons der abessinischen Kirche, in Ewalds Jahrb. der bibl. Wiss. V, 144. Gött. Gel. Anz. 1859, 190. — Edirt sind die Pf. und das H. L. von Potken, Rom 1513, Köln 1518 u. ö., die Pf. auch von Hiob Ludolf 1701, Ruth und einige kl. Proph. von Verschiedenen 1660—1706, der Octateuch, Sam., Kön., Par., Esdr., Esth., von Dillmann, Leipz. 1853—1861. — *B. Dorn*, De Psalterio aeth., Leipz. 1825. Vgl. *F. Kaulen* im Th. Lit.=Bl. 1866, 173.

Die armenischen Uebersetzer waren Schüler des h. Mesrop. Edirt sind die Psalmen, Rom 1565 u. ö., die ganze Bibel von Uscanus, Amsterb. 1666 u. ö., am besten von den Mechitaristen, Venedig 1805 (Petersburg 1819), Sirach 1833. — Die georgische oder grusinische Uebersetzung ist gedruckt zu Moskau 1743 und 1816. — Die Geschichte der slawischen Uebersetzung ist nicht ganz aufgehellt. Cyrillus († 878) soll vom A. T. nur die Psalmen nach der LXX [und die Evang., Methodius die Briefe] übersetzt haben; die andern Bücher sollen, nicht vor dem 11. Jahrh., von Mehrern übersetzt und die Uebersetzung mehrfach überarbeitet worden sein. Die slawische Bibel ist gedruckt zu Ostrog 1581, 1751 u. ö. Vgl. Danko 238.

3. Die **arabischen** Uebersetzungen der alttestamentlichen Bücher sind aus verschiedenen Zeiten und von verschiedenen Verfassern — theils von Juden nach dem Hebräischen (besonders von dem berühmten R. Saadia Gaon, † 942), theils von Christen nach der **LXX** oder der Peschito angefertigt. Da wahrscheinlich keine derselben über das 7. Jahrhundert hinaufreicht, so sind sie für die Kritik von geringer Wichtigkeit.

a. Die Uebersetzungen des **Saadia** sind mehr Paraphrasen, als Uebertragungen des hebräischen Textes, und darum für die Kritik unwichtig; vgl. Haneberg, Ueber die arab. Psalmen-Uebers. des R. Saadia Gaon, München 1841, Gesch. der Off. 801. Delitzsch, Pf. 33. Ewald und Dukes, Beitr. zur Gesch. ꝛc., Stuttg. 1844, I. u. II. Böttcher, Lehrb. der hebr. Sprache I, 55. Edirt sind außer einigen Pf. der Pent. in den Polyglotten (§ 78), Gen. und Er. von P. de Lagarde in den Materialien zur Kritik und Gesch. des Pent. Leipzig 1867, und Isaias von G. E. Paulus, Jena 1790; vgl. Gesenius, Jes. I, 88. — Saadia's arab. Uebers. des Pent. wurde im 11. Jahrh. von dem Samaritaner Abu Said mit Rücksicht auf den samaritan. Pent. für seine Glaubensgenossen überarbeitet. Herbst § 99. Keil § 195.

Außerdem sind aus dem Hebr. übersetzt: der Pent. von einem africanischen Juden im 13. Jahrh., edirt von Erpenius, Leyden 1622 (Arabs Erpenii), — das Buch Jos. und Stücke aus andern historischen Büchern (3 Kön. 12 bis 4 Kön. 12 und Neh. 1 bis 9, 27) im 11. Jahrh., gedruckt in den Polyglotten, — die Pf. von R. Japhet Ben Heli im 10. Jahrh., edirt von Barges, Par. 1861, — Js., Jer., Ez. und kl. Proph. von einem Ungenannten, davon edirt Hosea von R. Schröter in Merr' Archiv (1867), I, 28.

b. Aus der **LXX** übersetzt sind: die Propheten (auch Bar. und die deuterok. Stücke von Daniel) im 10. Jahrh., die salom. Schriften, Esdr. und Weish. (in den Polygl.), und die Psalmen mehrere Male; vgl. Herbst § 97. Keil § 183. — Die von Gabriel Sionita, Rom 1614, edirte arabische Psalmenübers. ist aus der **LXX** mit Berücksichtigung des Hebr. und der Peschito angefertigt; s. Wiseman, Abhandl. über verschiedene Gegenstände, Regensb. 1854, I, 147.

c. Aus der **Peschito** sind die Psalmen und mehrere andere Bücher in's Arabische übersetzt worden (Gen., Lev., Num., Deut., edirt von Lagarde a. a. O.; Richter, Ruth, Sam., Kön. und Neh. — mit den unter a. angegebenen Ausnahmen —, Paral., Job und Sirach gedruckt in den Polygl.); vgl. Herbst § 96, Keil § 192. *E. Rödiger*, De origine et indole arabicae librorum V. T. hist. interpretationis, Halle 1829. *E. Paulus*, Specimina versionum Pent. septem arabicarum nondum editarum, Jena 1789.

d. Für die Kritik und Exegese ohne Werth sind die arabischen Uebersetzungen aus der syrisch-hexaplarischen Version (§ 76, 2) aus dem 15. Jahrh. (Keil § 180) und aus der Vulgata (für die Katholiken des Orients auf Veranstaltung der Propaganda gedruckt, Rom 1671, abgedruckt durch die Bibelgesellschaft, London 1822).

4. Es gibt eine **persische** Uebersetzung des Pentateuchs nach dem Grundtexte, frühestens aus dem 9. Jahrhundert.

Die Uebersetzung ist von einem Juden, Jakob Ben Joseph Tawus; sie ist gedruckt in der Londoner Polyglotte. *E. F. C. Rosenmüller*, De versione Pent. persica, Lpz. 1813. — Ueber eine perf. Uebers. der salomonischen Schriften s. St. u. Kr. 1829, 469. — Die Psalmen sind aus der Vulg. in's Persische übersetzt worden; Keil § 200.

§ 78.
Polyglotten-Bibeln.

Polyglotten-Bibeln sind Ausgaben der h. Schrift, in welchen die Grundtexte und mehrere alte Uebersetzungen (in allen die LXX und die Vulgata, daneben mehr oder weniger andere) zusammengestellt sind. Die bemerkenswerthesten sind:

a. Die **Complutensische** Polyglotte, auf Veranstaltung des Cardinals Ximenez zu Alcala (Complutum) gedruckt, 1517 vollendet, 1520 veröffentlicht. Sie enthält den hebr. Text des A. T., die LXX, die Vulgata und das Targum des Onkelos zum Pentateuch.

b. Die **Antwerpener** Polyglotte, auch Biblia Regia genannt, auf Kosten Philipps II. von Spanien in der Plantinischen Druckerei zu Antwerpen unter der Leitung des Benedict Arias Montanus gedruckt, 1569—72. Sie enthält mehrere Targume außer dem zum Pentateuch (das N. T. auch syrisch).

c. Die **Pariser** Polyglotte, auf Veranstaltung des Juristen Michel Le Jay zu Paris gedruckt, 1628—45. Zu dieser Polyglotte sind syrische und arabische Uebersetzungen der meisten Bücher und die samaritanische des Pentateuchs beigefügt.

d. Die **Londoner** Polyglotte, von Brian Walton veranstaltet, London 1657. Zu dem Inhalte der Pariser Polyglotte kommen hinzu: die persische Uebersetzung des Pentateuchs und die äthiopische der Psalmen und des Hohen Liedes.

Außer diesen vier großen Polyglotten sind mehrere kleinere erschienen.

a. Vgl. Hefele, der Carb. Ximenez (2) Tüb. 1851, 113. Der Titel ist: N. T. graece et lat. in academia Complutensi noviter impressum (1 Fol.

1514) und V. T. multiplici lingua nunc primum impressum (4 Fol.). Dem griechischen Texte ist eine lateinische Interlinear-Uebersetzung beigefügt, dem chaldäischen eine lat. Uebers. in einer besondern Spalte (auch die andern Polyglotten haben lateinische Uebersetzungen neben den Texten), außerdem ein hebr.-chald. Wörterbuch nebst einigen Abhandlungen.

b. Biblia sacra hebraice, chald., graece et lat., Philippi II. pietate et studio ad ss. ecclesiae usum edita, 8 Fol., 1—4. das A. T., 5. das N. T., 6. u. 7. Abhandlungen, 8. die Grundtexte des A. u. N. T. mit einer Interlinear-Uebersetzung.

c. Biblia sacra hebr., sam. etc. Lutetiae Par., excud. A. Vitré, 9 Fol. (hinsichtlich der Ausstattung die prächtigste Polygl.). 1—4. Band: das A. T. hebr., chald., griech. und lat.; 5. das N. T. griech., lat., syr. und arab.; 6. der samarit. Pent.- und die sam., syr. und arab. Uebers. des Pent.; 7—9. die syr. und arab. Uebers. der andern alttest. Bücher (diese fehlen bei mehrern Büchern, bei andern hat die Londoner Polygl. bessere Uebersetzungen). Die orientalischen Texte wurden für diese Polygl. bearbeitet von Gabriel Sionita.

d. Biblia sacra polyglotta, complectentia textus originales ... versionumque antiquarum ... quidquid comparari poterat, cum textuum et versionum orientalium translationibus latinis, ... omnia eo ordine disposita, ut textus cum versionibus uno intuitu conferri possint etc. ed. *Brianus Waltonus*, Lond. 1657, 6 Fol. — 1. Apparatus biblicus [§ 2, 3], der Pent. hebr., sam., chald., griech., syr., arab. und lat. — 2 und 3. Die andern protokanonischen Bücher hebr., griech., lat., chald. (mit Ausnahme von Par., Esdr., Neh. und Dan.), syr., arab. (mit Ausn. von Esther), Ps. und H. L. auch äthiop. — 4. Libri qui vulgo dicuntur apocryphi, die deuterok. Bücher (und einige Apokr.) griech., lat., syr. (mit Ausn. von Esth.) und arab. (mit Ausn. von Esth., Tob., Jud. und Mach.); außerdem die Targume von Pseudo-Jonathan und von Jerusalem (§ 75, 2) und der pers. Pent. — 5. Das N. T. griech., lat., syr., arab., äthiop., die Ev. auch persisch. — 6. Appendix, Varianten, Noten u. dgl. — Zu dieser Polyglotte gehört das Lexicon heptaglotton von Edmund Castle (Castellus), London 1696. Außer Castle hatte Walton auch Samuel Clarke, Thomas Hyde u. A. zu Mitarbeitern.

Ueber die kleinern Polyglotten s. Welte im Freib. Kirchen-Lexikon VIII, 583. — Die „Polyglotten-Bibel zum Handgebrauch" von R. Stier und W. Theile, Bielef. (2) 1854, 4 (6) Octavbände, enthält den hebr. und griech. Text, die LXX, die Vulgata und die Uebers. Luthers mit Angabe der Abweichungen anderer deutscher Uebers. (ohne die deuterok. Bücher).

§ 79.
Uebersicht der neuern Uebersetzungen des A. T.

1. Der Erste, welcher nach dem h. Hieronymus die Bibel aus dem Grundtexte in's Lateinische übersetzte, war der Dominicaner

Sanctius Pagninus aus Lucca, 1528. Im 16. Jahrhundert wurde das A. T. noch mehrere Male ganz oder theilweise aus dem Hebräischen in das Lateinische übersetzt, sowohl von Katholiken als von Protestanten.

R. Simon, Histoire critique du V. T. l. 2, ch. 20. 21. — Die Uebers. des Pagninus wurde von Arias Montanus revidirt und in die Antwerpener Polyglotte aufgenommen. — Andere lat. Uebers. des A. T. von Katholiken: von Card. Cajetanus (Thomas de Vio, † 1534 — das A. T. mit Ausn. des H. L. und der Proph.), Thomas Malvenda (Dom. † 1628, — das A. T.), Franz Forerius (Dom. † 1581, — Isaias), C. F. Houbigant (das A. T. 1753) u. A.; — von Protestanten: von Seb. Münster 1534, 1546, von Leo Judä 1543 (die Zürcher Bibel, Biblia Tigurina, — mit den Noten des Vatablus, Paris 1545, Biblia Vatabli), von Seb. Castalio 1551, von Imm. Tremellius und Franz Junius 1579.

2. Schon früh hat man die h. Schrift oder Theile derselben in den verschiedenen neuern Sprachen für das Volk populär oder poetisch bearbeitet, einzelne Theile, namentlich die Evangelien und die Psalmen, auch vollständig übersetzt. Auch Uebersetzungen der ganzen Bibel aus der Vulgata in die verschiedenen Landessprachen, insbesondere auch in die deutsche, finden wir schon im 14. Jahrh., wiewohl im Mittelalter die lateinische Bibel für alle Gebildete verständlich war. Schon im 15. Jahrh. und in den ersten Decennien des 16. wurden diese Uebersetzungen wiederholt gedruckt, die deutschen bis zum J. 1518 mindestens zwanzigmal.

E. Reuß, Gesch. der h. Schriften N. Testaments (4), Braunschw. 1864, § 461 ff. R. v. Raumer, Einwirkung des Christenth. auf die althochdeutsche Sprache, Stuttg. 1845. J. Kehrein, Zur Gesch. der deutschen Bibelübers. vor Luther, Stuttg. 1851. — „In's 10. Jahrh. gehört die deutsche Psalmen-Uebers. durch Notker Labeo, Abt von St. Gallen [† 1022. Seine Uebers. des Job ist verloren; Raumer 39]. Es existiren aber deren mehrere von Unbekannten und von einander unabhängige. E. G. Graff, deutsche Interlinear-Versionen der Pf., Quedl. 1839. Niederd. Pf. aus der Karolinger-Zeit von F. H. von der Hagen, Berlin 1818. Von Williram zu Ebersberg in Baiern [† 1085] eine lateinische und eine deutsche Paraphrase des H. L., letztere in Prosa [herausg. von J. Haupt, Wien 1864]. Derselben Zeit gehört zu die metrische Uebers. der Gen. und eines Theiles des Exodus, dem 13. Jahrh. die Weltchronik des Rudolph von Hohenems, ihrem wesentlichen Inhalte nach eine Reimbibel. In derselben Zeit und später mehren sich die Psalter, von denen noch manche handschriftlich erhalten sind. [Kehrein 21.] — Eine treue deutsche Uebers. der Vulgata reicht sicher bis in den Anfang des 14. Jahrh. hinauf.

Diese, vielleicht nur in Einer Urausgabe vorhanden, konnte, wie sie sich verbreitete, nach Zeit und Ort die Mundart und Sprachform ändern und bessern. Niedersächsische Uebersetzungen haben unabhängig von den oberdeutschen existirt." Reuß § 463. 464. Vgl. E. Reuß, Die deutsche Historienbibel vor der Erfindung des Bücherdrucks, Jena 1855. H. Palm, Eine mittelhochdeutsche Historienbibel [vom J. 1465], Breslau 1867.

In das Angelsächsische wurden übersetzt die Pf. von Bischof Abhelm im 8., von König Alfred im 9. Jahrh., die ganze Bibel von Beda Venerabilis † 735 (?), mehrere geschichtl. Bücher des A. T. von Aelfrik. Herbst I, 252.

„Von französischen Uebersetzungen sind bis jetzt näher bekannt eine Ueberf. der 4 Bücher der Kön., angeblich aus dem 12. Jahrh. in nordfranz. Dialect, gedr. Par. 1841, und ein Cober zu Straßburg in gleicher, aber neuerer Mundart, enthaltend die historischen Bücher des A. T. und den Psalter. [Eine Pf.-Ueberf. aus dem 13. Jahrh. edirt von Fr. Michel, Orf. 1860. Das Concil von Toulouse 1229 beschränkte das Lesen von Bibelübersetzungen.] Die allermeisten vorhandenen Handschr. enthalten eine Ueberf. der um 1170 von dem Pariser Kanzler Petrus Comestor angefertigten glossirten Historienbibel (Historia scholastica) durch einen Canonicus Guiars des Moulins aus der Picardie 1294. Guiars hat einen Abriß der Gesch. Hiobs, die Prov. und vielleicht die übrigen salomonischen Bücher, wenigstens Weish. und Sir., hinzugefügt, an die Stelle der Maccabäer-Gesch. des Comestor eine treuere Ueberf. der Vulg. gesetzt und überhaupt in den Text der Hist. schol. den authentischen Text der Vulg. eingeführt, der im Comestor ganz fehlt. Pf., Propheten und Episteln fehlten, sind aber im Laufe des 14. Jahrh. in einer wörtlichen Ueberf. zu der Arbeit des Comestor-Guiars hinzugethan worden. — Spuren von Bibelüberf. in verschiedenen spanischen Mundarten sind früher schon nachgewiesen, allein wenig sichere. Zu Paris 2 Handschr., älter als das 15. Jahrh. Alphons X. von Castilien soll um 1260 die Bibel haben übersetzen lassen. Gewisser ist, daß Bonif. Ferrer, † 1417, Verfasser einer Bibelübersetzung war. — In das Polnische wurde die Bibel [oder der Psalter, — nur dieser existirt noch] für die Königin Hedwig 1390 übersetzt, in das Englische im 14. Jahrh. von Joh. Wycliffe 1380 u. A. In böhmischer Sprache existirt ein Psalter von 1396, die ganze Bibel von 1410, in holländischer Sprache eine Reimbibel aus dem 14. Jahrh. und eine Ueberf. mehrerer alttest. Bücher und des N. T., in dänischer Sprache eine Ueberf. einiger historischer Bücher, um 1470 geschrieben." Reuß § 466. 467. Ueber ungarische Ueberf. (aus dem 14. Jahrh.) s. Danko 243.

Ueber die ältesten gedruckten Bibelübersetzungen s. Reuß § 468 ff.: „Daß Ferrers spanische Ueberf. 1478 zu Valencia gedruckt worden, scheint außer Zweifel. [Eine span. Ueberf. aus dem Hebr. Ferrara 1553.] — Eine italienische (historisirte) Ueberf. von Nic. Malherbi (Malermi), einem venetianischen Benedictiner, erschien Venedig 1471. [Eine andere Ausgabe gleichfalls Ven. 1471, vor 1500 überhaupt 11 Ausgaben; *Vercellone*, Dissert. accad. 100; 1532 erschien eine ital. Ueberf. aus dem Grundterte von Ant.

§ 79. Uebersicht der neuern Uebersetzungen des A. T. 223

Bruccioli.] — Eine böhmische Bibel erschien Prag 1488, [Kuttenberg 1489], Ven. 1506 u. ö., eine holländische Delft 1477 und Gouda 1479, die Psalmen Delft 1480 u. ö. [vgl. Lamy I, 196]. — In Frankreich wurde der von unbekannter Hand vervollständigte Guiars zuerst für Karl VIII. um 1487 gedruckt, nachher zu Paris und Lyon noch etwa zwölfmal bis 1545; außerdem die salomonischen Bücher nebst Weish. und Sir. 1482, der Psalter um dieselbe Zeit und wiederholt eine kürzere Bearbeitung der Historie des A. T. Die französische Uebers. von Faber Stapulensis erschien Antw. 1528 u. 30. — Von der deutschen Bibelübers. erschienen vor 1477 fünf undatirte Ausgaben in oberdeutscher Mundart, wovon die ältesten zu Mainz und Straßb. gedruckt sind, die fünfte zu Augsburg mit Angabe des Ortes. Von 1477 bis auf Luther erschienen 7 Ausgaben zu Augsb. (1477—1518), eine zu Nürnberg 1483, eine zu Straßb. 1485. Außerdem eine Suite von Psalmen-Ausgaben, wovon die älteste mit deutscher Glosse 1477. Drei [4] niederdeutsche Bibeln, Köln 1480 [2 Ausgaben], 1494, Halberst. 1522." Vgl. J. Geffcken, der Bilderkatechismus des 15. Jahrh., Lpz. 1855, S. 6. Kehrein 34. 53.

3. Luthers Bibelübersetzung wurde 1534 vollendet und ist bei den deutschen Protestanten die quasi-officielle Uebersetzung geworden. In einigen andern Ländern sind Uebersetzungen durch staatskirchliche Verordnungen für die Protestanten officiell geworden; so in England die sog. „autorisirte Uebersetzung", 1611 unter Jakob I. angefertigt, in Holland die sog. „Staaten-Bibel" von 1637, auf Befehl der Synode von Dortrecht besorgt. Auch bei den Katholiken hat in mehrern Ländern irgend eine Uebersetzung die größte Verbreitung und eine quasi-officielle Geltung erlangt, — mehr noch als in Deutschland die Allioli'sche Uebersetzung; so in England die Uebersetzung von Douay und in Italien die von Martini. Die für das Volk bestimmten katholischen Uebersetzungen haben die Vulgata zur Grundlage; für wissenschaftliche Zwecke ist die Bibel ganz oder theilweise von Katholiken ebensowohl wie von Protestanten aus dem Grundtexte in die lebenden Sprachen übertragen worden. — In neuerer Zeit haben namentlich die Bibelgesellschaften Bibelübersetzungen in viele Sprachen aller Welttheile theils veranstaltet, theils drucken lassen; so hat die im J. 1804 gegründete „britische und ausländische Bibelgesellschaft" bereits Bibeln in 150 Sprachen und Dialecten drucken lassen.

Reuß § 470 ff. — Von Luthers Uebers. erschien das N. T. 1522, bei Pent. 1523, die ganze Bibel 1534, bis 1580 in Deutschland 38mal nachgedruckt H. E. Bindseil, Verzeichniß der Originalausgaben der lutherischen Uebers. ꝛc., Halle 1841. Die Ausgabe von 1545 galt später als die Normal-Ausgabe.

Ueber die Zulässigkeit und Zweckmäßigkeit einer Berichtigung derselben wird gegenwärtig gestritten (Ztf. f. luth. Th. 1863, 1; 1869, 139). — Neben ihr sind zu erwähnen die Berleburger Bibel (von J. L. Haug) 1726 und die Wertheimer Bibel (von J. L. Schmidt) 1735. — Luthers Uebersetzung wurde 1550 in das Dänische, 1541 in das Schwedische, 1648 (das N. T. schon 1526) in das Holländische übertragen. Diese holländische Bibel wird von den Lutheranern gebraucht, von den Calvinisten die „Staatenbibel". In Dänemark trat 1647 (Ztf. f. luth. Th. 1869, 111), in Schweden 1774 eine neue officielle Uebers. an die Stelle der genannten. — Die französische Uebers. von Robert Olivetan 1535 wurde 1545 durch Calvin, später wiederholt durch andere revidirt. — In England erschien unter Eduard VI. eine Uebers. von Coverdale 1535, auf Befehl Elisabeths eine von Matth. Parker (die Bischofs-Bibel) 1568, endlich 1611 unter Jakob I. die noch jetzt als „autorisirt" geltende Uebers. (König Jakobs Bibel). Vgl. *Dixon*, Introd. I. p. 199. — Italienische Uebers. von Giov. Diodati, Genf 1607, spanische von Cassiodor Reyna, Basel 1569, revidirt von Cypr. de Valera, Amst. 1602. — Ueber andere Uebersetzungen, namentlich der Bibelgesellschaften, s. Reuß § 489 ff.

Die englische Uebersetzung des N. T. für Katholiken erschien zuerst zu Rheims 1582, die des A. T. zu Douay 1609. 10. Die Ueberarbeitung von Challoner 1750 ist noch jetzt gebräuchlich. *Dixon*, l. c. p. 197. Eine neue Ueberarbeitung von F. P. Kenrick, Erzb. von Baltimore, Balt. 1857 f. — Für die französischen Katholiken wurde Fabers Uebers. von den Löwener Theologen revidirt, 1550 u. ö. Spätere Uebers. von de Sacy 1672 ff. (das N. T. angeblich zu Mons 1665 gedruckt, 1668 von Clemens IX. censurirt, Lamy I, 200), von de Genoude 1839. — Die italienische Uebers. von Anton Martini, Erzb. von Florenz, Turin 1776 u. ö., — die spanische von Don Felipe Scio de San Miguel 1793, von F. T. Amat 1823, — die portugiesische von Antonio Pereira 1781, — die polnische von Jakob Wujek S. J. 1599, — die ungarische von Georg Kaldi S. J. 1626, neue Ausgabe 1862.

Deutsche Uebersetzungen von J. Dietenberger 1534, J. Eck 1537, Caspar Ulenberg 1630, den Benedictinern Ehrhard 1722 und Cartier 1751 u. A., von Allioli 1830 ff., von Loch und Reischl 1851 ff. (2. Aufl. 1867 ff.).

Neue deutsche Uebersetzungen aus dem Grundtexte von Katholiken: von Dom. von Brentano, fortgesetzt von Dereser und Scholz 1790 ff., — von Protestanten: namentlich von Augusti und de Wette 1809 u. ö., von Bunsen 1858 f.

Anhang.

Verzeichniß der bemerkenswertheſten Commentare zum Alten Teſtamente.

Patriſtiſche Periode. Griechen: Origenes † 254, Commentare (τόμοι), Scholien und Homilieen; nur wenig davon iſt griechiſch, einiges in lat. Ueberſetzung erhalten (Homilieen zum Pent., Joſ., Richter, H. L., Jſ., Jer., Ez. und Fragmente zu den Pſ.) — Euſebius von Cäſarea † 340, Comm. zu den Pſ. (1—118) und Jſ. — Athanaſius † 373, Comm. zu den Pſ. — Baſilius † 379, Hom. über das Hexaemeron und über einige Pſ. (Comm. zu Jſ. 1—16?). — Gregorius von Nyſſa † 395, über das Hexaemeron, über die Pſalmen-Ueberſchriften, Hom. über Pred. und H. L. — Johannes Chryſoſtomus † 407, Hom. über Gen., über 60 Pſ. und Jſ. 1—8 (Erkl. des Daniel?). — Theodorus von Mopſueſtia † 428, Comm. zu den kl. Proph. — Cyrillus von Alexandria † 444, Comm. (γλαφυρά) zum Pent., Comm. zu Jſ. und kl. Proph. — Theodoretus von Cyrus † 458, Quäſtionen zum Octateuch und zu Kön. und Par., Comm. zu Pſ., H. L. und großen und kleinen Proph.

Syrer: Ephräm † 379, Comm. zum Pent., Joſ., Richt., Kön., Job, zu den gr. und einigen kl. Proph.

Lateiner: Hilarius von Poitiers † 366, Tractatus in Psalmos. — Ambroſius † 397, Hexaëmeron, Abhandlungen über einzelne Puncte der altteſt. Geſch., Erkl. von Pſ. 118 und von 12 andern Pſ. — Hieronymus † 420, Quaestiones hebraicae in Gen., Comm. zu Pred., Jſ. Jer. (1—32), Ezech., Dan. und kl. Proph., viele Briefe und einige kleinere Schriften exegetiſchen Inhalts. — Auguſtinus † 430, Liber imperfectus de Gen. ad literam, ll. 12 de Gen. ad lit., Quaestiones in Heptat., Locutiones in Heptat., Annotationes in Job, Enarrationes in Ps. — Caſſiodorus † 565, Expositio Psalterii. — Gregor der Große † 604, Moralia in Job, Homiliae in Ezech. (c. 1—4. 40).

Catena graeca in libros Mos., Jos., Judd., Ruth, Regg., ed. Niceph. Theodoki 1772, — in Job, ed. P. Junius 1637, — in Ps., ed. B. Corderius 1643, — in Is. (von Procopius von Gaza), ed. J. Curterius 1580. in Jer., ed M. Ghislerius 1623.

Mittelalter. Griechen: Olympioborus im 10. Jahrh., Comm. zum Preb. — Theophylaktus im 11. Jahrh., Comm. zu Os., Jon., Hab. und Nah. — Euthymius Zigabenus im 12. Jahrh., Comm. zu den Pf.

Lateiner: Beda Venerabilis † 735, Comm. zu den histor. Büchern, Job, Spr. und H. L. — Rabanus Maurus † 856, Comm. zu den meisten Büchern. — Haymo von Halberstadt † 853, über Pf., H. L, Jf. und kleine Proph. — Walafrid Strabo † 849, Glossa ordinaria in s. scripturam. — Anselm von Laon † 1117, Glossa interlinearis in s. script. — Rupert von Deutz † 1135, Comm. zu den hist. Büchern, Job, Preb., H. L. und Proph. — Thomas von Aquin † 1274, Comm. zu Job, Pf. (1—50), H. L. und Jf. (Jer.?). — Bonaventura † 1274, Comm. zu Pf. u. Weish. — Card. Hugo a Sancto Caro † 1263, Postillae in univ. biblia. — Nicolaus von Lyra † 1340, Postillae in univ. biblia. — Paulus von Burgos † 1435, Additiones ad Post. Lyrani. — Alphons Tostatus † 1454, Comm. zum Pent., Jof., Richt., Ruth, Kön. und Par. — Dionysius von Rickel (Carthusianus) † 1471, Comm. zur ganzen Bibel.

Jüdische Ausleger: R. Saadia Gaon † 942 (f. § 77, 3). — R. Salomo Jsaaki (Jarchi, Raschi) † 1105. — Abraham Ben Meir Jbn Esra (Aben-Esra) † 1167. — R. David Kimchi † um 1250. — R. Tanchum von Jerusalem, im 13. Jahrh. — R. Levi Ben Gerson † 1370. — Don Jsaak Abarbanel † 1508.

Neuere Zeit. (Die protestantischen Exegeten sind mit * bezeichnet.) — Augustin Calmet † 1757, Commentar zur ganzen Bibel, französisch geschrieben, von Dom. Mansi in lateinischer Uebers. herausgegeben. — Kurze Scholien zur ganzen Bibel von Franz Vatablus † 1547, Emmanuel Sa † 1596, Joh. Mariana † 1624, Jacob Tirinus † 1636, Steph. Menochius † 1655. — Wilh. Estius † 1613, Annotationes in praecipua ac difficiliora s. scripturae loca, 1 Fol. 1621 u. ö.

Sammelwerke: Biblia magna, 5 Fol. 1643, und Biblia maxima, 19 Fol. 1660, beide von Joh. de la Haye herausgegeben (die Noten von Sa, Tir., Estius u. A.). — Critici sacri, 9 Fol. Lond. 1660, beste Ausg. Amsterd. 1698 (Vatablus, Clarius, *Grotius, *Drusius u. A.) — Synopsis criticorum ... ed. *Mth. Polus*, 5 Fol. Lond. 1669. Frankf. 1712. — Cursus completus in s. script. ed. *Migne*, 20 Bde. Paris 1840 ff. (Auswahl aus ältern Exegeten mit einigen Ergänzungen aus neuern).

Cornelius a Lapide † 1637, Comm. zu allen biblischen Büchern mit Ausnahme von Job und Pf., 1614 ff. u. o., in 10 Fol. Antw. 1664 (Neapel 1854, Mailand 1857, Paris und Lyon 1853 ff.). — Caspar Sanctius, Comm. zu Kön. und Par. 1625, Ruth, Esdr., Neh., Tob., Jud., Esth. und Mach. 1628, Job 1625, H. L. 1616, Jf. 1615, Jer. 1618, Ez. und Dan. 1609, kl. Proph. und Bar. 1621.

Jacob Bonfrerius, Pent. 1625, Jof., Richter und Ruth 1631, Kön. und Par. 1643. — Beneb. Pererius, Gen. 1601, Dan. 1588. — Joh.

Lorinus, Cr., Lev. und Num. 1606, Pſ., 3 Fol. 1610, Pred. 1606, Weish. 1607. — Andr. Maſius, Joſ. 1574. — Nic. Serarius, Joſ. 1574, Richt. und Ruth 1609, Kön. und Par. 1617, Tob., Jud., Esth. und Mach. 1609. — Didacus de Celada, Ruth 1640, Tob. 1644, Judith 1641, Esther 1650. — Fab. Justinianus, Tob. 1621. — J. C. Fullonius, 1 Mach. 1660, 2 Mach. 1664. — J. P. Berhorst, 1 Mach. 1700.

Joh. Pineda, Job, 2 Fol. 1597 (Neapel 1859), Pred. 1619. — Balth. Corderius, Job 1646 (Paris 1855). — *Alb. Schultens, Job 1737, Spr. 1748. — Ant. Agellius, Pſ. 1606. — Rob. Bellarmin, Pſ. 1610 u. ö. (Paris und Lyon 1855). — Thom. Leblanc, Pſ., 6 Fol. 1665 (Neapel 1856). — Corn. Janſenius von Gent, Pſ., Spr., Weish. und Eccli. 1579. — Ferd. Quir. de Salazar, Sprüche, 2 Fol. 1637. — Mich. Ghislerius, H. L. 1619, Jer., 3 Fol. 1623. — Oct. de Tufo, Eccli. (1—18) 1628. — Joh. de Pinna, Eccli., 4 Fol. 1630. — Oliv. Bonartius, Eccli. 1634.

Franz Forerius, Jſ. 1553. — *Campegius Vitringa, Jſ., 2 Fol. 1714, Zach. 1734. — Joh. Malbonatus, Jer., Bar., Ez. und Dan. 1611. — Hieron. Pradus und J. B. Villalpandus, Ezech., 3 Fol. 1596. — Franz Ribera, kl. Proph. 1593. — *Joh. Marck, kl. Proph. 1696.

Neueſte Zeit. *E. F. C. Rosenmüller*, Scholia in V. T., 11 Theile 1788 ff. — *Kurzgefaßtes exegetisches Handbuch zum A. T., Lpz. 1838 ff.: 1. kl. Proph. (3) 1863 — 3. Jer. (2) 1866 — 8. Ezech. 1847 — 10. Dan. 1850 von F. Hitzig, — 2. Hiob von L. Hirzel, 3. A. 1869 von A. Dillmann — 4. Sam. (2) 1864 — 9. Kön. 1849 von O. Thenius, — 5. Jesaja (3) 1861 — 11. Gen. (2) 1860 — 12. Er. und Lev. 1857 — 13. Num., Deut. und Joſ. 1861 von A. Knobel, — 6. Richter und Ruth 1845 — 15. Chron. 1854 — 17. Esra, Neh. und Esther 1862 von E. Bertheau, — 14. Pſalmen von J. Olshauſen 1853, — 7. Spr. Sal. von E. Bertheau und Pred. von F. Hitzig 1847 — 16. H. L. von F. Hitzig und Klagel. von O. Thenius 1855. — *Bibl. Commentar über das A. T. von C. Fr. Keil und F. Delitzſch, Lpz. 1861 ff.: I, 1. Gen. u. Er. (2) 1866; 2. Lev., Num. u. Deut. (2) 1870; II, 1. Joſ., Richter und Ruth 1863; 2. Sam. 1864; 3. Kön. 1865 von Keil; III, 1. Jeſ. 1866 von Delitzſch; 3. Ezech. 1868; 4. kl. Proph. 1866; 5. Dan. 1869 von Keil; IV, 1. Pſ. 1867; 2. Job 1864 von Delitzſch. — *J. P. Lange, Theologiſch-homiletiſches Bibelwerk. A. T. 1. Gen. von J. P. Lange 1864; 3. Deut. von F. W. J. Schröder 1866; 4. Joſ. von F. R. Fay 1870; 5. Richter u. Ruth von P. Caſſel 1865; 7. Kön. von K. C. W. F. Bähr 1868; 11. Pſ. von C. B. Moll 1869; 12. Sprüche Sal. 1867; 13. H. L. und Pred. 1868; 17. Dan. 1870 von O. Zöckler; 15. Jer. und Klagel. von E. Nägelsbach 1868; 19. Obadj. bis Zeph. von P. Kleinert 1868. — *H. Ewald, Die Dichter des A. B. 3 Thle. (2) 1866; die Propheten des A. B. 3 Bände (2) 1867. — *J. G. Vaihinger, Die dichteriſchen Schriften des A. B., 4 Bände 1842 ff. — *Kurzgefaßtes exegetisches Handbuch zu den Apokryphen des

A. T. von O. F. Fritzsche und C. L. W. Grimm, Lpz. 1851 ff.: I. 3 Esdr., Zus. zu Esth. und Dan., Gebet des Man., Bar. u. Br. Jer. 1851; II. Tobi und Judith 1853; V. Sirach 1859 von Fritzsche; III. 1 Macc. 1853; IV. 2—4 Macc. 1857; VI. Weish. 1860 von Grimm.

Historische Bücher. *M. Baumgarten, Theol. Comm. zum Pent. 1843. — *F. Tuch, Comm. über die Gen. 1838. — *F. Delitzsch, Die Gen. (3) 1861. — *F. W. Schultz, Das Deut. 1859. — *J. Bachmann, Das B. der Richter, 1. Bd. 1868. — *K. D. Ilgen, Die Geschichte Tobi's 1800. — F. H. Reusch, Das B. Tobias übers. u. erkl. 1857. — *H. Sengelmann, Das B. Tobit erkl. 1857. — *O. Wolff, Das B. Judith 1861.

Poetische und bidaktische Bücher. — *J. G. Stickel, Das Buch Hiob übers. mit exeget. u. krit. Bem. 1842. — B. Welte, Das B. Job übers. und erkl. 1849. — *H. A. Hahn, Comm. über das B. Hiob 1850. — *C. Schlottmann, Das B. Hiob verdeutscht und erl. 1851.

*M. L. de Wette, Comm. über die Psalmen (5. Aufl. herausgeg. von G. Baur 1856). — *E. W. Hengstenberg, Comm. über die Pf., 4 Bde. (2) 1849 ff. — *H. Hupfeld, Die Pf. übers. und ausgel., 4 Bde. 1855—60 (2. A. herausg. von E. Riehm 1867 ff.). — P. Schegg, Die Pf. übers. und erkl., 3 Bde. (2), 1857. — B. Thalhofer, Erkl. der Pf. (2) 1860. — *F. Hitzig, Die Pf. übers. und ausgel., 2 Bde. 1863. 65. — M. Wolter, Psallite sapienter, Erkl. der Pf. 1. Lief. 1869.

*F. Hitzig, Die Sprüche Salomo's übers. und ausgel. 1858. — *C. Elster, Comm. über den Pred. Salomo 1855. — *E. W. Hengstenberg, Der Pred. Salomo ausgel. 1859. — *H. A. Hahn, Comm. über das Predigerbuch Sal. 1860. — *F. Delitzsch, Das H. L. unters. und ausgel. 1851. — *E. W. Hengstenberg, Das H. L. Salomonis ausgel. 1853. — *F. E. Weißbach, Das H. L. Salomo's erkl., übers. ꝛc. 1858.

*C. L. W. Grimm, Comm. über das B. der Weish. 1837. — J. A. Schmid, Das B. der Weish. übers. und erkl. 1857. — *C. G. Bretschneider, Liber Jesu Siracidae illustr. 1806.

Prophetische Bücher. — *W. Gesenius, Comm. über den Jesaia, 3 Bde. 1821. — *F. Hitzig, Der Proph. Jes. übers. und ausgel. 1833. — *M. Drechsler, Der Proph. Jes. übers. und erkl., 3 Theile (II. 2 u. III. herausgeg. von F. Delitzsch und A. Hahn) 1845—57. — P. Schegg, Der Proph. Js. übers. und erkl., 2 Bde. 1850. — *W. Neumann, Jeremias von Anathot, die Weiss. und Klagel. des Proph. ausgel., 2 Bde. 1856. — *K. H. Graf, Der Proph. Jeremia 1862. — *W. Engelhardt, Die Klagel. Jer. 1867. — *C. Gerlach, Die Klagel. Jer. 1868. — F. H. Reusch, Erkl. des B. Baruch 1853. — *H. A. Chr. Hävernick, Comm. über den Proph. Ezechiel 1843, Comm. über das B. Daniel 1832. — *Th. Kliefoth, Das B. Ezech., 2 Bde. 1864. 65. — *E. W. Hengstenberg, Der Proph. Ezech. 1867. — *R. Kranichfeld, Das B. Daniel 1868. — *J. L. Füller, Der Proph. Daniel 1868, Das Buch Daniels 1869.

P. F. Ackermann, Proph. minores illustr. 1833. — P. Schegg, Die kl. Proph. überſ. und erkl., 2 Bde. 1854. — **E. B. Pusey*, The minor prophets, Orford 1860 ff. (bis jetzt 3 Lief., Of. bis Mich.). — *A. Simſon, Der Proph. Hoſea erkl. und überſ., 1851. — *A. Wünſche, Der Proph. Hoſea überſ. und erkl. 1868. — *K. A. Credner, Joel überſ. u. erkl. 1831. — *G. Baur, Amos erkl. 1847. — *C. P. Caſpari, Obadja ausgel. 1842. — **W. Seydel*, Vatic. Obadjae 1869. — *F. Kaulen*, L. Jonae proph. expos. 1862. — **O. Strauss*, Nahumi de Nino vaticinium expl. 1853. — M. Breiteneicher, Ninive und Nahum 1861. — *F. Delitzſch, Habakuk ausgel. 1843. — **F. A. Strauss*, vaticinia Zephaniae illustr. 1843. — L. Reinke, Der Proph. Zephanja 1868, Haggai 1868, Malachi 1856. — *A. Köhler, Die nacheril. Propheten: 1. Haggai 1860; 2. Sach. 1—8, 1861; 3. Sach. 9—14, 1863; 4. Mal. 1865. — *W. Neumann, Die Weiſſ. des Satharjah 1860. — *Th. Kliefoth, Der Prophet Sacharjah 1862.

www.ingramcontent.com/pod-product-compliance
Lightning Source LLC
Chambersburg PA
CBHW031751230426
43669CB00007B/576